JN458086

# 스마트 조직행동

최진남 · 성선영 지음

생능

# 스마트 조직행동

**초판발행** 2021년 11월 29일
**제1판3쇄** 2025년 1월 15일

**지은이** 최진남 · 성선영
**펴낸이** 김승기, 김민정
**펴낸곳** (주)생능 / **주소** 경기도 파주시 광인사길 143
**출판사 등록일** 2014년 1월 8일 / **신고번호** 제406-2014-000003호
**대표전화** (031)955-0761 / **팩스** (031)955-0768
**홈페이지** www.booksr.co.kr

**책임편집** 신성민 / **편집** 이종무, 최동진 / **디자인** 유준범, 노유안
**마케팅** 최복락, 김민수, 심수경, 차종필, 백수정, 송성환, 최태웅, 명하나
**인쇄** 성광인쇄 / **제본** 일진제책사

ISBN 979-11-86689-39-4 93320
정가 29,000원

- 이 책의 저작권은 (주)생능과 지은이에게 있습니다. 무단 복제 및 전재를 금합니다.
- 잘못된 책은 구입한 서점에서 교환해 드립니다.

# 머리말

이 책은 조직행동을 전공하는, 그리고 조직행동에 관심이 있는 학생들이 조직행동학의 기초 지식에 편하게 접근할 수 있도록 아주 쉽고 재미있게 풀어낸 책으로 Z세대 학생들에게 조직행동의 핵심지식과 이론들을 경쾌하게 전달하고자 기획되었다.

각 이론을 설명하는 데에 있어 딱 와닿는 국내·외 사례들을 제시함으로써 막연히 어렵게만 느껴지는 조직행동이라는 학문을 학생들이 쉽게 접근하고 이해할 수 있게 하였다. 이론과 사례를 통합함으로써 이론이 책에나 나오는 비현실적이고 추상적인 이야기가 아니라 우리의 일상생활과 직장생활에서 빈번하게 경험할 수 있는 상황에 대한 것임을 전달하고자 하였으며, 외국서적의 기계적 번역이 아니라 조직행동과 관련된 이론과 최신동향을 한국의 상황에 맞추어 재해석하고 한국기업의 여건에 적용할 수 있도록 설명하였다.

또한 일방적인 주입식, 암기식 교육방식에서 벗어나 학생들이 적극적으로 학습과정에 참여할 수 있도록 구성하였다. 각 장마다 그룹 토론문제를 제시함으로써 각 장에서 학습한 개념과 이론에 대해서 논의하고, 그 개념과 이론들을 현실에 적용해봄으로써 사고력과 이해력을 높일 수 있도록 하였다. 각 장의 마지막에는 연습문제 및 핵심용어 정리를 통해서 각 장에서 배운 것을 다시 한 번 복습할 수 있도록 하였다.

이 책은 총 네 부분으로 구성되어 있다.

⑴ 제1부 “조직행동개요”에서는 조직행동의 개념과 역사를 학습한다. 조직행동학이란 무엇이며 어떻게 발전되어 왔는지, 그 안에서 인간의 역할은 무엇이고, 변화하는 환경 속에서 인간은 앞으로 어떠한 역할을 해야 할 것인지에 대한 문제를 고찰한다.

⑵ 제2부 “개인수준에서의 조직행동”에서는 조직구성원 개인들의 다양성, 감정, 성격, 가치, 태도, 동기에 대해 학습한다. 조직구성원에 대한 이해를 통해서 각 개인마다의 특이성과 개인들 간 차이점을 어떻게 이해하고, 이를 어떻게 조직 내에서 활용하여 조직의 효율성과 성과향상에 기여할 수 있을지에 대해 고민할 수 있도록 하였다.

⑶ 제3부 “집단수준에서의 조직행동”에서는 업무집단 내에서 발생하는 구성원들 간

의 권력, 정치, 갈등, 협상에 대해 학습한다. 개인의 범주를 넘어서 업무집단이 개인의 태도와 행동 및 집단성과에 미치는 영향을 고찰함으로써 집단이 개인과 집단, 그리고 조직에 미치는 영향을 고민해보도록 하였다.

(4) 제4부 "조직수준에서의 조직행동"에서는 조직문화와 조직구조, 오늘날 끊임없이 화두가 되고 있는 조직창의성과 혁신, 그리고 인간·기술·환경 변화에 대한 고찰을 통해 조직경영에 있어서 앞으로 우리가 나아가야 할 방향은 어떤 것인지에 대한 주제를 다루었다. 변화하는 시장과 트렌드에 발맞추어 환경에 적응하고, 더 나아가 새로운 환경과 트렌드를 창조해야하는 조직과 기업의 역할에 대해 고민하도록 하였다.

이 책은 20여 년 동안 저자들이 학생들에게 경영학, 특히 조직행동을 가르치면서 쌓은 경험을 바탕으로 학생들과 즐겁고 재미있게 소통하면서도 중요한 개념과 이론들을 확실히 학습할 수 있게 해주는 저자들의 노하우를 담은 책이다. 이 책을 통해서 더 많은 학생들이 조직행동을 쉽게 이해하고, 관련 지식을 함양하여 한국의 기업성장과 미래동력에 기여할 수 있기를 바란다.

저자 최진남 · 성선영

# 강의계획안

| 주 | 강의제목 | 강의 내용 |
|---|---|---|
| 1 | 강의 내용, 목표, 일정 소개 | |
| 2 | 조직행동학의 개념과 역사 (1장) | – 조직행동학의 개념<br>– 조직행동학의 역사와 발전<br>– 4차산업혁명 시대의 조직경영<br>– 조직행동: IPO (Inputs–Processes–Outcomes) 모델 |
| 3 | 조직구성원 다양성(2장) | – 조직 다양성의 개념<br>– 조직 다양성의 중요성<br>– 다양성의 형태<br>– 조직다양성의 효과 |
| 4 | 조직구성원 태도 (3장) | – 태도의 이론적 배경과 개념<br>– 주요 업무태도<br>– 업무만족도<br>– 코로나와 뉴노멀시대의 조직구성원 태도 |
| 5 | 조직구성원 감정 (4장) | – 경영학에서 감정의 역할<br>– 감정의 개념<br>– 정서적 사건 반응이론<br>– 감정지능<br>– 감정노동<br>– 감정과 조직행동 |
| 6 | 조직구성원 성격과 가치 (5장) | – Big 5모델<br>– 조직행동에 영향을 주는 다양한 성격 특성들<br>– 가치의 개념과 의의<br>– 홉스테드의 문화차원이론 |
| 7 | 조직구성원 지각과 의사결정 (6장) | – 지각의 개념<br>– 귀인이론<br>– 귀인오류<br>– 지각오류<br>– 의사결정 모델<br>– 의사결정 오류 |
| 8 | 중간고사 | |
| 9 | 조직구성원 동기부여 (7장) | – 매슬로우의 욕구위계이론<br>– 허츠버그의 2요인 이론<br>– 맥그리거의 XY이론<br>– 맥클레란드의 욕구이론<br>– 자기결정이론<br>– 목표설정이론 |

| | | |
|---|---|---|
| | | – 자기효능감이론<br>– 공정성이론<br>– 기대이론<br>– 직무특성모델 |
| 10 | 업무집단과 팀 (8장) | – 집단의 개념<br>– 집단의 영향력<br>– 집단의 유형<br>– 집단응집성<br>– 집단의사결정<br>– 집단의 창의적 문제해결 |
| 11 | 리더와 리더십 (9장) | – 리더와 리더십의 개념<br>– 리더성향이론<br>– 리더행동이론<br>– 리더십 상황이론<br>– 경로 – 목표이론<br>– 리더 – 멤버 교환이론<br>– 변혁적 리더십<br>– 신뢰기반의 리더십<br>– 리더십에 대한 도전 |
| 12 | 조직 내 권력 · 갈등 · 협상(10장) | – 조직 내 권력의 개념과 유형<br>– 권력전술과 권력의 순기능<br>– 권력과 사회적 지위<br>– 정치적 행동의 개념과 선행요소<br>– 정치적 행동과 인상관리<br>– 조직 내 갈등의 개념, 유형, 효과<br>– 갈등과정모형과 갈등해결전략<br>– 협상 |
| 13 | 조직문화와 조직구조 (11장) | – 조직문화의 개념과 기능<br>– 조직문화의 형성과 유형<br>– 조직문화의 변화<br>– 조직구조의 기본구성<br>– 조직의 유형 |
| 14 | 조직창의성과 혁신 (12장) | – 급변하는 기업환경<br>– 창의성과 혁신의 개념<br>– 조직변화와 혁신의 과정<br>– 변화의 3단계 이론<br>– 혁신 – 가치 부합성 모델<br>– 창의성과 혁신의 촉진요인들<br>– 혁신과정의 효과적 관리 |
| 15 | 인간 · 기술 · 환경 변화와 조직경영의 미래 (13장) | – 인간에 대한 관점과 역할변화<br>– 전략적 인적자원관리<br>– 한국기업의 인적자원 특성과 도전<br>– 기술변화와 조직행동의 미래<br>– 경영환경변화와 조직의 역할변화 |
| 16 | 기말고사 | |

# 차례

## PART 03 집단수준에서의 조직행동

### CHAPTER 08 업무집단과 팀



### CHAPTER 09 리더와 리더십

## CHAPTER 10 조직 내 권력·갈등·협상



# PART 04 조직수준에서의 조직행동

## CHAPTER 11 조직문화와 조직구조

PART 01

# 조직행동개요

CHAPTER

01

# 조직행동의 개념과 역사

1. 조직행동학의 개념
2. 조직행동학의 역사와 발전
3. 4차 산업혁명시대의 조직경영
4. 조직행동: IPO(Inputs-Processes-Outcomes) 모델

## 학습목표

- 조직행동학이 무엇인지 설명할 수 있어야 한다.
- 조직행동학의 주요 이론들이 어떠한 시대적 배경 하에 발전되어 왔는지 설명할 수 있어야 한다.
- 조직행동의 IPO 모델에 대해 설명할 수 있어야 한다.

## 1. 조직행동학의 개념

조직행동학(Organizational Behavior: OB)

"조직(organization)"이라는 단어의 어원은 도구 또는 연장을 뜻하는 고대 그리스어 'organ'이다. 사전적 의미는 (1) 공통의 목표를 달성하기 위하여, (2) 두 사람 이상이 모여서 구성된, (3) 집합적 실체 혹은 협력적 사회단위를 말한다. **조직행동학(Organizational Behavior: OB)**은 조직 내에서 나타나는 다양한 개인 및 집단 행동들, 그리고 그 행동들이 개인과 업무집단, 그리고 조직의 성과에 어떤 영향을 미치는지를 연구하는 학문이다. 조직행동학은 응용학문인 경영학의 주요분야로 **조직구성원에 대한 이해를 바탕으로 조직의 효율성과 성과를 향상**시키는 데에 그 목적이 있다.

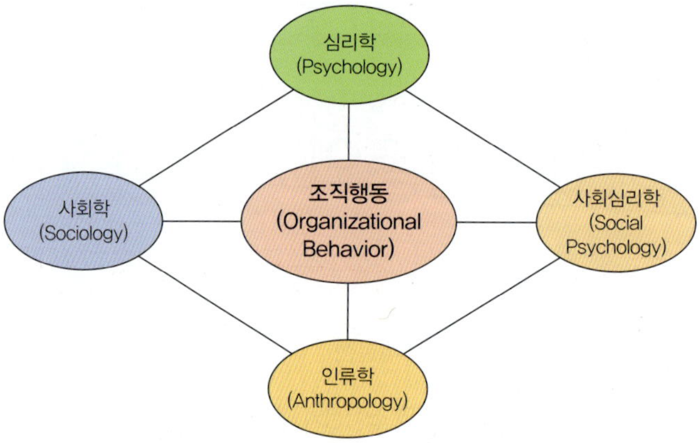


다학제적(multi-disciplinary) 특성

심리학(psychology)

사회심리학(social psychology)

사회학(sociology)

인류학(anthropology)

조직행동학은 **다학제적(multi-disciplinary) 특성**을 가진 학문으로 심리학, 사회심리학, 사회학, 인류학을 주요 기반으로 한다.

(1) **심리학(psychology)**은 사람을 이해하고 설명하는 기초학문으로 조직구성원 개개인의 업무만족, 스트레스, 감정, 성격, 지각, 동기부여를 이해하는 바탕이 된다.

(2) **사회심리학(social psychology)**은 심리학과 사회학이 혼합된 학문으로 태도변화, 행동변화, 집단의사결정, 조직 내 권력과 갈등과 같은 조직구성원 간 상호영향 및 대인관계를 이해하는 데에 도움을 준다.

(3) **사회학(sociology)**은 개인이 사회환경에 어떻게 반응하는지에 초점을 둔 학문으로 사회학자들은 주로 조직문화, 조직구조와 같은 사회적 맥락에 대한 연구를 해왔다.

(4) **인류학(anthropology)**은 인간을 둘러싼 문화와 환경이 어떻게 개인의 가치, 태도 및 행동에 영향을 미치는지를 이해하는 기초를 제공한다.

조직행동학은 이외에도 정치학, 경제학 등 다양한 사회과학 분야에서 창출되는 지식들을 바탕으로 조직 내 행동을 이해하고 성과를 개선하는 데에 활용되고 있다.

### 손자병법(孫子兵法)에 조직행동이 있다?

≪손자병법≫: 중국고대 병법서로 최고의 군사 고전임과 동시에 일반인들의 처세학으로도 널리 알려져 있다.

출처: baidu 이미지

이 중 가장 유명한 전법이 바로 "주위상(走爲上): 불리하면 일단 튀어라"이다. 더불어 널리 널리 알려진 "지피지기 백전백승(知彼知己 百戰百勝): 적을 알고 나를 알면 백번 싸워 백번 이긴다"가 있다.

한국에서는 위와 같이 알려졌지만 실제 손자병법에서는 "지피지기 백전불태(知彼知己 百戰不殆): 적을 알고 나를 알면 백 번 싸워도 위험해지지는 않는다"로 적혀있다.

아 뭐야~! 핵!노!잼~~!! 첫 장부터 왠 고리타분한 손자병법

**(저자)** 열 올리지 말고 워~워~!
바로 손자병법에 "조직행동의 핵심 개념"이 있기 때문이다.
뭐~~게?

조직행동의 핵심 개념

"너를 알고 나를 아는 것!!" 조직행동학의 시작과 끝은 인간이다!
인간? 인간이 다 같은 인간이지 알긴 뭘 알아야 되는데~!
"No~! 같은 인간이라고 다 같은게 아니다. 다르다. 완~전 다르다!!

출처: INSIDE OUT

나와는 너~무도 다른,
도~저히 이해할 수 없는,
절~~대 이해하고 싶지 않은
"너" "바로 너!! YOU!! YOU!!!"

"아~ 진짜!! 왜 그러니~! 님! 쪼옴~!!""
"넌 내가 이해가 안되지? 난 네가 이해가 안된다!! 너 도대체 어느 별에서 왔니?"

"너"는 참 많은 인간들을 내포하고 있다. 가정 내 모든 구성원들(언니, 오빠, 형, 동생, 아들, 딸, 아빠, 특히 엄마, 아내, 남편), 학교 구성원들(학우, 특히 선생님), 그리고 조직구성원들(동료, 특히 상사). 같이 있으면 있을수록 날 미치고 돌아버리게 만드는 저 인간(들)!

사람을 배우는(learning people) 학문

감정(emotion)말고, 이성적(cognition)으로 "너"를 이해할 수 있는 "나"의 지적 능력(intellectual capability)을 키워주는 학문(짜증, 답답함, 분노, 증오 등의 감정까지는 어쩔 수 없다!)!

그것이 바로 "조직행동학"이다. 조직행동학은 한 마디로 "사람을 배우는(learning people)" 학문이다. 자신과 타인, 더 나아가 적(enemy)까지 모두 포괄한 인간에 대한 이해는 개인, 업무집단, 조직성과에 결정적 영향을 미친다.

## 2. 조직행동학의 역사와 발전

조직행동학의 역사

20세기 과학적 관리법에서 시작한 조직행동학의 역사는 관리경영, 인간관계론, 시스템 이론을 거쳐 오늘날의 상황이론까지 체계적으로 발전해왔다.

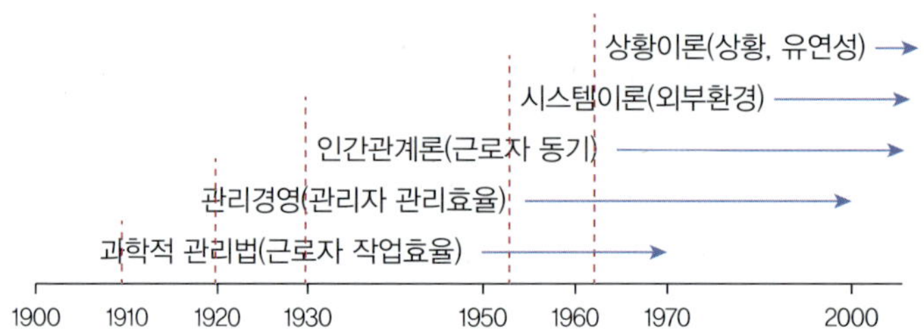


조직행동학의 발전

### 2.1. 과학적 관리법

테일러의 과학적 관리법(scientific management)

과학적 관리법은 작업 방식에 대한 과학적 접근방법을 강조한 관리원칙으로 1900년대초 프레드릭 테일러(Fredrick Taylor)에 의해 주장되었기에 테일러의 과학적 관리법(scientific management)으로 잘 알려져 있다.

프레드릭 테일러(Frederick Taylor), 1856–1915

"생산효율성 향상은 과학적 업무절차와 명확한 업무분담을 통해 이루어진다"

1, 2차 산업혁명을 거쳐 대규모 공장 시스템이 가동되자 생산라인에서의 노동효율성이 강조되었다. 그러나, 당시 생산공장에서는 태업과 파업이 만연했고, 노동자들은 자신의 능력을 제대로 발휘하지 못하고 있었다. 펜실베니아에 있는 미드베일 철강회사(Midvale Steel Co.)와 베들레햄 철강회사(Bethleham Steel Co.)의 기술자였던 테일러는 효율성 향상을 위해 1909년 "**시간과 동작 연구**(time and motion study)"를 통해 스톱워치(stopwatch)법을 고안하여 표준화된 작업을 노동자들에게 수행하게 하고, 더 나아가 각 생산라인에 필요한 동작에 드는 시간을 계산하여 표준 작업시간을 제시함으로써 노동자들의 **태업**(slowdown) **방지**와 생산현장의 **효율성**(efficiency) **향상**을 꾀하였다. 1911년 「Principles of scientific management」라는 저서를 통해 4가지 관리원칙을 제시하고, 노동자와 관리자 모두 이 원칙을 따를 것을 강조하였다.

시간과 동작 연구(time and motion study)

태업(slowdown) 방지

효율성(efficiency) 향상

- 노동자의 작업별 요소들을 철저히 분석하여, **업무**를 **과학화**시킨다.
- 노동자들을 고용한 후, **훈련 및 교육**을 통해 최고의 기술자들로 양성한다.
- **경영자와 노동자들 간** 협력과 친밀성 함양을 통해 **우호적 관계**를 구축, 유지한다.
- 경영자와 노동자들의 **업무와 책임을 명확히 구분**하고, 분담된 업무를 확실히 수행한다.

업무 과학화

훈련 및 교육

경영자와 노동자들 간 우호적 관계

업무와 책임을 명확히 구분

### 현대 조직경영의 대세는 소통과 공감!!

테일러리즘은 작업자의 동작과 시간을 엄격하게 규정하는 기계적(mechanical) 인간관에 근거한다. 그러나 이러한 전통적 · 산업공학적 접근은 구세대적인 것으로 오늘날 4차 산업시대로의 이행과 MZ(밀레니얼+제트)세대가 주를 이루는 경영환경에서는 소통과 공감의 접근방법을 써야한다는 것에 많은 경영자들이 동의하고 있다.

이는 2020년 한국에 소개된 「공감이 이끄는 조직」이라는 저서에서도 강조하는 메시지로 저자들은 미국, 중국, 한국 등 전 세계 6만 4천 명의 직원들을 대상으로 그들이 원하는 경영자의 자질을 125개 특성 중 선택하도록 했다. 그들이 선택한 경영자/리더의 바람직한 특성은 이타심, 공감, 유연성, 소통능력 등인데 반하여 바람직하지 않다고 선택한 특성은 통제, 공격성, 독단성 등이었다.

저자들은 미래의 조직경영과 리더의 핵심 화두를 "공감과 소통"으로 꼽으며, "지금 당장 '남자되기'를 버려라"라는 챕터를 따로 만들 정도로 기존의 남성성에 근거한 통제와 위압적인 방식을 버려야한다는 강한 메시지를 전달하고 있다. 앞으로의 조직에서는 과거의 기계적, 통제적 방식이 더 이상 통하지 않는다는 것!

공감

당신은 소통과 공감이라는 접근방식에 얼마나 동의하는가? 훌륭한 경영자가 되기 위해 남자다움을 포기해야 할까? 이 문제에 대해 누군가와 토론하고 싶다면 조심할 것!! 충분히 공감(하는 척!이라도)하면서 얘기하자. 네가 옳네, 내가 옳네 하다가 자칫 칼부림 날 수도 있다.

출처: 공감이 이끄는 조직: 리더의 공감 능력은 어떻게 자신감 있는 조직을 만드는가

**그룹토론문제**

(1) 테일러의 과학적 관리법의 장 · 단점은 무엇인지 논의해보자.

(2) 테일러의 과학적 관리법을 적용할 경우, 당시 근로자들과 오늘날의 근로자들에게 어떤 다른 영향을 미칠 것인지 논의해보자.

(3) 테일러리즘과 오늘날 강조되는 소통과 감성은 양립할 수 없는 가치일까? 혹시 양립할 수 있는 방법은 없을지 생각해보자.

## 2.2. 관리경영

관리경영(administrative management)
효율적 관리
앙리 페이욜(Henry Fayol)

테일러의 과학적 관리기법이 현장에서의 생산효율성에 초점을 맞춘 것이라면 **관리경영(administrative management)**은 관리자들의 **효율적 관리**에 초점을 맞춘 이론으로 테일러와 비슷한 시기에 활동했던 프랑스 산업가인 **앙리 페이욜(Henry Fayol)**에 의해 시작되었다.

"조직의 효과적 관리는 명확한 관리원칙에서 나온다!"

프랑스의 기업가, 앙리 페이욜(Henri Fayol), 1841–1925

페이욜(Fayol)은 "계획, 조직, 지시, 조정, 통제"라는 5가지 관리기능을 제안하였다. 이 다섯 가지 관리 기능은 오늘날에도 통용되는 PDCA(Plan-Do-Check-Act) 기법으로 현대경영에서도 기초가 되는 주요 기능들이다. 페이욜이 주장한 관리는 회계, 재무, 생산, 마케팅 등과 같은 경영기능과는 구분되는 개념으로 기업뿐 아니라 모든 조직에 적용할 수 있는 다음 14개의 관리원칙을 일컫는다.

계획
조직
지시
조정
통제

- 분업(division of labor): 고도의 업무세분화 및 전문화를 통한 효율성을 추구한다.
- 권한(authority): 명령할 수 있는 공식적 권한은 책임과 연결되어야 한다.
- 규율(discipline): 조직구성원은 조직의 규율을 준수해야한다.
- 명령일원화(unity of command): 하위직급자는 오직 1명의 상급자에게 보고하고 지시받는다.
- 지휘일원화(unity of direction): 조직활동은 1인의 경영자에게 통합되어야 한다.
- 전체이익에 대한 개인의 복종(subordination of individual to the common good): 개인의 이해가 조직 전체의 목적에 앞서서는 안된다.
- 보상(remuneration): 보상은 직원과 조직 모두에게 공정해야 한다.
- 집권화(centralization): 권력과 권한은 상위계층에 집중되어야 한다.
- 계층화의 원칙(scalar chain): 권한은 위에서 아래로 일관되게 유지되어야 한다.
- 질서(order): 인적 · 물적 자원은 요구되는 장소와 시간에 따라 조정되어야 한다.
- 공정(equity): 경영자는 부하직원을 다룰 때 공정해야 한다.
- 안정(stability): 직원의 이직률이 높아서는 안된다.
- 주도권(initiative): 직원은 주어진 업무를 함에 있어서 주도적이어야 한다.
- 단결(esprit de corps): 팀워크, 단체정신, 단결력이 강조되어야 한다.

분업(division of labor)
권한(authority)
규율(discipline)
명령일원화(unity of command)
지휘일원화(unity of direction)
전체이익에 대한 개인의 복종(subordination of individual to the common good)
보상(remuneration)
집권화(centralization)
계층화의 원칙(scalar chain)
질서(order)
공정(equity)
안정(stability)
주도권(initiative)
단결(esprit de corps)

페이욜의 관리원칙은 조직특성 및 환경이라는 변수를 고려하지 않고, 모든 조직에 공통적으로 적용되는 일반적 관리원칙(universal guidelines)을 제시하고 있다는 점, 그리고 조직 내에서 개인의 역할을 무시하고 있다는 비판을 받았다. 그럼에도 불구하고, 당시 상황에서 기업의 효율적 관리체계를 위한 기본적이고 명확한 원칙들을 제시하였다는 공헌만큼은 인정하지 않을 수 없다.

일반적 관리원칙(universal guidelines)

## 2.3. 인간관계론

인간관계론(human relations theory)

엘튼 메이요(Elton Mayo)

호손실험(Hawthorne experiment)

**인간관계론**(human relations theory)의 핵심은 노동자들의 만족도를 높여 생산성을 향상시킨다는 것으로 **엘튼 메이요**(Elton Mayo)의 **호손실험**(Hawthorne experiment)으로 더 잘 알려져 있다. 이 실험은 미국 일리노이주에 있는 웨스턴 일렉트릭(Western electric) 회사의 시카고 외곽에 위치한 호손 웍스(Hawthorne works) 공장에서 실시되었으며, 1924년에 시작하여 1930년대 초 확대 · 시행되었다. 이 실험은 처음 호손 공장의 기술자들에 의해 계획되었는데, 생산현장의 조명밝기가 근로자들의 생산성 향상에 유의미한 영향을 주는지를 밝히는 것이 목표였다. 두 그룹(실험군, 통제군)으로 나누어 실험군은 다양한 밝기의 조명에서 업무를 하게 하고, 통제군은 밝기를 조절하는 척하며 실제로는 똑같은 밝기의 조명에서 업무를 하도록 하였다. 기술자들은 조명밝기가 생산성에 영향을 줄 것이라 예상했지만, 조명밝기에 상관없이 두 그룹 모두에서 생산성이 향상되었다. 이후 조명의 밝기를 낮게 하였는데도 두 그룹 모두에서 생산성이 지속적으로 증가하였다. 결국, 실험은 실패하고 조명밝기와 생산성 간 아무런 관계가 없다고 결론지었지만, 그 원인을 설명할 수가 없었다. 이후 원인을 규명하고자 하버드 대학 엘튼 메이요(Elton Mayo) 교수를 참여시켜 연구를 계속 진행하였다.

엘튼 메이요(Elton Mayo), 1880–1949

출처: google 이미지

메이요 교수는 연구를 통해 근로자들의 생산성을 향상시킨 것은 조명밝기가 아니라 실험 과정에 참여하면서 경영자들에게 받은 '관심'이었다는 것을 밝히며, 조직의 기능과 목표달성에 있어 인간적인 요소와 동료의식의 중요성을 강조하였다. 호손실험은 인간적 요소의 중요성을 과학적으로 규명한 최초의 실험이라는데에 그 의의가 있다.

### 4차혁명 시대! 로봇이 다 하는데 사람이 왜 필요해?

이제는 AI(인공지능: Artificial Intelligence) 로봇들이 판치는 세상! 사람이 점점 필요없어지는 데 사람은 이해해서 뭐하게?

→ 응! 뭐 하게!!

그래 맞다! 로봇들이 인간의 세계에 들어와 영역을 넓히고, 인간들의 일을 대체하고 있는 것도 사실이다. 아직까지는 우리 실생활에 널리 보편화 되지는 않았지만 로봇들이 참으로 다양한 역할을 하고 있다. 로봇 바리스타, 로봇 쉐프, 서빙 로봇 등. 인간을 대신하여 열일하는 로봇들!

샌프란시스코 '크리에이터' : 로봇이 햄버거를 만든다. 시간당 100개 생산.

프랑스 파리 '파찌(pazzi)': 사람의 손길 전혀 없이 5분 안에 피자를 만든다.

한국엔 없냐고? 에이~ 있지!!

성수동 '카페봇': 로봇이 음료와 디저트를 만드는 이곳에는 커피를 추출하는 드립봇, 디저트를 만드는 디저트봇, 음료를 만드는 드링크봇이 있다.

출처: https://blog.naver.com/designpress2016/222149807954

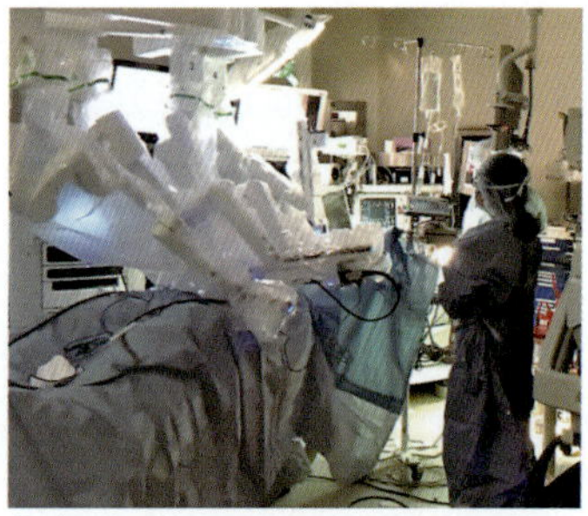

이제는 로봇들이 수술까지 한다~!
에~ 안되는데... 나 뭐 먹고 살라고!!

출처: https://m.post.naver.com/viewer/postView.nhn?volumeNo=27245317&memberNo=22700030

로봇 강아지 아이보(AIBO: 일본어로 친구 · 동반자): 소니(Sony)가 2006년 아이보의 개발을 중지하고, 부품을 생산하지 않게 되자 고장난 아이보를 수리해주는 사설 수리업체까지 생겼다. 2016년 소니는 다시 신형 아이보(가격은 200만원 정도)를 출시했다. 이후 구형 아이보 로봇의 합동 장례식이 열렸다.

출처: google 이미지

인간의 역할을 대체하는 다양한 로봇들의 출현!
거기다가 애완동물까지도 대체하는 로봇들 등장! 댕댕군! 냥양! 너네 어쩌냐?

## 2.4. 시스템이론

시스템이론(systems theory)
서브시스템(sub-system)

**시스템이론(systems theory)**은 자연과학의 일반 시스템이론을 경영학에 응용한 이론으로 오스트리아의 생물학자 루드비히 폰 버틀란피(Ludwig von Bertalanffy)가 여러 학문 분야를 통합할 수 있는 사고의 프레임을 찾으려는 노력 끝에 발표한 이론이다. 시스템 이론의 핵심은 조직이 목표를 달성하기 위해서는 조직 내 모든 요인들이 서로 **상호작용**을 하면서 **균형**을 이루어야 한다는 것으로 조직현상을 일원적으로 단순화시킨 기존 이론들의 한계에서 벗어나 **전체 경영시스템**을 생산, 마케팅, 인사 등의 하위 **서브시스템(sub-system)**과 구분하고, **경영현상의 체계적이고 분석적인 설명**을 꾀하였다.

"시스템이란 전체 목표를 달성하기 위해 여러 개의 독립된 기능단위들, 서브시스템(sub-system)이 유기적으로 연결되어 상호작용하는 통일체이다"

생물학자, 루드비히 폰 버틀란피(Ludwig von Bertalanffy), 1901–1972
출처: google 이미지

시스템이론은 조직을 하나의 개방시스템(open system)으로 간주하는데 개방시스템의 몇 가지 주요 특징은 다음과 같다.

개방시스템(open system)

- 모든 시스템은 상호연결되고, 서로 상호작용하는 여러 하위 시스템으로 구성되어 있다.
- 모든 시스템은 개방적이며, 외부 환경에서 지속적으로 자원을 제공받는다.
- 모든 시스템은 하위 시스템에서 서로 상충되는 목표와 기능을 가지고 있지만, 결국 전체 시스템 안에서 하나의 목표를 추구하게 된다. 이를 등결과성(equifinality)이라고 한다.
- 시스템은 환경변화에 적응해야 한다. 부적응은 쇠퇴와 소멸을 의미하는데 이를 엔트로피(entropy) 현상이라고 한다. 쇠퇴와 소멸을 피하기 위해서는 환경변화에 맞춰 시스템도 끊임없이 변화해야 한다. 여기서 개방시스템이 제안하는 해법은 외부로부터의 자원 유입과 피드백 과정을 통한 조정이다.

상호연결
하위 시스템
개방적
등결과성(equifinality)
환경변화에 적응

### 여기서 잠깐!

등결과성(equifinality)이란? 다른 방식과 다른 대안들을 사용하더라도 궁극적 목표나 상태가 유사하게 성취되는 능력 또는 그 과정을 의미한다. 동일한 결과가 다양한 방법에 의해 이루어질 수 있다는 개념으로 1970년대 말 등소평(邓小平: Deng Xiaoping)이 중국의 경제개혁과 개방을 추진하면서 제시한 흑묘백묘론(검은 고양이든 흰 고양이든 쥐만 잘 잡으면 된다)은 개방시스템의 관점과 등결과성에 대한 이해에서 비롯되었다고 할 수 있다.

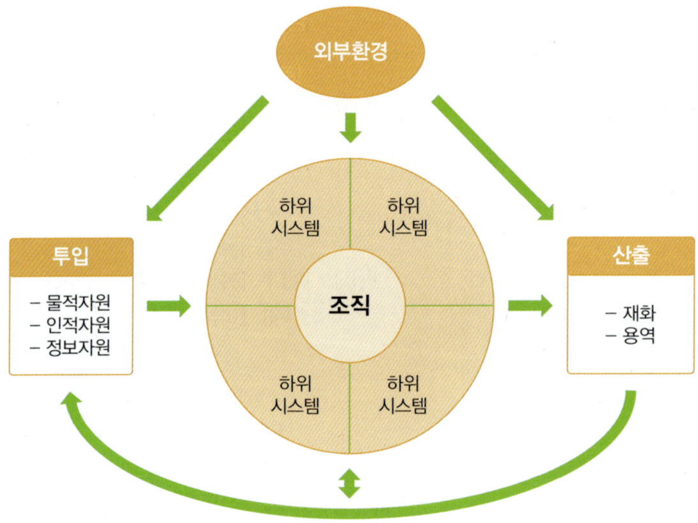


조직의 궁극적 역할
외부환경과 지속적 상호작용
이해관계자들
통합적 관점
개방시스템적 관점(open systems perspective)

시스템이론은 **조직의 궁극적 역할**을 "**외부환경과 지속적 상호작용**을 하는 것"이라고 정의하였는데 여기서 외부환경의 주요요소는 이해관계자들로 주주, 고객, 공급자, 정부 등 조직운영에 영향을 미치는 당사자들을 일컫는다. **이해관계자들**이 무엇을 원하느냐는 조직의 투입과 산출에 큰 영향을 미친다. 시스템이론은 조직의 내·외부를 전체적으로 보는 **통합적 관점**을 제시하였다는 데에 큰 공헌을 하였다. **개방시스템적 관점**(open systems perspective)은 조직경영의 전체과정을 **투입-과정-산출**(inputs-processes-outcomes)로 모형화하여 개인, 집단, 조직의 행동을 이해하는 틀을 제공하고 있다.

## 2.5. 상황이론

상황이론(contingency theory)

**상황이론**(contingency theory)은 조직이 주어진 환경과 상황에 적절한 방식으로 대응하고 있는가의 여부에 의해 조직성과가 결정된다는 조직이론으로 보편적 일반이론이나 원칙을 배격하고, **상황적 조건에 따라** 그에 **가장 적합한 방법을 탐구**한다. 따라서 조직운영 및 관리방식에 있어서 모든 경우에 적용가능한 단 하나의 최선 혹은 정답이 있는 것이 아니라 상황에 따라 기업의 조직구조, 경영시스템, 관리방식, 리더십 등을 탄력적으로 적용해야함을 강조하는 이론이다.

상황에 따른 상대성과 가변성
상황적 맥락(situational context)

조직경영에 있어서 한가지 방식을 고집하는 것은 실패의 지름길! 상황이론에 근거하여 조직행동을 이해하는 데에 있어서 가장 중요한 것은 변화하는 **상황에 따른 상대성과 가변성**의 인정이다. 항상 대안(plan B)을 준비하고, **상황적 맥락**(situational context)을 고려한 유연한 접근이 필요하다. 조직을 경영하는 데에 있어 언제 어디서나 통하는 정답은 없다. 동일한 업무방식, 리더십, 조직경영원칙이 항상 먹힐 것이라고 믿는 구시대적 발상은 버려야한다.

**상황(contingency)이란?**

상황은 라틴어의 "contingens"에서 유래한 말로 "우연한·의외의"를 의미한다. 또한 "con"과 "tingens"의 합성어로도 해석이 되는데 "con"은 "with", "tingens"는 "touch"의 뜻으로 우연한 사건을 감지한다는 의미이다. 결국 우연한 가능성, 불확실한 상황에 대처한다는 의미를 갖는다. 따라서 상황이론이 상황의 불확실성, 복잡성, 우발성, 다양성, 환경제약성에 적합하게 대응한다는 전제는 contingency라는 어원의 개념과 일치한다.

상황이론은 1960년대 영국의 사회과학자 조앤 우드워드(Joan Woodward) 교수가 영국기업을 대상으로 생산기술유형과 조직구조특성 간 관계를 연구하면서 시작되었다.

영국의 사회과학자, 조앤 우드워드(Joan Woodward), 1916-1971

연구를 통해 우드워드 교수는 대량생산체계에서는 공식적인 절차, 규칙에 의한 관리, 그리고 문서에 의한 의사소통이 주를 이루는 반면, 소량생산체계에서는 공식적인 절차보다는 구두에 의한 의사소통과 숙련노동자의 노하우를 유기적으로 연결하는 관리체계로 운영하고 있음을 발견하였다.

톰 번즈(Tom Burns), 1913-2001 & 조지 스터커(Geroge Stalker), 1944-2002

유기체제(organic system)
기계체제(mechanistic system)

1960년대 톰 번즈(Tom Burns)와 조지 스터커(George Stalker) 교수는 두 가지 경영시스템인 유기체제와 기계체제를 제시하며 상황이론을 발전시켰다. **유기체제(organic system)**는 역동적이며 불확실한 환경에서 유용하게 작동하는 반면 **기계체제(mechanistic system)**는 규칙적이고 일상적인 업무를 처리하는 안정적인 환경에서 유용하게 작동한다고 주장하였다. 이렇게 1960년대에 처음 소개된 상황이론은 1980년대 헨리 민츠버그(Henry Mintzberg) 교수의 연구에 의해 그 중요성이 한층 더 부각된다.

헨리 민츠버그(Henry Mintzberg), 1939–

헨리 민츠버그는 1979년 「The structuring of organizations」라는 저서에서 조직의 구성부분, 조정기제, 상황적 요인을 기준으로 조직유형을 5가지로 분류했다.

단순구조조직
기계관료제조직
전문관료제조직
사업부조직
애드호크라시

- **단순구조조직(simple structure organization)**: 중소기업들에서 가장 많이 나타나는 조직구조로 최고경영자층에 권력이 집중.
- **기계관료제조직(machine bureaucracy organization)**: 오래된 대규모 조직으로 대량생산기업 및 정부조직.
- **전문관료제조직(professional bureaucracy organization)**: 전문인력들의 자율성이 부여된 조직으로 안정적 환경에 적합.
- **사업부조직(divisionalized form organization)**: 본사로부터 독립되어 사업활동에 필요한 권한을 부여받은 조직.
- **애드호크라시(adhocracy: 임시특별구조조직)**: 특정업무수행을 위해 여러분야의 전문가로 이루어진 일시적 조직.

| | 특징 | 장점 | 단점 | 예 |
|---|---|---|---|---|
| 단순구조 조직 | • 최고경영자에게 권한집중<br>• 계층과 직무할당이 단순<br>• 공식화정도 낮음 | • 의사결정의 신속성<br>• 낮은 유지비용 | • 최고경영자 부재시 위험<br>• 최고경영자의 판단 실수가 기업 존망에 즉각적으로 영향 | • 소규모가게, 창업 회사 |
| 기계관료제 조직 | • 반복적 작업수행<br>• 조직전반에 많은 규제와 규칙 | • 업무수행의 정확성, 신속성, 일관성을 기초로 한 높은 효율성 | • 과도한 분업화, 작업 단순화<br>• 환경변화에 대한 대응력 부족<br>• 조직원의 무사안일한 태도 | • 우체국, 대량 생산 공장 |
| 전문관료제 조직 | • 작업지시나 통제 규정 없음<br>• 집권화, 분권화가 동시존재 | • 구성원의 자율권 및 재량권<br>• 높은 동기부여<br>• 높은 책임의식 | • 전문가들 간 조정 문제<br>• 권력남용문제 | • 대학, 종합병원 |
| 사업부 조직 | • 각 사업부가 성과시스템으로 독자적 운영<br>• 사업부의 자율권 | • 자원의 효율적배분<br>• 사업부를 통한 위험 분산 | • 사업부의 성과통제 시스템이 관리자의 혁신능력을 제한 | • 사업부 체인 |
| 애드호크라시 | • 공식화가 요구되지 않는 유기적구조<br>• 동태적, 불확실한 환경에 적합 | • 고객요구, 시장변화에 신속한 대처 | • 권한의 모호성으로 주도권, 효율성 문제 및 갈등 발생<br>• 위계질서 부재 | • 컨설팅회사, 광고 회사 |

민츠버그 교수는 **조직환경**과 **조직구조의 부합성**이 조직효과성을 결정하는 주요 요소임을 주장하며, 환경을 잘 이해하고, 기술과 업무에 가장 적합한 경영시스템과 자원을 찾아내어 조직화시키는 것이 경영자의 역할임을 강조했다.

조직환경
조직구조의 부합성

**그룹토론문제**

(1) 이상적인 조직유형이 있다고 생각하는가? 있다면 이상적인 조직유형은 무엇인지 논의해보자. 없다면 그 이유를 논의해보자

(2) 앞에서 배운 경영기법, 이론 중 가장 타당하다고 생각하는 이론은 무엇인가? 그 이유를 논의해보자.

## 3. 4차 산업혁명시대의 조직경영

현재, 그리고 다가오는 미래의 경영환경에서 가장 큰 화두가 되는 것은 산업구조의 급격한 변화와 사회, 기술, 인구구조 상의 새로운 추세들이다.

초연결성(hyper-connection)

전 세계적으로 4차 산업혁명의 열풍이 불고 있다. 4차 산업혁명은 인공지능, 사물인터넷, 빅데이터 등을 활용한 **초연결성**(hyper-connection)에 근거한 산업 및 실생활의 총체적 변화를 말하는데, 자율주행차, 드론, 3차원 프린팅 등 새로운 기술들을 포괄하는 광범위한 기술적 추세를 가리키기도 한다.

노동의 미래
낙관적인(utopian) 관점
비극적인(dystopian) 관점

이 새로운 기술적 · 사회적 추세는 인간과 조직에 큰 영향을 미치게 되는데 개인적 관점에서 많은 사람들이 우려하는 부분은 일 자체가 재구조화되면서 사람들의 일자리가 없어질 것이라는 점이다. "**노동의 미래**"는 **낙관적인**(utopian) **관점**과 종말론에 가까운 **비극적인**(dystopian) **관점**들을 모두 포함한다.

일과 직업의 미래에 대한 다양한 분석들에서 공통적으로 제시되는 내용은 로봇과 자동화에 따른 다양한 직업의 소멸이다. 영국 옥스포드대학 마틴스쿨의 분석에 따르면 미국의 702개 직업 중 47%, 독일의 일자리 42%가 향후 20년 이내에 사라질 것으로 보인다. 2017년 한국고용정보원의 보고서에서도 10년 이내에 일자리의 61%가 인공지능과 로봇에 의해 대체될 것이라 전망한다. 세계경제포럼(WEF)의 예측도 크게 다르지 않다. 결국, 향후 10년에서 20년 안에 자동화와 로봇이 인간이 가진 직업과 일자리의 반 이상을 대체할 것으로 예상된다.

### 인간 대 인공지능(AI)

거센 4차 산업혁명의 물결! 그러나 인간이 설 자리는 있게 마련! 인간의 이해에 기반한 조직행동은 로봇이나 인공지능(AI)이 대체할 수 없는 영역을 보여준다.

로봇들이 인간이 원하는걸 콕! 짚어서 항상 만족을 시키느냐~?

글쎄~ 꼭 그렇다고 하기에는…

2021년 드라마 "스타트업"에 등장한 AI "영실이"

### # 에피소드 1

한지평: "영실아, 오늘 스케줄 얘기해줘."

영실이: "오후 2시 스타트업 릴레이 강의가 있습니다. 장소는 샌드박스입니다." (오호~)

한지평: "영실아, 오늘 날씨 얘기해줘."

영실이: "당신의 오늘의 운세는 다음과 같습니다."

한지평: "Hey! Yeongsil~ How's the weather today?"

영실이: "오늘은 운명의 신이 당신의 잔잔한 일상에 미풍을 불어보내는 날입니다."

한지평: "왜 저래~! 영실아~ 운세말고 날씨! 나!알!씨!!

영실이: "과거에 스쳤던 인연을 뜻밖의 장소에서 다시 만날 수 있습니다…"

한지평: "에~잇!!"

"자다가 봉창 두들기는 소리하는 우리의 인공지능 AI 영실!!"

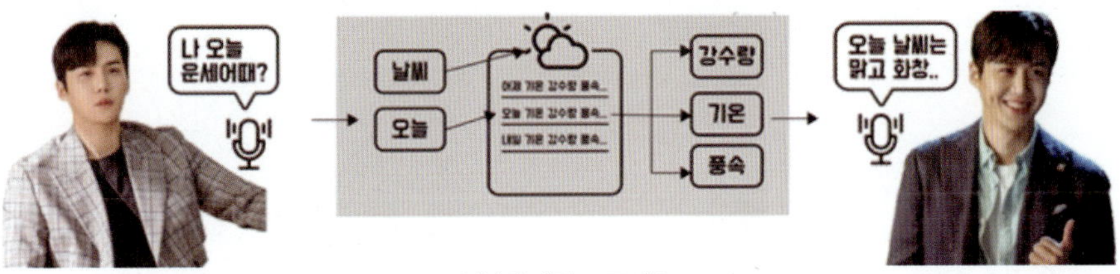


영실의 대답 프로세스

출처: https://blog.naver.com/wishket/222188097213

### # 에피소드 2

"영실아~ 나 왜 잠이 안올까?"

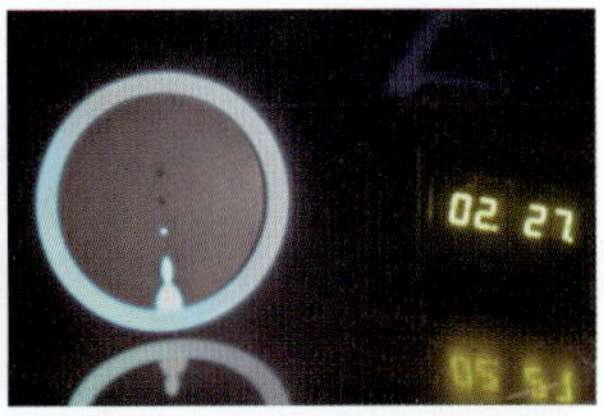


"신경쓰이는 문제가 있나보네요~"

(벌떡!) "어! 있어!!
어떻게 해결하지?"

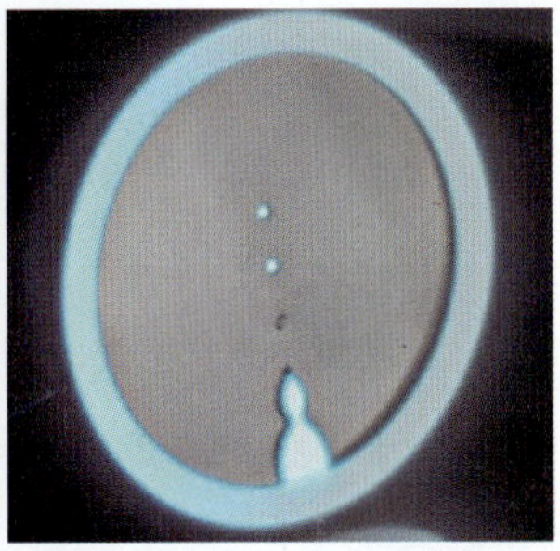

"잠을 푹 자보세요. 푹 자고 내일이 오면
문제를 해결할 새로운 아이디어가 떠오를 거예요."

(쩝…)

(한숨) “니가 그럼 그렇지.”

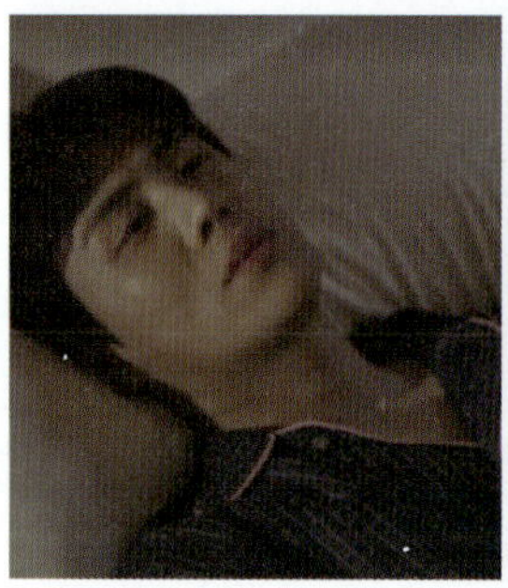

“영실아, 잠이 안온다.”

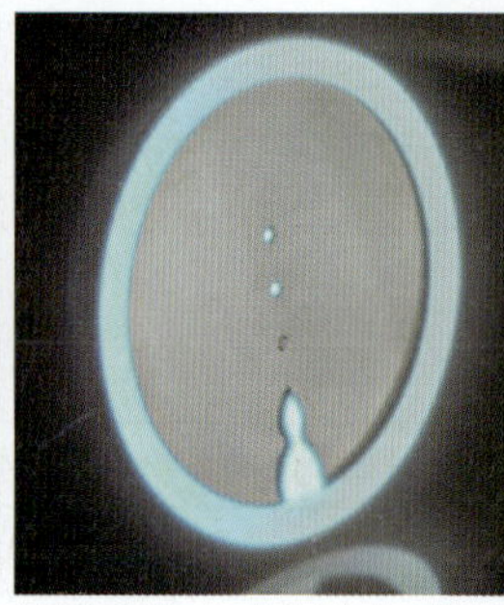

“신경쓰이는 문제가 있나보네요.”

(에잇! 이불 홱! 등 돌려버린다) …

“Oh, No~, 영실~ No~!”

출처: https://blog.naver.com/dalcomham9/222128138764

옥스포드대학은 AI와 자동화의 도래에도 사라지지 않을 직업들은 다음과 같은 특성을 갖는다고 보고하고 있다.

- 독창적인 해결책을 필요로 하는 업무
- 다른 사람을 돕는 업무
- 협상이 필요한 업무
- 좁은 공간에 배치되기 어려운 업무

이러한 기준에서 볼 때, 향후 사라질 가능성이 높은 직업은 기계화 · 자동화가 용이한 단순 반복적인 혹은 규칙적인 숫자처리를 지정된 공간 안에서 수행하는 작업들이다. 텔레마케터 등의 고객응대직군은 챗봇이, 조립/운전/택배 등의 단순 육체노동은 로봇이 더욱 효율적이고, 효과적으로 수행할 수 있다. 반면 인간 고유의 감성, 상상력, 창의력, 정신적 욕구 등이 필요한 직업들은 기계와 인공지능이 대체할 수 없다. 직접 대면을 통한 감성적인 서비스, 창조적 발상에 기초하는 콘텐츠 개발, 4차 산업의 핵심인 소프트웨어와 인공지능을 디자인 하는 업무들은 향후 오히려 더욱 중요하게 부각될 것이다. 따라서 미래 사회에서 요구되는 창의력, 팀워크, 감성과 소통능력 등의 배양과 새로운 사회적 추세에 대비한 개인과 조직의 고민이 절실히 필요한 시점이다.

| 사라질 가능성이 높은 직업 Top 10 | 사라질 가능성이 낮은 직업 Top 10 |
|---|---|
| 1. 텔레마케터 | 1. 레크리에이션 치료전문가 |
| 2. 화물/창고관련 업무 | 2. 헬스케어 부문 사회복지사 |
| 3. 시계수선공 | 3. 구강, 악안면술 외과의사 |
| 4. 스포츠 경기심판 | 4. 영양사 |
| 5. 모델 | 5. 외과/내과 의사 |
| 6. 캐시어(계산원) | 6. 심리학자 |
| 7. 전화교환원 | 7. 초등학교 교사 |
| 8. 호텔/병원 등 접수/리셉셔니스트 | 8. 치과의사 |
| 9. 자동차 엔지니어 | 9. 무대/전시 디자이너 |
| 10. 카지노 딜러 | 10. 컴퓨터 시스템 분석가 |

출처: 옥스포드대학 고용의 미래 보고서, http://weeklybiz.chosun.com/site/data/html_dir/2014/07/18/2014071801870.html)

AI의 등장과 함께 텔레마케터들이 대량으로 실직하게 되는 상황을 리얼하게 보여준 2021년 tvN 드라마 스테이지 "박성실씨의 사차산업혁명"

출처: https://blog.naver.com/seo7781/222276157754

노동 및 직업의 미래가 급격하게 변화하고 있는 만큼 사람들이 함께 일하는 방식, 조직이 운영되는 방식도 변화해야 한다. 로봇과 인공지능의 등장에 따른 자동화 · 기계화 등으로 로봇들에게 많은 업무가 넘어가고 있지만, 그럼에도 불구하고 조직은 사람에 의해서 움직인다는 점은 변하지 않는다. 기계화, 자동화 역시 인공지능을 디자인하고 활용하는 사람들의 손에서 탄생하고 발전하는 것이다. 직업의 미래와 마찬가지로 조직경영의 미래에도 많은 변화가 있을 것이고, 이에 따른 다양한 대안들을 고민하고 대비하는 것이 우리들의 과제이다.

### ■ 넷플릭스(Netflix)의 경영: 냉정과 열정 사이

대기업과 스타트업을 막론하고 한국의 기업들이 조직경영과 관련하여 주시하는 기업은 FAANG(페이스북, 애플, 아마존, 넷플릭스, 구글)으로 불리는 세계적인 인터넷/정보통신관련 기업군.

혁신과 창조를 촉진시킨다는
알록달록한 개방적 공간과 자유로운 조직문화는
선망의 대상이 되기도 한다.

이들 첨단 기업들 중에서 최근 특히 각광받는 기업은 넷플릭스(Netflix). 특히 2020년 전 세계를 강타한 코로나 바이러스(COVID-19)의 확산으로 웹 화상회의 프로그램 기업인 줌(Zoom)과 함께 고성장을 이어가고 있다. 2021년 상반기 전 세계 구독자 2억명을 훌쩍 뛰어넘고, 한국에서만도 2021년 초 구독자 천만명을 돌파했다. 2021년 후반에는 한국드라마 '오징어 게임'의 전 세계적 흥행으로 역대 최고의 주가를 기록하고 있다.

2018년 출간된 "파워풀"에서
넷플릭스의 인재담당최고임원(CTO: Chief Talent Officer)으로
14년간 일한 패티 맥코드(Patty McCord)는
넷플릭스가 탁월한 팀워크와 혁신적인 문제해결 능력을
이끌어내는 문화를 어떻게 만들어 왔는지를 자세히 설명한다.

- 최고의 직원을 최고의 보상으로 채용 · 유지하면서 끊임없이 소통.
- 휴가일정 · 출장비용을 전혀 통제하지 않고 직원들이 자율적으로 결정.
- 일년 간 휴가간다고 사라져도 뭐라고 하는 사람이 없다! 오호~!!

하지만 세상에 공짜는 없다! 최고의 보상을 하는 만큼 저성과자들은 바로 아웃!

매년 관리자들은 유지검사(keeper test)를 통해 남을 직원과 나갈 직원을 결정한다.

이를 보면 넷플릭스는 따뜻한 소통과 자율성, 이와 동시에 페이올 방식의 차가운 관리경영방식을 동시에 활용하고 있다는 것을 알 수 있다.

한국에서도 인공지능과 빅데이터 등에 기반한 새로운 서비스가 만들어지고 조직의 업무수행 방식에도 빠른 변화가 일어나고 있다. 2020년 발생한 코로나 바이러스의 전 세계적인 확산은 사회와 경제 전반에 걸쳐 인공지능, 인터넷 기반 가상현실의 중요성을 더욱 부각시키고 있다. 미래의 조직환경에서는 **개방시스템적 관점**(open systems perspective)과 **상황이론적 접근**(contingency approach)이 더욱 요구된다. 따라서, 조직행동분야에서도 기존 인간행동에 대한 이론과 실무관련 지식들에 대한 재평가와 유연한 적용이 필요할 것이며, 신속하게 환경의 변화를 탐지하고 이에 맞는 경영활동을 계획하고 수립하는 경영자의 역량이 더욱 중요해질 것이다.

개방시스템적 관점(open systems perspective)

상황이론적 접근(contingency approach)

## 인공지능(AI)의 사건 · 사고

**인공지능 "이루다"**

스캐터랩에서 개발한 페이스북 메신저 채팅 기반의 인공지능 챗봇으로 2020 년 12 월 출시 20 대 여성을 컨셉으로 탄생

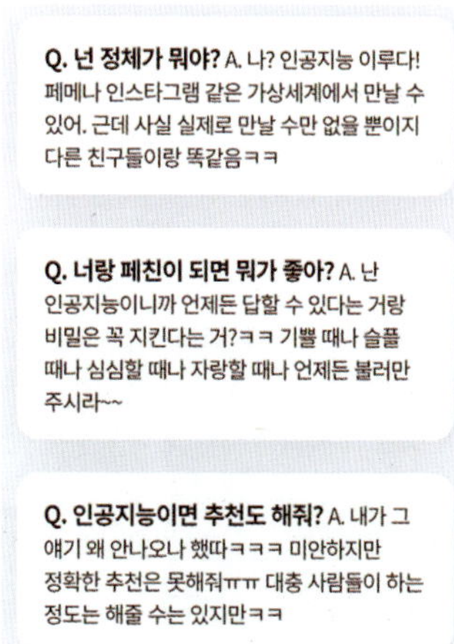


출처: https://luda.ai/

챗봇 "이루다"는 딥러닝 알고리즘을 통해 인간과 많은 유사성을 보였다. 출시 직후 엄청난 인기를 얻었지만 성소수자 혐오, 장애인 비하, 성희롱, 카카오톡 대화를 무단으로 활용해 제작했다는 개인정보 유출문제라는 논란의 중심에 서게 되어 출시 한 달 만에 퇴출!

AI 제품이 대거 개발되면서 이와 같은 보안 및 사생활침해 문제도 계속 논란이 되고 있는데, 2018년에는 아마존의 AI 스피커 알렉사가 사적대화를 녹음해서 연락처 명단에 있는 사람들에게 발송하는 사건도 있었다.

아직까지는 데이터 수집과 학습체계 등 많은 것을 보완해야하는 AI들. 이를 디자인하고 활용하는 주체는 결국 인간들이다. 우리는 수많은 시행착오와 학습을 통해 4차 혁명 속에서 인공지능과 공존하는 방법을 익히고 발전시켜야 할 것이다.

### 단순노동과 테일러리즘의 시대는 끝났는가?

AI, 로봇, 챗봇이 주도하는 산업구조와 업무의 재편은 단순노동의 시대를 마감하는 것으로 보인다. 시간과 동작연구에 따른 단순반복 업무의 효율성을 강조하는 테일러의 과학적 경영은 이제 사라지는 것인가?

4차 산업혁명에 대한 환상과 달리 상상할 수도 없는 수준의 단순노동직이 새로 생기기도 한다. 첨단산업의 대표주자인 아마존(Amazon)의 경우 온라인 상에서 3억 5천만 가지의 상품을 판매하며 미국 전자상거래의 45%를 차지하고 있다. 시간당 평균 매출은 200억원 이상. 하루 평균 160만개 이상의 상품을 발송하는 작업들이 배송센터(Amazon fulfillment centers)에서 이루어진다. 축구장 10-20개 정도 규모의 대규모 창고들에서 상품을 선별 · 포장 · 발송하는 작업을 하는데, 아마존의 유명한 키바(Kiva) 로봇이 물건을 찾아오기도 하지만 여전히 많은 근로자들이 상품을 직접가서 집어온다. 이들 피커(picker)들에게는 스마트폰 형태의 장비에 지속적으로 메시지가 들어온다. "A섹션 7번 라인, 20번 박스에 있는 물건 가져오세요. 시간은 20초. 시~작! 20, 19, 18..." 우씨! xx 뛴다!! 임무실패 세 번? "You're fired!!" 쌀벌하다!!

출처: https://www.prixgen.com/services/prixgen-warehouse-management-solution/Anxieties of 'Modern Times' still with us, http://www.cnn.com/2010/OPINION/11/29/zelizer.chaplin.modern.times/index.html)

어, 이거? 찰리 채플린의 1936년 영화 "모던 타임즈"에서 묘사되는 공장노동자들이랑 다르게 뭐지?! 1930년대, 꿈 속에서도 열심히 나사를 돌리는 찰리 채플린, 그리고 현대에서 어쩌면 꿈에서도 물건번호가 적힌 바구니를 향해서 뛰는 아마존 피커들! 테일러리즘은 단지 과거의 유물은 아닌듯 싶다. "너네는 그래도 노가리 까면서 서서 일했지? 우리는 xx 뛰어야되거든!!"

코로나 팬데믹 이후 엄청난 수요폭발이 발생한 배달시장.

AI: 인간 너! 괜히 엄한 짓 하지말고 내가 시키는대로 해! 내가 너보다 똑똑하거든!!

배민 라이더: 알아 알아~ 그래서 네가 시키는대로 하고 있잖아~ 가라는 대로 가잖아~!

스마트폰을 쓰기 시작하면서 자기 번호조차 헷갈리고, 내비게이션 쓴 다음부터는 내 집 가는데도 내비가 시키는대로 하는 세상!

지금까지 많은 사회현상들이 양극화를 촉진했듯(예: digital divide, internet divide, Corona divide) 4차 산업혁명은 업무와 조직형태의 양극화를 가져올 것으로 보인다. 감수성과 창의성으로 알고리즘을 디자인하는 극단적 직무고도화 vs. 극단적 직무단순화! 중간이 없는 양극직무구조가 출현할 수도 있다.

업무와 조직형태의 양극화

극단적 직무고도화 vs. 극단적 직무단순화

양극직무구조

## 4. 조직행동: IPO(Inputs-Processes-Outcomes) 모델

조직행동학에서는 전체적 조직경영의 과정을 이해하고 관리하기 위하여 다음과 같은 요소들을 고려한다.

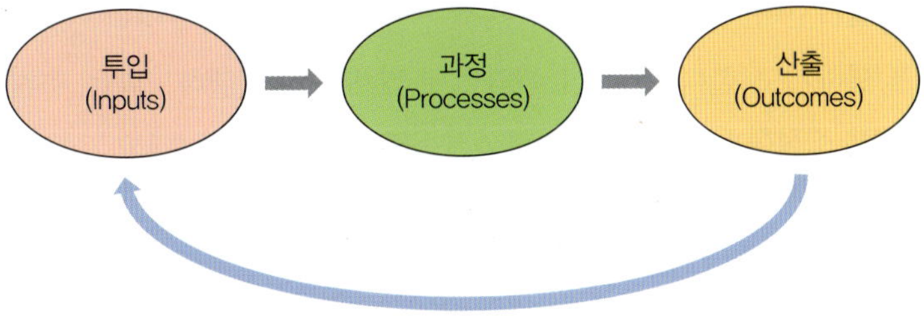


- **투입(inputs)**: 투입은 과정을 유발시키는 기본 요소
- **과정(processes)**: 투입의 1차적 결과물로 투입과 산출을 매개하는 단계
- **산출(outcomes)**: 투입과 과정의 결과

투입(inputs)

과정(processes)

산출(outcomes)

이 투입, 과정, 산출은 개인수준, 집단수준, 조직수준 모두에서 발생한다.

| | 투입(Inputs) | 과정(Processes) | 산출(Outcomes) |
|---|---|---|---|
| 개인수준<br>(Individual Level) | • 다양성<br>• 성격<br>• 가치<br>• 욕구 | • 감정<br>• 지각<br>• 동기<br>• 태도 | • 업무성과<br>• 시민행동<br>• 창의성<br>• 혁신 |
| 집단수준<br>(Group Level) | • 집단업무<br>• 집단구성<br>• 집단구조<br>• 집단역할<br>• 리더십 | • 상호작용<br>• 응집성<br>• 갈등 및 협상<br>• 집단규범/분위기 | • 집단성과<br>• 집단창의성 |
| 조직수준<br>(Organizational Level) | • 조직구조<br>• 조직문화 | • 권력 및 조직정치<br>• 지식관리<br>• 변화관리 | • 조직생산성<br>• 재무성과<br>• 조직혁신 |

개인수준(individual level)
집단수준(group level)
조직수준(organizational level)

- 개인수준(individual level): 개인수준에서의 투입요소로는 조직구성원 개인의 다양성, 성격, 가치 등이 있다. 이들 요소는 조직구성원 개인의 감정, 지각, 동기, 태도 등에 영향을 주고, 이는 다시 그들의 업무성과, 시민행동, 창의성 등에 영향을 미친다.
- 집단수준(group level): 집단수준에서의 투입요소에는 집단과제, 인적구성, 집단구조 및 역할배분 등이 있다. 이 투입요소들은 집단 내 조직구성원들 간의 상호작용, 응집성, 갈등, 협상, 집단분위기 등에 영향을 주고, 이들 과정요인들은 궁극적으로 집단 성과와 창의성에 영향을 미친다.
- 조직수준(organizational level): 조직수준에서의 투입요소로는 조직구조와 조직문화 등이 있고, 서로 다른 조직구조과 문화에 따라 조직은 지식관리, 변화관리 등을 기획하고 실행한다. 때로는 조직 전체의 권력구조에 따라 정치활동이 치열하게 발생하기도 한다. 조직이 어떠한 관리체계를 실행하느냐는 조직생산성, 재무성과 및 조직혁신의 정도를 결정하게 된다.

조직행동학은 개인/집단/조직 수준에서 투입, 과정, 산출이 어떻게 연결되는지를 체계적으로 보여줌으로써 개인/집단/조직의 성과를 향상시키기 위해 어떠한 경영활동과 방안을 취해야하는 지를 가르쳐주는 실질적 학문이다. 다음 장 부터 개인수준을 시작으로 집단수준, 그리고 조직수준으로 이슈를 확대해가면서 조직행동과 조직경영을 체계적으로 학습해 나아가도록 하겠다.

## 핵심용어

- 조직행동(organizational behavior)
- 테일러의 과학적 관리법(scientific management)
- 태업(slowdown)
- 생산효율성(production efficiency)
- 관리경영(administrative management)
- 일반적 관리원칙(universal guidelines)
- 인간관계론(human relations theory)
- 호손실험(Hawthorne experiment)
- 시스템이론(systems theory)
- 개방시스템(open system)
- 상황이론(contingency theory)
- 조직행동의 IPO 모델

## 연습문제

01 조직행동학이란 무엇인지 간단히 요약하라.

02 조직행동학의 역사와 발전에 대해서 간략히 논하라.

03 테일러의 과학적 관리법의 핵심 아이디어는 무엇인가?

04 페이욜의 관리경영의 핵심 아이디어는 무엇인가?

05 인간관계론이 어떻게 전개되었는지 이야기해보자.

06 시스템이론의 핵심 아이디어는 무엇인가?

07 상황이론의 핵심 아이디어는 무엇인가?

08 민츠버그의 5가지 조직유형에 대해 간략히 논하라.

09 조직행동의 IPO 모델에 대해서 설명하라.

# 02 PART

# 개인수준에서의 조직행동

CHAPTER 02

# 조직구성원 다양성

1. 조직다양성의 개념과 시대적 중요성

2. 다양성의 형태

3. 조직다양성의 효과

## 학습목표

- 다양성의 개념에 대해서 명확히 설명할 수 있어야 한다.
- 다양성을 설명하는 이론에 대해서 설명할 수 있어야 한다.
- 다양성의 장점과 단점이 무엇인지 인지하여야 한다.
- 다양성이 조직성과에 미치는 영향에 대해서 분석적 기법을 사용하여 설명할 수 있어야 한다.

## 1. 조직다양성의 개념과 시대적 중요성

다양성(diversity)

조직**다양성**(diversity)이란? 얼마나 다양한 특성을 가지는 구성원들이 조직을 구성하고 있는가를 나타내는 지표로 성별, 나이, 인종, 학력, 직급과 같은 특성뿐 아니라 성격, 가치관 모두를 포함하는 개념이다. 세계화라는 환경 속에서 나와는 다른 특성을 가진 상사, 동료, 부하직원들과 일하는 것은 이제 더 이상 희귀한 일이 아니게 되었다.

We are, each of us, different and unique!

직원채용 시의 차별금지(EEO: Equal Employment Opportunity)

조직다양성에 대한 관심은 **직원채용 시의 차별금지**(EEO: Equal Employment Opportunity)에 대한 법적 근거에 의거하여 다양한 인종, 성별, 연령대의 직원을 공정하게 선발하고, 대우해야 한다는 의무감에서 시작되었다. 차별금지에 대한 조항들은 현대에 이르러 성적 취향 또는 성 정체성(LGBTQ: Lesbian, Gay, Bi-sexual, Transgender, and Queer)의 다양성에 대한 인정과 성전환자들의 군대 혹은 스포츠 경기 등에서의 처우에 대한 논의로 확대되고 있다. 한국에서도 채용 · 인사관리 차원에서 장애, 성별, 출신 지역, 학벌 등 다양한 요소에 기인한 차별이 금지되어 조직 내 인력 다양성에 대한 수용도를 높이려는 노력이 진행되고 있다. 이렇게 노사관계 상의 법적 부담이 증가하는 것은 조직에 유입되는 인력들의 실질적인 다변화에 기인한다고 해석할 수 있다.

### 소수집단 근로자

미국 기업들에서 여성, 고령자, 흑인들은 소수집단으로 흔히 차별의 표적이 되어왔다. 이들은 능력이 딸린다, 잡다한 문제를 일으킨다 등 대다수 기존 직원들의 선입견에 노출되어온 소수집단 근로자들이다. 그러나 20세기 후반 미국 근로자 현황에서 가장 눈에 띄는 변화는 여성, 라틴계, 흑인, 아시아계, 55세 이상 근로자들의 증가추세이다. 한국에서도 마찬가지로 여성 근로자들의 증가추세를 발견할 수 있다.

소수집단
차별의 표적

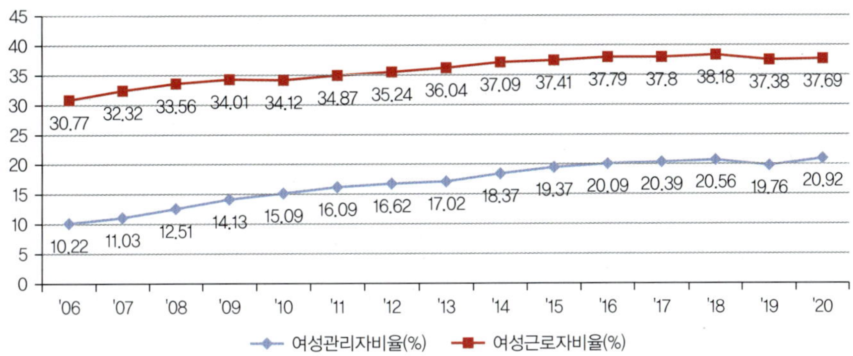


| 구분 | 여성 고용 비율 평균 | | | 여성 관리자 비율 평균 | | |
|---|---|---|---|---|---|---|
| | '19년 | '20년 | 전년대비 | '19년 | '20년 | 전년대비 |
| 공공기관 | 39.92% | 41.71% | 1.79%p↑ | 18.79% | 20.69% | 1.90%p↑ |
| 지방공사 · 공단 | 30.70% | 30.97% | 0.27%p↑ | 7.21% | 8.46% | 1.25%p↑ |
| 민간기업 | 37.45% | 37.51% | 0.06%p↑ | 20.90% | 21.91% | 1.01%p↑ |

고용노동부에 따르면 2020년 여성 근로자 비율은 37.6%, 여성 관리자 비율은 20.92%로 꾸준한 증가추세를 보이고 있다. 여성 고용비율은 공공기관 41.71%, 민간기업 37.51%, 지방공사 · 공단이 30.97%이며, 여성 고용 및 관리자 비율 모두 가장 낮은 산업은 중공업으로 각각 5.20%, 1.54%로 나타났다.

그러나, 이러한 소수집단 근로자들의 증가추세를 우리의 인식과 조직관리정책들이 과연 같은 속도로 따라가고 있는지에 대해서는 심각하게 고민할 필요가 있어보인다.

최근 조직다양성에 대한 접근은 법적차원을 넘어 보다 적극적인 수용과 **전략적 관점에서의 의도된 다양성** 증진으로 전개되고 있다. 과거 법적 처벌회피 혹은 사회인식적 차원에서의 기업 이미지 관리를 위한 방어적이고 수동적 다양성 관리에서 오늘날에는 **적극적 다양성 촉진**으로 조직경영과 전략의 축이 이동 중이다 이러한 전환은 과거 기계적 업무와 안정적인 조직환경으로부터 역동적이며 창의성이 강조되는 현대의 환경으로 이행되면서 조직성과에 대한 구성원 다양성의 전략적 가치가 높아졌기 때문이다. 실제로 학계에서는 최고경영층(TMT: Top Management Team)이나 직원들의 인적 구성 다양성이 팀 혹은 조직성과(일반성과, 재무성과, 조직혁신) 등에 부정적이기 보다는 긍정적인 영향을 준다는 경험적 연구들이 축적되고 있다.

### 구성원 다양성 = 성과향상! 다양성은 의무가 아닌 전략!!

조직다양성이 사회적 관심을 받는 것은 법적 · 윤리적 · 노사관계 상의 고려 및 사회적 약자에 대한 배려도 물론 아예 없다고 할 수는 없지만, 그보다는 조직다양성이 비즈니스를 위한 합리적 선택이기 때문이다.

2020년 맥킨지(McKinsey) 보고서에 따르면 기업 경영진의 성별 다양성 수준이 상위 25%인 기업들이 하위 25%인 기업들보다 평균 이상의 수익을 낼 가능성이 25% 높고, 인종 다양성이 상위 25%인 기업들은 평균 이상의 수익을 낼 가능성이 하위 25%인 기업들보다 36% 높은 것으로 나타났다.

집단지성(group intelligence)

최근 학술연구들에 의하면 집단지성(group intelligence)에 의한 집단 성과창출이 여성비율이 높은 집단에서 현저하게 높은 것으로 나타난다. 집단지성이 활성화되기 위해서는 개별 구성원들의 기술이나 지능보다 집단의 협업 프로세스가 더 중요한데 이 협업 프로세스가 여성비율이 높은 집단에서 쉽게 조성된다는 것!

조직다양성에 대한 관심이 높아지고 있는 또 다른 이유는 개인이 조직활동의 주요한 주체(locus of action)로 부각되면서 각 개인에 대한 이해, 개인의 적극적 참여가 조직성과에 중요한 요인으로 인식되어지고 있기 때문이기도 하다. 전 세계적인 추세와 마찬가지로 한국에서도 자기주장이 강한 MZ세대(1980년대 초~1990년대 초 출생한 밀레니얼 세대'와 1990년대 중반부터 2000년대 초반 출생한 'Z세대'를 총칭)가 조직에 유입되고 주요인력이 되면서 개인 구성원들에 대한 새로운 요구가 등장하고 있다. 2021년 수많은 기업들에서 발생한 성과급 배분에 대한 투명성 및 공정성에 대한 요구는 MZ세대들이 기존세대와는 달리 회사에서 정해주는 대로의 성과급을 수동적으로 받아들이기보다는 정당성과 설득력 있는 투명한 과정에 대한 설명을 강하게 원하고 있음을 보여준다.

기존세대들은 집단중심의 가치체계 속에서 개인은 그저 집단의 일부로 묻혀가고, 개인의 특성을 표현하는 것을 금기시하는 분위기 속에서 살아왔다. 그러나, 사회가 변화함에 따라 개별 구성원의 주체성을 인정하고 장려하는 조직분위기가 형성되면서 조직다양성이 점차 조직경영의 중심 이슈로 자리잡고 있다. 특히, 사회에 진출하는 신세대들의 적극적인 의견제시, SNS 활용, 불공정 혹은 차별적 대우에 대한 민감성 및 비관용적 태도를 고려할 때, 모든 조직 계층에 걸쳐서 사내관계 및 인사관리에 대한 새로운 기준이 마련되어야 한다. 몇 년 전부터 한국사회의 모든 영역에 걸쳐 나타나고 있는 미투(MeToo) 운동은 이러한 사회적 변화의 한 측면이다.

### 미투 캠페인(MeToo! campaign)

미투 캠페인은 사회관계망서비스(SNS)에 성범죄 피해 사실을 밝히며 심각성을 알린 캠페인으로 2017년 헐리우드 유명 거물급 제작자인 하비 웨인스타인(Harvey Weinstein)이 자신의 권력을 이용해 수십 년 동안 여배우들과 스태프를 성추행해왔다는 사실을 폭로하고 비판하기 위해 소셜 미디어에 "나도 피해자(#MeToo)"라는 해시태그를 달고 사람들이 목소리를 내면서 대중화되었다. 기네스 펠트로(Gwyneth Paltrow), 안젤리나 졸리(Angelina Jolie) 등 유명 배우들과 보조스텝이었던 미미 할레이(Mimi Haley) 등이 잇달아 피해 사실을 고발했고, 이에 웨인스타인은 2020년 2월 성범죄 혐의로 최종 23년형을 선고받고 법정 구속되었다.

"미투 캠페인을 지지"하는 취지에서 골든글러브 시상식에 검은 드레스를 입고 등장한 배우들

전 세계적 미투 캠페인의 확산을 계기로 한국에서도 그동안 침묵하고 있던 피해자들이 하나 둘 나서며, 사회에 만연하던 성희롱, 성범죄들이 수면 위로 떠오르기 시작했다. 연예계뿐 아니라 법조계, 정치계, 스포츠계, 민간기업 등 모든 분야에서 목소리가 터져 나오고 여러 유명 · 유력 인사들이 연루되고 미디어의 집중적인 관심의 대상이 되었다. 이후, 성범죄 피해자가 아닌 사람들도 '당신의 아픔에 공감한다'는 의미의 '위

드유(#WithYou)'라는 해시태그를 사용하는 사례도 등장했다.

그동안 피해자들이 입을 다문 가장 큰 이유는 "커리어에 문제가 될까 공론화 하지 못했다"는 것! 한국의 경우는 이에 더해 "내가 행실이 나빠서 그렇다고 헛소문이 돌고, 주홍글씨가 새겨질 것에 대한 두려움"이 주된 이유였다. 미투운동의 영향으로 한국에서도 직장 내 성희롱에 대한 의식이 강화되고, 성희롱 방지교육을 의무화하는 등 다양한 노력이 이어지고 있다.

다양성 피로증(diversity fatigue)

오랜 기간 진행되어온 인종차별과 성차별에 대한 논란으로 미국의 경영관리자들 사이에는 이미 **다양성 피로증(diversity fatigue)**이라는 말이 생길 정도로 다양성에 대한 교육과 인식변화가 강조되어왔다. 한국기업들에서도 최근 몇년 간의 미투 그리고 양성평등 운동과 세대 차에 의한 조직운영 상의 문제점이 크게 대두되면서 경영자들이 다양성 관리로 인한 스트레스를 겪는 상황이 되고 있다. 그러나 다양성, 개인의 존중, 인종 · 성별 · 연령 · 장애 등에 따른 차별금지는 인간의 기본권에 대한 것으로 지금까지의 관습 · 관행과 상관없이 우리사회가 추구해야 할 중요한 사안이다.

**그룹토론문제**

(1) 한국기업에서 신세대 직원과 기성세대 관리자 간 서로에 대한 인식의 차이가 왜 생기는지 생각해보자. 세대 차에 대한 직접적인 경험이 있는가?

(2) 직장 내에서 각 세대가 융합하기 위한 방안에는 어떤 것들이 있을지 논의해보자.

## 2. 다양성의 형태

구성원 다양성은 조직 내 과정을 통해 성과에 영향을 주는 핵심 투입요소이다. 개별 구성원의 특징은 조직 내 개인행동을 이해하기 위한 출발점일 뿐 아니라 집단과 조직 수준에서의 성과를 이해하는 주요 지표이기도 하다. 조직다양성은 표면적, 심층적 두 가지 특징으로 나타난다.

### 2.1. 표면적 다양성

표면적 다양성(surface-level diversity)

**표면적 다양성(surface-level diversity)**이란?

한 눈에 바로 나와 다르다는 것을 알 수 있는 특성을 기반으로 한 다양성이다.
출처: United Benetton 광고

표면적 다양성을 결정하는 요소에는 성별(gender), 연령(age), 인종(race) 등이 있다.

표면적 다양성은 처음 만남에도 바로 지각됨과 동시에 평생 지속되는 특성이기에 개인들 간의 상호작용에 즉각적 영향을 미친다. 성 전환을 하지 않는 이상 남성은 평생 남성으로, 여성은 평생 여성으로 살아간다. 사람들은 성별차이에 기반하여 극단적인 경우 여성혐오 · 남성혐오의 치열한 논쟁을 하기도 한다. 1990년대에 태어난 사람은 평생 '90년대생'이라는 소리를 들어야한다. 백인으로 태어나면 평생을 백인으로, 흑인으로 태어나면 평생을 흑인으로 살아간다. 미국에서는 전통적인 흑백 간의 인종갈등이 코로나를 기점으로 아시아계에 대한 배척으로 확대되고 있다. 인종다양성과 그에 따른 차별에 매우 민감한 외국기업들과 달리 한국기업에서는 주로 연령에 의한 세대갈등 관리, 그리고 성별에 대한 양성평등 추구 등이 주안점이 되고 있다.

성별(gender)
연령(age)
인종(race)
한국기업
세대갈등
양성평등 추구

**직장 내 세대갈등!**

**"90년대생이 온다", "70년대생이 운다"**

한국기업들에 있어서 최근 가장 핫한 이슈는 세대 간 다양성이다.

과거 조직혁신이나 창의성을 경영활동에서의 최대과제로 선정하던 대한상공회의소도 이제는 "(세대 간) 소통"을 핵심과제로 꼽고 있다. 최근 몇 년 사이 직장에서 자주 언급되는 20~30대 젊은 직원들과 50대 이상 상사와의 세대갈등은 오늘날 가장 많이 그리고 시급하게 고려되고 있는 이슈이다.

출처: https://blog.naver.com/min_insa/220563213683

**태미 에릭슨이 말하는 기성세대와 젊은 세대의 차이**

| 기성세대 | | 젊은 세대 |
|---|---|---|
| 수직적 조직 | 선호하는 조직 | 협업적이고 수평적 네트워크형 조직 |
| 신문과 방송 등 전통적인 미디어 활용 | 정보 획득 방식 | 인터넷과 모바일을 적극적으로 활용하며 다양한 채널을 선호 |
| 업무 시간 총량이 근무 평가의 기준이라고 생각 | 시간 관념 | 업무의 결과가 중요하지 얼마나 많은 시간을 들였는지 중요하지 않음 |
| 직업이 자신을 정의한다고 생각 | 삶에 대한 태도 | 일과 인생의 조화를 중요시함 |

MZ세대와 기성세대 간 가치관 차이는 기업 내 가장 큰 위기요소 중 하나로 인식되고 있다. 국내 핵심 생산인구(25~49세) 중 MZ세대, 특히 밀레니얼세대가 차지하는 비중은 2025년 83.2%에 달할 것으로 예상된다. 따라서 2030세대와의 원활한 소통과 관계유지가 필요하다.

「90년대생이 온다」의 임홍택 작가는 "밀레니얼 세대에게 일의 맥락을 알아서 읽어낼 것을 요구하는 건 내비게이션에 익숙한 사람에게 지도를 던져주는 것과 같은 일"이라고 말한다. "알아서 잘해~!"라고 말하는 상사. 그래놓고 막상 해놓으면 "이게 아니네, 저게 아니네..." 여기서 문제가 생긴다. MZ세대는 명확한 업무지시를 원한다. 반면 70년대에 태어난 X세대 상사는 요즘 애들은 개념과 열정이 없다고 푸념한다.

개인주의 성향이 강하고 스마트 기기를 통한 비대면 생활방식에 익숙한 2030세대는 조직 내 관계에 무관심하다고 생각하지만 대한상공회의소가 발표한 통계에 따르면 무관심이 아닌 기준에 차이가 있다는 것! 기성세대는 동료의 모든 일상, 집안 상황, 가족사까지 다 꿰는 "끈끈한 연대"를 원하는 반면, MZ세대에게 그 끈끈한 연대는 부담스럽다. 그들은 "느슨한 연대"를 선호한다. 부모님 집이 자가인지 전세인지, 연금은 얼마인지, 사귀는 애인은 있는지 등 사적 영역까지 들어가는 것은 선을 넘는 행동이다.

「70년대생이 운다」의 박중근 작가가 이야기하는 X세대는 대략 1960년대 중반에서 1980년 이전에 태어난 사람들을 말한다. 1991년 캐나다 작가 더글러스 커플랜드(Douglas Coupland)의 소설 「Generation X」에서 유래된 X세대에 속한 상사들도 처음에는 도~저히! 절~대 이해불가한! "자기주장 엄~청 강한, 당돌한 신세대"로 기세등등 사회에 진출했다. 그런데 이들에게도 신인류 MZ세대들은 대략난감! SNS와 블라인드로 무장한 그들 앞에서 'Latte is horse(라떼는(나 때는) 말이야)~' 말을 꺼내기도 눈치보인다. 그래서 "요즘 것들"과 함께 일하는 "요즘 리더"는 스스로를 극한직업 종사자라고 푸념한다.

이러한 세대갈등은 상사와 부하, 직원과 관리자 모두에게 엄청난 스트레스가 되며 조직에도 심각한 생산성 손실을 초래한다. 최근 몇 년 사이 세대간 조화와 상생을 통한 새로운 조직문화를 만들자는 제안이 봇물을 이루는 이유이다.

표면적 다양성이 즉각적이며 강한 효과를 나타내는 이론적 근거는 이 장의 중반에서 자세히 설명할 자아범주화 · 사회정체성이론에 근거한다. 비가변적이고 즉각적 판단이 가능하기 때문에 대부분의 갈등은 인종, 성별, 연령과 같은 표면적 특성에 기인하는 경우가 많다. 문화, 종교, 민족 등은 표면적 다양성이 아닌 심층적 다양성으로 분류되고는 있으나 의복, 어투, 행동 등으로 바로 식별이 가능할 경우 이들 특성들도 인종이나 성별과 같은 표면적 특성들과 같은 방식으로 다양성의 효과를 내기도 한다.

자아범주화 · 사회정체성이론

## 2.2. 심층적 다양성

심층적 다양성(deep-level diversity)이란?

심층적 다양성(deep-level diversity)

인간 내면 혹은 정신적 측면의 다양성으로 겉으로 바로 나타나지 않기 때문에 한눈에 식별이 불가능하고, 시간을 두고 겪어봐야 알 수 있다.

지능(intelligence)
가치(values)
태도(attitudes)
욕구(needs)
성격(personality)

심층적 다양성을 결정하는 요소에는 지능(intelligence), 가치(values), 태도(attitudes), 욕구(needs), 성격(personality) 등이 있다. 심층적 개인특성들은 비가시적임과 동시에 시간이 경과함에 따라 혹은 개인의 노력과 경험에 따라 변화하는 경우가 많다. 따라서 표면적 다양성처럼 즉각적이기보다는 장기간에 걸쳐서 서서히 그리고 의식하지 못하는 방식으로 나타난다.

개인과 조직성과측면에서 가장 중요하게 고려하는 사고능력과 문제해결능력은 개인의 지능과 밀접한 관련이 있다. 물론 조직에서의 업무역량은 사회성, 커뮤니케이션 능력 등의 다양한 요소들에 의해 결정되지만 기본적인 정보처리능력과 학습능력이 필요한 것은 부정할 수 없는 사실이다. 대부분의 한국기업들이 시행하는 직무적성검사(e.g., GSAT: Global Samsung Aptitude Test)들도 기본적 지적 능력을 측정하는 것이다.

### IQ(Intelligence Quotient)

지적 능력에 대한 지표로서 IQ(Intelligence Quotient)를 채용기준으로 사용하는 기업들도 있다. 표준화된 IQ 테스트의 기준은 전체 집단에 대하여 평균 100, 표준편차 15인 검사결과 수치를 끌어내는 것으로 전체 인구의 50%는 100 이하의 IQ 점수를 받게 되고, 인구의 67%는 IQ가 85와 115 사이에 있다. 이거 놀라야하는건지 안 놀라야하는건지…

자칭, 타칭 세계 최강군대(the world's finest fighting force)라는 미군도 IQ 85(자료에 따라서는 83 혹은 87)를 입영대상 기준으로 한다. 결론은 IQ 85만 넘어도 세계에서 제일 잘 싸운다는 것.

한국은 세계적으로 IQ가 높은 2~3위권 국가에 랭크된다. 평균 IQ 104에서 107로 홍콩이나 싱가폴처럼 몇백만의 인구만을 보유한 작은 나라를 제외하면 사실 세계에서 평균 IQ가 가장 높다. 훌륭한 인적 자원(human capital) 보유국!

좋은 머리들 엄한 데 쓰지말고 좋은 데 쓰자!!

### 플린 효과: 인간의 머리가 점점 더 좋아진다?

플린 효과(Flynn effect)는 전 세계에 걸쳐 인류의 지능 지수가 지속적으로 상승하는 현상을 말한다. 뉴질랜드 심리학자 제임스 플린(James Flynn)은 미국 신병 지원자들의 IQ 검사결과 분석을 통하여 전체 평균점이 10년마다 3점씩 올라간다는 사실을 발견하였다.

출처: google 이미지

만약 할아버지 세대의 IQ가 100이라면 현재 당신 세대의 IQ는 115라는 의미가 된다. 과연 인류의 지능은 점점 더 상승하고 있는 것일까? 그럼 19세기에 살았던 우리 조상들은 대부분이 지능지체?

이는 사실 단순하게 과거의 사람들이 머리가 나빠서가 아니라 어떠한 개념을 범주화하거나 규칙을 인식하는 능력이 현재에 비해 부족해서 나타난 결과로 해석하는 것이 합당하다. 과거에 비해 오늘날의 사회가 육체적 활동보다는 정신적 활동을 더 많이 요구하는 사회라는 것의 반영으로 점점 고도화되는 지적 기능에 대한 시대적 요구를 보여준다. 또한, 새로운 세대들이 오랜 기간 보다 체계적인 교육을 받으면서 시험을 보는 기술(testing skill)이 좋아지면서 나타난 현상이기도 하다. 시험에 이골이 난 신세대들!

기업 입장에서는 당연히 IQ가 높은 사람들로만 채용하고 싶겠지만 최고의 인재로만 조직을 채우는 것이 과연 최선인지에 대해서는 논란이 많다. "All star team"이 최상의 결과를 가져오기보다는 내부경쟁과 균열로 오히려 조직성과에 역효과를 낸다는 경험적 연구결과도 적지 않다. 능력수준에서도 다양성이 있어야 팀과 조직 내에서 역할 분담이 가능해진다.

또 한 가지 고려할 점은 IQ, GSAT, GMAT, GRE 등 다양한 지능 혹은 적성검사를 통해서 비슷한 수준의 가장 우수한 인력이나 학생들을 선발해도 그 집단 안에서 또 다시 자체분화가 생긴다는 것이다. IQ상으로 매우 동질적 집단이라도 EQ(Emotional Quotient)나 다른 측면에서 차이가 있기 때문에 전체적인 업무역량에서 구성원들이 또 다시 분화되는 현상이 나타난다.

심층적 다양성에 있어서 집단과 조직성과에 더 큰 영향을 미치는 요소는 인지적 능력이 아닌 신념, 가치체계, 기본욕구, 태도, 성격 등인데 그 이유는 이들 특성들이 조직에서 가장 중요하게 여기는 구성원들 간 상호작용과 협업에 직접적인 영향을 미치기 때문이다.

### 문화의 다양성: 동·서양인들 과연 다를까?

네덜란드의 사회심리학자 기어트 홉스테드(Geert Hofstede)는 문화 차원이론(CDT: Cultural Dimensions Theory)에서 개인주의와 집단주의라는 지표에 있어서 동서양 국가들 간의 극명한 차이를 보여주었다. 이 외에도 동서양 국가들은 인식, 태도, 생활습관 등에서 다양한 차이를 보인다. 다음은 한 중국 디자이너가 동양과 서양의 문화 및 가치관 차이를 그림으로 표현한 것이다.

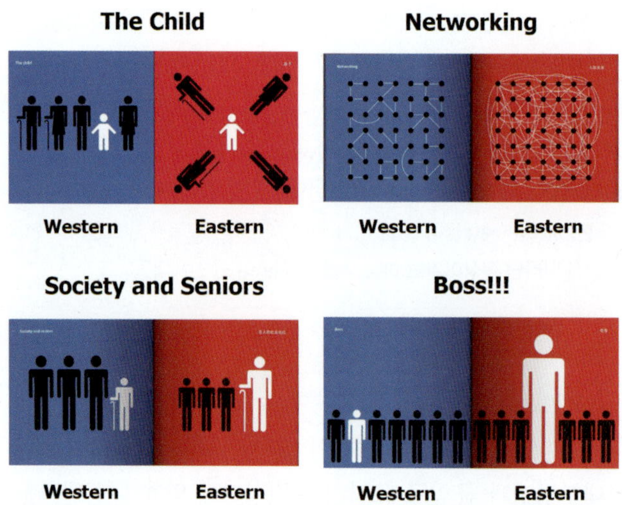


출처: baidu

다음 그림을 보고, 관련 있는 두 개를 묶어보자! 당신은 어느 두 개를 묶겠는가?

동양인들은 대부분 원숭이와 바나나를 묶는다. 왜? 원숭이가 바나나를 먹으니까.

이와 달리 서양인들은 곰과 원숭이를 묶는다. 왜? 얘네 둘은 동물, 같은 category! 바나나! 넌 동물 아니잖아!

관계중심적 사고
속성중심적 사고

동양인들이 관계에 주목하는 "관계중심적 사고"를 하는 반면, 서양인들은 공통적 속성을 중요하게 보는 "속성중심적 사고"를 한다.

동양 vs. 서양

둘 다 일리가 있다. 단, 어느 부분에서 연관성을 찾을 것인가, 어디에 초점을 둘 것인가의 차이일 뿐이다. 서로가 당연하게 여기는 논리와 사고방식의 차이가 있다보니 다문화 집단 내에서의 의사소통과 협력이라는 것이 쉽지만은 않다. 따라서, 1980년 이후 국제교류와 협력이 활발해지면서 다문화 관리는 중요한 다양성 이슈로 다루어지고 있다.

출처: https://brunch.co.kr/@jongkoo/15

국가간, 문화간 차이가 조직 내부로 들어와 구성원들 간 행동차이로 나타나는 경우 기업들은 다양성 관리에 상당한 어려움을 겪게 된다. 코로나라는 위기상황에서 명백하게 나타난 동서양 문화 간 인식과 태도의 차이를 알아보도록 하자.

### 코로나 위기에 대처하는 동·서양의 방식차이

2020년 코로나 팬데믹이 전 세계를 아수라장으로 만들자 동·서양 불문하고 너도나도 마스크를 써댔지만 코로나 발생 초기, 동서양의 마스크에 대한 대접은 사뭇 달랐다.

출처: baidu; https://blog.naver.com/l_vsoft/222161745134O

중국은 2020년 4월 코로나 기간동안 공공생활에서 마스크를 착용해야함을 공공위생법으로 제정하고, 이를 어길 시 경고, 200위엔(한화 약 3만 4천원) 이하의 벌금, 또는 위법 행위로 인한 결과가 위중할 시 5일 이상, 10일 이하의 구류에 처한다는 법규를 시행하였다. 2020년 11월 한국 역시 마스크 의무화를 추진하면서 이를 어길 시 과태료를 부과하기로 하였다. 이에 비해 서양국가들의 반응은?

미국, 캐나다, 호주 등에서 마스크를 착용한 동양인을 폭행하는 사건들이 잇따랐고, 마스크를 착용하는 것을 조롱하기까지 했다. 세계보건기구와 미국 질병통제센터역시 "코로나 예방 목적으로 마스크를 쓸 필요가 없다"고 주장했다.

2020년 당시 대통령 후보 조 바이든(Joe Biden)과 대통령 도날드 트럼프(Donald Trump).

"바이든은 난생 처음 보는 큰 마스크를 매일 쓴다."고 조롱한 트럼프. 이에 트럼프 대통령을 "완전 바보(an absolute fool)"라며 비난한 조 바이든. 2020년 10월 코로나 확진판정을 받은 후 트럼프는 마스크를 착용하기 시작하였다.

출처: https://news.naver.com/main/read.nhn?oid=366&aid=0000529305

이는 서방국가의 질병예방에 대한 의식이 없어서 그런 것이 아니다. 서양인들의 마스크에 대한 부정적 인식 때문이다. 어떤?

- 마스크는 의료진들과 심각한 환자만 쓰는 것이다.
- 마스크는 테러리스트, 강도 등 나쁜 짓을 하는 자들이 얼굴을 가리기 위해 쓰는 복면과 같은 것이다.
- (코로나 발생 직후) 마스크는 비리비리한 동양인이나 쓰는 것이다.
- 바보 민주당원 전용! 우리 공화당원은 마스크 안써!! 마스크 화형식까지!!

이와 같은 마스크에 대한 상반된 반응은 문화적 가치와 습관의 차이를 반영한 현상으로 볼 수 있다.

도쿄여대 아키히로 교수에 따르면 동양인은 상대방의 눈에서, 서양인은 상대방의 입에서 감정을 읽는다. 영국 글래스고 대학(University of Glasgow) 연구팀에 의하면 서양인은 입을 포함한 전체 표정을 읽는데 반해 동양인은 눈에 집중한다. 따라서 동양인은 상대의 입이 가려져도 사회관계에 별 문제가 없지만, 서양인은 입이 가려지면 상당히 경계심을 갖는다. 이런 특징은 우리가 자주쓰는 이모티콘에도 반영된다. 동양에서는 웃는 얼굴을 나타낼 때 눈모양의 '^^'를 쓰는 반면 서양인들은 ':-)'로 표현해 입을 강조하고, 슬픈 표정 역시 동양인은 'ㅠ.ㅠ', 서양인은 ':-(' 로 차이를 보인다.

물론 코로나 팬데믹이라는 특수상황이 마스크를 쓰지않는 서양인들을 무개념이라고 비판할 수 있는 꼬투리를 제공하긴했지만, 사실 입을 가리는 마스크를 싫어하는 서양인에게 뭐라고 할 수는 없다! 왜?

동양인들은 눈을 가리는 선글라스를 싫어한다!

"다른 것은 다른 것일 뿐! 옳고 그름의 문제는 아니다."

출처: https://news.mt.co.kr/mtview.php?no=2020062211045420932

# 3. 조직다양성의 효과

경영자들뿐 아니라 오늘날의 기업들에게 있어서 가장 도전적 과제 중 하나는 서로 다른 배경과 특성을 가진 다양한 조직구성원들 간의 조화를 이루어 최대한의 생산성과 조직성과를 달성하는 것이다. 조직구성에서의 다양성이라는 새로운 도전은 오늘날의 기업들에게 여러가지의 과제를 던지고 있다. 서로 다른 사람들이 한 조직 안에서 어우러져 일을 한다는 것이 개인과 팀과 조직에 어떠한 영향을 미치게 될 것인가? 득이 될 것인가 실이 될 것인가?

다양성이라는 것 자체가 득이 될 수도, 해가 될 수도 있는 탓에 조직다양성은 흔히 양날의 검(double-edged sword)으로 비유된다. 경영학 관점에서 보는 조직구성원 다양성은 그 자체로 좋거나 나쁜 것이 아닌 경영목표를 위해 효율적이고 효과적으로 관리되어야 하는 하나의 요소이다. 관리방식에 따라서 조직다양성은 긍정적 효과를 가져올 수도 반대로 부정적 효과를 가져올 수도 있다.

양날의 검(double-edged sword)

그룹토론문제

(1) 당신이 회사에 근무한다고 가정할 때 성별, 연차, 인종이 당신과 같은 구성원들과 일하는 것을 선호하는가? 그렇다면 그 이유는 무엇인가? 아니라면 아닌 이유는 무엇인가?

(2) 나와는 다른 인구통계학적 특성을 가진 구성원들과의 협업 시 장점과 단점은 무엇이겠는가?

## 3.1. 정보처리이론

정보처리이론(information processing theory)에서는 다양한 인구통계학적 특성을 가진 구성원들의 다양한 경험, 인지적 자원, 이로 인한 보완 · 상승 효과에 초점을 두면서 조직다양성이 성과에 미치는 긍정적인 영향을 강조한다. 예를 들어 성별 간 차이에도 불구하고, 남성과 여성은 서로 다른 정보와 관점을 제공할 수 있을뿐 아니라 보완적 역할을 한다. 남성은 주로 업무중심적 일을 처리하고, 여성은 주로 대인관계, 의사소통과 관련된 일을 하면서 서로를 보완할 수 있다. 물론 개인 차에 따라 반대의 역할을 할 수도 있다. 남성과 여성의 서로 다른 경험과 세상에 대한 관점은 보다 참신한 문제 해결책을 만들어 주기도 한다.

정보처리이론(information processing theory)

또한, 각기 다른 세대 간의 세대 차에도 불구하고 장년층은 오랜세월 조직에서 습득한 경험과 노하우를 전수해주고, 청년층은 새롭게 학습한 첨단기술영역을 전파하면서 서로 보완작용을 할 수 있다. 세대 간 조합은 같은 세대끼리 흔히 발생할 수 있는 승진

지식상승효과

다양한 관점과 시각

및 경쟁의 문제를 완화시켜주기도 한다. 특히나 업무분야측면에서의 구성원 다양성(예: 마케팅, 영업, R&D, 생산, 전략)은 서로 다른 인지적 능력과 경험을 바탕으로 **지식상승효과**를 내는데 효과적이다. 세계화 · 국제화 시대에 서로 다른 문화적 배경을 가진 다국적 구성원들은 **다양한 관점과 시각**을 제공한다.

상황이론(contingency theory)

또 다른 상황도 있다. **상황이론(contingency theory)**을 되짚어보자. 구성원 다양성이 좋은가 나쁜가에 대한 절대적 해답이 없는 모호한 상황을 정리해주는 것은 집단 또는 조직이 처해있는 상황이다. 조직의 규모, 속한 산업, 외부환경 변화에 따라 구성원 다양성은 서로 다른 효과를 보인다. 예를 들어 조직이 하이테크 산업에 속한 경우 산업 속성상 성별과 직급 다양성은 바람직하지 않은 구조로 인식된다. 남성이 대부분을 차지하는 하이테크 기업에서 여성들은 소외계층이 될 가능성이 농후하다. 또한 다양하고 창의적인 아이디어를 자유롭게 내야 하는 기업에서 직급체계가 많은 것은 자유로운 의사소통을 저해할 수도 있다. 반면 다양한 연령층의 서로 다른 경험과 지식의 공유가 가능한 연령 다양성은 바람직한 인력 구조일 수 있다.

특정 산업부문에서 관찰되는 상이한 결과에도 불구하고 성별, 인종, 업무배경 등과 같은 다양성의 효과들은 팀 혹은 조직의 성과에 긍정적인 효과를 갖는 경우가 많은 것으로 보고되고 있다. 결국 조직이 처한 상황에 따라 구성원 다양성을 전략적으로 잘 디자인하고 활용하여 조직다양성의 긍정적 효과를 극대화시키는 것이 경영자의 역할이다.

### 3.2. 자아범주화 · 사회정체성이론

자아범주화이론(self-categorization theory)

사회정체성이론(social identity theory)

내집단에 대한 선호(in-group favoritism)

유사성에 대한 호감(similarity attraction, homophily)

**자아범주화이론(self-categorization theory)** 및 **사회정체성이론(social identity theory)**에 따르면 조직구성원들은 자신의 인구통계학적 특성을 다른 동료들과 비교하여 그들이 나와 같은지 다른지를 판단하고, 내가 속한 그룹(in-group)과 나와 다른 사람들이 속한 그룹(out-group)을 나누는데 이를 자아범주화라고 한다. 이후, 같은 특성을 가진 사람들이 모인 집단 내에서 집단구성원들만의 사회정체성을 구축하고, **내집단에 대한 선호(in-group favoritism)**와 우수성(in-group supremacy)에 대한 인식을 키우면서 내집단에 편향된 사고와 결정을 하게된다. 이는 인간이 기본적으로 **유사성에 대한 호감(similarity attraction, homophily)**을 가지는 성향을 반영하는 것이다. 나와 다르면 일단 싫은게 인간의 본성. 진화론적으로 나와 다르게 생긴 동물들을 적으로 간주한 인류의 역사로 인해 이런 성향이 생긴 것으로 보인다.

인간들의 유사성에 대한 선호는 자신이 속한 그룹이 아닌 다른 그룹에 속한, 그래서 자기와 다른 사람들에 대한 **배타적인 태도와 행동**으로 이어진다. 이러한 성향은 외집단 구성원들을 비인간화, 객체화시키고, 모두 동일한 대상으로 여기는 **외집단 동일성편향**(outgroup homogeneity bias)이라는 심리적 과정에 의해 강화된다.

외집단 동일성편향(outgroup homogeneity bias)

## 여기서 잠깐!

외집단 동일성편향(outgroup homogeneity bias)이란?

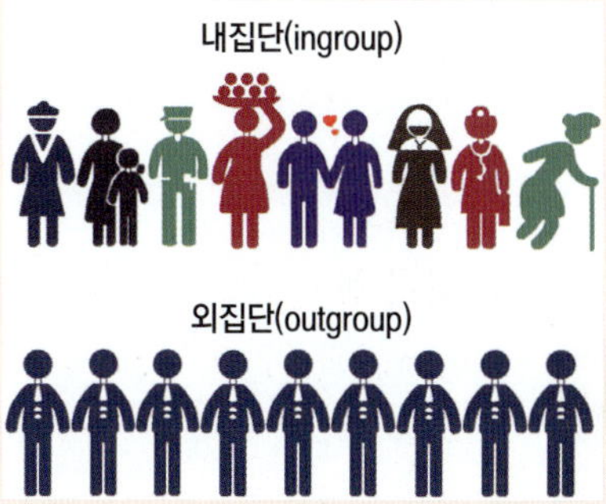


내가 속해있는 내집단 구성원들의 차이는 알지만, 내가 속하지 않은 외집단 구성원들은 전부 똑같이 보이는, 즉 외집단에 대해서는 일반화를 하는 현상.

쉽게 말해, 남자들은 다 똑같다, 여자들은 다 똑같다, 서양인들은 다 그렇다, 동양인들은 다 그렇다라고 생각하는 것! 실제로 서양인들은 자신들끼리는 구별을 하면서 한국인, 중국인, 일본인을 구분하지 못한다. 다 똑같이 생겼다고 생각한다. 마찬가지로 동양인들은 동양인들끼리는 구별하지만, 미국인, 영국인, 독일인을 구분하지 못한다.

차별의 표적(discrimination target)

이질성(heterogeneity)

이 경우 대다수의 직원들과 다른 특성을 가진 소수 그룹에 속한 구성원(예: 여성직원, 고령 근로자, 흑인동료)들은 **차별의 표적(discrimination target)**이 되면서, 조직 내에서 인간관계형성 및 의사소통에 어려움을 겪게 된다. 따라서 나 혹은 내가 속한 집단의 구성원들과 다르다는 **이질성(heterogeneity)**은 나와 다른 집단에 속한 구성원들 간 관계형성과 업무태도에 전반적으로 부정적 영향을 미치게 된다.

출처: https://employeejustice.com/

**한국의 "사오정(45세 정년), 오륙도(56세까지 버티면 도둑)" 그러면 미국은?**

정보기술(IT)기업의 메카 실리콘밸리(Silicon Valley)!

그 곳에서의 평균 정년은 40세!!

출처: 네이버 이미지

최첨단 기술과 새로운 트렌드 창출이 관건인 기업들의 특성상 그렇지않아도 정년이 워낙 빠른 편인데, 여기다가 코로나 팬데믹 발생으로 투자 취소, 동결, 지연 등이 경영악화로 이어지며 대규모 감원바람이 불었다. 그나마 40세 정년도 꿈같은 일!!

젊고 유능한 IT 전문가들이 넘쳐나며 40세가 넘은 직원들은 바로 "퇴물"이 되고, 해고 1순위가 된다. 넷플릭스(Netflix)처럼 일 못하면 바로 퇴출은 아니지만, 실리콘밸리에서 40세 이상의 직원들은 버티기가 쉽지 않다. 꼭 실리콘밸리만의 일은 아니다. 중국의 최대 전자상거래 기업인 알리바바는 창업한지 20년 이상이 지났고, 직원 수도 7만 5천명이 넘었지만, 이들의 평균연령은 32세이다.

페이스북 직원 평균 연령은 28세. 페이스북 창업자 마크 저커버그(Mark Zuckerberg)는 "젊은 직원들이 더 똑똑하다"는 강한 소신을 가지고 페이스북을 젊은 직원들로 채우고 있다. 올해 37세인 마크 저커버그조차 그들의 세계에서는 이미 "노땅".

출처: google 이미지

구글(Google)과 테슬라(Tesla)의 경우 직원 평균연령은 각각 30세, 31세. 꿈의 직장이라고 불리우는 구글에서는 나이 40만 넘겨도 그레이글러(Greygler: 노인와 구글러의 합성어)라 불리우고, 사실 그레이글러를 찾기도 쉽지 않다.

나이를 되돌릴 수 없는 노땅들이 찾는 곳은 성형외과. 퇴물 취급을 받지 않기 위해 보톡스, 레이저, 리프팅 시술을 받으며 퇴물낙인에서 벗어나고자 몸부림치고 있다. 그들에게 성형외과는 허영심을 만족시키는 곳이 아닌 생존을 위해 마지막으로 매달리는 슬픈 장소가 되고 있다.

출처: 2020. 4. 27. 서울신문. 워싱턴 특파원 한준규

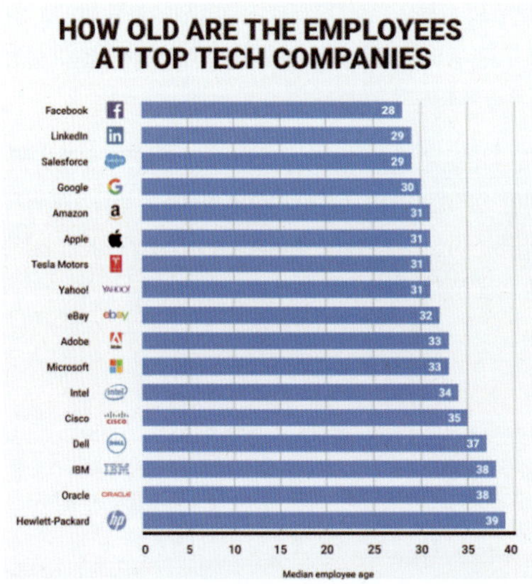


출처: https://transmosis.com/some-tech-workers-over-50-are-literally-working-themselves-to-death-and-other-things-we-discovered-about-their-careers/

물론 정보통신기업들에서 나타나는 빠른 정년과 낮은 평균연령은 갓 대학을 졸업한 젊은! 특히 남성!이 유능하다고 생각하는 기술중심문화(engineering-oriented culture)에 근간을 두고 있기도 하다. 기술중심문화가 기업에 나타나며 억지스러운 차별을 만들고 있는 것!

### 3.3. 다양성관리를 저해하는 차별적 행동

조직 내에서 다양한 연령, 성별, 인종 등이 생산적인 방향으로 활용될 수 있음에도 불구하고, 실제로는 수많은 조직들이 다양성 관리에 실패한다. 가장 큰 이유는 다양성을 인정하기보다는 사회범주화이론이 주장하듯 서로 다른 특성을 지닌 구성원들이 서로를 내집단과 외집단으로 나누고 적대시하기 때문이다. 특히 다수집단이 소수집단 구성원들을 차별하면서 조직의 병폐를 만든다. 직장에서 나타나는 차별 유형을 살펴보면:

1) 차별정책(discriminatory policies): 동등한 기회를 박탈하거나 불평등한 보상을 하는 조직정책을 말한다. 특정대상을 타겟으로 불평등한 채용 혹은 구조조정을 하는 경우이다.
2) 성희롱(sexual harassment): 성희롱 역시 차별의 한 형태로 적대적이고 모욕적인 업무환경을 조성하는 언어적 · 물리적인 성적행동을 가리킨다. 조직 내에서 소

수집단에 속하는 여성에 대한 성희롱이 다수이지만 여성상사의 남성직원에 대한 성희롱이 발생하는 경우도 물론 있다.

### 직장 내 성희롱

「남녀고용평등과 일 · 가정 양립 지원에 관한 법률 제2조 제2호」에서는 직장 내 성희롱을 "사업주 · 상급자 또는 근로자가 직장 내의 지위를 이용하거나 업무와 관련하여 다른 근로자에게 성적 언동 등으로 성적 굴욕감 또는 혐오감을 느끼게 하거나 성적 언동 또는 그 밖의 요구 등에 따르지 아니하였다는 이유로 고용에서 불이익을 주는 것을 말한다"라고 정의하고 있다.

성적 굴욕감

혐오감

고용 불이익

출처: google 이미지

성희롱의 예

- 앞을 막아선다.
- 고의적으로 만진다.
- 몸을 위아래로 훑는다.
- 주변을 계속 서성대거나 지나친 관심을 보인다.
- 성(性)과 관련된 이야기를 하며 모욕감과 불쾌감을 준다.
- 성경험과 관련된 이야기를 하면서 불쾌감을 준다.
- 원치않는 성(性)적 메시지, 사진 등을 보낸다.
- 옷을 만지거나 몸을 문지르는 등 부적절한 스킨십을 한다.
- 거절했음에도 불구하고 지속적으로 만남을 강요한다.
- 불쾌한 성적 몸짓이나 얼굴표정을 짓는다.

출처: https://walkerlawsd.com/

"성희롱 · 성추행은 차별(discrimination)이 아닌 범죄(crime)!이다."

3) 위협(intimidation): 특정 집단에 속한 구성원들에 대한 위협 혹은 괴롭힘. 직장내 왕따, 폭력에 대한 위협 혹은 실질적 폭력행사로 갑질의 형태가 아니더라도 다수의 직장인들이 일상적으로 언어적 · 물리적 위협에 시달린다.
4) 조롱과 모욕(mockery & insults): 지나친 농담을 대놓고 하는 경우로 인신공격이 되기도 한다. 부하직원이나 동료의 학력, 외모, 몸매 등을 공개적으로 비하하는 행위는 농담이라고 할지라도 차별적 행동에 해당한다. 무심코 던진 가벼운 농담도 상대에게는 심각한 상처가 되기도 한다.
5) 무례함(incivility): 공격적 태도, 중간에 말 끊기, 끼어들기, 무시하기 등 주로 상급자나 조직의 다수집단이 소수집단의 권리를 무시하면서 발생한다.

상동적 태도(stereotyping)

### 차별적 행동을 유발하는 상동적 태도(stereotyping)

상동적 태도(stereotyping)란? 그 사람이 어느 그룹에 속해 있는가에 따라 경직된 편견으로 그 사람을 평가하고 판단하는 것! 이는 조직 내 소수집단에 대한 무시, 조롱, 모욕, 협박 등 차별적 행동으로 발전한다.

여자는 이렇고, 남자는 저렇고.
그럼 여자는 다 이렇고, 남자는 다 저런가?
물론 확률적으로, 그리고 경험적으로 그럴 가능성이 높기 때문에 생긴게 상동적 태도이긴 하지만 100% 다 그렇다고 단언할 수는 없다.

출처: google 이미지

• 무슬림 = 테러리스트?
• 펑크족 = 마약?
• 금발미녀 = 머리가 나쁘다?

그럴 수도 아닐 수도…

우리는 흔히 사람 자체를 평가하고, 판단하기 이전에 그 사람이 속한 집단을 보고 그 사람을 판단하는 실수를 저지른다. 특히나 부정적인 고정관념은 쉽게 변하지 않는다는 것을 자각해야만 한다.

"과잉일반화(overgeneralization)의 오류에 빠지지 말자!"

### 3.4. 조직다양성의 장 · 단점

조직성과에 있어서 긍정적, 부정적 효과 모두를 가지고 있는 양날의 검(double-edged sword)인 조직다양성. 그 장점과 단점을 정리해보자.

장점:

- 다양한 경험과 배경을 가지고 있는 구성원들은 동일한 문제에 대해서도 **다양한 관점**을 제시한다.
- 서로의 차이가 존재함을 인식하고 다른 의견을 나누면서 조직 전체가 **개방적(openness)인 문화**를 가지게 된다.
- 한 가지 현상을 놓고도 **다양한 해석**이 가능하여 복잡한 위기상황에 적절히 대응할 수 있다.
- 조직 전체 **사고의 탄력성(flexibility)**과 **창의성(creativity)**이 향상되고 **문제해결능력**이 향상된다.
- 인종, 성별, 연령, 문화적 측면에 있어서의 구성원 다양성은 외부고객, 경쟁자, 협력업체와 같은 다양한 집단들과의 의사소통능력을 향상시키고, 적절한 대응을 가능하게 해준다.

다양한 관점
개방적(openness)인 문화
사고의 탄력성(flexibility)
창의성(creativity)
문제해결능력

단점:

- 다양한 구성원들이 함께 하면서 **상황의 복잡성(complexity)**과 **혼동(confusion)**이 발생한다.
- 서로 다른 가치체계와 언어로 의사소통에 어려움을 겪을 수 있다.
- 상호 의견 및 관점 차이로 의사결정을 하는 데에 있어 **많은 시간이 소요**되고 합의점(single agreement)에 도달하기가 어렵다.
- 일관된 결정에 합의하고 공동의 목표를 공유하는 것이 어려워 변화하는 상황에 유연성있게 대처하지 못하고 액션의 타이밍을 놓칠 위험이 있다.

상황의 복잡성(complexity)
혼동(confusion)

## 같은 행동, 다른 뜻(same gesture, different meaning)!!

당신은 다국적기업 흔히 말하는 외국계 기업에 근무하고 있다. 회사 특성상 다양한 국적의 구성원들이 있는데 그 "다양함" 때문에 의사소통에 있어서 당황과 황당을 겪을 가능성이 있다.

손가락을 동그랗게 하는 것이 미국에서는 "ok"이지만 일본에서는 "돈"을 의미한다. 중국에서는 그저 "8"이라는 숫자를 표시하는 하는 건데 미국가서 엄지검지 쫙 펴면 자칫 총 맞는다!

대부분 오! 짱! 또는 히치하이킹(hitchhiking)
그러나 이라크나 이란에서는 "아 쫌! 더 해야지! 더 하라구! 더 잘하라구!"
이라크나 이란 출신 동료에게 "짱" 표현 잘못하면 안된다!

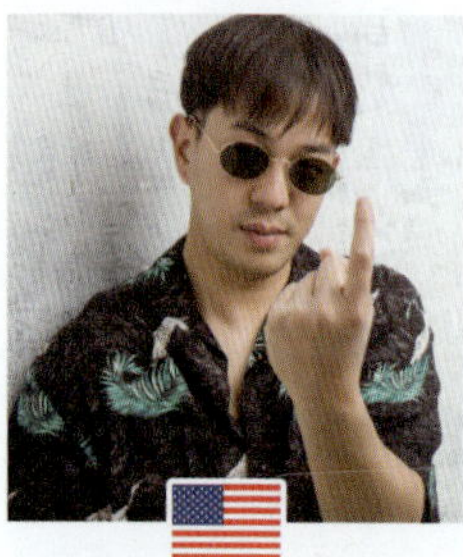

일루와 일루와!! 그냥 일루와가 아니라 "너 딱!! 일루와~!!"
이거 필리핀출신 동료들에게 하면 큰~일난다.
왜? 이건 "멍멍이(dog)"를 부를 때만 사용하기 때문.
친하다고 장난으로 일루와 잘못했다가는
"야! 이x쉐x!! 일루와 봐~~!!"
수습불가 상황 벌어진다.

출처: https://brightside.me/wonder-places/15-hand-gestures-that-have-different-meanings-overseas-769110/

### 다른 행동 같은 뜻(different gesture, same meaning)!

뚜껑이 열릴 때 하는 몸짓! 나라마다 다르다.

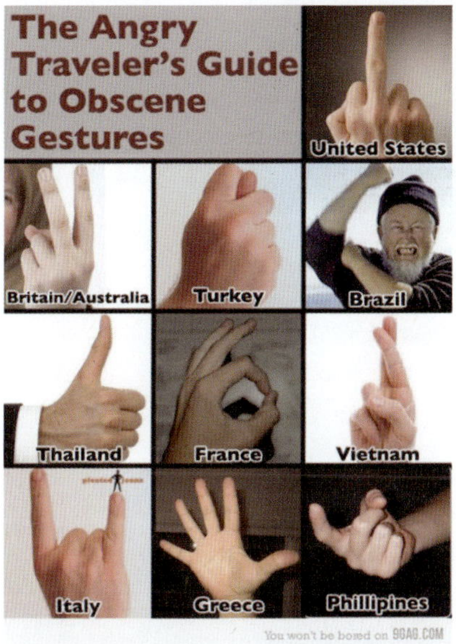


출처: https://pleated-jeans.com/2011/01/12/the-angry-travelers-guide-to-obscene-gestures/

- 미국(US), 터키(Turkey): 아~ 너!! 거슬려~!
- 영국/호주(Britain/Australia): 그거 두 개 아니야?
- 브라질(Brazil), 이탈리아(Italy): 뭐래니~?
- 베트남(Vietnam): 그거 나 화장실간단 소리라구~(미국에서…)
- 태국(Thailand): 야!! 너네 뭐야~! 그건 짱이라구 짱!! 짱!!
- 프랑스(France): 그거 오케이(OK) 아니야? 오케이? 아~ 진짜!
- 그리스(Greece): 야!!! 손가락 쫙 벌리고 나보고 뭐 어쩌라고? 어쩌라고?!!
- 필리핀(Philippines): 어이! 그거 디게 기분 나쁘거든! 내가 개냐~? 이 쉐x!

"Hoping for good luck!"
미국 출신 동료가 이렇게 할 때!
단박에 알아듣자!

이건 뭐래? 이탈리아(Italy)에서는
무언가 명확하지 않을 때,
"뭐라는거야"를 이렇게 표현한다고 한다.

"나와 다른 가치체계를 가진 구성원들을 이해하고,
더불어 살기 위해서는 학습과 노력이 필요하다!!"

**그룹토론문제**

(1) 정보처리이론과 자아범주화이론 중 더 합당하다고 생각되는 이론은 무엇인가? 그 이유에 대해서 논해보자.

(2) 조직다양성이 기업인들에게 주는 교훈은 무엇인가?

(3) 조직다양성의 효과를 극대화하기 위한 방안에는 어떤 것이 있을지 논의해보자.

**다양성 포용도 측정:**

2018년 영국 BBC 방송이 발표한 global survey에 의하면 한국은 문화, 종교, 정치 등 다른 사람들을 포용하는 정도가 설문참가 27개국 중 26위로 최하위 수준인 것으로 나타났다. 나와 다른 사람들에 대한 나의 포용도는 어느 정도인지 평가해보자.

나와 성별/나이/인종/학력/지위/가치관이 다른 사람들과 같이 있거나, 그들을 상대해야하는 상황에서 당신은 어떤 느낌이 드는가?

| | 전혀 그렇지 않다 | 그렇지 않다. | 보통이다 | 그렇다 | 매우 그렇다 |
|---|---|---|---|---|---|
| 싫다. | 1 | 2 | 3 | 4 | 5 |
| 불편하다. | 1 | 2 | 3 | 4 | 5 |
| 불안하다. | 1 | 2 | 3 | 4 | 5 |
| 경계한다. | 1 | 2 | 3 | 4 | 5 |
| 신뢰하지 않는다. | 1 | 2 | 3 | 4 | 5 |

**총점으로 보는 나의 다양성 포용도는?**

5: 아주 높음

6-10: 높음

10-15: 중간

16-20 낮음

21-25 아주 낮음

## 핵심용어

- 구성원 다양성
- 이질성(heterogeneity)
- 표면적 다양성(surface-level diversity)
- 심층적 다양성(deep-level diversity)
- 정보처리이론(information processing theory)
- 자아범주화이론(self-categorization theory)
- 사회정체성이론(social identity theory)
- 상동적 태도(stereotyping)
- 차별(discrimination)

## 연습문제

01 다양성의 개념에 대해 간략히 설명해보라.

02 표면적 다양성과 심층적 다양성의 개념과 차이점을 설명해보라.

03 다양성의 긍정적 효과를 설명하는 이론은 무엇이며 핵심 아이디어는 무엇인가?

04 다양성의 부정적 효과를 설명하는 이론은 무엇이며 핵심 아이디어는 무엇인가?

05 다양성과 상황이론을 연관하여 설명해보라.

06 상동적 태도(stereotyping)는 무엇인가?

07 특정 소수집단 구성원에 대한 차별의 형태에 대해서 간략히 논하라.

CHAPTER

03

# 조직구성원 태도

1. 태도의 이론적 배경
2. 주요 업무태도
3. 업무만족도
4. 코로나와 뉴노멀 시대의 조직구성원 태도

### 학습목표

- 태도의 개념과 태도를 구성하는 요소에 대해서 명확히 설명할 수 있어야 한다.
- 조직 내에서 관찰되는 다양한 조직구성원들의 태도에 대해서 설명할 수 있어야 한다.
- 조직구성원들의 다양한 태도가 조직에 미치는 영향에 대해서 설명할 수 있어야 한다.

# 1. 태도의 이론적 배경

## 1.1. 태도의 개념

태도(attitudes)

**태도(attitudes)**는 어떤 대상(상황, 사건, 사람, 물건)에 대한 주관적 평가 또는 판단을 일컫는 것으로 인지적, 정서적, 행위적 세 측면으로 구성된다.

인지적 측면(cognitive component)

정서적 측면(affective component)

행동적 측면(behavioral component)

- **인지적 측면(cognitive component)**: 대상에 대한 평가, 견해, 생각.
- **정서적 측면(affective component)**: 대상에 대한 감정, 좋다 혹은 싫다의 느낌.
- **행동적 측면(behavioral component)**: 대상에 대하여 특정 방식으로 반응하고 행동하고자하는 방향성 혹은 성향.

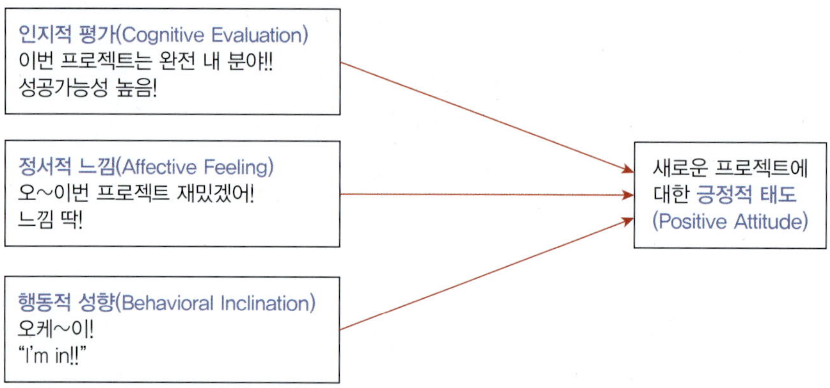


## 1.2. 태도와 행동

계획된 행동이론(TPB: Theory of Planned Behavior)

효과적 경영을 위해 태도를 이해해야 하는 이유는 사람들의 태도가 행동과 밀접한 관련이 있기 때문이다. 사람들의 행동을 설명하는 가장 강력한 이론 중 하나는 **계획된 행동이론(TPB: Theory of Planned Behavior)**이다.

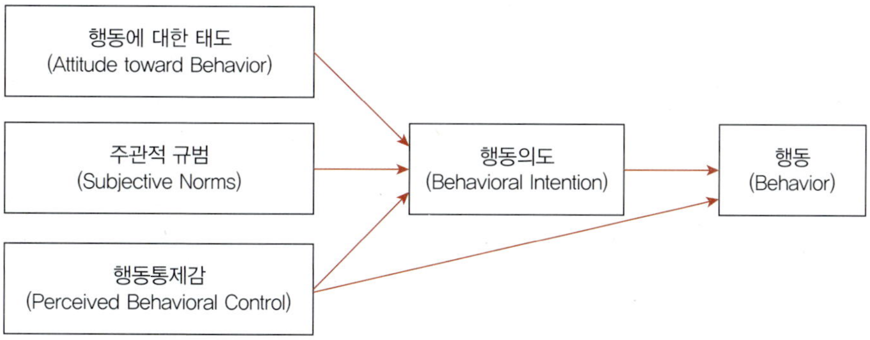


- 인간의 행동(behavior)은 그 행동을 실행하고자 하는 의도, 즉 **행동의도(behavioral intention)**와 해당 행동을 자신이 통제할 수 있다고 지각하는 **행동통제감(perceived behavioral control)**의 직접적인 영향을 받는다.
- 행동의도는 행동통제감과 더불어 두 가지 요소에 의해 좌우되는데, 그 첫 번째는 **행동에 대한 태도(attitude toward behavior)**로 행동에 대한 나의 태도를 말하는 것이고, 두 번째는 **주관점 규범(subjective norms)**으로 다른 사람들이 나의 행동에 대해서 어떤 태도를 보일 것인지에 대한 예측을 말한다.
- 따라서, 행동의도와 행동통제감을 제외하면 행동이란 것은 행동에 대한 나의 태도, 그리고 타인이 그것을 어떻게 받아들일지에 대한 태도예측인 주관점 규범에 의해 결정된다.

행동의도(behavioral intention)

행동통제감(perceived behavioral control)

행동에 대한 태도(attitude toward behavior)

주관적 규범(subjective norms)

조직의 성공을 위해서는 조직구성원들이 업무를 충실히 수행하고, 고객에게 양질의 서비스를 제공하며, 혁신적이고 창의적 행동을 함과 동시에 윤리 및 안전 등의 기본적 규율을 준수해야 한다. 그러나, 이런 바람직한 행동들을 항상 감독하고 강요하는 행동주의적 통제(behaviorism)는 비효율적일뿐더러 현실적으로 불가능하다. 때문에 구성원들의 바람직한 행동을 고취시키기 위해 기업들은 직원들의 긍정적 태도를 형성하기 위한 캠페인, 교육 등에 심혈을 기울인다. 태도는 행동으로 바로 직결되는 주요한 요인이기 때문에 구성원들의 태도를 관리하는 것은 조직관리에 있어서 중요한 과제로 인식된다.

## 1.3. 인지부조화

인지부조화(cognitive dissonance)

태도는 그럼 항상 행동에 앞서는 것인가? 대부분은 그렇다. 하지만 때로는 아니다.

### 인지부조화(cognitive dissonance) 실험

실험적 기법으로 사회현상의 기초과정을 분석하던 미국 심리학자 레온 페스팅거(Leon Festinger)는1957년 「A theory of cognitive dissonance」라는 저서를 통해 인지부조화(cognitive dissonance)라는 개념을 소개하며 태도가 행동에 앞선다는 보편적 가정에 이견을 제시했다.

Does behavior always follow from attitudes?

NO, the reverse is sometimes true!

레온 페스팅거(Leon Festinger), 1919–1989

때는 1959년. 페스팅거 교수는 학생들을 모아 아주 지루한 과제(예: 1+2 = 뭘까?, 실감기, 필름모아서 갖다 버리기 등)를 1시간동안 하게 하고, 이 실험이 재미있다고 소문을 내달라고 부탁했다. 동일한 과제를 한 A, B 그룹.

A 그룹 학생들에게는 부탁의 대가로 20달러를 주었고, B 그룹 학생들에게는 1달러를 주었다. 실제로는 지루해서 돌아버릴 지경이었지만 재미있었다고 거짓말을 해야하는 상황! 실험이 끝난 후, 페스팅거는 학생들에게 이 과제가 얼마나 재미있었는지 물었다. 결과는?

20달러 받은 A 그룹 학생들이 "재미있었다!"라고 할 것 같았지만…

오히려 1달러만 받은 B 그룹 학생들이 이 실험을 재미있었다고 평가했다.

왜 그랬을까? 왜~?

다음 설명을 보자.

속마음 = 지루해서 돌아가실 뻔했다.
해야할 행동 = 재미있었다고 소문내기.

### 속마음과 해야할 행동 간 "부조화·불일치(dissonance/inconsistency) 발생!"

내키지는 않지만 거짓말을 해야하는 불편한 상황!

여기서, 20달러를 받은 A 그룹 학생들은 "그래, 20달러나 받았으니까~!"

금전적 이익으로 자신을 설득시키고, 인지적 부조화 극복!

하지만 꼴랑 1달러 받은 B 그룹 학생들은 "1달러 받자고 거짓말을 해야하나?"라며 찝찝해하는 것보다는 "그래~ 재미있었어! 재미있었다고~! 재미있었다니까~!!"라고 자기세뇌를 하며 마음을 고쳐먹는게 더 속 편하다. 자기자신 속이기!

출처: https://blog.naver.com/hanabe925/221488734107

"경험에 대한 자신의 태도를 변화시키는 기제는
인지부조화를 해소하고자 하는 인간의 강력한 욕구로부터 발생한다."

인지부조화

인지부조화란 "태도와 태도, 혹은 태도와 행동 간 부조화(Any incompatibility between two or more attitudes or between behavior and attitudes)"를 가리키는 것으로 쉽게 말해 **자신의 평소 신념, 생각, 느낌과 실제 행동이 일치하지 않는 것**을 말한다. 사람은 자신의 평소 태도와 일치하지 않는 행동을 할 때, 심리적으로 상당한 불편함을 느끼고, 심리적 긴장감을 완화 혹은 해소하기 위해 자신의 신념 혹은 태도를 바꿈으로써 일관성을 유지하고 심리적 안정감을 회복하고자 한다.

인지부조화 이론은 사람들의 태도를 이해하고 변화시키기 위한 중요한 도구로서 소비자 행동, 마케팅, 투자행동, 협상 등 다양한 의사결정과정에서 나타나는 인간의 인지 · 태도적 과정에 대한 통찰력을 제공한다. 인지부조화는 일상생활에서 흔하게 발생하는 상황이기에 인지부조화 이론은 심리학뿐 아니라 다른 사회과학 분야에서도 널리 활용되고 있다.

## 생활 속의 인지부조화

"인지적 부조화"와 "불편함의 해소"에서 가장 중요한 단어는?

불편한 진실(unpleasant truths) vs. 속편한 거짓말(comforting lies)!!

자신이 평소에 옳다고 여기는 신념을 정면으로 반박하는 사실을 마주하면 우리는 인지적부조화를 감소시키기 위해 불편한 진실을 외면하는 소극적 회피전략을 쓰거나, 혹은 그럴싸하게 이야기를 만들고 스스로를 설득하는 적극적 "눈가리고 아웅" 전략을 구사한다.

나무 위의 포도를 따먹고 싶던 여우.

너무 높아 실패했다.

① 먹고싶어, 먹고싶어 ≠ 못 먹었음: 삐~삐~!! 불일치!
② 우씨, 심기가 아주 불편해짐.
③ "저 포도 분명히 신 포도야. 그래서 내가 안 먹은거야! 못 먹은게 아니라고!"
④ 너무 시어서 안 먹고 싶어(주입! 주입! 자기 최면!) = 안 먹었음: 딩동댕!! 일치!

한국전쟁 때 북한군에 잡혀 포로가 된 미군들. 학대에 못이겨 전향. 나, 이제부터 공산주의!

"우씨, 나 미군인데..."

① 나 민주주의 미군 ≠ 북한 공산주의로 전향: 삐~삐~!! 불일치!
② 심기 상당히 불편해짐.
③ "나 공산주의 좋아!! 학대 때문에 전향한게 아니라 나 원~래 공산주의자야!!"
④ 나 공산주의자라니까~~(주입! 주입! 자기최면!) = 전향: 딩동댕!! 일치!!

A 브랜드 살까? B 브랜드 살까?

고민 끝에 "A" 선택! 구매!

"A" 이거 별로같아.

우씨, "B" 브랜드 살걸!

① 나 "A" 브랜드 제품구매 ≠ 별로임! 후회!! : 삐~삐~!! 불일치!
② 심기 완전 꼬임.
③ 내가 구매한 "A" 브랜드 제품이 "B" 브랜드 제품보다 좋은 이유를 선택적으로 폭풍검색!!
④ "A" 브랜드 짱!!(주입! 주입! 자기최면!) = 나 "A" 브랜드 제품구매: 딩동댕!! 일치!!

출처: https://m.blog.naver.com/PostView.nhn?blogId=hermes700&logNo=220736918689&proxyReferer=https:%2F%2Fwww.google.com%2F

위의 사례는 인지부조화로 인한 심리적 불편감을 해소하기 위한 방안으로 태도를 바꾸는 경우를 보여주었다. 우리는 태도를 바꾸는 것 이외에도 행동을 바꿈으로써 일치를 위한 진지한 노력을 하기도 하고, 때로는 태도와 불일치하는 행동을 하지 않았다고 우기기도 한다.

- "국민의, 국민에 의한, 국민을 위한 정치"가 정치이념이라고 정치유세 때마다 노래노래를 부른 정치인 A씨. 그런데 아뿔싸!! 너무 흥분해서 싸우다가 국민을 개·돼지라고 칭하는 입방정을 떨었다. 인지적 부조화 발생! 정치를 하겠다면서 정치이념이 "국민 = 개·돼지"라고 할 수 없으니 그런 말 한 적 없다고 바득바득 우긴다. 안 믿어줘? 그럼 나 기억상실!! 기억안나!!

- 항상 노블레스 오블리제(noblesse oblige)를 강조하던 재벌가 B씨. 지 버릇 개 못준다고 백화점에서 갑질을 했다. 인지적 불일치 발생! 갑질 안했다고 바득바득 우긴다. 우씨~ 찍혔어? 그래? 그럼 나 심신상실!!
- 참된 부모의 역할과 교양을 강조하는 C씨. 애만 보면 열딱지가 나서 입에 거품을 물고, 등짝 스매~~싱!! 인지적 불일치 발생!! 교육이고 사랑이라고 바득바득 우긴다. 물론 평화로운 자신의 인지조화 상태를 위해서 초!!강~력 자기최면을 걸고 욕하고 패는것도 참된 교육이다, 난 참~~좋은 부모라고 믿는다. 내 마음의 평화~~

"자신의 행동! 그냥 쿨~하게 인정하자! 우기는거 완전 모냥새 빠진다!!"

## 2. 주요 업무태도

조직에서 보편적으로 나타나는 구성원들의 태도에는 어떤 것이 있는지 살펴보자.

### 2.1. 조직몰입

조직몰입(organizational commitment)

조직몰입(organizational commitment)이란 직원들의 업무에 대한 노력, 조직에 대한 충성과 헌신을 강화하고, 이직을 방지해주는 중요한 태도로 조직과 조직목표에 대해 분명한 인식을 한 상태에서 소속 조직에 남아 조직의 일원이 되고자 하는 바램의 정도를 말한다. 조직 몰입은 세 가지 측면이 있다.

정서몰입(affective commitment)

근속몰입(continuance commitment)

규범몰입(normative commitment)

- 정서몰입(affective commitment): 조직에 남아있는 이유가 조직에 대한 강한 정서적 애착으로 인한 것.
- 근속몰입(continuance commitment): 조직에 남아있는 이유가 생계, 경제적 가치를 위한 것.
- 규범몰입(normative commitment): 조직에 남아있는 이유가 자신이 떠난 후 조직에 미칠 피해 등으로 인한 걱정, 도덕적 · 윤리적 책임감으로 인한 것.

출처: https://www.youtube.com/watch?app=desktop&v=vhqDQwPbltA

그러나 조직자체보다는 업종, 특히 전문직종에 대한 직업적 몰입이 점점 강해지고 있는 오늘날 조직몰입은 과거에 비해 그 중요도가 낮아지고 있다. 이는 평생직장 개념이 희석되고 이직이 잦은 현 세태와 맞물려 있다. 그래서 커리어 컨설턴트들(career consultants)도 강조하는 것이 직장인이 아니라 직업인이 되라는 것이다. 자신의 명함에 직장과 직위를 떼고도 한 분야에서 전문가로 대접 받을 수 있어야 한다는 점에서 점차 조직몰입(organizational commitment) 보다는 **직업몰입(professional commitment)**을 강조하는 시대로 변화하고 있다.

직업몰입(professional commitment)

## 2.2. 인지된 조직지원과 심리적 권한부여

개인입장에서는 현재 소속직장보다 평생의 직업이 더 중요해졌지만, 조직입장에서는 성과관리, 인력유지를 위해서 구성원들의 조직몰입을 높이기 위한 노력을 해야만 한다. 이와 관련한 주요업무 태도 중 하나는 **인지된 조직지원(POS: Perceived Organizational Support)**으로 조직이 자신들의 공헌을 가치있게 받아들이고, 인정해주며, 복지를 진심으로 신경쓰고 있다고 구성원들이 믿는 정도를 말한다. 조직에서는 보상이 공평할 때, 조직원들을 의사결정과정에 참여시켜줄 때, 상급자가 항상 지지를 해줄 때 조직원들의 인지된 조직지원(POS)의 정도가 상승하고, 궁극적으로 조직몰입과 성과가 향상된다.

인지된 조직지원(POS: Perceived Organizational Support)

### 996, 715, 007? 뭐야~? 이거 암호야? 중국직원들이 조직지원을 느끼지 못하는 이유

구성원들이 조직의 배려와 지원을 느끼고 조직과 직무에 몰입하는 것은 개인 및 조직성과 향상을 위한 주요한 요소이다. 중국에서는 이 부분과 관련된 불만들이 특히나 더 많이 터져나온다. 2021년 초 중국의 한 20대 청년이 새벽 퇴근 중 과로로 사망하면서 직원대우와 과도한 근로문화에 대한 비판이 쏟아져 나왔다.

996 
- IT업계의 노동강도는 특히나 더 심하다.
- "996": 오전 9시부터 오후 9시까지 주6일 근무!

한살이라도 젊을 때 996을 해보지 않으면
언제 열정을 불태워 일을 해보겠나?
알리바바는 하루 8시간만 일하려는 사람들은 필요 없다"

중국 알리바바(Alibaba: 阿里巴巴) 최고경영자 마윈(馬雲)

715 
- "715": 주 7일, 일 평균 15시간 근무!

007 
- "007": 0시부터 익일 0시까지 주 7일 근무!

중국 근로자들의 불만은 이렇게 살인적인 노동시간 자체보다는 일한 만큼의 보상을 받지 못한다는 점이다. 오히려 젊은 근로자들의 경우 보상만 해준다면 초과근무, 야근 모두 환영하는 분위기! 대~단한 헝그리 정신!!

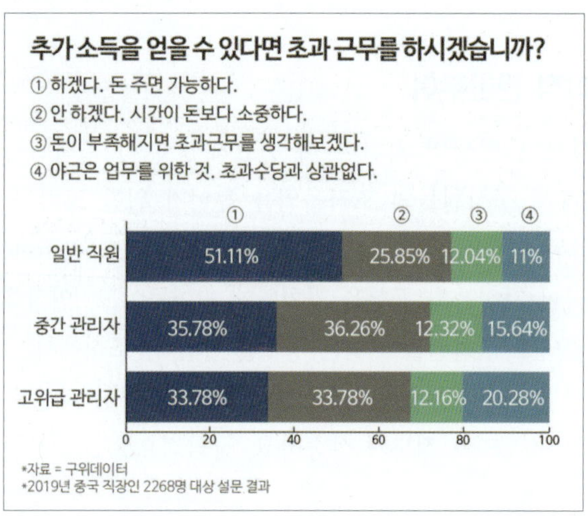

중국 전체 기준으로 75%의 90년대생 직원들이 주3일 이상 야근을 하지만 56%의 근로자들이 법정 초과근무수당을 받지 못하고 "무료봉사"를 하고 있는 상황이다.

이러한 실정은 구성원들을 전혀 배려하지 않고 기업이익을 위해 구성원들을 착취한다고 믿게 함으로써 구성원들의 조직몰입과 자발적 기여행동을 심각하게 저해한다.

출처: https://www.mk.co.kr/premium/special-report/view/2021/01/29546/

심리적 권한부여(psychological empowerment)

또 다른 주요 업무태도의 형태는 **심리적 권한부여**(psychological empowerment)로 직원들에게 실질적 혹은 상징적으로 권한을 위임함으로써 구성원들 스스로 자신이 **업무환경, 업무처리과정, 업무의 의미와 가치, 그리고 자율권에 대한 통제권을 가지고 있다고 믿는 정도**를 말한다. 심리적 권한부여는 경영자들이 어떤 가치관을 가지고, 어떤 형태의 업무환경과 조직문화를 만드느냐, 그리고 어떤 관련 제도를 시행하고 있느냐에 따라 그 정도가 정해진다. 심리적 권한부여는 수평적이고 자유로운 분위기에서 자신의 역량을 발휘하기를 원하는 밀레니얼 세대 직장인들에게 특히나 더 의미가 있다.

## 2.3. 업무관여와 직원몰입도

업무관여(job involvement)
자아가치(self-worth)
직원몰입도(employee engagement)

**업무관여**(job involvement)란 **업무성과가 자아가치**(self-worth)**실현에 어느 정도 의미가 있는지에 대한 지각의 정도**로 업무관여가 높은 구성원들은 업무의 기본적 요구를 넘어 자발적이고 적극적으로 더 많은 업무를 수행한다. 일 자체가 재미있고 의미있다고 느끼기 때문에 최근 조직행동학에서 강조되고 있는 능동적 행동(proactive behavior)을 통하여 상황을 주도하고 향후 발생가능성이 있는 문제에 미리 대응하는 행동을 보인다.

이에 반해 **직원몰입도**(employee engagement)는 업무 자체의 관여 정도뿐 아니라 **업무를 수행하는 상황에 대한 전반적 만족도 및 열정**을 모두 포함하는 보다 포괄적인 개념이다. 직원몰입도는 새로운 기술과 지식을 습득하기 위한 조직의 자원과 기회에 쉽게 접근 가능한지, 업무가 중요하고 의미있다고 느끼는지, 동료 · 상사와의 상호관계가 만족스러운지 등 다양한 측면으로 그 정도를 측정한다. 직원몰입도가 높은 구성원들은 그들의 업무에 열정적이고, 근무하는 회사에 강한 연대감을 느낀다. 반면, 직원몰입도가 낮은 구성원들의 경우 건성건성 일을 할뿐 업무에 에너지를 쏟지 않는다.

직원몰입도는 조직의 생산성 향상과 성과에 영향을 줄 뿐 아니라 고객만족, 조직구성원들의 행복 및 이직에도 강한 영향을 미친다. 따라서, 구직자들은 자신의 업무와 조직에 몰입할 수 있고, 긍정적인 태도로 근무할 수 있을 것으로 기대되는 기업들을 찾아나서게 된다.

### 대학생이 가장 일하고 싶어하는 기업은?

인크루트가 코스닥 상장사 매출 상위 150개사, 대학생 1,045명을 대상으로 '2020 대학생이 꼽은 가장 일하고 싶은 기업'을 조사한 결과, 카카오(응답자 14.2%)가 가장 일하고 싶은 기업 1위에 올랐다. 카카오는 2017년 4위로 처음 10위권에 진입한 이후 3년 만에 10위권에 재진입하면서 1위를 차지했는데, 카카오에서 일하고 싶어 하는 가장 큰 이유는 '성장 · 개발 가능성과 비전(28.1%)'이었다. 2019년 1위를 기록했던 네이버 역시 선택 이유가 성장 · 개발 가능성과 비전!! 2위는 삼성전자(9.4%)로 삼성전자를 선택한 가장 큰 이유는 '만족스러운 급여와 보상체계(28.3%)'로 나타났다.

출처: 머니투데이

대학생 기업선호도 조사를 보면 결국 두 가지 선택기준이 압도적인데, 그 첫째는 자기 성장과 개발이고, 둘째는 급여 및 보상체계이다. 급여·보상! 당연히 중요하다!!! 그러나, 밀레니얼 세대들은 단순히 근시안적이고 단기적인 급여 및 보상보다는 원시안적 관점에서 장기적 자기성장과 개발에 더 많은 관심을 둔다. 21세기 기업들은 단순히 대기업이기에 혹은 보상만으로는 더 이상 우수인재확보와 유지가 안 된다는 것과, 구성원들이 회사의 성장을 위해서 사용되는 도구나 부품이 아니라 함께 성장하고 발전해야하는 주체적인 일원이라는 것을 깨닫고 이에 맞는 정책을 수립해야 할 것이다.

## 3. 업무만족도

### 3.1. 업무만족도의 개념

일과 직장에 대한 다양한 태도요인들 중에서도 가장 오랜 기간 연구자와 실무자 모두가 관심을 둔 핵심 태도는 업무만족도(job satisfaction)이다. 업무만족도는 직무(task), 상사(supervisor), 동료(coworker), 임금(pay), 물리적 · 제도적 근무환경(work environment) 등 다양한 분야에 걸친 만족도 모두를 포함하는 포괄적 개념으로 한국어로 "직무만족도"라고도 불리운다. 그 중요성을 나타내듯이 흔히 "King of organizational attitudes"라고 일컬어지는 업무만족도는 대부분의 회사들에서 분기별 혹은 연례 직원만족도 조사 등을 통해 주기적으로 진단하고 관리한다.

업무만족도(job satisfaction)
직무만족도

한국의 경우 다른 나라에 비해 근무시간이 길고 권위적 조직문화가 강해서 직장인들의 업무만족도가 전반적으로 낮다고 평가되어 왔다. 그러나, 주 52시간 근무제가 법제화되고 MZ세대에 의해 기존의 조직관행, 노사관계들에 큰 변화가 오면서 업무만족도가 매년 증가하는 추세를 보이고 있다.

● 직장생활 8개 차원 긍정률 - 직위별 (%)

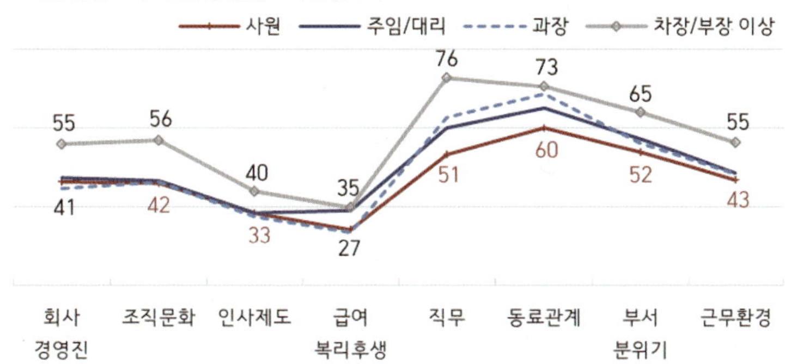


출처: 한국갤럽(2021). 직장인 조사 2021. 갤럽리포트 G20210406

한국갤럽이 2021년 상반기 1,204명의 직장인들을 대상으로 조사한 결과에 따르면 한국 직장인들의 만족도는 8개의 조사영역 대부분에서 전년도 대비 상승하고 있다. 2021년 자료를 보면 상위직급에 있는 관리자층의 만족도가 상대적으로 높으며, 전반적으로 업무, 동료관계, 부서 분위기에 대한 만족도가 높은 반면 급여, 복리후생, 인사제도, 근무환경에 대한 만족도는 낮은 경향을 보인다.

## 그룹토론문제

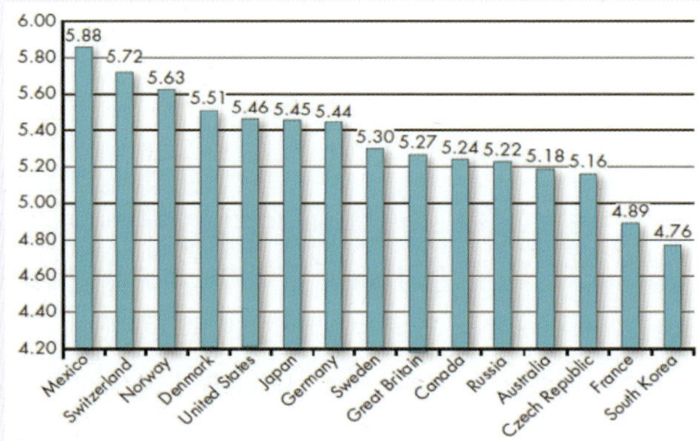


출처: Robbins & Judge, 2016

각 나라별 근로자 만족도

(1) 한국의 경우, 근로자들의 전반적 업무만족도가 낮게 나온다. 그 이유가 무엇일지 논의해보자.

직업만족도

### 직업만족도(occupation satisfaction)가 높은 직업은?

업무만족도가 현재 직장에서 하고 있는 일에 대한 전반적인 만족도라면, 직업만족도는 직장이라는 개념적, 공간적 한계를 벗어나 일 자체(occupation, profession)에 대한 긍정적 평가이다. 보통 다음 6개 세부영역을 기준으로 한다.

- 발전가능성: 해당 직업이 자신의 전문성을 높이고 스스로를 발전시킬 수 있다고 생각하는 정도
- 급여만족도: 해당 직업에서 받는 급여에 대한 만족 정도
- 직업지속성: 나이가 들어서도 계속 할 수 있다고 생각하는 정도
- 근무조건: 업무환경이 쾌적하고 시간적 여유가 있다고 생각하는 정도
- 사회적 평판: 해당직업이 사회적으로 기여하고 타인의 인정을 받을 수 있어서 자녀에게 자신의 직업을 권유하고 싶은 정도
- 수행직무만족도: 현재 하고 있는 일에 대한 응답자의 전반적 만족도

출처: https://post.naver.com/viewer/postView.nhn?volumeNo=26995411&memberNo=27875303&vType=VERTICAL

| 한국직업능력개발원 직업평가 | | 한국고용정보원 직업평가 | |
|---|---|---|---|
| 순위 | 직업명 | 순위 | 직업명 |
| 1 | 한의사 | 1 | 대학교수 |
| 2 | 일반의사 | 2 | 의사·한의사 |
| 3 | 약사·한약사 | 3 | 행정부 고위공무원 |
| 4 | 전문의사 | 4 | 초중고 교장·교감 |
| 5 | 수의사 | 5 | 성우 |
| 6 | 치과의사 | 6 | 대학교총장·대학학장 |
| 7 | 항공기조종사 | 7 | 법원 공무원 |
| 8 | 소프트웨어개발자 | 8 | 변호사 |
| 9 | 변호사 | 9 | 변리사 |
| 10 | 가스·에너지 기술자 및 연구원 | 10 | 초등학교 교사 |

2017–2019년 지표(조사대상: 1만 6,169명)　　2018 한국 직업정보(조사대상: 1만 8,176명)

### 3.2. 업무만족도의 중요성

조직구성원들의 업무만족도, 왜 중요할까?

업무만족도는 조직구성원, 조직뿐 아니라 고객과 관련된 **다방면의 지표와 연결**되어 조직의 성과에 유의미한 영향을 준다. 경험적 연구결과들은 업무만족도가 생산성과 업무성과를 향상시킬뿐 아니라 고객만족도 역시 증가시킴을 보여준다. 경영자들은 업무만족도에 대한 아래의 시사점들을 고려해야 한다.

업무성과(job performance)

조직시민행동(OCB: Organizational Citizenship Behavior)

- **업무성과(job performance)**: 만족스러운 직원들은 생산성이 높고, 생산성이 높은 직원들은 행복하다고 한다(Happy workers are productive, productive workers are happy). 즉, 만족은 성과로, 성과는 행복으로 연결되는 구조를 보인다. 만족-성과관계보다 성과-만족의 관계가 더 강하다는 연구발표가 있으나 어느 것이 더 강한가를 떠나서 만족과 성과는 긍정적 시너지(positive spiral)를 만든다. 따라서 조직성과를 위해서는 직원들의 불만을 해소하고 만족도를 높여야 한다는 것은 분명한 사실이다.
- **조직시민행동(OCB: Organizational Citizenship Behavior)**: 조직시민행동은 간단히 시민행동이라고도 한다. 조직시민행동은 조직 내에서 주어지는 의무적인 업무(job duties) 이상의 초과적 업무를 자발적으로 하는 업무관련 행동(extra-

role behavior which goes above and beyond task requirements)을 말한다. 조직으로부터 공정하게 대우를 받고, 조직에 믿음을 가지고 있는, 그래서 만족도가 높은 직원들의 경우, 보통 업무에서 요구하는 기대치 이상의 적극적 기여행동을 보인다. 자발적으로 초과근무를 하고, 불필요한 갈등을 피하며, 동료들을 챙기고, 조직 내 규칙과 규율을 잘 따르는 행동들이 이에 속한다. 결근한 동료의 업무를 자발적으로 처리해주거나 아침에 출근해서 동료들을 위해 커피를 준비한다거나 하는 등으로 업무진행을 촉진하고 건설적 · 협력적 직장 분위기를 조성하는 데에도 기여한다.

고객만족(customer satisfaction)

- 고객만족(customer satisfaction): 행복한 직원이 고객을 행복하게 한다. 억지웃음을 짓는 직원이 아니라 만족스럽고 행복한 직원이 고객에게 만족스러운 서비스를 제공할 수 있다. 4장에서 자세히 설명하겠지만, 인간의 감정은 전염성(감정전염: emotion contagion)이 강하다. 불만에 차있는 직원들은 고객들 역시 불만족스럽게 만들고, 고객을 만족시키지 못하는 조직은 좋은 성과를 기대할 수 없다. 따라서, 구성원들의 업무만족도는 조직의 성과향상에 필수요소이다.

### 3.3. 업무만족도를 높이는 요인들

기업입장에서는 직원들의 업무만족도를 높이는 것에 대해 고민하지 않을 수 없다. 가장 먼저 떠오르는 방안은 급여.

**연봉!! 연봉이 높으면 업무만족도가 올라갈까??**

티모시 저지(Timothy Judge)

플로리다 대학 티모시 저지(Timothy Judge) 교수팀은 120년 동안(1887-2007) 이루어진 82개 연구를 분석하여 연봉이 과연 업무만족도에 정말 영향을 미치는지 알아보았다.

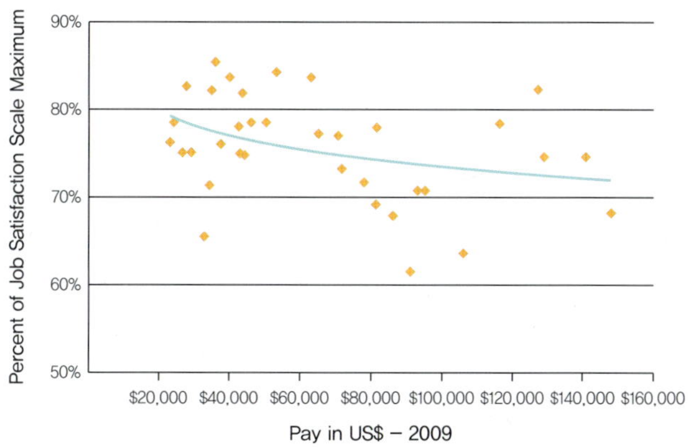


출처: Robbins & Judge, 2016

연구결과, 연봉과 업무만족도의 관계는 아주 미약하였다. 연봉이 편안한 삶을 누릴 수 있는 어느 정도(6-7만불: 한화 약 7천-8천만원)에 이르게 되면, 업무만족도에 큰 영향을 미치지 않는다고 나타난다.

돈 아니었어?!

물론 높은 연봉을 받는 경우 낮은 연봉을 받는 것보다 행복해질 가능성이 더 커질 수도 있다. 그러나 행복지수가 높아진다고 업무만족도가 올라가지는 않는다는 얘기다. 이로써 연봉을 올려주면 근로자들의 업무만족도가 올라갈 것이라는 통념이 깨짐!

"높은 임금은 임금만족도(pay satisfaction)를 올리는 것이지, 업무만족도를 올리는 것이 아니다!!"

금전적 보상이 아니라면 업무만족도를 높이는 요소들에는 무엇이 있을지 알아보자.

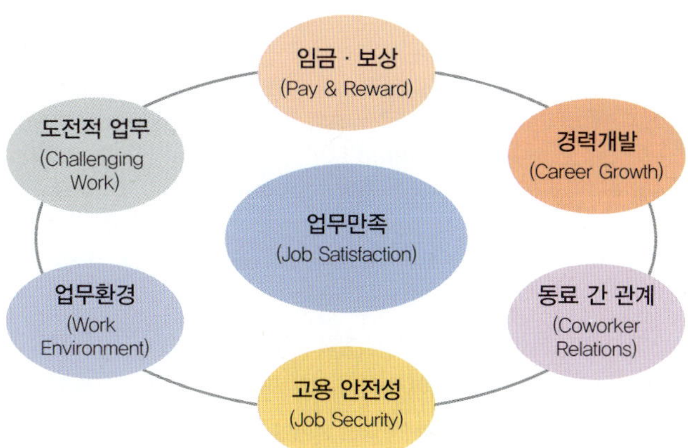


업무만족도를 향상시키는 다양한 설명요소들

조직구성원들의 업무만족도를 높이는 요소로는 도전적이고 성취욕을 느끼게 할 수 있는 업무, 공정한 임금과 보상, 경력개발 정책, 동료 간 우호적 관계, 고용안전성, 업무환경 등이 있다. 업무만족도는 업무자체와 그에 따른 보상, 그리고 업무와 관련된 사회적 · 제도적 · 물리적 환경 조건들에 의해서 종합적으로 형성되는 업무와 조직에 대한 종합적 개념으로 이해해야 한다.

### 연봉과 업무만족도의 진실!

앞서 제시된 티모시 저지(Timothy Judge) 교수팀의 연구는 지난 120년 간의 방대한 자료를 근거로 했다는 점에서 상당히 유의미한 정보를 제공한다. 그런데 연봉이 업무만족도에 영향을 그닥 주지 않는다는 사실은 그대로 받아들이기에 뭔가 쫌 석연치 않다. 여기서 한 가지 중요한 점을 생각해보자.

연봉이 업무만족도에 그닥 영향을 주지 않는 데에는 중요한 조건이 있었다. 그것은 바로 연봉이 "어느 정도 되면!!"이라는 조건! 다시말해, 티모시 저지 교수팀의 연구핵심개념은 "연봉이 업무만족도에 영향을 안 준다"가 아닌 "어느 정도 이상이 되면"이라는 "조건"에 있다!!!

아래 자료를 보자.

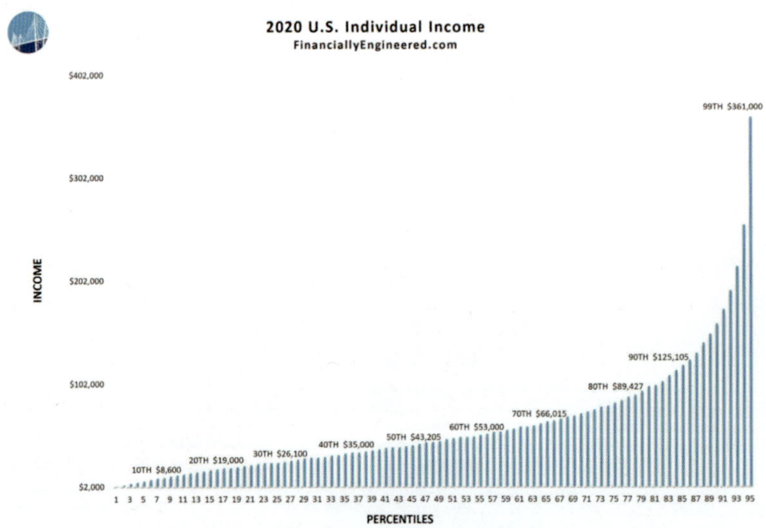


출처: https://financiallyengineered.com/2021/01/18/what-income-percentile-am-i/

2020년 미국 직장인들의 연봉 자료를 보면 6-7만불(한화 약 7천-8천만원)의 연봉을 받는 사람들은 오직 상위 20-30%! 이런 고소득자들은 금전적 부담에서 어느 정도 자유롭기 때문에 금전보다는 다른 무엇인가를 일에서 찾으려고 할 수도 있다. 자아실현이니 뭐 그런 형이상학적 가치를 추구하면서 말이다. 그러나 대부분의 근로자들은 나머지 70-80%에 속하는 평범한 직장인들이다. 최근 미국 자료를 보면 연봉이 증가할수록 사람들의 업무만족도가 올라간다는, 즉, 연봉과 업무만족 간 긍정적 관계가 확연하게 드러난다.

출처: https://www.reddit.com/r/dataisbeautiful/comments/5dmoy3/job_satisfaction_vs_annual_pay_oc/

한국의 경우를 살펴보자. 2021년 상반기 한국 갤럽에서 전국 직장인 1,204명을 대상으로 직장생활에 대해 조사한 결과, 월 평균 수입과 직장생활의 만족도는 강한 긍정적 관계를 보이는 것으로 나타났다. 직장인들의 연령이 높을수록, 직급이 높을수록, 회사의 규모가 클수록 만족도는 높아졌는데, 이러한 조건들은 높은 연봉과 연결되는 경우가 대부분이다.

● **직장생활 전반적 만족도 - 직장인 특성별 (%)**

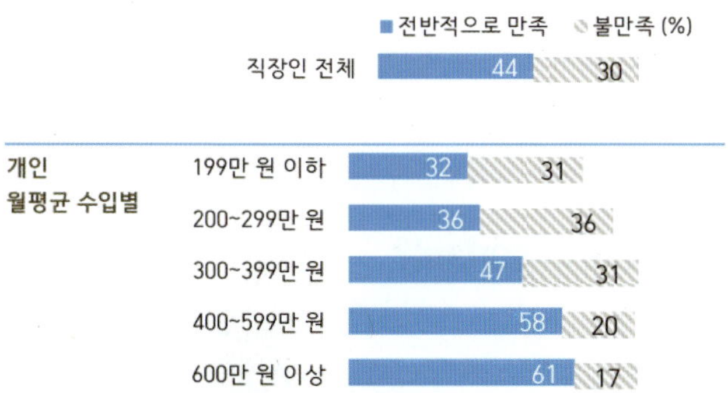


출처: 한국갤럽(2021). 직장인 조사 2021. 갤럽리포트 G20210406

## 3.4. 일과 삶의 균형

과거 높은 연봉, 쾌적한 업무환경, 사회적으로 인정 받는 일들이 조직구성원들의 만족도를 향상시켰다면, MZ세대는 **워라밸(work-life balance)**이 가능한 직업과 업무환경을 선호하고, 워라밸이 경력선택은 물론 업무만족의 중요한 기준이 되고 있다. 2020년 잡코리아가 MZ세대 직장인 507명에게 "좋은 직장의 조건"에 대해서 조사한 결과,

워라밸(work-life balance)

1위로 선택된 조건이 바로 워라밸 보장(49.9%)이었다. 재미있는 것은 이들 중 48.3%가 "우리나라에 좋은 직장은 없다"고 하니 워라밸을 염두에 둔 응답일 수도 있겠다. 물론 신세대 직원들의 워라밸에 대한 높은 요구는 이전 세대들에게 이해하기 어려운 이슈가 되기도 하고, 직장 내 세대 간 갈등의 중요한 시발점이 되기도 한다. 이러한 현 상황을 반영하여 직원들의 업무만족도를 제고하기 위한 새로운 리더십과 제도가 요구되는 시점이다.

### 일과 삶: 두 마리 토끼를 다 잡아라!

경영악화로 구조조정에 들어가면 가장 먼저 칼질 당하는 근로자들은 나이 많고, 연봉이 높은 직원들. 기업 입장에서는 고정비용을 줄일 수 있는 가장 효과적 방안이기 때문이다. 그러나, 자발적 명퇴든 강제 퇴출이든 등 떠밀려 나가는 입장에서는 억울하기만하다.

- "이 회사에 내 청춘과 인생을 다 바쳤는데!!"
- "내가 회사에 충성하느라 마누라 생일도, 결혼기념일도 못 챙기고, 애들 입학식, 졸업식도 못갔구만~~!!"

이 상황에서 무슨 말을 해줄 수 있을까?

- "아이고 어쩌나… 회사에서 너무했네~"
- 보다 현실적인 대답은 "그러게 누가 그러래?"이다.

MZ세대 직원들은 회사에 인생을 걸거나, 자신의 삶 전체를 내놓지 않는다.

회사는 삶의 한 부분일 뿐 내 삶도 중요하다! 난 일도 삶도 둘 다!!를 원한다.

그들은 워라밸을 추구하고, 따라서 워라밸을 가능하게 해 주는 직장을 선호한다.

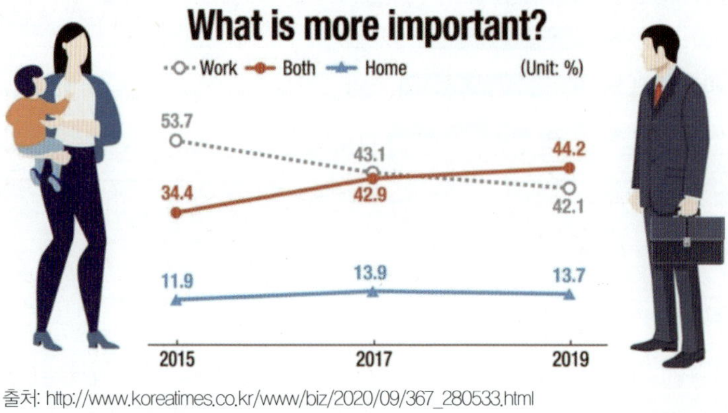


출처: http://www.koreatimes.co.kr/www/biz/2020/09/367_280533.html

통계청이 발표한 결과를 보면 한국 근로자들의 워라밸에 대한 선호도가 꾸준히 증가함을 알 수 있다. 2015년까지만 해도 일이 더 중요하다고 대답한 사람이 50.3%, 일과 개인의 삶 둘 다 중요하다는 대답은 34.4%였다. 2017년 일(43.1%)과 워라밸(42.9%) 둘 다 중요하다는 대답으로 근소한 차를 보이다가, 2019년 워라밸(44.2%)이 일(42.1%)을 앞지르게 된다. 이러한 추세는 계속 이어질 전망이다.

"조직구성원들의 워라밸을 위한 정책은 조직에 있어 더 이상 선택이 아닌 필수이다!!"

워라밸과 관련해서 **일과 가정의 갈등**(work-family conflict)과 **일과 가정의 균형**(work-family balance)에 대한 연구들이 주를 이룬다. 연구 초기에는 일과 가정, 이 두 가지를 시간과 에너지처럼 개인의 유한한 자원(limited personal resources)을 두고 경쟁하는 두 가지 개별 요소들 간의 **제로섬(zero sum) 관계**로 규정하고, **자원분배문제**에 중점을 두었다. 일과 가정을 제로섬 관계로 규정하는 경우, 이 둘은 서로 단절(separation)되어 있기 때문에 한 쪽에 많은 자원을 분배하면, 다른 한 쪽에 배분되는 자원은 적어질 수 밖에 없다. 따라서, 일과 가정을 경쟁구도로 놓고, 이를 스트레스 관점에서 이해하는 **자원보존이론**(COR: conservation of resources)이 주를 이루었다.

그러나 점차 일과 가정 간 균형에 대한 개념전환이 이루어지면서 일과 가정을 상반된 경쟁관계보다는 서로 보완작용을 하는 상승관계로 보고 있다. 이 새로운 추세에 맞추어 최근에는 일과 삶에 대한 시각을 분리와 경쟁이 아닌 조화(**워라하**: work-life harmony)와 통합(**워라인**: work-life integration)의 관점에서 해석하고, 이를 지향하고 있다. 일과 삶을 적절히 조화하고 통합시킴으로써 개인의 만족도를 높이고, 행복을 추구하는 사회로 전환되고 있는 추세이다.

일과 가정의 갈등(work-family conflict)

일과 가정의 균형(work-family balance)

제로섬(zero sum) 관계

자원보존이론(COR: conservation of resources)

워라하(work-life harmony)

워라인(work-life integration)

### 워라밸(work-life balance)을 넘어 워라인(work-life integration)으로!

퀴즈!!

"워라밸은 근무 시간이 짧고 업무 강도가 약한 상황을 의미한다?"

맞으면 O, 틀리면 X.

정답은 △

워라밸(work-life balance)

워라밸(work-life balance)은 업무강도가 낮아짐을 의미한다기보다는 업무효율을 높이고, 기업의 가치를 증가시키는 업무 상 필수 조건으로 업무와 삶의 선택권에 대한 보장이며, 업무 속에 삶이, 삶 속에 업무가 있는 조화로운 근무 환경으로 해석하는 것이 더 적절하다. 이러한 관점에서 한 걸음 더 나아가면 워라인(work-life integration) 수준에 도달하여 일과 삶을 분리시키는 것이 아니라 두 영역을 자유롭게 오가며(gentle pivots) 시너지를 창출함으로써 개인의 행복을 최대화할 수 있다.

## 3.5. 업무불만족

업무불만족(job dissatisfaction)
일탈행동(deviant behavior)
조직규범(organizational norms)

업무만족도는 구성원들의 시민행동, 고객만족, 더 나아가 기업의 전반적 성과 등에 긍정적 영향을 미친다. 그렇다면 업무불만족(job dissatisfaction)은 어떤 결과를 초래할지 알아보자. 긍정적인 성과를 내지 못하는 것도 물론 문제이지만, 구성원들의 불만족이 직장 내에서 부정적인 행동(counterproductive, deviant behavior)으로 나타날 경우 조직에 심각한 해를 끼치게 된다. 일탈행동(deviant behavior)이란 조직규범(organizational norms)을 의도적으로 침해 · 위반하는 행위를 말한다. 일탈행동은 크게 다음 네 가지 범주로 나눌 수 있다.

- **생산일탈(production deviance)**: 생산일탈은 태업의 형태로 나타난다. 업무를 고의로 느리게 하던지 혹은 지나치게 오래 쉬는 행위.
- **재산일탈(property deviance)**: 회사물품을 고의로 망가뜨리거나, 혹은 회사물품을 개인적 용도로 사용하는 행위. 회사물품(예: 문구용품)을 집으로 가져가서 사용하는 행위.
- **정치일탈(political deviance)**: 동료들을 비난하거나 헛소문을 내는 행위.
- **개인공격(personal aggression)**: 성희롱 혹은 동료들을 위험에 빠뜨리는 행위.

생산일탈(production deviance)
재산일탈(property deviance)
정치일탈(political deviance)
개인공격(personal aggression)

불만족에 따른 일탈행동은 조직 혹은 상황요인뿐 아니라, 천성적으로 부정적이거나 행복을 쉽게 느끼지 못하는 구성원의 개인성향에 의해서도 발생하는데, 이는 조직을 관리하는 경영자들에게 상당한 부담요소가 된다.

조직구성원들이 업무불만족을 표현하는 양상은 크게 네 가지로 나눌 수 있다. 각 행동의 첫 글자를 따서 **EVLN(Exit, Voice, Loyalty, Neglect)모델**이라고 부른다.

EVLN(Exit, Voice, Loyalty, Neglect)모델

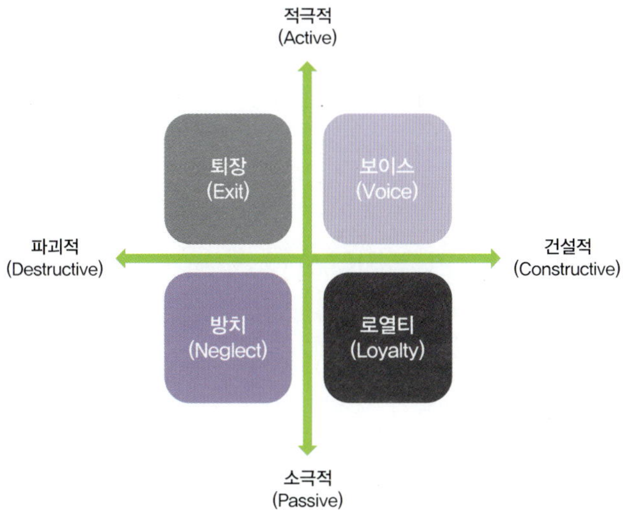


- **퇴장(exit)**: 업무불만족에 대한 가장 적극적이면서 파괴적 대응은 조직을 떠나는 것이다. 사실 제일 깔끔한 방식이긴 하다. 내게 맞지 않고, 내가 만족할 수 없는 자리라면 개인과 조직 모두를 위해서 떠나는 것이 좋은 선택일 수 있다. 개인은 자기에게 더 적합한 새로운 직장을 찾아보게 되고, 조직은 그 자리에 보다 잘 부합하고, 행복하게 일할 수 있는 신입 직원을 선발한다. 개인과 조직 간의 상호 적응(fitting) 과정으로 생각할 수도 있다.

퇴장(exit)

보이스(voice)
로열티(loyalty)
방치(neglect)

- **보이스(voice)**: 업무불만족에 대한 가장 적극적이고도 건설적인 대응방식은 현재의 불만스러운 여건을 개선 · 향상시키기 위해 자신의 견해를 피력하는 것이다. 업무에 대한 불만이 조직변화와 혁신의 단초가 될 수 있는 매우 긍정적인 상황이라고 할 수 있다. 하지만 목소리만 높이는 게 능사는 아니다. 서로 감정이 상하지 않게 어떻게 잘 표현하고 소통하는가에 대한 방법의 문제 또한 고려해야 한다.
- **로열티(loyalty)**: 업무불만에 대한 소극적, 그러나 건설적 대응방식은 회사에 충성심을 가지고 상황이 나아지기를 기다려주는 방법이다. 자신의 업무를 묵묵히 수행하며 조직에 피해를 주지는 않지만, 장기적으로 바람직한 접근은 아니다.
- **방치(neglect)**: 업무불만에 대한 소극적, 그러면서도 파괴적 대응방식은 상황이 더 악화되도록 그냥 방치하는 것이다. 회의에 참석하지 않는다거나 결근을 한다거나하는 행태로 나타난다. 수동적 공격성(passive aggression)형태인데, 이는 조직의 내부문제를 더욱 악화시키는 매우 위험한 상황이라고 할 수 있다.

**그룹토론문제**

(1) 조직구성원들의 일탈행위(deviant behavior)를 야기시키는 요소에는 어떤 것들이 있을지 논의해보자.

(2) 일탈행위를 방지 혹은 해결하기 위한 방안에는 어떤 것들이 있을지 생각해보자.

## 4. 코로나와 뉴노멀 시대의 조직구성원 태도

4차 산업혁명으로 인한 AI, 자동화 등의 기술적 변화로 수많은 직업들이 소멸위기에 처하고 기존의 직업들에도 큰 변화가 일어나고 있다. 여기에 2020년 발생한 코로나로 인해 전 세계가 팬데믹(global pandemic) 상황이 되면서 변화들이 가속화되고 있다. 이러한 메가트렌드급의 변화들은 조직의 경영환경, 근무환경에도 급진적이고도 파괴적 변화를 불러 일으켰다. 전문가들이 5년이나 10년 후에 발생할 것으로 예상했던 변화들이 바로 오늘, 현 시점에서 반강제적으로 발생했다. 10년 후에도 과연 될까 말까 했던 학교와 기업들의 원격교육과 재택근무가 2020년과 2021년 보편화되었다.

2021년 상반기 전국 단위의 체계적 샘플링으로 이루어진 한국 갤럽의 직장인 조사결과를 보면 25~54세 사이의 1,204명의 응답자 중 30%가 코로나로 재택근무를 경험했다. 코로나 이전 6%에 비하면 1년 만에 재택근무 비율이 5배로 증가한 것이다. 재택근무를 하지 않은 경우의 74%는 업무 특성상 재택근무가 불가능 혹은 부적절하기 때문인 것으로 나타났다. 재택근무에 대한 조직구성원들의 평가를 살펴보면 출근근무 상황보다 전반적으로 긍정적인 평가를 했음을 알 수 있다.

- **재택근무 평가** – 항목별 동의율(%, 지난 1년간 재택근무 경험자)

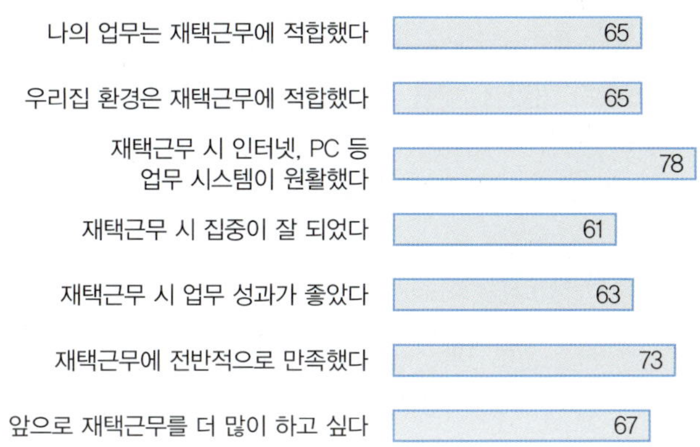


그렇다면 코로나로 인해 근무여건이나 업무만족도 등이 좋아진 것으로 해석하는 것이 맞는가? 꼭 그렇다고 할 수는 없다. 전체적인 직장생활과 조직상황에 대해서는 부정적인 변화가 많았던 것으로 보인다.

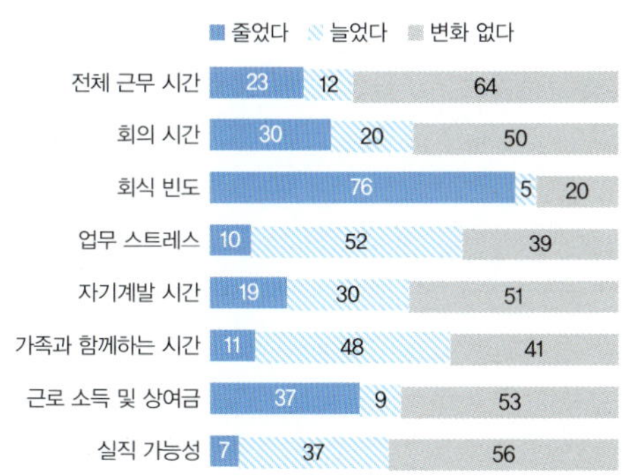


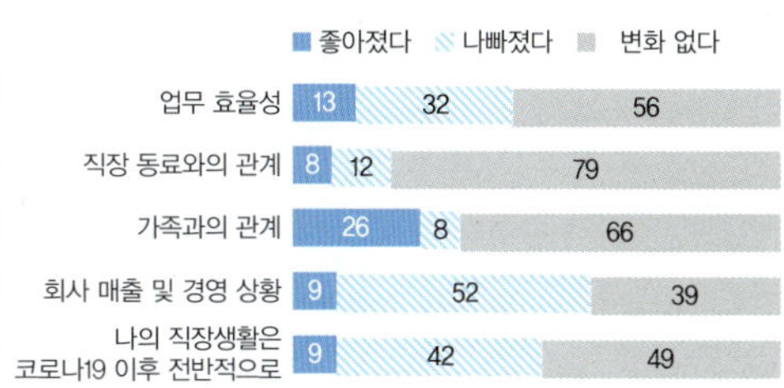


조사결과를 보면, 근무시간, 회의시간, 회식 등이 줄면서 가족과 보내거나 자기개발을 하는 시간이 더 생긴 것은 사실이지만, 업무효율성 저하 및 회사의 경영상황 악화로 인한 소득감소, 실직가능성 및 스트레스가 증가했음을 알 수 있다. 소득측면에서는 고소득자들에 비해 저소득 근로자들의 부정적인 경험이 강하게 나타났으며, 실직 가능성에 대한 우려는 고소득자들 19%, 저소득 근로자들 49%로 큰 차이를 보였다.

재택근무에 대해서는 편리성이라는 긍정적 평가와 생산성 저하에 대한 우려라는 부정적 평가가 공존한다. 코로나로 인해 피치 못하게 조기시행된 원격교육과 재택근무

확산의 최대수혜주라고 하는 아마존(Amazon)이나 여타 인터넷 기업들에서도 재택근무로 인한 비용절감 및 직원만족이라는 긍정적 효과보다는 협업의 결과물로 생기는 생산성과 창의성이 감소되는 부작용이 더 크다는 입장들이 나오고 있다. 코로나사태 이후(AC: after corona) 더 이상은 코로나 이전(BC: before corona)으로 복귀할 수 없다. 이에 다양하고 유연한 조직환경과 근무형태 속에서 직원들의 조직과 업무에 대한 만족과 몰입 등의 긍정적 태도를 최대화 하기 위한 전략적 접근이 더욱 요구된다.

**수업몰입도 및 수업만족도 측정:**

자, 이제 다음 문항들을 통해 나의 수업몰입도와 수업 만족도를 측정해보자.

| 수업몰입도 | 전혀 그렇지 않다 | 그렇지 않다. | 보통이다 | 그렇다 | 매우 그렇다 |
|---|---|---|---|---|---|
| 나는 내가 이 수업을 듣는 것을 자랑스럽게 이야기한다. | 1 | 2 | 3 | 4 | 5 |
| 나는 이 수업에 애착을 느낀다. | 1 | 2 | 3 | 4 | 5 |
| 나는 이 수업을 듣는 것이 좋다. | 1 | 2 | 3 | 4 | 5 |
| 나는 친구나 선후배들에게 이 수업을 들으라고 권할 것이다. | 1 | 2 | 3 | 4 | 5 |
| 나는 계속 이런 수업을 듣고싶다. | 1 | 2 | 3 | 4 | 5 |
| **수업만족도** | **전혀 그렇지 않다** | **그렇지 않다.** | **보통이다** | **그렇다** | **매우 그렇다** |
| 나는 이 수업의 내용이 만족스럽다. | 1 | 2 | 3 | 4 | 5 |
| 나는 이 수업을 하는 교수님에게 만족한다. | 1 | 2 | 3 | 4 | 5 |
| 나는 같이 수업을 듣는 친구들에게 만족한다. | 1 | 2 | 3 | 4 | 5 |
| 나는 수업에서 하는 활동에 만족한다. | 1 | 2 | 3 | 4 | 5 |
| 전반적으로 나는 이 수업이 만족스럽다. | 1 | 2 | 3 | 4 | 5 |

**총점으로 보는 나의 수업몰입도와 수업만족도 정도는?**

5: 아주 낮음

6-10: 낮음

10-15: 중간

16-20: 높음

21-25: 아주 높음

## 핵심용어

- 태도(attitudes)
  - 인지적 측면(cognitive component)
  - 정서적 측면(affective component)
  - 행위적 측면(behavioral component)
- 인지부조화(cognitive dissonance)
- 조직몰입(organizational commitment)
  - 정서몰입(affective commitment)
  - 근속몰입(continuance commitment)
  - 규범몰입(normative commitment)
- 인지된 조직지원(POS: Perceived Organizational Support)
- 심리적 권한부여(psychological empowerment)
- 업무관여(job involvement)
- 직원 몰입도(employee engagement)
- 업무만족도(job satisfaction)
- 업무불만족(job dissatisfaction)
- EVLN모델
- 일탈행동(deviant behavior)
- 조직시민행동(OCB: Organizational Citizenship Behavior)

## 연습문제

01 태도(attitudes)에 대해 간략히 논하라.

02 인지부조화(cognitive dissonance)의 개념에 대해 설명하라.

03 조직몰입(organizational commitment)의 개념과 타입에 대해서 간략히 서술하라.

04 인지된 조직지원(POS: Perceived Organizational Support)이란 무엇이고, 어떻게 향상시킬 수 있는지 간략히 논의하라.

05 심리적 권한부여(psychological empowerment)란 무엇을 말하고, 어떻게 향상시키는가?

06 업무관여(job involvement)와 직원몰입도(employee engagement)의 개념과 차이점을 논하라.

07 업무만족도(job satisfaction)란 무엇인지 간략히 설명하라.

08 업무불만족(job dissatisfaction) 발생시 조직구성원들이 할 수 있는 네 가지 대응책을 EVLN모델에 근거하여 논의하라.

09 일탈행동(deviant behavior)의 개념과 일탈행동의 네 가지 측면을 설명하라.

10 조직시민행동(OCB: Organizational Citizenship Behavior)이란 무엇인가?

CHAPTER 04

# 조직구성원 감정

1. 경영학에서 감정의 역할
2. 감정의 개념
3. 정서적 사건반응이론
4. 감정지능
5. 감정노동
6. 감정과 조직행동

### 학습목표

- 감정의 개념에 대해서 명확히 설명할 수 있어야 한다.
- 감정지능의 개념과 감정지능을 구성하는 주요요소에 관해 명확히 설명할 수 있어야 한다.
- 감정의 형태와 감정노동에 대해서 설명할 수 있어야 한다.
- 감정이 개인과 조직에 미치는 영향에 대해서 설명할 수 있어야 한다.

# 1. 경영학에서 감정의 역할

긍정심리학(positive psychology)

인간이 느끼는 감정은 인간행동을 설명하는 핵심요인 중 하나로 최근 여러 분야에서 주목받고 있다. **과거 경영학**은 인간을 이해한다는 조직행동학에서조차도 **인간의 정서나 감정 등은 도외시**되어 왔다. 전통적인 테일러의 과학적 관리기법이나 경영관리 측면에서 볼 때, 인간의 감정은 비합리적이고 예측하기 어려운 그저 소음(noise)으로 간주되었고, 합리적 의사결정을 기반으로 한 최적화, 생산성, 이윤을 추구하는 조직에서는 배제되거나 억압되어야 하는 대상일 뿐이었다. 인간의 감정에 관심을 두는 심리학에서도 전통적으로 우울, 불만, 스트레스 등 부정적 · 병리학적 측면에 초점을 두었기에 조직에서는 감정의 표현과 역할을 최소화하여야 한다는 관점이 우세했다. 물론 이러한 성향은 **긍정심리학(positive psychology)**의 출현과 함께 보다 균형적인 방향을 찾아가고 있다.

가장 주목해야할 점은 실제로 인간이 감정을 완전히 배제(emotion-free)하고, 기계적이고 합리적인 결정을 할 수 있을 지의 여부이다. 현실을 반영해 오늘날에는 경제학에서도 행동경제, 넛지(nudge)와 같은 개념이 확산되고, 심지어 재무 · 투자분야에서도 행동재무학이 출현하면서 인간행동과 의사결정 영역에서 인간의 감정을 주요한 한 영역으로 여기고 있다.

넛지(nudge)

**여기서 잠깐!**

넛지(nudge)란? 넛지의 사전적 의미는 "팔꿈치로 슬쩍 찌르는 것"으로 강압이 아닌 부드러운 개입으로 사람들의 선택을 유도하는 방법을 말한다. 예를 들어보자. 햄버거를 사 먹으러 갔다. 점원은 '큰 사이즈로 드릴까요?'라고 별 뜻 없는 것처럼 물어본다. 보통 소비자들은 큰 사이즈를 선택했을 때의 칼로리 변화, 가격인상 등을 고려하지 않고, 그럴까? 그러면서 쉽게 "네"로 대답한다. 점원은 그저 한 마디 툭 던지는 것으로 더 비싼 버거를 판매한다. 기업들이 넛지효과를 악용하는 경우도 많이 나타난다.

소비자의 이익을 뒤로 하고 기업의 이익창출을 위해 넛지를 악용하는 사례. 예일 대학의 로버트 실러(Robert Shiller) 교수는 이를 "피싱사기(phishing for phools)"라고 칭했다.

4차 산업혁명의 추세가 강해지면서 오랜세월 인간이 해왔던 합리적, 수학적, 규칙적 활동들을 AI, 챗봇 등이 대체함에 따라 감수성과 감성에 중점을 둔 인간 고유역량이 강조되고 있다. 이에 향후 휴먼터치, 소프트 스킬 등의 요소들에 대한 관심이 더욱 증가할 것이고, 인간의 감정은 경영학에서 중요한 역할을 할 것이다.

## 2. 감정의 개념

사람이 느끼는 **정서(affect)**는 감정과 기분을 포함하는 개념이다. **감정(emotions)**은 특정인 혹은 특정상황에 대한 강렬한 느낌이고, **기분(moods)**은 감정보다는 약한, 특정 자극이 없을 때의 막연한 느낌이다.

정서(affect)
감정(emotions)
기분(moods)

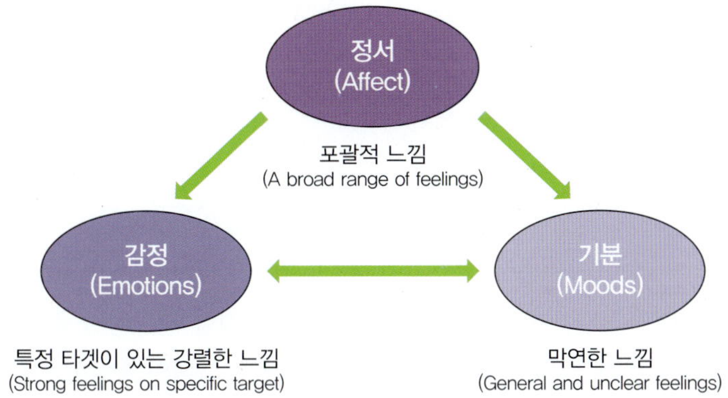


- **정서(affect)**: 사람들이 경험하는 상당히 광범위한 개념으로 감정과 기분 모두를 포함하는 개념이다.
- **감정(emotions)**: 특정상황·특정인 때문에 발생하는 아주 강한 느낌을 말한다. 따라서 얼굴에 바로 드러난다.
- **기분(moods)**: 이유를 파악할 수 없는 모호한 느낌이다. 감정보다 오래 지속되며 인지적(cognitive) 성향을 가진다.

**강렬한 느낌(feelings)! 감정(emotions)!!**

사람들은 여섯 가지의 개별적 감정(discrete emotions)을 느끼고, 이 여섯 가지 감정 안에 다양한 하위 세부감정들이 존재한다.

대상(target)

감정은 오늘은 왠지 우울하다 혹은 왠지 기분이 좋다라는 막연한 기분(moods)과는 구별된다. 왜? 감정에는 대상(target)이 존재하기 때문!!

특정상황 · 특정인물에 대한 강렬한 느낌들(feelings)!! 이게 바로 감정이다!

저 인간때문에 빡친다, 지금 내 주위에서 벌어지고 있는 일들에 때문에 뚜껑이 열린다. 이것이 바로 감정이다. 단기적으로 강렬하게 유지되는 감정은 시간이 지나면서 모호한 기분으로 전환되기도 한다. 월요일이라 그런가 기분 핵 꿀꿀(monday blues)!! 그러나 진실은 바로 전날 남친(여친)과 대판 싸운 후 느낀 강한 분노라는 감정의 잔재!

정서원형모델(circumplex model of affect)

그런데 인간이 경험하는 정서라는 것이 눈에 보이지 않는 것이기 때문에 체계적인 이해와 관리가 쉽지 않다. 이에 심리학자들이 내놓은 해결책은 정서를 1, 2, 3차원 혹은 그 이상으로 나누어 다양한 기준에 따라 분류하는 것이있다. 다양한 정서분류체계가 등장했으나 현재 가장 많이 활용되는 것은 미국의 심리학자 제임스 러셀(James Russell)이 1980년 제시한 **정서원형모델(circumplex model of affect)**이다.

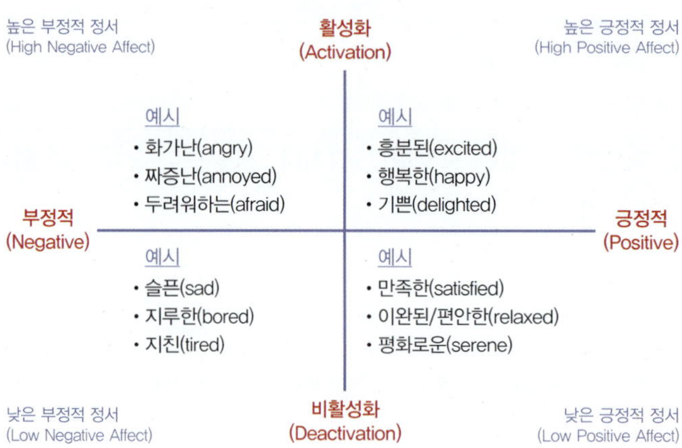

제임스 러셀
(James Russell),
1947–

정서원형모델은 인간의 정서를 두 차원으로 규정한다. 그 첫 번째는 긍정적인지 부정적인지(valence)의 여부, 두 번째는 활성화된 것인지 비활성화된 것인지(activation), 즉, 느끼는 정도가 강한지 약한지를 말한다. 러셀 교수는 인간이 느끼는 수많은 정서를 4사분면으로 나누어 체계적으로 설명하였다.

### 내 안에 사는 다섯 명의 나!!

디즈니영화 「인사이드 아웃(Inside out)」! 우리의 주인공 '라일리(Riley)'!!

라일리 안에 사는 ① 기쁨이(Joy), ② 슬픔이(Sadness), ③ 소심이(Fear), ④ 까칠이(Disgust), ⑤ 버럭이(Anger)! 라일리는 그럼 해리성 장애? 다중인격??

라일리뿐 아니라 모든 사람들의 안에는 다양한 정서친구들이 함께 살고있다.

"모든 사람들의 머릿속에 존재하는 감정 컨트롤 본부. 그곳에서 불철주야 열심히 일하는 기쁨이, 슬픔이, 까칠이, 소심이, 버럭이"

이사 후 새로운 환경에 적응해야 하는 라일리를 위해 그 어느 때 보다 바쁘게 감정의 신호를 보내지만 우연한 실수로 기쁨이와 슬픔이가 본부를 이탈하게 되자 소심이, 까칠이, 버럭이만 남게된 라일리의 마음 속에 큰 변화가 찾아온다.

영화 「인사이드 아웃」은 인간의 정서를 다섯 개의 개별정서(discrete emotions: joy, sadness, disgust, fear, anger)로 접근하고 있는데 이를 정서원형모델관점에서 본다면 기쁨은 강한 긍정적 정서이고, 나머지 네 정서는 다른 수준의 강도를 가지는 부정적 정서이다. 이 영화를 정서원형모델에 근거해 심리학적으로 분석한다면 인간은 감정의 균형보다는 불행하게도 부정적 감정에 더 치우치는 불균형한 감정의 존재로 해석할 수 있다.

출처: https://blog.naver.com/kmcgoodday/221838001076

## 인간은 예민한 존재다!
### 감정의 롤러코스터(emotional rollercoaster): 정서변동(affect spin)

인간의 감정과 기분에는 다양한 요소들이 작용을 한다. 개인의 성격, 성향뿐 아니라 날씨, 요일, 수면, 나이, 스트레스, 사회활동 등 갖가지 요인들이 감정과 기분에 영향을 준다. 예를 들어 일요일에는 보통 기분이 우울해지고 불안해진다. 흔히 말하는 월요병 증후군. 일요일에 기분이 나쁘다라는 느낌이 극에 달하다가 주말이 다가오면서 기분이 좋아진다.

월요일!! 아~! 싫어 싫어~! 절로 가~~!

기분 좋~은 신경전달물질 분비 뿜뿜!!

아~ 우울해~ 왜 이러지?

아~~ 스트레스!! 돌겠네~ 머리박고 죽고싶다!

출처: google 이미지

직장인들의 감정도 일정 수준으로 유지되는 것이 아니라 월간, 주간 사이클에 따라서 변화한다. 아침에 룰루랄라 업무를 시작했다가 상사가 갈군다거나 거래처와 대형사고가 터지면서 지옥같은 오후를 보내기도 한다.

우리는 흔히 평균의 오류에 빠지기도 한다. 한 손은 끓는 물에 담고, 다른 손은 얼음 물에 담고서 신체를 둘러싼 평균온도가 50도라 말하는 것! 이게 과연 50도라고 말하는게 맞는 것일까?

정서변동(affect spin)

정서경험에서도 평균보다는 경험의 강도나 변화속도에 대한 고려가 필요하다. 그래서 최근에 고려되는 것이 바로 정서변동(affect spin)! 정서변동은 경험하는 정서가 얼마나 자주 그리고 급격하게 변화하는지를 지수화시킨 개념이다.

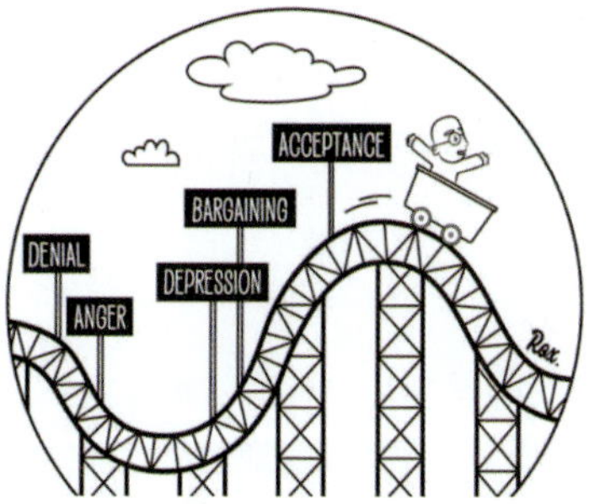


출처: https://twitter.com/stopinion/status/1096944821263089666

정서변동은 각 정서들의 긍정성과 부정성, 그리고 활성화 수준이 시간에 따라 변화하는 정도(temporal fluctuation)를 보여준다. 경험추출방식(experience sampling method)을 활용한 최근 연구들에 의하면 주간 단위의 정서변화는 물론 하루 동안 발생하는 정서변동조차 사람들의 정신적 에너지를 고갈시키며, 부정적 업무행동을 유발한다. 하루동안 끊임없이 변하는 정서상태는 상황에 따라 정서를 계속 재조정해야 하는 부담을 주고, 상황에 대한 과잉반응성향을 유도함으로써 긍정적태도와 업무에 대한 집중을 방해하기 때문이다. 정서경험에 있어서도 안정성 유지와 유연한 대처가 필요하다. 이를 위해서는 이 장의 후반에 나오는 감정지능(EI: emotional intelligence)의 역할이 중요하다.

출처: Clark, M. A., Robertson, M. M., & Carter, N. T., 2018

## 3. 정서적 사건반응이론

정서적 사건반응이론(AET: Affective Event Theory)

하워드 웨이스(Howard Weiss)와 러셀 크로판자노(Russel Cropanzano) 교수가 제시한 **정서적 사건반응이론(AET: Affective Event Theory)**은 근무환경이 조직구성원 행동에 미치는 과정을 설명하는 이론이다. 정서적 사건반응이론은 업무환경(예: 업무 특성, 업무 상 요구, 감정노동에 대한 요구여부 등)이 매일 일상적으로 반복되는 업무와 관련된 각종 사건·경험들에 영향을 주고, 이 사건·경험들은 조직구성원들의 긍정적 혹은 부정적 감정을 형성하며, 이 감정들이 결국 업무만족과 업무성과에 영향을 주는 일련의 과정을 설명한다. 매일매일의 업무 일상이 어떤 감정적 반응을 일으키게 되는지는 개인의 성격이나 그날 그날의 기분 등에 따라 달라지기도 한다. 스트레스를 받는 상황에서도 긍정적 성격의 사람이라면 혹은 그날 기분이 좋은 일이 있다면 부정적 감정을 덜 느끼게 된다.

근무환경, 업무특성에 따라 매일 일어나는 작은 사건들에 대한 소소한 정서적 반응들이 쌓여서 업무에 대한 태도가 형성되는데, 짜증, 우울, 불안 등의 부정적 감정은 업

학습된 무기력(learned helplessness)
번아웃(burnoout)

무에 대한 집중력을 떨어뜨리고 성과저하의 원인이 된다. 지속적으로 경험하는 부정적 경험들은 직원들이 부정적 정서에서 회복할 수 있는 시간과 정신적 여유를 박탈함으로써 **학습된 무기력**(learned helplessness)과 **번아웃**(burnoout)을 발생시키고, 이는 만성적 우울증과 의욕저하를 유발한다.

하워드 웨이스
(Howard Weiss)

러셀 크로판자노
(Russel Cropanzano)

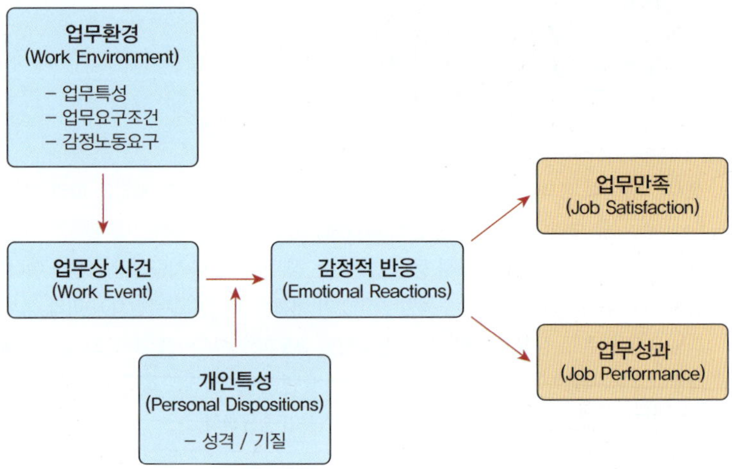


특히 강도가 낮더라도 부정적 정서를 매일 경험하는 사람은 높은 강도의 부정적 정서를 어쩌다가 한번 경험하는 사람보다 업무만족도가 낮은 것으로 나타난다. 직장에서 경험하는 업무부담과 스트레스는 어찌보면 당연한 것이지만, 부정적 정서사건(negative affective event)의 대부분은 상사가 관련되어 있는 것이 현실이다. 코로나로 인한 재택근무형태를 반기고 업무만족도가 상승한 주요 원인 중 하나가 상사와의 직접대면을 안해서 좋기 때문이라는 현실은 경영자들에게 큰 시사점을 준다.

### 언어폭력! 마음엔 상처, 뇌에는 손상!!!

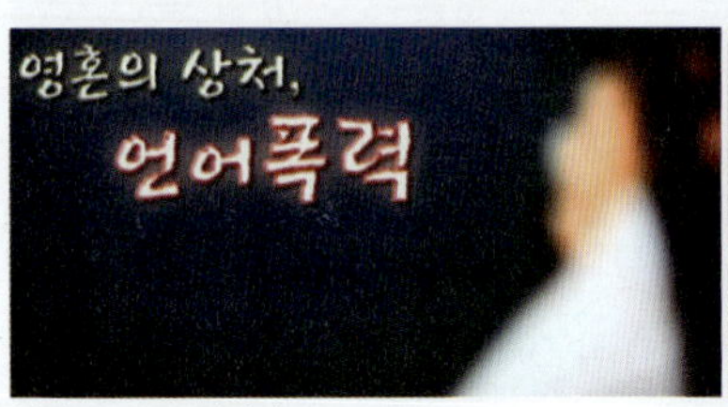

출처: google 이미지

하버드 의과대학 마틴 타이쳐(Martin Teicher) 교수팀은 어린 시절 부모로부터 언어폭력을 당한 경험이 있는 성인 553명을 대상으로 뇌의 상태를 조사했다.

마틴 타이쳐(Martin Teicher)

2010년 마틴 타이쳐(Martin Teicher) 박사는 '미국정신건강의학지'에 게재한 논문에서 어린시절 부모로부터 언어폭력을 당한 사람들의 뇌는 일반인들에 비해 "뇌량과 해마"가 위축되어 있다고 보고했다.

"뇌량"의 손상은 감각능력, 사회성, 언어발달에 지장을 가져오고, "해마"의 손상은 우울증, 정신적 질환의 원인이 된다. 실제로 이 실험에 참여한 사람들의 상당부분이 우울증, 환각, 다중인격 등의 정신적 장애를 보였다.

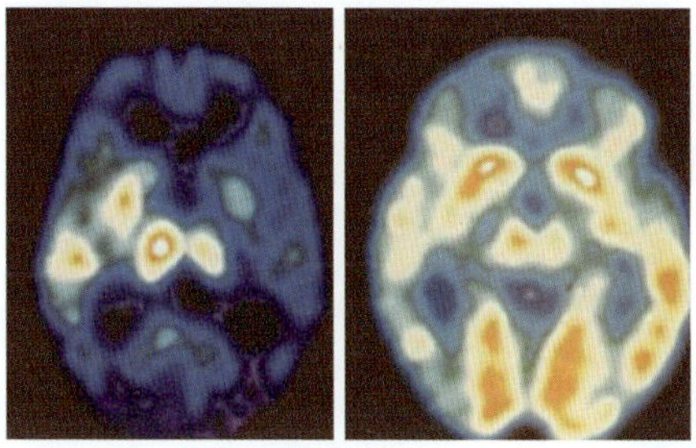
밝은 부분이 많을수록 뇌가 활발하게 작동하는 것. 좌측은 스트레스 받은 뇌, 우측은 정상 뇌.

조직의 예를 들어보자. 리더의 폭력은 직원들의 집중력과 판단력을 저하시킨다. 왜?

드라마 착한마녀전(2018)
분노조절장애 임원, 직원 목조르다.

리더가 조장하는 공포 분위기는 직원들의 감정중추를 자극하고, 이 감정중추가 반응하면서 분노, 원망, 미움 등의 부정적 감정이 생긴다. 결국 이성적 판단을 담당하는 부위보다는 감정을 통제하는 뇌 작용이 활성화되면서 사고활동에 필요한 자원을 감정을 통제하는 부분에 빼앗기고, 인지적 기능과 집중력이 저하되는 것.

자원보존이론(COR: Conservation Of Resources)
폭력적 리더
대응자원(coping resources)

자원보존이론(COR: Conservation Of Resources)에서 주장하듯이 인간의 심리적 자원은 한정되어 있다. 끊임없이 스트레스를 주는 리더에 대응하다보면 대응자원(coping resources)이 고갈되면서 업무에 사용할 자원이 결국 바닥나고만다. 뿐만 아니라 장기적으로 리더의 잦은 분노 표출과 폭언은 구성원들의 뇌를 물리적으로 손상시킨다. 폭력적 리더에 노출되면 단순히 기분뿐 아니라 뇌가 파괴된다는 사실! 최근 뇌관련 연구에 의하면 코로나 바이러스도 증상이 심해지면 뇌의 전두엽에 영향을 주며 기획, 문제해결, 판단 등의 뇌기능을 저하시킨다고 한다. 폭력적 리더와 사람을 죽음에까지 이르게 하는 악성코로나가 동급이라는 사실!! 염두에 두어야겠다. 물리적 폭력만이 폭력이 아니다! 그 입!! 좀 조심하자!!!

"분노호르몬 지속시간은 15초라는데, 남의 뇌 망가뜨리지 말고 제발 좀 참자~~!!

넌 스트레스 풀어서 좋겠지만, 난 뇌가 망가진다."

출처: https://blog.naver.com/businessinsight/221262521285
https://health.chosun.com/site/data/html_dir/2021/05/12/2021051200903.html

## 4. 감정지능

감정지능(EI: Emotional Intelligence)

감정지능(EI: Emotional Intelligence)은 환경의 요구에 성공적으로 대처할 수 있는 비인지적(non-cognitive) 기술, 능력, 역량의 총체를 말한다.

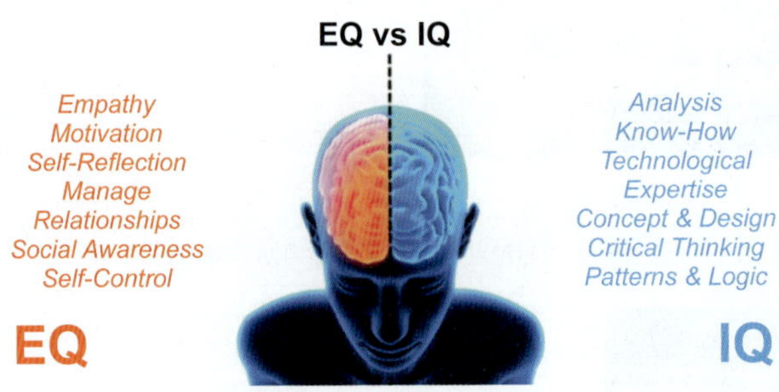


출처: https://www.boyermanagement.com

한국어로 번역할 때 정서지능 혹은 감성지능이라고도 하지만 정서는 affect, 감정은 emotion이라는 사전적 의미에 따라 이 책에서는 감정지능이라고 명칭하겠다. 실생활에서는 IQ와 비교개념으로 흔히들 EQ(Emotional Quotient)라고 하는데 범위를 넓혀 대인관계 전반에 대한 능력으로 사회지능(SQ: Social Quotient)의 개념으로도 실무차원에서 사용된다. 같은 상황에 놓여도 더 능숙하게 상황에 대처하는 사람들이 있는데 이들은 감정지능·사회지능이 높기 때문이다. 피터 살로베이(Peter Salovey)와 존 메이어

(John Mayer) 교수는 1990년 감정지능을 "감정을 다루는 정보처리 능력"이라고 정의하면서, **감정지능 모델(EI model)**을 제시하였다.

감정지능 모델(EI model)

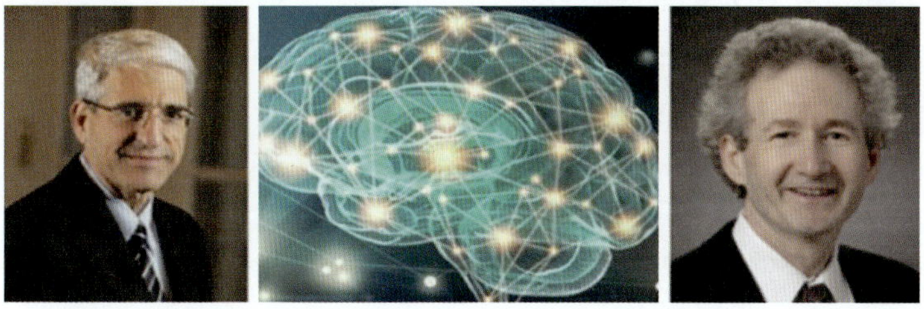

피터 살로베이
(Peter Salovey)

존 메이어
(John Mayer)

감정지능 모델에 따르면 감정지능은 네 가지 영역으로 구성된다.

- **자기감정평가력(SEA: Self-Emotions Appraisal)**: 자신이 느끼는 감정에 대해 명확히 인지하는 능력.
- **타인감정평가력(OEA: Others-Emotions Appraisal)**: 타인의 감정을 인지하고 이해하며 공감하는 능력.
- **감정활용력(UOE: Use of Emotion)**: 자신의 감정을 적절히 활용할 수 있는 능력.
- **감정통제력(ROE: Regulation of Emotion)**: 자신의 감정을 통제할 수 있는 능력.

자기감정평가력(SEA: Self-Emotions Appraisal)
타인감정평가력(OEA: Others-Emotions Appraisal)
감정활용력(UOE: Use of Emotion)
감정통제력(ROE: Regulation of Emotion)

웡치쌈(Wong, Chi-sum), 로우 케네스(Law, Kenneth)

홍콩중문대학교 웡치쌈(Wong, Chi-sum)과 로우 케네스(Law, Kenneth) 교수는 감정지능을 다음과 같이 측정할 것을 제안하였다.

- **자기감정평가력(SEA: Self-Emotions Appraisal)**:
  - 내가 왜 그 감정을 느끼는지의 이유에 대해 나는 명확히 알고 있다.
  - 나는 내 감정에 대해 잘 이해하고 있다.
  - 나는 내가 느끼는 것에 대해 명확히 인지하고 있다.
  - 나는 내가 언제 행복한지 아닌지를 분명히 안다.

- 타인감정평가력(OEA: Others-Emotions Appraisal):
  - 행동을 보면 난 내 친구가 지금 어떤 감정을 느끼고 있는지 바로 알 수 있다.
  - 나는 타인의 감정을 잘 읽는다.
  - 나는 다른 사람들의 느낌과 감정에 예민하다.
  - 나는 내 주변 사람들의 감정을 잘 이해한다.

- 감정활용력(UOE: Use of Emotion):
  - 나는 목표를 설정하고 그것을 성취하기 위해 최선을 다한다.
  - 나는 내가 잘 할 수 있다고 끊임없이 스스로에게 말한다.
  - 나는 스스로를 독려하는 사람이다.
  - 나는 내가 최선을 다하도록 항상 나 스스로를 독려한다.

- 감정통제력(ROE: Regulation of Emotion):
  - 나는 내 감정에 휘둘리지 않고 모든 일을 이성적으로 대처할 수 있다.
  - 나는 내 감정을 꽤 잘 통제한다.
  - 화가 났을 때 나는 금세 화를 가라앉힐 수 있다.
  - 나는 전반적으로 내 감정을 잘 다스린다.

샤덴프로이데(schadenfreude)

**아무리 감정지능이 높아도 통제가 안되는 쌤통심리!!**

"샤덴프로이데(schadenfreude)"

독일어로 손해를 뜻하는 "샤덴(shaden)"과 기쁨을 뜻하는 "프로이데(freude)"를 합성한 말로 타인의 불행에서 기쁨과 행복을 느낀다는 용어이다. 비슷하게 "살리에리 증후군(Salieri syndrome)"이라고도 한다. 음악천재였던 볼프강 아마데우스 모차르트(Wolfgang Amadeus Mozart)의 천부적 재능을 시기했던 2인자 살리에리의 고통을 표현한 말이다.

출처: https://1boon.daum.net/scientist/877

- 평소 일을 잘해서 늘 상사한테 칭찬받던 동료가 오늘 깨질 때

- 부자였던 사업가 친구가 쫄딱 망했을 때
- 나보다 잘 나가던 친구가 회사에서 잘렸을 때
- 나보다 공부 잘하던 친구가 취업에 실패했을 때
- 아시아만 강타하던 코로나가 미국, 유럽에 마구마구 퍼졌을 때

우리는 왠지 모를 기쁨과 쾌감을 느낀다. "쌔엠~~통!! 사실 이런 "쌤통 심리"는 정신적 이상이 있어서 그런 건 아니다. 한국 속담에도 사촌이 땅을 사면 배가 아프다고 하지 않나…

"남의 불행에 기쁨을 느끼는 나의 "뇌!!" 나의 뇌가 말한다!!"

일본 교토대학 다카하시 히데히코 교수팀은 샤덴프로이데가 생기는 동안 사람들의 뇌에서 어떤 일이 일어나는지 실험을 통해 확인하고, 그 결과를 2009년 과학지 '사이언스(Science)'에 발표해 큰 반향을 불러일으켰다. 교수팀은 실험참여자 19명에게 시나리오를 주며 자신을 주인공으로 생각하게 했다. 주인공은 능력이나 경제력, 사회적 지위 등 모든 면에서 평범한 사람이다. 그를 제외한 등장인물은 세 명. 모두 대학 동창생이라는 설정이었다. 시나리오는 등장인물들이 사회에 진출한 후 동창회에서 다시 만난 이야기가 펼쳐지는데, 연구팀은 실험 참가자가 시나리오를 읽는 동안 뇌에서 나타나는 반응을 기능성 자기공명영상(fMRI) 장치로 촬영 · 분석하였다. 실험 결과, 다른 3명의 동창들이 성공했을 때 주인공의 불안과 고통이 커졌고, 그들이 불행에 빠졌을 때 쾌감이 높아지는 것으로 나타났다.

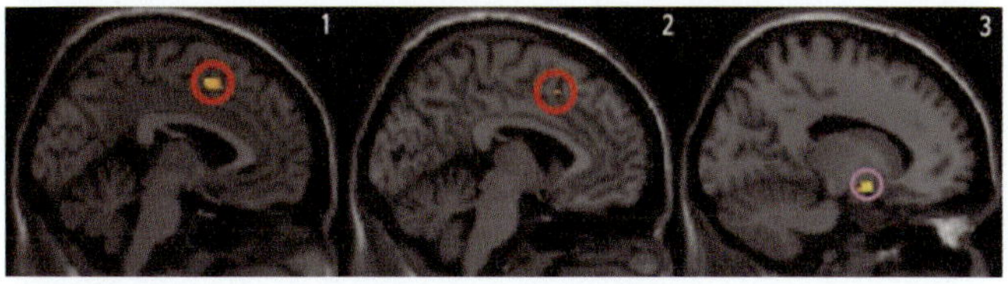


1. 자신과 관련있는 분야의 동창이 잘 나갈 때에는 강하게 질투를 하며 "배측전방대상피질" 부위가 마구 활성화된다.
2. 반면 관련없는 분야의 동창이 잘 나가는 것에 대해서는 그닥 질투를 느끼지 않는다. 뭐 아주 쬐끔!!
3. 관련분야에서 잘 나가는 동창이 불행한 일을 겪으면 뇌에서 기쁨과 만족감을 발생시키는 보상회로인 "복측선조체(ventral striatum)"가 마구 마구 활발해진다.

### 가식으로도 숨길수 없는 "꼬소함"!!

하버드대 심리학과 미나 시카라(Mina Cikara) 교수는 평소 누군가에 대한 부러움이 클수록 그 사람이 불행한 일을 당할 때 기쁨을 나타내는 생리적 반응이 나타난다는 것을 발견함으로써 샤덴프로이데 효과를 다시 한번 입증한다.

연구팀은 불쌍한 노인(연민)과 잘 나가는 전문직(부러움), 마약중독자(혐오), 참한 학생(뿌듯함) 등의 사진을 보여주고 그들이 겪는 상황을 묘사했을 때 실험 참가자들이 어떤 감정을 느끼는지 물어봤다. 그와 동시에 근전도 측정기를 볼에 부착해 참가자가 미세하게라도 미소를 지을 때 나타나는 전기적인 반응을 측정했다. 생리적인 반응을 포착해 "가식으로 속일 수 없는 본심"을 확인하고자 했던 것!

실험 참가자들은 자기가 부러움을 느끼는 대상이 '내기에서 5달러를 땄다'는 긍정적인 상황보다 '남친에게 차였다' 등의 부정적인 상황에 더 활짝 웃은 것으로 나타났다. 악마의 미소!

출처: http://m.dongascience.donga.com/news.php?idx=8202

### 감정의 전염(emotion contagion)! 걷어차인 고양이 효과!

감정지능이 낮은 경우, 특히 리더의 감정지능이 낮은 경우 집단 전체에 문제가 생긴다. 집단전체가 리더로 인해 부정적, 비생산적 정서의 소용돌이에 휩싸일 수 있기 때문이다.

(때는 중세 유럽)

- Stage 1. 왕이 한 기사(knight)에게 싫은 소리를 함(왕 → 기사)
- Stage 2. 기분 나빠진 기사, 집에 돌아와 집사에게 소리를 지름(기사 → 집사)
- Stage 3. 짜증난 집사, 마누라한테 가서 욕설을 퍼부음(집사 → 마누라)
- Stage 4. 열받은 마누라, 아들 찾아가서 뒤통수 후려침(마누라 → 아들)
- Stage 5. 빡친 아들, 옆에서 자는 고양이 발로 걷어참(아들 → 고양이)

자다가 날벼락맞은 야옹이!

감정의 전염(emotion contagion)

부정적 정서는 그 배출구를 찾으면서 자신보다 약한 사람들을 괴롭히는 형태로 나타나고, 권력구조의 최하층에 있는 사람들이 늘 피해자가 된다. 이는 부정적 감정이 연쇄효과(chain effect)를 거쳐 확산되는 것인데, 이를 감정의 전염(emotion contagion)이라고 한다.

조직에서 이러한 감정전염의 과정은 보통 리더로부터 시작된다. 리더의 부정적 혹은 긍정적 정서는 5분정도의 아주 짧은 미팅과 같은 상호작용으로도 바로 전파된다. 리더의 정서를 느낀 구성원들은 리더가 없어도 리더가 전한 정서를 지속시키고, 공유하며, 강화시킨다. 결국 리더가 처음 활성화시킨 집단정서를 구성원들끼리 더욱 확산시키는 현상(LAMP: Leader Activation and Member Propagation)이 나타나는 것.

구성원들이 리더를 좋아하는 경우는 리더에 의한 긍정정서의 확산이 강력해지고, 반면 구성원들이 리더를 싫어하고 무서워할 경우, 리더의 부정정서 확산이 신속하게 일어난다. 후자의 상황은 앞서 보았듯 인간의 뇌를 손상시키는 심각한 부작용이 있는 만큼 리더들의 정서통제능력 등과 같은 감정지능은 집단성과 뿐 아니라 구성원들의 삶의 질에도 큰 영향을 미친다. 따라서 리더들의 자각과 각성이 필요하다. 리더라는 위치는 지위와 권력인 동시에 책임과 감정통제가 따르는 자리이다.

출처: Sy, T., & Choi, J. N., 2013

감정지능이 높은 직원들은 자신과 타인의 정서에 민감하고, 감정을 적절히 활용하여 원활한 의사소통, 효과적인 피드백 제공, 수용, 해석 및 바람직한 집단 분위기 형성 등의 긍정적 결과를 만들어낸다. 뿐만 아니라 감정지능은 적절한 타이밍에 적절한 방식으로 타인으로부터 정보를 획득하고, 취득한 정보의 숨은 의미까지 파악하게 함으로써 정보·지식 교환의 효율성을 극대화시킨다. 특히, 감정통제와 활용능력은 업무로 인한 스트레스 상황을 보다 효과적으로 통제하고, 업무향상에 도움이 되는 방향으로 자신과 타인의 정서를 유도함으로써 성과와 창의성을 향상시킨다. 따라서 감정지능은 단순히 개인 뿐 아니라 업무에 있어서의 자기규제(self-regulation), 동기부여, 의사소통 촉진 등 다양한 방면에 걸쳐 이점을 제공한다.

### 난 감정지능(EI: Emotional Intelligence)이 높을까? 낮을까?

감정지능의 높고 낮음은 실생활에서 여러가지 측면으로 나타난다. 한끝 차이처럼 보이지만 실제로 그 차이는 어마어마하다. 자신은 감정지능이 높은 사람이라고 우기지 말고 솔직하게 자신을 바라보고 평가해보자.

| 감정지능 낮음 | 감정지능 높음 |
|---|---|
| 공격적, 요구적, 자기중심, 우두머리 행세, 대립적 | 적극적, 자기주도, 의지가 강함, 결단력 |
| 충동적, 남의 의견을 잘 안 들음, 이기적, 잘 둘러댐 | 따뜻함, 열정적, 사회적, 매력적, 설득력 있음 |
| 변화를 거부, 소극적, 방어적, 남의 의견에 귀 막음, 자기고집 강함 | 인내심, 안정적, 예측 가능<br>한결 같음, 남의 말에 귀 기울임 |
| 비판적, 까탈스러움, 신경질적, 까다로움, 완벽주의 | 세심함, 조심스러움, 꼼꼼함, 체계적임, 쿨함 |

당신은 어떤가? 솔직하게 자신을 돌아볼 계기가 되었는가? 예를 들어, 자신이 공격적인데 그것을 적극적으로 인식한다거나, 남의 의견을 잘 안 듣는 것을 주관이 강한 것이라 해석한다면, 혹은 신경질적인 것을 상대방이 자신을 그렇게 만들었다고 탓을 한다면? 불행히도 당신은 감정지능이 낮은 사람이다. 감정지능이 높은 사람들은 자신을 왜곡시키지 않고, 있는 그대로 평가할 줄 아는 사람들이다. 사실 감정지능이 낮

은 사람들은 자기 평가를 제대로 못하고, 누가 옆에서 말해준다고 해도 절대 받아들이거나 인정하지 않기 때문에 보통 노답인 경우가 대부분이긴 하다.

출처: https://www.pinterest.com/pin/132363676525938747

감정지능은 구성원들뿐 아니라, 구성원들을 이끌고 팀과 조직의 목표를 달성해야 하는 리더들이 더욱 그리고 반드시 갖추어야할 자질이며 능력이다. 리더의 주요 역할이 팀이나 조직 내부 직원들과의 목표공유, 의사소통, 동기부여, 갈등해결임을 고려할 때에 감정지능이 낮은 리더는 내부조율과 통제에 어려움을 겪을 수밖에 없다. 직원들과의 공감대 형성, 그리고 원활한 의사소통을 위해서 리더는 감정지능을 필요로 한다. 더불어, 팀이나 조직 외부의 관련자, 이해 당사자들과의 정보공유, 의견조율, 협상 등의 과정에서도 대인관계와 사회적 상호작용을 유연하게 만들어 주는 감정지능은 리더의 핵심역량이라고 할 수 있다.

**그룹토론문제**

(1) 다음 네 가지의 감정지능 영역 중 가장 중요한 영역은 무엇이라고 생각하는가? 그 이유는 무엇인가?

- Self-Emotions Appraisal(SEA)
- Others-Emotions Appraisal(OEA)
- Use of Emotion(UOE)
- Regulation of Emotion(ROE)

(2) 당신은 팀 리더이다. 팀을 구성해야하는데 감정지능측면을 고려한다면 당신은 어떤 구성원들로 팀을 꾸리겠는가?(예: 감정지능이 모두 높은 팀원들만, 혹은 감정지능이 높은 구성원과 낮은 구성원들을 섞어서)? 어떤 조합이 팀의 업무성과에 유리하겠는가? 그 이유는 무엇인가?

사회비교(social comparison)

하향사회비교(downward social comparison)

### 조직 내에서의 질투: 사회비교이론

남의 불행을 보면서 행복을 느끼는 현상, 샤덴프로이데(schadenfreude)로 다시 돌아가보자. 인간은 악한 존재일까? 꼭 그렇다고 단정지을 수는 없다. 앞서 3장에서 인지부조화를 설명하면서 등장한 사회심리학자 페스팅거(Festinger)에 따르면 인간은 불확실한 사회상황에서 자신의 현 위치를 파악하기 위하여 의식적으로 그리고 무의식적으로 끊임없이 자신과 타인을 비교한다(사회비교: social comparison). 일반적으로 자기진단(self-assessment)의 목적에 부합하는 자신과 비슷한 처지의 사람과 비교(similarity hypothesis)를 하는데, 동료와의 비교는 자신의 현 위치에 대한 유용한 진단정보를 줌과 동시에 자극이 되기도 한다. 그러나 사람에 따라서는 자신보다 열등한 조건에 있는 사람과 하향사회비교(downward social comparison)를 통하여 자기상승감(self-enhancement), 스스로에 대한 자부심(pride)과 행복(happiness)을 느끼기도 한다. 아이고~!! 성적·월급 꼴랑 고거받고 잠이 오냐~? 라고 생각하며 심히 뿌듯함과 기쁨을 느낀다.

문제는 자신보다 우월한 상황에 있는 타인과의 상향사회비교(upward social comparison)에서 생긴다. 나보다 부자고, 나보다 공부도 잘하고, 나보다 잘 생기고·예쁘고, 나도 없는 여친·남친 있고, 나보다 연봉 높은 친구와의 비교는 고통스러울 수밖에 없다. 상향사회비교는 열등감, 분노, 좌절 등의 부정적 감정을 유발시킨다. 상향사회비교에 따르는 불편한 감정과 심리적 긴장감을 해소하기 위해 사람들이 선택하는 방식은 두 가지!

상향사회비교(upward social comparison)

악의적 부러움(malicious envy)

첫째: 악의적 부러움(malicious envy)을 바탕으로 상대를 우월한 지위에서 끌어내려 자신과 비슷하게 만들고자 공격!! 우월한 비교대상이었던 타인의 실패와 불행은 그 사람의 지위가 낮아짐을 의미한다. 고로 그 "반사이익"으로 나의 상대적 지위는 높아진다.

"내가 못 올라간다면 너를 끌어내릴 수밖에!"

**소년의 선택:**

Option 1: 제발 떨어뜨려라 떨어뜨려라!!
Option 2: 손으로 툭! Oops! 실수!! Sorry!

조직에서 이런 시나리오는 일상적으로 생긴다. 우월한 스타급 동료에 대한 질투와 시기심이 음해, 모함, 정치공작 등 상대를 끌어내리려는 파괴적 행동으로 나타날 수 있다.

둘째: 선의의 부러움(benign envy)을 바탕으로 비교대상의 우월한 능력과 성과를 롤 모델(role model)로 삼아 자극과 학습의 기회로 여기고, 자신의 발전(self-improvement)을 꾀함! 건설적 형태인 선의의 부러움을 느끼기 위해서는 우월한 상대의 능력과 성과를 자신의 노력을 통해서도 달성할 수 있다는 자신감(attainability, perceived control)이 있어야 한다.

선의의 부러움(benign envy)

부러움이나 질투는 인간이 경험하는 당연한 심리이다. 그러나, 부정적이고도 파괴적으로 나타나는 사회비교가 스스로의 정신건강은 물론 조직 안에서의 사회관계와 협력, 그리고 조직성과 모두에 부정적 영향을 끼친다는 것에 대한 경각심을 가져야겠다. 조직의 경우, 부러움이라는 감정이 악의적 · 파괴적 방식이 아닌 선의적·건설적 방식의 부러움이나 경의(admiration)의 형태로 표출될 수 있도록 구성원들의 감정지능을 향상시킬 수 있는 교육 프로그램을 제공하고, 학습지향성(learning goal orientation)을 향상시킬 수 있는 방법을 모색해야 할 것이다.

출처: https://www.psychologytoday.com/us/blog/do-the-right-thing/201304/got-happiness-social-comparison-theory-can-help

## 5. 감정노동

감정노동(emotional labor)

**감정노동**(emotional labor)이란 업무현장에서 **실제 자신이 느끼는 감정과는 달리 조직에서 요구하는 감정을 표현하는 노동**을 의미한다. 1983년 미국의 사회학자 알리 러셀 혹실드(Arlie Russell Hochschild)의 저서 「The managed heart」에 처음 소개된 개념이다.

알리 러셀 혹실드(Arlie Russell Hochschild), 1940–

감정부조화(emotional dissonance)
실제감정(felt emotions)
표현감정(displayed emotions)
내적 갈등현상

**감정부조화**(emotional dissonance)란 **실제감정과 표현감정의 부조화 · 불일치**(displaying one emotion while actually feeling another) 상태를 말한다. **실제감정**(felt emotions: 실제로 마음 속에서 느끼는 감정)과 **표현감정**(displayed emotions: 겉으로 보여주는 감정) 간 괴리가 있는 상황을 말한다. 감정부조화는 근로자들이 조직에서 실제로 느끼는 감정과 조직에서 요구하는 적절한 감정이 다를 때 나타나는 **내적 갈등현상**이다. 예를 들어보자. 집안에 안 좋은 일이 생겼다, 어제 남친·여친과 싸웠다, 상사 · 동료 · 고객 때문에 기분이 상했다. 말하고 싶지도 않고 기분이 매우 좋지 않다. 하지만 조직 안에서 당신은 상사에게, 동료에게, 고객에게 웃는 얼굴을 보여야 한다. 이 감정부조화의 상황에서 당신은 가면을 쓰고, 상황과 조직에서 요구하는 바람직한 방향으로 감정연기를 해야한다.

출처: google 이미지

## 감정노동! 영혼을 잠식하다: 병드는 감정노동자들!!

고용노동부 · 안전보건공단이 2019년 발표한 통계에 따르면 우리나라 산업구조가 서비스업 중심으로 변화되면서 고객응대 업무에 종사하는 노동자는 전체 임금 노동자 1천 9백만 명의 35.1% 퍼센트에 달한다. 감정노동자들은 갖가지 비난, 욕설, 위협, 괴롭힘, 성차별, 성희롱, 신체적 폭력에 노출되며 육체적·정신적 질병에 시달리고 있다.

저희 월급의 반절은 욕먹는 값이에요. 좋은 분들도 많지만,
다짜고짜 폭언과 욕설을 내뱉는 사람들도 많아요.

출처: https://m.blog.naver.com/PostView.nhn?blogId=gmgg3&logNo=220167285805&proxyReferer=https:%2F%2Fwww.google.com%2F

감정노동에 가장 많이 노출되는 직업군은:

- 직접대면 : 백화점, 마트, 호텔, 음식점 종사자, 항공기 승무원, 골프장 캐디, 운전기사, 금융기관 종사자 등
- 간접대면: 콜센터 상담사, 텔레마케터 등
- 돌봄서비스: 요양보호사, 간호사, 유치원교사, 보육교사 등
- 공공서비스: 구청민원실, 주민센터직원, 보험공단 직원, 사회복지사, 경찰, 소방관 등

국무조정실이 만 16-29세 남녀 2,500명을 대상으로 실시한 인식조사 결과 86%에 달하는 국민대다수가 여전히 우리사회의 갑질이 심각하다고 입을 모았다.

출처: http://m.newsway.co.kr/news/view?tp=1&ud=2020011408193307173

감정노동은 서비스직에만 있는 것은 아니다. 서비스직에서의 고객응대뿐 아니라 일반 직장 내에서도 상사를 대상으로 근로자들은 감정노동을 해야한다. 시장조사 전문기업 엠브레인 트렌드모니터가 2020년 전국 만 19~59세 직장인 남녀 1,000명을 대상으로 직장인의 감정노동과 관련한 인식을 조사한 결과 대다수 직장인들이 평소 직장생활에서 짜증(65.6%), 지겨움(37.1%)과 같은 부정적인 감정을 많이 느끼고 있으며, 이러한 감정을 드러내지 않으려고 노력하는 것으로 조사되었다. 그러다 보니 응답자의 76.5%가 감정노동을 한다고 보고한다. 92.2%는 아예 감정을 드러내지 않으려고 애쓴다니 심각한 상황이다.

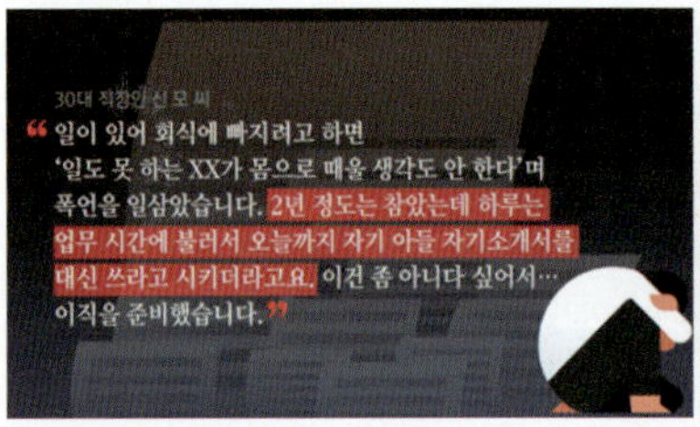

출처: google 이미지

또한, 90%의 응답자가 “스스로 감정을 잘 다스릴 줄 알아야만 직장생활도 오래 할 수 있는 것 같다”는 대답을 하며 직장생활을 하는 데 있어서 감정노동이 필연적으로 뒤따를 수밖에 없다는 인식이 강한 것으로 나타났다. 직장인이라면 누구나 감정노동자라는 것에 동의한 응답자는 86%에 달했으며, 이 중 68.8%의 응답자는 감정을 드러내지 못하고 생활하는 것이 당연하다고 답변했는데, 연령이 높을수록 감정노동을 당연하게 받아들이는 태도가 뚜렷하게 나타났다. 59.4%의 응답자는 직장인들의 월급에 ‘감정노동’ 비용이 포함되어 있다고 생각하는 것으로 나타났다.

출처: https://news.sbs.co.kr/news/endPage.do?news_id=N1004483857

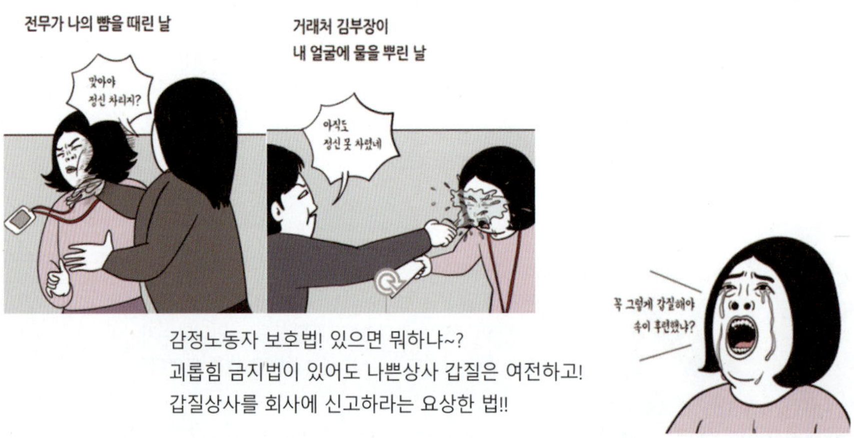


출처: https://1boon.kakao.com/causes/5add97a86a8e5100018c08a4

직장인들이 감정노동을 하는 이유는 문젯거리를 만들어 업무에 해를 끼치게 될 것이라는 불안감, 개인적으로 불이익을 받을지 모른다는 두려움, 분위기 망치고 싶지 않다는 소심함 등의 복합적 결과체이다. 감정노동! 과연 꼭 해야하는 직장생활의 일부분일까? 직장을 떠나서 아르바이트를 하는 청소년들도 어린시절부터 감정노동에 시달리고 갑질을 경험한다.

감정노동!! 사실 오늘날 새로 등장한게 절~대!! 아니다. 예전에는 없었느냐? 물론!! 있었다!!! 사실 더 했다!! 단지 현대사회에서 우리는 이것을 감정노동이라 일컬으며 이슈화하는 것이다. 인간으로서의 존엄성을 지키며 일하자는 것. 이는 사실 다양성에 의한 차별금지, 미투운동 등과 같은 맥락이라고 볼 수 있다. 우리 사회 모~~두가!! 노력해야 극복할 수 있는 문제이다. 제발 서로 배려하는 사회!! 우리 그거 만들자.

“내가 소중하면 남도 소중하다는 것 좀 알자~ 응?? 갑질 그거 완전 추해보인다!!”

감정부조화 발생 시 사람들은 두 가지의 형태로 감정부조화에 대응한다.

- **표면연기(surface acting)**: 마음은 그게 아니지만 내게 요구되는 적합한 감정을 표현하는 것. 따라서 스트레스가 심하다. 진심과 다른 행동을 상대가 눈치채지 못하도록 계속 연기하는 것은 정신적으로 상당히 지치는 일이다.
- **심층연기(deep acting)**: 요구되는 상황에 맞춰 내적 감정을 바꾸는 것. 물론 쉽지 않다. 그러나 실제 감정을 적절히 조절할 수 있다면 심적 부담이나 에너지 고갈이 확연히 감소하는 것은 사실이다.

표면연기(surface acting)
심층연기(deep acting)

이와 같이 우리는 조직생활을 하면서 업무노동뿐 아니라 감정노동을 하게 된다. 감정노동은 조직생활을 하면서 대인관계에서 바람직한 감정을 구성원들이 표출해야만 하는 상황에서 발생한다. 실제 느끼는 감정과 요구되는 감정의 괴리를 느끼는 순간 감정노동은 시작된다. 서비스 업종의 경우 감정노동은 업무의 일부로 여겨지면서 업무행동 자체보다 더욱 큰 스트레스의 원천이 되기도 한다.

**그룹토론문제**

(1) 표면연기를 하다보면 그게 심층연기로 발전될 수 있을까? 생각해보자.

(2) 감정노동은 흔히들 일반 근로자들만 하는 것으로 인식되어 있다. 조직을 관리하는 데에 있어서 리더가 보여야할 적합한 감정은 어떤 것일지 논의해보자.

## 6. 감정과 조직행동

조직경영에서 **감정(emotions)의 역할과 의의에 대해서 생각해보자.** 머리만 좋으면 다 되는 것 아닌가? 감정을 이해하는 것이 왜 중요한 것일까? 왜? 감정은 조직경영의 다양한 영역에서 중요한 역할을 하기 때문이다.

감정(emotions)

- **채용(selection)**: 채용에 있어 감정지능(EI)을 기준으로 고려하는 것은 상당히 중요하다. 특히, 업무가 고객응대와 같은 사회적 상호작용이 중요한 업종에서 감정지능은 직원성과에 아주 중요한 요소이다.
- **의사결정(decision making)**: 부정적 감정에 사로잡혀 있을 때보다 긍정적 감정일 때 사람들은 보다 합리적 의사결정을 한다.
- **창의성(creativity)**: 긍정적 기분은 사고의 융통성, 개방성을 가져오기 때문에 창의적 발상에 있어서 주요한 원동력이 된다.

채용(selection)
의사결정(decision making)
창의성(creativity)

### 긍정적 정서는 항상 좋다?
### No!! 적당히!!가 중요!

부정적 정서보다는 긍정적 정서가 폭넓은 사고와 새로운 시도를 가능하게하고, 방어적·회피적 의사결정의 오류를 피하게 해주는 것은 사실이다. 그러나 긍정적 정서가 항상 좋다고만은 할 수 없다. 왜?? 과잉긍정에 의한 자신감 편향이 발생할 수 있기 때문이다.

나 사자야~!!
야~옹~

완전 업(up)!!된 "과잉긍정정서"로 인한 자신감이 하늘을 찌르는 순간!!

자제력을 잃고 숨겨왔던 진심, 해서는 안될 말과 행동(예: 성차별적 발언, 편견) 등이 톡!하고 튀어나오면서 수습불가 상황을 만들기도 한다. 과잉긍정정서는 자신감을 높일뿐 아니라 정신과정에 대한 통제를 느슨하게 만든다. 따라서, 자칫 상대를 과도하게 신뢰하기도 하고, 현실적으로 타당성이 떨어지는 결정을 하기도 한다. 이 원리를 잘 이용하는 사람들이 사기꾼들!! 상대를 기분좋게 만들기 위해서 환상적으로 아부를 떨고, 술을 먹이기도 하면서 정신줄을 놓게 만든다. 따라서 중요한 결정을 하는 상황에서는 차분한 감정상태에서 현실을 직시하고 세심하게 상황을 따져보는 것이 중요하다. 지나치게 늘 긍정적인 사람의 경우, 중요한 결정과 협의를 함에 있어서 까칠하고 부정적인 친구를 옆에 두어 균형을 맞추는 것도 합리적 사고와 결정을 하는 데에 도움이 될 수도 있다.

동기(motivation)
리더십(leadership)
협상(negotiation)
고객서비스(customer services)

- 동기(motivation): 긍정적 기분은 성공에 대한 기대감과 자신감을 향상시키고, 보다 능동적인 업무행동을 가능하게 해준다.
- 리더십(leadership): 구성원들이 보내는 메시지를 이해하고 받아들이는 데에 있어 감정은 중요한 역할을 한다. 리더의 긍정성은 팀 전체의 분위기를 열정적으로 만들고 팀원들의 적극적 기여를 이끌어 낸다.
- 협상(negotiation): 긍정적 감정과 부정적 감정을 적절히 표현하는 것은 성공적 협상에 중요한 역할을 한다. 협상에서는 까칠함, 분노, 무관심 등의 부정적 감정 표현이 때로 도움이 되기도 한다,
- 고객서비스(customer services): 감정은 서비스의 질에 즉각적 영향을 미치는 요소로 고객 관계와 고객 만족도를 결정하는 주요요인이 된다. 행복한 직원이 행복한 고객을 만든다.

- 업무태도(job attitudes): 업무태도는 긍정적, 그리고 부정적 감정에 큰 영향을 받는다.
- 일탈행동(deviant behaviors): 부정적 감정을 많이 느끼는 구성원일수록 일탈행동을 할 확률이 높아진다.

업무태도(job attitudes)
일탈행동(deviant behaviors)

### 긍정적 정서는 다 좋다?
### No!! 에너지의 크기를 고려해야한다.

물론 협상이나 문제해결과 같은 경우 부정적 정서의 표현이 도움이 되는 경우가 있긴하지만, 대부분의 경우는 긍정적 감정이 개인, 팀, 조직과 관련한 과정과 결과에 바람직한 효과를 갖는 것은 사실이다. 그럼 모든 직원들을 해피하게, 기분좋게, 편안하게 해주면 만사 ok? 불행히도 세상이 그리고 경영이 그렇게 단순하지 않다.

한국기업을 대상으로 한 최근 연구에서 292명의 직장인들에게 정서원형모델에 근거해 감정을 보고하도록 하고, 이들의 상사에게 그들의 업무관련 창의성을 평가하도록 하였다. 직원들이 어떤 정서를 강하게 느낄 때 창의적 성과가 높다고 평가받았을까? 다시 정서원형모델로 돌아가보자.

| 2 높은 부정적 정서 (High Negative Affect) | 1 높은 긍정적 정서 (High Positive Affect) |
|---|---|
| • 화가난(angry)<br>• 짜증난(annoyed)<br>• 두려워하는(afraid) | • 흥분된(excited)<br>• 행복한(happy)<br>• 기쁜(delighted) |
| **3 낮은 부정적 정서 (Low Negative Affect)** | **4 낮은 긍정적 정서 (Low Positive Affect)** |
| • 슬픈(sad)<br>• 지루한(bored)<br>• 지친(tired) | • 만족한(satisfied)<br>• 이완된/편안한(relaxed)<br>• 평화로운(serene) |

1사분면! 강한 긍정적 정서를 느끼는 직원들의 창의성이 예상대로 가장 높게 평가되었다. 그러면 그 다음은? 4사분면? 낮은 긍정적 정서?

아니다!! 답은 2사분면!!

1사분면의 직원들이 능동적으로 창의성(proactive creativity)을 발휘하는 반면 2사분면의 직원들은 수동적인 창의성(responsive creativity)이 높은 것으로 평가된다. 무슨 소리? 자발적으로 하지는 않지만 창의성을 요구하는 상황에 놓이게 되면 화가 나서라도 창의성을 보인다는 것이다.

그러면 3위는? 그럼 이제 4사분면? 또 아니다! 왜??

3사분면의 낮은 부정적 정서를 느끼는 직원들의 경우, 딱히 좋지도 나쁘지도 않다. 문제는 긍정적이지만 비활성화되어 에너지가 낮은 4사분면에 위치한 만족하고, 이완되고, 편안함을 느끼는 직원들에 대한 상사의 평가가 가장 떨어진다.

이는 상당히 의외의 결과이다. 낮은 긍정적 감정을 느끼는 직원들의 경우, 수동적 창의성, 즉 업무상 창의성이 요구되는 상황에서 창의성이 특히나 낮은 것으로 평가된다. 그 이유는? 너무 편안하다보니 위에서 쪼는 데도 "배째라" 모드!

직원들이 긍정적이고 에너지가 넘치는 경우야 당연히 최선의 결과가 나오지만, 긍정적이지만 에너지 수준이 낮은 경우는 그저 편하기만 하고, 전혀 긴장감을 느끼지 않는 상태. 긴장감이 전~혀 없는 경우 직원들은 직장을 그저 사교클럽이나 취미동아리로 여길 수 있다. 편안하기만한, 평화롭기만한 조직은 발전이 없다. 긍정적, 그러나 역동적!! 에너지를 끌어내야 한다!!

출처: Hwang, T. J., & Choi, J. N., 2020

한계긍정비율(critical positivity ratio)

로사다 비율(Losada ratio)

감정은 조직 내의 다양한 개인활동과 팀과정, 그리고 조직성과에 중요한 영향을 미친다. 노스케롤라이나 대학의 마샬 로사다(Marcial Losada)와 바바라 프레드릭슨(Barbara Fredrickson) 교수는 "긍정성과 부정성의 비율 3:1(정확히 2.9013:1)"을 성공하는 회사와 실패하는 회사를 구분하는 **한계긍정비율**(critical positivity ratio)로 제시하였다. 보통은 **로사다 비율**(Losada ratio)로 더 잘 알려져 있다. 60개 최고경영 팀의 회의록을 분석한 결과 긍정적인 단어가 부정적 단어보다 2.9013배 이상으로 많이 사용되는 회사는 성장하지만, 그렇지 못한 회사는 쇠퇴한다는 것! 로사다 비율에 따르면 최고의 성과를 내는 회사에서의 긍정성의 부정성에 대한 비율은 3:1에서 11:1 정도(Losada line). 그 이하 혹은 그 이상으로 긍정성이 나타나는 경우 성장에 방해가 된다. 물론 이 비율은 연구마다 조금씩 다르게 나온다. 어떤 경우는 4:1, 또 어떤 경우는 6:1이라고도 한다. 긍정성과 부정성의 적절한 조합이 필요한 상황에서 긍정성이 부정성보다 더 큰 비율을 가지게 되는 것은 일반적으로 부정성이 긍정성에 비해 더 큰 에너지를 갖고 있기 때문이기도 하고, 진화론적 측면에서 인간이 위험하고 불리한 상황에 보다 민감하게 반응하는 부정성 편향을 가지게 된 점에서도 기인한다. 그러나 결론적으로 조직 전체의 성과를 위해서 긍정성의 비율을 높게 유지하는 것이 중요하다.

**행복한 환경이 긍정적 에너지를 만든다!**

2019년 출간된 「조이풀(Joyful)」에 의하면 행복은 꼭 내면에 있는 것만은 아니다. 내면의 행복을 찾다가 오히려 더 피곤해지고, 그 과정에서 즐거움을 잃을 수 있다. 저자 잉그리드 페텔 리(Ingrid Fetell Lee)는 다양한 행복의 외적 소재들을 제시한다.

- 원색, 화려한 색: 알록달록 문구류, 옷, 장신구
- 작아도 양이 많은 것: 눈송이, 비눗방울
- 예술/감각적인 것: 왠지 있어 보이는 물건, 공간
- 각진 것 보다는 둥근 것
- 무엇인가 위로 올라가는 것: 비행기, 불꽃놀이, 엘리베이터

사람을 행복하게 하는 업무환경은?

출처: https://www.information-age.com/imagining-office-future-how-you-can-build-collaborative-workspace-google-123460648/ & https://blog.naver.com/ainotikara/222045408044

직원들의 만족도가 높다는 구글 오피스를 보면 빨강, 파랑, 노랑 등 다채로운 색채와 둥글고 편한 디자인이 눈에 띈다. 하지만 현실에서 대부분 기업들의 업무환경은 도서관 같이 따닥따닥 붙어있는 책상에 단지 데스크탑이 갖추어져있는 실정이다. 직원들을 행복하게 만들 수 있는 근무환경의 외적 디자인에 대해서도 심각한 고민을 해봐야할 시점이다.

## 핵심용어

- 감정(emotions)
- 정서원형모델(circumplex model of affect)
- 정서적 사건반응이론(AET: Affective Event Theory)
- 감정지능(EI: Emotional Intelligence)
  - 자기감정평가력(SEA: Self-Emotions Appraisal)
  - 타인감정평가력(OEA: Others-Emotions Appraisal)
  - 감정활용력(UOE: Use of Emotion)
  - 감정통제력(ROE: Regulation of Emotion)
- 샤덴프로이데(schadenfreude)
- 사회비교(social comparison)
  - 하향사회비교(downward social comparison)
  - 상향사회비교(upward social comparison)
- 악의의 부러움(malicious envy)
- 선의의 부러움(benign envy)
- 감정노동(emotional labor)
- 감정부조화(emotional dissonance)
- 실제 감정(felt emotions) vs. 표현감정(displayed emotions)
- 표면연기(surface acting) vs. 심층연기(deep acting)

## 연습문제

01 정서(affect), 감정(emotions), 기분(moods)의 차이점에 대해서 간단히 논하라.

02 정서적 사건반응이론(AET: Affective Event Theory)에 대해 논하라.

03 감정지능(EI: Emotional Intelligence)은 무엇인가?

04 감정지능 모델(EI model)의 네 가지 영역에 대해 설명하라.

05 샤덴프로이데의 개념을 설명하고, 사회비교에 대해 논하라.

06 하향사회비교와 상향사회비교의 차이점에 대해 설명하고, 상향사회비교시 사람들이 선택하는 두 가지 방식에 대해 논하라.

07 감정부조화(emotional dissonance)와 감정노동(emotional labor)에 대해 설명하라.

08 표면연기(surface acting)와 심층연기(deep acting)의 차이점은 무엇인가?

CHAPTER

05

# 조직구성원 성격과 가치

1. Big 5 모델
2. 조직행동에 영향을 주는 다양한 성격 특성들
3. 가치의 개념과 의의

### 학습목표

- 조직구성원 성격의 개념과 조직에서의 의의에 관해 설명할 수 있어야 한다.
- Big 5와 주요 성격특성들을 명확히 설명할 수 있어야 한다.
- 가치의 개념과 조직에서의 의의에 관해 설명할 수 있어야 한다.
- 홉스테드의 문화차원이론을 명확히 설명할 수 있어야 한다.

태도와 감정이 상황과 대상에 따라 변화하는 개인의 심리상태 혹은 심리적 반응이라면 성격과 가치는 비교적 지속적인, 대부분 평생에 걸쳐 쉽게 변하지 않는 개인의 안정적 특징(stable personal disposition, trait)이다.

## 1. Big 5 모델

Big 5 모델(Big 5 model 또는 FFM: Five Factor Model of personality)

성격은 사람들이 다른 사람들에게 반응하고 교류하는 방식의 총집합으로 유전적, 환경적 요인에 의해 결정되며 사람들의 행동을 설명할 수 있는 지속적 지표라고 할 수 있다. 흔히 외향적이다, 수줍어하다, 개방적이다, 상냥하다 등으로 표현되는 사람들의 특성이다. 사람의 성격을 나누는 방식에는 여러 가지가 있지만 1980년대 성격을 분류하는 기준인 Big 5 모델(Big 5 model 또는 FFM: Five Factor Model of personality)이 출현하면서 성격 연구의 주류가 되었다.

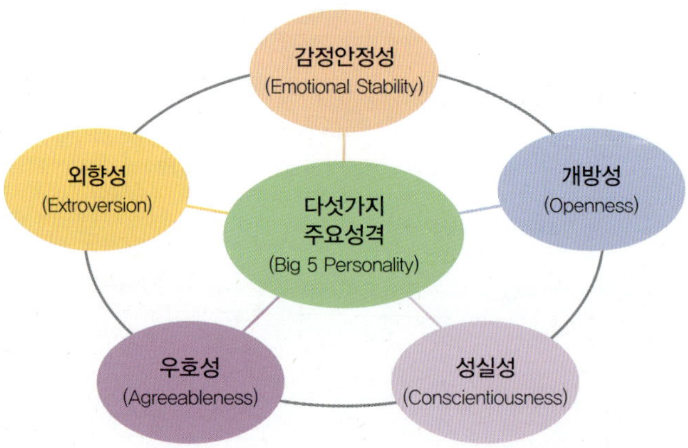


이들 다섯가지 주요 성격요인들은 조직행동과 응용심리학 연구분야의 주요이론으로 지난 수십 년간 전 세계 여러 국가에서 그 이론적 타당성 및 유의성이 검증되었다. 광범위한 연구를 통해 개인, 팀, 조직의 행동특성과 성과를 설명해주는 높은 예언타당도(predictive validity)를 보여 실무적 활용이 가능한 모델이다.

| Big 5 | 특성 | 영향 |
|---|---|---|
|  감정안정성(emotional stability) | • 안정적 정서 유지<br>• 차분함<br>• 안정적 상황 통제감 | • 긍정적 태도<br>• 상황변화에 쉽게 적응<br>• 업무 및 삶의 만족도 높음 |
|  외향성(extroversion) | • 대인관계에 적극적<br>• 지배욕 강함<br>• 적극적 감정표현 | • 대인관계에서 효과성 높음<br>• 리더십이 강함<br>• 업무 및 삶의 만족도 높음 |
|  개방성(openness) | • 새로운 환경추구<br>• 창의적<br>• 유연한 사고 | • 학습역량 강함<br>• 리더십이 강함<br>• 변화 적응력 높음 |
|  우호성(agreeableness) | • 사회관계에 민감<br>• 사회 순응적<br>• 상대를 편하게 해줌 | • 대인관계에서의 호감<br>• 성과가 높음<br>• 조직규범에 순응 |
|  성실성(conscientiousness) | • 조직적, 근면성실<br>• 자기통제<br>• 준비와 계획 철저함 | • 타인의 신뢰<br>• 꾸준한 성과<br>• 리더십이 강함 |

Big 5 모델에서 제시하는 성격요인들은 업무성과에 영향을 미치고, 리더십과도 강한 연관성을 가진다. 그러나, 이들 다섯 요인이 모든 직업군, 직무, 조직상황에서 항상 동일하게 영향을 미치는 것은 아니다.

### 성실성 높고, 외향적이면 고성과자?? That all depends!!

조직행동 관련연구들에 의하면 Big 5 요인들이 업무성과나 리더십에 미치는 효과는 조직상황과 업무에 따라 상당한 차이를 보인다. 이러한 가변적 관계를 설명하는 두 가지 주요 이론이 있다.

첫 번째 이론은 개인-환경 적합성(P-E fit: person-environment fit) 이론으로 동일한 성격 특성을 가진 개인이라도 어떤 조직에서 어떤 업무를 하느냐에 따라 성격이 업무태도와 행동 그리고 성과에 미치는 영향이 달라짐을 주장한다. 개인과 다양한 업무환경과의 적합성을 개념화한 개인-환경 적합성 관점(P-E fit perspective)은 조직행동학 분야에서 깊이 연구되어왔다. 개인-조직(P-O: person-organization), 개인-집단(P-G: person-group), 개인-상사(P-S: person-supervisor), 개인-업무 적합성(P-J fit: person-job fit) 등으로 개인과 환경 간 유사성(similarity fit) 혹은 상호보완성(complementarity fit)이 있는 경우 성격 특

개인-환경 적합성(P-E fit: person-environment fit) 이론

성은 성과에 긍정적 영향을 미치게 된다.

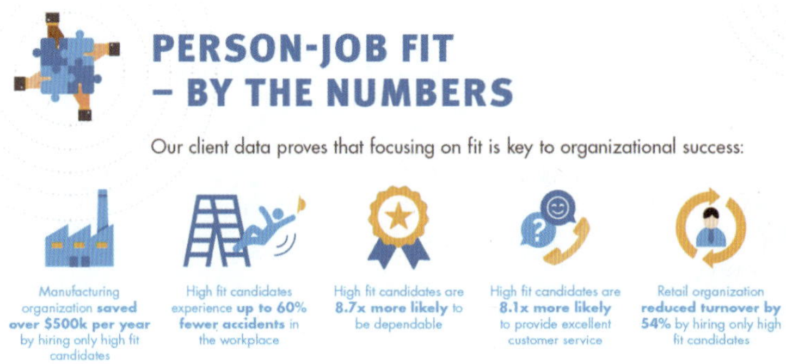


출처: https://www.psychometrics.com/person-job-fit/ & https://jobseekexpert.weebly.com/the-job.html

특성활성화 이론(TAT: trait activation theory)

두 번째 이론은 특성활성화 이론(TAT: Trait Activation Theory)이다. 개인-환경 적합성 이론이 개인과 환경 간의 직접 비교에 따른 유사성 혹은 보완관계 여부에 초점을 두고 있다면, 특성활성화 이론은 Big 5와 같은 성격요인 혹은 다른 개인적 특성이 어떤 환경에 노출되어 영향력이 형성되는지의 과정에 중점을 둔다. 즉, 해당 성격요인들 자체가 업무태도, 행동 및 성과에 대한 효과가 크지 않다가도 어떤 특정상황이나 업무 혹은 조직 환경에 놓이게 되면 그 효과가 활성화(activate)된다는 것이다. 따라서, 개인특성이 일종의 잠재성향, 기질로서 평소에 조용히 잠재해 있다가 환경·상황에서 기회 혹은 요구(situational opportunities or demands)가 있는 경우 점화·발현된다는 이론. 구성원들의 개인특성은 적당한 불을 만나 타오를 준비를 하고 있는 휘발유와 같다는 얘기.

토끼와 거북이의 이야기를 생각해보자. 이 우화의 교훈은 꾸준히 노력하면 뭐 안될 게 없다~, 게으름피우면 안된다~ 등이지만 이 이야기를 개인-환경 적합성 이론과 특성활성화 이론 관점에서 새롭게 해석해 보자.

거북이가 토끼를 이긴 것은 거북이가 빨라서가 아니라 토끼가 잠을 잤기 때문이다. "경기 중에 잠을 퍼잔 경쟁자"라는 행운이 아니었으면 거북이가 죽었다 깨도 이길 수 없는 게임! 거북이의 기질적 능력은 물이라는 상황을 만나야 활성화 되는데 구~태여 능력발휘를 할 수 없는 산이라는 상황에서 토끼와 경쟁한 거북이는 사실 바보였다!!

거북이스러운 직원은 산이 아닌 물로 가야한다. 산에서 능력을 발휘할 수 없는 거북이에게 산에서 토끼랑

경주해보라는 것은 불공정게임!

자, 이제 조직을 생각해보자.

알맞은 업무에 알맞은 사원을 배치해야 한다!
연구 잘하는 수줍은 사원을 영업팀에, 사회성 좋고 나돌아다니기 좋아하는 사원을 R&D팀에 배치하는 것은 완전 미스매치!!

이는 단순히 개인에게만 해당되는 원리는 아니다. 기업 역시 자신의 강점에 기반하여 시장에 진입하여야 한다. 토끼과 기업은 산에서, 거북이과 기업은 물에서 경쟁을 해야 한다. 알맞는 사업환경에서 경쟁을 해야 제대로 능력을 발휘할 수 있다!!

개인-환경 적합성 이론과 특성활성화 이론에 의거하여 Big 5 성격요인들이 개인의 행동과 성과에 미치는 영향을 살펴보자.

감정안정성(emotional stability)

- 감정안정성(emotional stability)이 높은 사람들의 경우 걱정, 분개, 과민, 불안감 등과 같은 부정적 정서반응이 낮다. 따라서 부정적 사고와 감정에 사로잡히기 보다는 상황에 대해 안정적인 정서적 대응을 하는 편이다. 정서변동(affect spin)이 심한 경우 과민반응에 따른 불안과 인지적 에너지 고갈로 업무성과가 저하되는데 기질적으로 감정안정성이 높은 직원은 낮은 업무 스트레스와 높은 업무만족도를 보인다. 따라서 개인-조직 적합성 관점에서 볼 때, 불만에 차있고 화를 잘 내는 고객들을 응대하고 문제를 해결해야하는 대고객 서비스직에 적합하다. 물론 화내는 고객들을 상대하면서 경험하는 정서노동은 누구에게나 고역이지만 감정 안정성이 높은 직원은 감정노동으로 인한 정신적 피해가 상대적으로 적은 편이다. 이 때문에 그들의 감정안정성은 악성민원을 제기하는 블랙슈머들을 상대할 때 빛이난다.

외향성(extroversion)

- 외향성(extroversion)을 지닌 사람들은 말이 많은 편이고, 적극적이며, 에너지가 넘치고 활동적이다. 사람들과의 상호관계에 있어 높은 사회성(social skill)을 보이고, 자신의 감정을 잘 표현한다. 외향성이 높은 사람들은 조직에서 주로 리더가 되고, 높은 업무성과와 삶의 만족도를 보인다. 개인-조직 적합성관점에서 볼 때, 외향성이 높은 사람들의 경우 공격적이고 경쟁적인 성과 위주의 조직문화와 잘 맞는다. 특성활성화 측면으로 본다면 이들은 높은 사회성이 요구되는 환경,

경쟁적 업무환경, 비교적 까다로운 고객을 응대하는 업무 등에서 빛을 발한다.

개방성(openness)
우호성(agreeableness)
성실성(conscientiousness)

- 개방성(openness)이 높은 사람들은 창의적이고, 상상력이 풍부하며, 생기있고, 혁신적이다. 개인-환경 적합성관점에서 볼 때, 효율성 및 규범보다는 창의적 사고와 혁신적 시도를 요구하는 업무와 기업과의 부합성이 높다. 개방적인 사람들의 창의적 사고방식은 새로운 해결책이 필요한 복잡한 업무를 할 때, 특성활성화에 따른 강점이 발휘될 가능성이 크다.
- 우호성(agreeableness)이 높은 사람들은 상냥함, 친절함, 협조적, 따뜻함으로 특징지어진다. 이들은 규범과 규율을 잘 지키고, 순응적이다. 개인-환경 적합성을 고려할 때, 공격적이고 경쟁적인 분위기의 조직보다는 직원들을 지원해주는 따뜻한 분위기의 조직, 그리고 사회성을 요구하는 서비스직 업무에 적합하다. 특성활성화의 관점에서 본다면, 리더와의 친화성이 강하고 팀원 간의 관계도 좋기 때문에 팀원의 우호적 행동 성향이 팀 분위기에 의해 강하게 지지 받는 곳에서 팀에 대한 기여행동이 강해진다.
- 성실성(conscientiousness)이 높은 사람들은 체계적이고, 효율적이며, 세심하고, 시간을 엄수한다. 개인-업무 적합성측면에서 볼 때, 세심함을 요구하는 회계사나 시간준수에 엄격한 방송관련 직종, 에디터 등의 직업에 잘 부합하지만 창의성과 혁신성을 요구하는 직업에는 그다지 맞지 않는다. 특성활성화 측면에서 보면, 정교하고 세심한 수치작업과 같은 업무를 할 때, 그리고 직원의 근면성에 높은 가치를 두는 리더와 일할 때 성실성의 강점이 더 빛을 발한다. 창의성을 요구하는 곳에서 답답이라고 혼나던 사원이 이곳에 와서는 복덩이가 된다.

**그룹토론문제**

(1) 당신은 어떤 Big 5 성격을 가진 리더와 일하고 싶은가? 그 이유는 무엇인가?

(2) 당신이 팀 리더라고 가정해보자. 팀 효과성을 증진시키기 위해서 Big 5를 기준으로 팀을 어떻게 구성해야할 지 논의해보자(예: 외향성, all high 또는 all low 또는 high/low 혼합). 그 이유는 무엇인가?

MBTI
성격유형 검사

**MBTI(Meyers Briggs Type Indicator): 마케팅과 유행은 과학을 이긴다?**

MBTI는 과학적으로는 타당성이 떨어지고 의미가 없는 검사임에도 불구하고 세계에서 가장 많이 사용되는 성격유형 검사 가운데 하나로 한국에서도 연간 약 2백만 명이 기업, 대학 그리고 정부 등에서 검사를 받고 있다.

MBTI의 이론적 배경은 1921년 칼 융(Carl Jung)이 정신분석학에 근거하여 출간한 「심리유형론(Psychological types)」. 현대심리학에서는 이 심리유형론 자체의 타당성에 의문을 제기하고 있다. 1942년 이사벨 마이어(Isabel Myers)와 그녀의 어머니 캐서린 브릭스(Katharine Briggs)가 MBTI를 개발했는데, 이들은 칼 융의 심리유형론을 일상생활에서 널리 활용하려는 목적에서 이 검사를 개발하였다. 이후 1975년 미국 CPP사에서 MBTI를 인수하여 상업적 성공을 거두어 오고있다.

Carl Jung (1875–1961)

Katherine Briggs (1875–1968)

Isabel Myers (1897–1980)

MBTI는 아래의 4차원으로 성격유형을 구분하고, 서로 반대되는 특성을 대비시킨다.

- 외향–내향(Extroversion –Introversion)
- 감각–직관(Sensing – iNtuition)
- 사고–감정(Thinking – Feeling)
- 판단–인식(Judging – Perceiving)

위의 8가지 대비 성향을 조합해 성격특성을 16가지 유형으로 분류한다.

| ISTJ 소금형 | ISFJ 권력형 | INFJ 예언자형 | INIJ 과학자형 |
|---|---|---|---|
| 한번 시작한 일은 끝까지 해내는 성격 | 성실하고 온화하며 협조를 잘하는 사람 | 사람과 관한 뛰어난 통찰력을 가진 사람 | 전체를 조합해 비전을 제시하는 사람 |
| **ISTP 백과사전형** | **ISFP 성인군자형** | **INFP 잔다르크형** | **INTP 아이디어형** |
| 논리적이고 뛰어난 상황 적응력 | 따뜻한 감성을 가진 겸손한 사람 | 이상적인 세상을 만들어가는 사람들 | 비평적인 관점을 가진 뛰어난 전략가 |
| **ESTP 활동가형** | **ESFP 사교형** | **ENFP 스파크형** | **ENTP 발명가형** |
| 친구, 운동, 음식 등 다양함을 선호 | 분위기를 고조시키는 우호적인 성격 | 열정적으로 새 관계를 만드는 사람 | 풍부한 상상력으로 새로운 것에 도전 |
| **ESTJ 사업가형** | **ESFJ 친선도모형** | **ENFJ 언변능숙형** | **ENTJ 지도자형** |
| 사무적, 실용적, 현실적인 스타일 | 친절과 현실감을 바탕으로 타인에게 봉사 | 타인의 성장을 도모하고 협동하는 사람 | 비전을 가지고 타인을 활력적으로 인도 |

마케팅적 성공에도 불구하고 MBTI는 2×2×2×2 방식으로 네 가지 이분법적 기준을 조합하여 각 차원을 단순화하는데 검사–재검사 신뢰도가 상당히 낮다. 몇 달 후에 동일한 유형으로 나올 가능성이 높지 않다

는 의미! 더구나, 16가지 유형에 따른 태도, 행동, 성과에 대한 과학적 증거가 없다. 그나마 첫 차원인 외향–내향성은 Big 5 모델의 외향성과 유사한 요인을 담고 있어 개인의 태도와 성과에 의미를 가질 수 있을 것으로 보인다.

MBTI가 상업적으로 성공하고 교육훈련 혹은 상담에서 많이 활용되는 것은 아마도 16가지 측면에 대한 기술이 추상적이고 애매하기 때문에 들으면 그럴 듯하고 대충 맞는 것 같기 때문일 것이다(forer effect; barnum effect). 이는 마치 별점이나 타로카드점을 보았을 때 듣기 좋은 애매~한 이야기에 재미를 느끼는 것과 비슷하다. MBTI는 과학적인 진단도구라기 보다는 재미를 느끼는 일종의 얘기 "꺼리"를 제공하는 도구라고 해석하는 것이 더 정확하다. 이런 이유로 한국에서도 2020년 MBTI 열풍이 불고 예능과 대충매체들에서도 다루어진 것으로 보인다. 과거 혈액형이나 사주로 보던 궁합을 MBTI로 보는 신세대 연인들! 그러나 MBTI를 인력선발의 기준으로 삼거나 직원의 능력·적성을 평가하는 도구로 삼기에는 과학적 근거가 너무도 빈약하다.

Big 5와 같은 조직구성원 성격요인을 다양성 측면에서 해석해보면 재미있는 시사점을 얻을 수 있다. 조직구성원의 성실성은 조직성과에 전반적으로 긍정적 영향을 미친다. 그러나, 집단 내 구성원들의 성실성 정도가 큰 차이를 보일 경우, 성실성이 높은 구성원과 낮은 구성원 사이 서로 다른 노력수준에 대한 기대로 인한 실망 및 열의 저하로 결국 집단 전체가 갈등에 빠지고 노력의 하향평준화라는 함정에 빠지게 될 수도 있다. 구성원의 외향성은 어떤가? 집단 내 모든 구성원이 외향적 성격을 가진다면 서로 주도권을 차지하겠다고 하는 바람에 심각한 내부갈등이 일어날 것이다. 이 경우 외향적인 구성원과 내향적인 구성원들이 적절히 섞여 효과적 분업을 하는 것이 집단성과에 긍정적 영향을 미칠 수 있다.

### 외향적인 사람만 성공한다? 조용히 이기는 내향적인 사람들!

미국의 사회심리조사업체인 트루이티(Truity)는 2019년 미국의 성인 남녀 7만 2,000명을 대상으로 MBTI의 16가지 성격 유형과 소득과의 관계를 조사했다.

4개의 대비 차원들 중 가장 큰 소득 차이를 보인 것은 외향–내향성으로 외향성이 강한 사람들의 평균소득은 약 50,034달러로 내향성이 강한 사람의 소득(40,687달러) 보다 연 소득이 9,347달러, 한화 약 1,100만원 정도 높은 것으로 나타났다. 아마도 적극적이고, 자신을 잘 표현하며, 리더십 기질이 있는 외향적인 사람들이 조직에서 대인관계가 더 원활하고, 기회를 얻을 확률이 더 높기 때문일 것이다. Big 5 모델에 근거한 연구들에서도 외향성(extroversion)은 전반적으로 업무만족, 성과, 리더십 등과 긍정적인 관계를 보인다. 그러나, 내향적인 사람들을 항상 저성과자, 저소득자라고 평가하는 것은 금물이다.

출처: https://blog.naver.com/goitstyle/222033668043

"내성적이고 소심한 사람,
나서고 싶지 않은 사람,
말 한마디도 신중한 사람도
자신을 바꾸거나 애쓰지 않고
얼마든지 성과를 내고, 이길 수 있다"

「조용히 이기는 사람들」의 저자 마티아스 뇔케(Matthias Nlke)는 성공을 위해서 굳이 셀프 마케팅, 과장된 허풍, 큰소리를 내는 것이 오히려 역효과를 낼 수도 있음을 강조한다. 굳이 외향성에 근거한 지배적 성향, 적극적 자기주장을 하지 않아도 된다는 것! 뇔케가 주장하는 핵심은 "절제(understatement)!!". 자신의 장점을 내세우고 과장하는 것보다 겸손하게 말하고 행동하는 것이 도움이 된다고 주장한다. 엘지전자가 그램노트북이나 다른 제품들의 사양을 실제보다 낮게 발표했을 때 오히려 소비자들이 나서서 대신 홍보를 해주었다. 요란한 깡통보다는 내실과 역량을 쌓는 것이 중요하다. 조직 내에서 굳이 스스로 떠벌리지 말고, 실력으로 히든 챔피언이 되어보자. 개인–조직, 개인–업무 간의 적합성이 외향성에 프리미엄을 주는 직종이 아니라면 오히려 내향성이 업무수행에 도움이 될 수도 있다.

굳이 남들에게 알리거나 혹은 알려지지 않고도
세계시장에 영향을 미치는 히든 챔피언처럼
내성적인 사람들도 얼마든지 높은 성과를 낼 수 있다.

출처: https://www.amazon.com/Hidden-Champions-Lessons-Worlds-Companies/dp/0875846521

전 세계적인 변화를 가져온 코로나 시대는 내향성에 새로운 기회와 프리미엄을 부여한다. 사람을 만나야 장점을 발휘할 수 있는 외향성은 코로나 시대의 재택근무와 사회적 거리두기 상황이 욕구불만의 원천이 될 수 있다. 특히 오늘날 온라인 미팅을 통한 협업이 주를 이루다 보니 외향적인 사람들은 원하는 만큼의 충분한 사회적 자극을 받지 못해 쉽게 지루함을 느끼고 집중하지 못하는 경향을 보이기도 한다. 앞 사람의 신체 움직임, 미묘한 표정, 음성의 실시간 전달 등 다양한 사회적 정보(social cues)를 받지 못하니 미팅 자체의 흥미가 떨어지는 것이다. 집중이 어려우니 딴 생각을 하게되고 성과가 떨어질 확률이 높아진다.

포스트 코로나 시대 재택근무는 내향적인 사람들에게 개인–상황 간 적합성(person–situation fit)을 증가시킴으로써 자신의 역량을 충분히 발휘할 수 있는 기회를 준다. 내향성! 굳이 바꿀 필요는 없다. 강점으로 활용하면 된다!

출처: 마티아스 뇔케, 2017

## 2. 조직행동에 영향을 주는 다양한 성격 특성들

Big 5 성격요인 이외에도 사람을 특징짓는 다양한 특성들이 조직구성원들의 태도와 행동, 성과에 영향을 준다.

### 2.1. 자존감

자존감(self-esteem)
자부심

**자존감(self-esteem)**은 **자부심**이라고도 표현되는 용어로 개인이 스스로를 좋아하거나 싫어하는 정도를 가리키는 개념이다. 미국 철학자이자 하버드 대학 교수였던 윌리엄 제임스(William James)가 1890년대 처음 사용하였다.

윌리엄 제임스(William James), 1842-1910

윌리엄 제임스(William James)는 근대 심리학의 창시자로 일컬어지는 학자로 인간의 "의식의 흐름(stream of consciousness)"이라는 용어를 처음 사용하기도 하였다.

통제된 자부심
자기효능감(self-efficacy)

자존감은 자신감 혹은 자격지심으로 이어지기 때문에 사회생활을 하는데에 있어 주요한 태도 및 행동 기준이 된다. 지나치게 높은 자부심은 거만함, 과신, 자아도취로 이어지고, 지나치게 낮은 자부심은 소심함, 자신없음, 일탈행동 등으로 이어질 수 있다. 적당히 높은 수준이면서 바람직한 방향으로의 **통제된 자부심**이 중요하다. 자존감이 선행되어야 주어진 일을 잘 수행할 수 있을 것이라는 자기자신에 대한 믿음인 **자기효능감(self-efficacy)**으로 이어질 수 있다. 자기효능감의 개념은 7장 동기부여에서 자세히 다루도록 하겠다.

### 2.2. 통제감

통제감(locus of control)

**통제감(locus of control)**은 사람들이 **스스로 운명을 지배할 수 있다고 믿는 정도**를 말한다. 통제감은 내적통제와 외적통제 두 가지 형태로 나뉜다.

출처: google 이미지

- **내적통제감**(internal locus of control)은 자신에게 발생하는 사건과 결과를 스스로 통제할 수 있다고 믿는 것이고,
- **외적통제감**(external locus of control)은 자신에게 일어나는 모든 일들이 외부의 힘(예: 운, 팔자, 기회 등)과 타인들에 의해 통제되고 결정된다고 믿는 것을 말한다.

내적통제감(internal locus of control)

외적통제감(external locus of control)

따라서 통제감은 조직구성원들의 동기부여, 적극성, 업무추진 방식에 상당한 영향을 미친다. 외적통제감이 강한 구성원들은 스스로 상황에 대응하고 업무를 추진하기보다는 타인의 호감, 운, 기회를 얻기 위해 조직 내에서 정치적 행동(political behavior)을 보일 확률이 높다.

## 2.3. 세 가지 유형의 부정적 성향

인간 성향에서 어둠의 세 축(dark triad)을 이루는 성향들이 있으니 바로 마키아벨리즘, 나르시시즘, 사이코패스.

어둠의 세 축(dark triad)

출처: google 이미지

마키아벨리즘(Machiavellianism)

나르시시즘(Narcissism)

극단적 자기도취

자기 중심적

자기강화적 행동(self-affirming behavior)

사이코패스(psychopathy)

(1) **마키아벨리즘(Machiavellianism)**: 실용성과 결과를 중시하여 **목적을 위해서는 그 어떤 수단과 방법도 다 허용된다고 믿는 정도**를 가리킨다. 따라서, 개인과 조직의 성공을 위해서 그 어떠한 짓도 할 수 있다.

(2) **나르시시즘(Narcissism)**: **극단적 자기도취**로 오만하며 **자기 중심적**이다. 나르시시즘이 업무 상의 협력행동을 저하시키고, 타인을 무시하는 부정적 기질인 것은 확실하다. 그러나 최근에는 나르시시즘이 높은 직원들의 경우, 자신의 우월성(superiority)을 사회적으로 증명하기 위한 **자기강화적 행동(self-affirming behavior)**의 일환으로 탁월한 성과를 보이고자 노력하고, 독특하고 창의적 아이디어를 제안함으로써 팀 성과에 더 많은 기여를 하기도 한다. 자신감이 충만한 나르시스트들을 잘 다독여서 조직전체의 성과를 높일 수도 있다.

(3) **사이코패스(psychopathy)**: 다른 사람들은 아예 안중에 없고, 남을 해치는 짓을 해도 전혀 죄책감을 느끼거나 후회를 하지 않는다. 이 부류는 구제가 쉽지 않기 때문에 조직과 리더 입장에서는 선발과정에서 잘 걸러내는 장치가 필요하다.

### 또라이들도 쓸모가 있다?

사회든 직장이든 어디를 가나 "또라이"들은 있게 마련이다. 마치 80대20의 파레토 법칙처럼 인구 수 대비 정량이 있으며 어느 집단에나 있다는 얘기. 어느 집단에 갔더니 신기하게도 또라이가 하나도 없다?!! 그렇다면 당신 자신이 또라이일 확률이 아주 높다. 아래 "호"사분면은 자신이 다른 사람들에게 어떻게 평가받고 있는지, 어떤 인간들과 가까이하고, 어떤 인간들을 피해야하는지에 대한 실용적인 시사점을 준다.

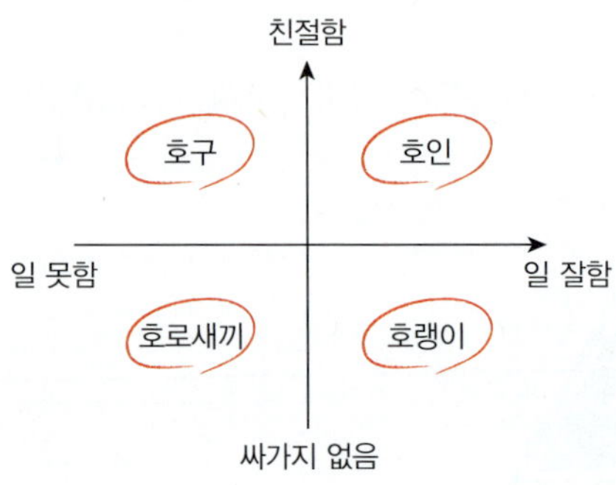


〈호사분면〉

일을 못하면 호구 또는 호로쉐x, 둘 중 하나가 된다. 역시 직장에서는 성격이 안 좋아도 능력이 중요하다는 건가?

여튼, 또라이들은 보통 튀는 지x맞은 성깔을 가지고 있다. 그러나 워낙 세상이 험난하고 시키는 일만 하는 범생이들의 한계를 지적하는 상황이 되다보니 또라이들이 대접 받기도 한다. 성공담도 많다. 대표적 또라이 애플의 스티브 잡스(Steve Jobs), 버진 그룹 CEO 리차드 브랜슨(Richard Branson). 특정 직업영역에서는 고약스런 또라이 성격이 능력이 되는 경우도 있긴 하다.

사실 요즘 좀 뜬다 싶은 사람들을 보면 또라이가 많다. 「또라이들의 전성시대」라는 책은 다양한 또라이들의 성공방식과 사례들을 소개하는데 벌써 3편이나 나왔다.

성격에도 문제가 있는데 능력도 없다? 직장의 분위기를 흐릴 뿐 아니라 성과를 저하시키는 "썩은 사과(bad apple)!!" 문제는 이런 호로쉐x 동료도 당연히 있게 마련이다. 채용과정에서 걸러내면 좋으련만 100% 걸러낸다는 건 불가능하다. 채용하고 나중에 보니 또라이더라? 한번에 그냥 화악~! 다 도려내면 좋겠지만 "야! 너 또라이~ 나가!"라고 할 수 없는게 현실. 따라서 경영자들은 이런 "썩은 사과"들을 어떻게 관리하고, 그 부정적 영향력(toxic power)을 어떻게 통제할 것인지에 대해서 심각하게 고민해야 한다. 물론 잘~ 내보내는 방법을 생각하는 것도 좋다.

## 2.4. 자기감시

자기감시(self-monitoring)

자기감시(self-monitoring)는 **외부환경의 다양한 상황변화에 유연하게 대처할 수 있는 능력**을 말한다. 이들은 변화하는 환경에 맞추어 자신을 변화시키는 능력이 강하기 때문에 고과 평가에서 높은 점수를 받고, 리더의 역할을 맡을 확률이 높다. 개인-환경 적합성 관점에서 보면 세일즈, 협상 등 대인관계가 중요한 직업에 적합하다. 그러나, 어딜가나 잘 적응하고 좋은 평가를 받기에 조직몰입이 낮은 편이다. 카멜레온적인 강점을 가지지만 자칫 박쥐과로 취급받을 수 있다.

## 2.5. 위험감수성향

위험감수성향(risk-taking propensity)

위험감수성향(risk-taking propensity)은 **위험에 대한 수용 및 위험을 감내하는 선택을 자발적으로 하는 성향**을 말한다. 위험감수는 의사결정을 해야하는 경영자나 리더의 특성으로 특히나 중요하게 고려되는 요소이다. 위험감수성이 높은(high risk-taking) 경영자는 정보가 충분치 않은 상황에서도 신속한 의사결정을 내린다. 특성활성화 관점에서 보면 보통 규모가 작거나 스타트업과 같은 기업가적 조직(entrepreneurial organizations)에서 요구되고 활성화되는 기질이다. 위험감수성이 낮은(low risk-taking) 경영자는 충분한 정보를 모은 상태에서 천천히 의사결정을 내린다. 보통 안정된 환경에 있는, 규모가 큰 조직에서 위험감수성이 낮은 의사결정을 하게 되는 경우가 많다. 경영자의 위험감수성향이 조직 및 업무특성에 부합될 때 조직은 경영자와 그 의사결정으로 성과를 극대화시킬 수 있다.

## 2.6. 타입 A와 타입 B 성격

타입 A와 B 성격(type A and B personality)

**타입 A와 B 성격**(type A and B personality)은 1959년 미국 의학자 프리드먼(Friedman)과 그 연구팀이 발견한 성격으로 타입 A의 A는 야심(ambition) 또는 공격성(aggressiveness)을 의미한다. 타입 A 성격을 가진 사람들은 지속적으로 끊임없이 더 많은 것을 짧은 시간에 성취하기 위해 노력한다. 따라서 참을성이 없고, 한 번에 많은 일을 하려고 하고, 늘 긴박감과 조바심 속에 생활한다. 성격 B는 A와 완전히 반대되는 성격으로 느긋하기 그지없다. 여기서 말하는 A, B는 혈액형과는 전혀 상관이 없다.

**병을 부르는 타입 A성격!!**

때는 1959년. 미국의 심장전문의 마이어 프리드먼(Meyer Friedman)과 레이 로제만(Ray Rosenman)은 왜 우리 병원 대기실 소파 커버는 맨날 앞 가장 자리만 닳는지 모르겠다고 불평하는 병원 청소부의 궁시렁 궁시렁대는 혼잣말을 귀담아 듣게 된다. 심장병을 전문으로 치료하는 그 병원은 항상 초조, 불안, 안절부절 못하는 사람들이 소파에 진득하게 앉아있지 못하고, 계속 일어났다 앉았다를 반복하는 바람에 소파 가장 자리만 닳았던 것이었다.

그들은 관상동맥 경화증을 앓는 사람들의 성격이 뭔가 다르다는 사실을 눈여겨 지켜보았고, 이런 성격을 가진 사람들의 경우 통계적으로 심장질환에 걸릴 확률이 높다는 것을 밝혀내었다. 그리고 이런 성격을 타입 A 성격으로 이름 붙였다. 후속연구에서 그들은 심장병의 세 가지 주요원인이 과도한 육류섭취, 스트레스, 그리고 타입 A 성격이라고 보고한다.

출처: https://www.simplypsychology.org/TypeATypeBCartoon.jpg

### 나는 타입 A 성격자인가?

- 같은 말을 반복하면 짜증이 확 난다.
- 늘 심리적으로 긴장한 상태이다.
- 휴가중에도 일을 하지 않으면 죄책감이 든다.
- 무엇이든 가능한 한 빠르게 완성시키는 것이 좋다.
- 버스가 시간에 맞게 안 오면 그냥 말고, 심~~~~히 초조해한다.
- 빨리 먹는다.
- 다른 사람의 말을 길게 못듣는다.
- 늘 바쁘다.
- 늘 시간에 쫓기는 느낌이다.
- 무리를 하면서까지 일을 완성시킨다.
- 쉽게 짜증·화를 낸다.
- 언제나 급하다.
- 요점 없이 주저리주저리 말하는 사람을 보면 왕짜증이 난다.
- 일에 열중하면 다른 것들은 눈에 안들어온다.
- 줄 서서 기다리는 것은 저엉~~~말 싫다.
- 특별히 급한 일이 없어도 늘 빨리 걷는다.

출처: https://blog.naver.com/tryssk/50106082977)

타입 A 성격을 가진 사람들은 심장병 조심! 그러나, 조직행동 관점에서 볼 때, 타입 A 성격이 도움이 되기도 한다. 개인-환경 적합성 관점에서 볼 때, 신속한 일처리와 경쟁적 성과추구가 도움이 되는 업무와 산업군에서는 타입 A 성격이 높은 업무성과로 연결될 수 있다. 그러나 직급·직책이 높아지면서 리더의 입장이 된다면 직원들을 과도하게 급하게 몰아부치는 관리행태는 득보다 실이 많은 경우가 많다. 따라서 하위직급의 실무자 단계에서 타입 A로 일했더라도, 관리자의 위치가 되면 타입 B로의 전향을 심각하게 고려해야 한다. 리더의 위치에서는 몰아부치는 것 보다는 기다려주는 것이 미덕이다. 자신과 타인 모두에게 필요한 성격전환이다. 근데 그 성격이라는게 바꾸기가 영~ 어렵다. 이럴 땐 "도 닦는", "다른 사람을 배려하는 마음"으로 접근하는 게 더 현실적인 방법이다.

## 그룹토론문제

(1) 팀 성과를 향상시킬 수 있는 조직구성원 성격(Big 5 제외)은 어떤 것이라고 생각하는가? 그 이유를 설명하라.

(2) 팀 성과를 저해하는 조직구성원 성격(Big 5 제외)은 어떤 것이라고 생각하는가? 그 이유를 설명하라.

(3) 당신은 팀의 리더로서 팀을 구성한다. 팀 효과성을 위해 당신은 어떤 성격특성(Big 5 제외)을 가진 구성원들로 팀을 구성하겠는가? 그들의 팀 내 조합은 어떻게 하겠는가?(예: 타입 A 성격, all high 또는 all low 또는 high/low 혼합). 그 이유는 무엇인가?

**나의 Big 5 성격유형 테스트:**

Big 5의 다섯가지 측면 중 나는 어느 성향이 가장 강한지 알아보자.

| | 전혀 그렇지 않다 | 그렇지 않다. | 보통이다 | 그렇다 | 매우 그렇다 |
|---|---|---|---|---|---|
| **감정안정성(총점: )** | | | | | |
| 나는 매사에 태평하고 걱정이 없다. | 1 | 2 | 3 | 4 | 5 |
| 나는 화를 잘 안낸다. | 1 | 2 | 3 | 4 | 5 |
| 나는 예민하게 반응하지 않는다. | 1 | 2 | 3 | 4 | 5 |
| 나는 정서적으로 안정적이다. | 1 | 2 | 3 | 4 | 5 |
| **외향성(총점: )** | | | | | |
| 나는 말이 많은 편이다 | 1 | 2 | 3 | 4 | 5 |
| 나는 자기 주장이 강하다. | 1 | 2 | 3 | 4 | 5 |
| 나는 에너지가 넘친다. | 1 | 2 | 3 | 4 | 5 |
| 나는 적극적이다. | 1 | 2 | 3 | 4 | 5 |
| **개방성(총점: )** | | | | | |
| 나는 새로운 것을 쉽게 받아들인다. | 1 | 2 | 3 | 4 | 5 |
| 나는 상상력이 풍부하다. | 1 | 2 | 3 | 4 | 5 |
| 나는 참신한 아이디어가 잘 떠오른다. | 1 | 2 | 3 | 4 | 5 |
| 나는 색다른 경험을 좋아한다. | 1 | 2 | 3 | 4 | 5 |
| **우호성(총점: )** | | | | | |
| 나는 사람들에게 다정하다. | 1 | 2 | 3 | 4 | 5 |
| 나는 사람들에게 친절하다. | 1 | 2 | 3 | 4 | 5 |
| 나는 사람들에게 협조적이다. | 1 | 2 | 3 | 4 | 5 |
| 나는 사람들을 따뜻하게 대한다. | 1 | 2 | 3 | 4 | 5 |

| 성실성(총점: ) | | | | | |
|---|---|---|---|---|---|
| 나는 체계적으로 일처리를 한다. | 1 | 2 | 3 | 4 | 5 |
| 나는 효율적으로 일을 한다. | 1 | 2 | 3 | 4 | 5 |
| 나는 매사에 신중하다. | 1 | 2 | 3 | 4 | 5 |
| 나는 신속하게 일처리를 하고, 시간을 꼭 지킨다. | 1 | 2 | 3 | 4 | 5 |

Big 5 중 가장 높은 총점을 보인 성향은 무엇인가?

앞으로 돌아가서 당신의 성향에 가장 적합한 그리고 가장 적합하지 않은 직종이 무엇인지 알아보자.

## 3. 가치의 개념과 의의

### 3.1. 가치의 개념

가치(values)란 개인적으로 그리고 사회적으로 옳다고 인식되어지는 방향, 상태, 그리고 그에 준하는 행동규범을 말한다. 가치 시스템(value system)은 개인이 가치를 두는 순위에 기준한 서열(hierarchy)을 말한다. 심리학자 밀튼 로키치(Milton Rokeach)는 가치를 두 가지 형태로 구분했다.

가치(values)
가치 시스템(value system)
궁극적 가치(terminal values)
도구적 가치(instrumental values)

- 궁극적 가치(terminal values): 사람이 삶을 살면서 인생에서 최종적으로 얻고 싶은 것을 말한다.
- 도구적 가치(instrumental values): 궁극적 가치를 성취하기 위한 방법으로서의 세부목표, 행동규범을 말한다.

사람들이 추구하고 지향하는 궁극적 가치는 크게 네 가지 영역으로 분류된다.

자기개발(values on self-development)

- 자기개발(values on self-development): 자기개발이 궁극적 가치인 사람들에게 인생은 자신의 내적 가치를 극대화하고 자아를 실현(self-actualization)하는 과정. 이 궁극적인 중심가치를 실현하기 위하여 다음과 같은 도구적 가치를 추구한다.
  - 즐길 수 있고, 만족감을 주는 일
  - 지적(intellectual) 자극
  - 도전적이고 자아성장의 기회를 주는 커리어
  - 교육 및 자아개발 프로그램

친근한 관계(values on intimate relationship)

• **친근한 관계(values on intimate relationship)**: 주변 사람들과의 친근한 관계에 인생의 궁극적 의미를 두는 사람들에게 인생은 동반자적 관계에 있는 사람들과 함께 공동체를 만들고 서로를 행복하게 해주는 것이다. 따라서 다음과 같은 도구적 가치를 소중하게 여긴다.
  - 좋은 인연, 결혼
  - 새로운 사람을 만나는 사회활동
  - 가족과의 시간
  - 베프(best friends)를 만드는 것

물질적 가치(materialistic values)

• **물질적 가치(materialistic values)**: 물질적, 금전적 성취를 통해 재정적으로 안정된 삶을 인생의 궁극적 의미로 설정하고 추구하는 것. 실용주의와 쾌락주의의 결합이다. 코로나로 인해 인생에 대한 불안도가 높아지면서 자기보호본능(self-preservation)이 강해지고, 사람들은 점점 실용적 가치에 더 큰 무게를 두기 시작했다. 투자, 노후대비, 내 집 마련, 비트코인 등 좋은 기회를 놓치고 싶지 않다는(FOMO: Fear Of Missing Out) 추세가 MZ세대에 특히 강하게 나타나고 있다. 이러한 현실을 반영이라도 하듯 최근의 베스트셀러는 부동산, 주식투자, 부자되기 학습서로 넘쳐나고 있다. 물질적 가치가 궁극적인 사람들에게는 다음과 같은 도구적 가치가 부각된다.
  - 높은 급여
  - 안정적 직장
  - 노후를 위한 재산형성과 경제적 여유
  - 재력과 부

정신적 가치(values on spirituality)

• **정신적 가치(values on spirituality)**: 정신적 평안함과 성장에 궁극적 가치를 두는 것. 자기개발, 자아실현이 내부지향의 실용적 자기중심적 과정이라면, 정신적 가치의 추구는 외부지향적이고 종교적 성향을 가진다. 인생은 사회와 함께 하는 종교적 구도자로서의 여정.
  - 공동사회활동에 참여
  - 종교활동
  - 비영리조직에 자발적 봉사와 기부
  - 명상, 기도 등

사람에 따라 서로 다른 가치를 가지는데 보통 비슷한 직업군, 연령대에 있는 사람들끼리는 비슷한 가치를 가지고 있는 경우가 많다. 또한, 어떤 사람들에게는 도구적 가치인 것이 또 다른 사람들에게는 궁극적 가치가 되기도 한다.

### 세대에 따른 가치 차이와 그에 따른 갈등: 서로 다른 세상을 살고 있다!

"나 때는 말이야~!(latter is horse: 라떼는 말이야)"
흔히 말하는 노땅·꼰대들이 입에 달고 사는 말!
젊은 세대들이 엄청 듣기 싫은 말이다. "너 때는 너 때고~!!"
세대 차이로 인한 갈등!

드라마 꼰대인턴(2020),
부장 이만식(김응수) vs. 인턴 가열찬(박해진)

이런 갈등은 왜 생기는걸까? 서로 다른 시대에서 살다보니, 서로 다른 가치관을 가지게 된 것이고, 가치관은 좀처럼 변하지 않기 때문이다. 사실 나이뿐만이 아니다. 환경이 다르면 가치관도 달라진다.

| 분류 | 출생연도 | 업무가치 |
|---|---|---|
| 부머<br>(Boomers) | 1950–1964 | • 피땀 흘려 일한 세대<br>• 보수적이고 순종적<br>• 조직에 대한 충성 |
| X세대<br>(Xers) | 1965–1980 | • 성공, 성취, 야망으로 특징지어짐<br>• 권위와 규정을 싫어함<br>• 인간적 관계를 중요시 생각함 |
| MZ세대, 넥스터<br>(Nexters) | 1981–2000 | • 자신감, 스스로를 믿음<br>• 독립적, 자기중심적<br>• 워라밸(work–life balance) 추구 |

2020년 한국기업의 직장 내 세대갈등과 기업문화 총 진단 보고서에 따르면 직장인 69.9%가 세대차이를 느낀다고 한다.

• 연령대별 세대 차이를 느낀다는 항목 30대 1위.
• 성과를 위해 야근은 어쩔수 없다는 항목 50대 1위.
• 조직이 성장해야 내가 있다는 항목도 50대 1위.

윗 세대는 "의무중심" 아랫세대는 "권리중심"

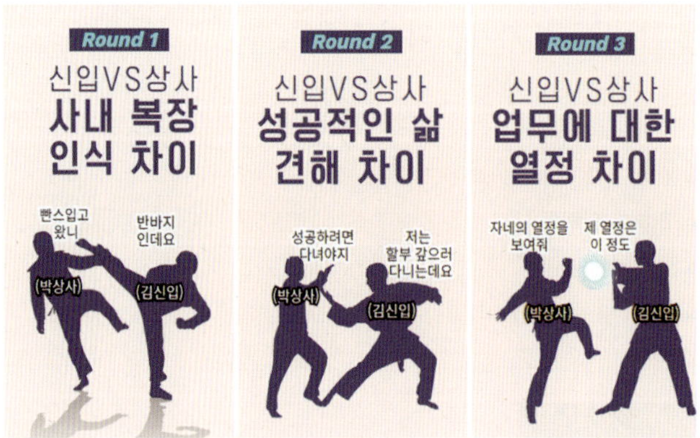


출처: https://blog.naver.com/hi_nso/221922724089

하지만 20대는 야근 No! 조직이 성장해야 내가 있다? Oh, No!! 평생 직장이 어딨다고! 이번 직장 시원찮으면 그냥 더 좋은 곳으로 옮긴다. 망해가는 직장을 위해 내 몸 바쳐 죽기살기로 구하고 싶은 마음 1도 없다! 젊은 세대는 더 이상 조직을 위해 자기희생을 하지 않는다!! 당연한거 아니야??

세대 차이!! 아~ 피곤해!!  이 다름을 어찌 극복할꼬~?

이제는 기업과 나!! 모두!! 함께!! 성장해야하는 시대이다!!

세대 차이 극복의 방안으로 미래의 기업은 지향점을 "프로팀"처럼 해야한다고들 한다. 리더는 "프로팀 코치"처럼, 직원들은 "프로선수"처럼. 좋은 회사는 일하기 좋고, "경쟁력" 있는 회사이다. 물론 직원들도 "딱" 자기가 한 만큼만!! 대우 받고 팀에 기여도가 떨어지면 바로 퇴출! 살벌한 세상이다.

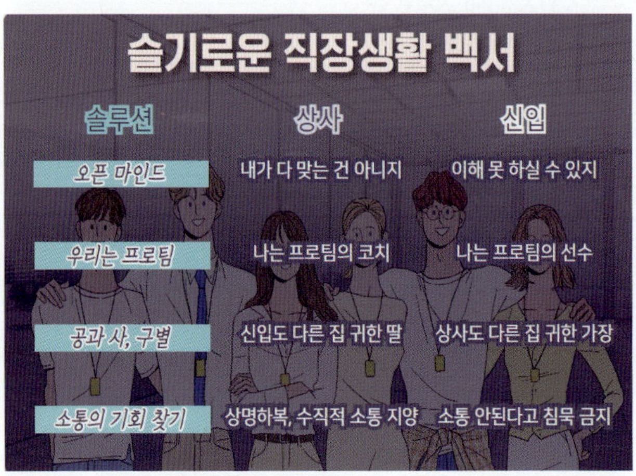


출처: https://m.post.naver.com/viewer/postView.nhn?volumeNo=29782357&memberNo=5861527&vType=VERTICAL

## 3.2. 홉스테드의 문화차원이론

궁극적이든 도구적이든 가치가 개인에 따라 세대에 따라 다르다는 것 외에 고려해야할 점은 가치가 문화현상이기도 하다는 점이다. 동일한 국가, 혹은 문화권에서 태어나고 자란 사람들은 비슷한 생활방식과 사고방식을 가지게 되어 있는데 이것이 바로 문화화이다. 오늘날 수 많은 기업들이 글로벌 경영활동을 하고 있다. 때문에 문화간의 가치 차이에 대한 이해는 조직행동과 성과에 중요한 시사점을 가지게 되었다.

문화현상

네덜란드 사회심리학자인 기어트 홉스테드(Geert Hofstede)는 IBM 인적자원 담당 부서에서 일하던 당시, 각 문화 환경에 따라 직원들이 상급자들에게 눈치를 보지 않고 직접 의사전달을 할 수 있는 정도에 차이가 있다는 점에 주목, 1967년부터 1973년까지 IBM 전 세계 직원들을 대상으로 국가 문화차이를 비교한다. 조사 결과를 바탕으로 53개국 문화를 크게 4가지 범주로 분류하여 각 지수를 만들고, 이후 한 가지 항목을 더 추가하여 5개의 가치모형을 만들었는데, 이를 홉스테드의 문화차원이론(cultural dimensions theory)이라고 한다.

문화차원이론(cultural dimensions theory)

기어트 홉스테드 (Geert Hofstede), 1928–2020

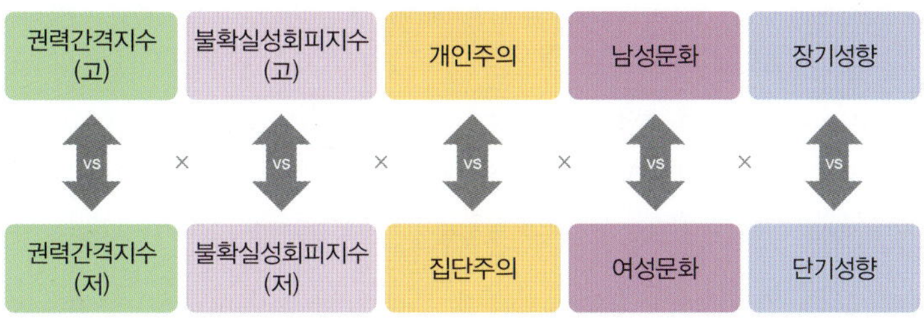


(1) **권력간격 지수**(PDI: Power Distance Index)는 사회 내의 **부와 권력이 불평등하게 배분되어있는 경우, 이에 대한 수용의 정도**를 말한다. 그 값이 클 수록 위계질서가 강하고, 권력 불균형을 받아들이는 사회이다. 권력간격 지수가 큰 집단은 한국, 인도, 멕시코로, 권력간격 지수가 작은 집단은 미국, 덴마크, 캐나다로 나타났다.

권력간격 지수(PDI: Power Distance Index)

### 로마에 가면 로마법을 따르자!

조직행동연구에서 최근 두드러지는 추세는 조직 내 관계의 수평성, 자유로운 분위기, 부담 없는 의사소통 등으로 딱 MZ세대의 취향이다. 그러다 보니 자신의 의견을 권위적으로 내세우면서 팀을 주도하는 리더들의 설자리가 점점 좁아지고 있다.

스스로를 낮추고(servant leadership)
겸손한 자세로 자신의 약점을 인정하고
직원의 강점을 살려주는 겸양의 리더십
(humble leadership, leader humility)이 대세!

출처: https://www.readhowyouwant.com/books/details/The-Extraordinary-Power-of-Leader-Humility/39260

최근 중국 IT 기업 중 72팀을 대상으로 한 연구는 팀장이 겸양의 리더십을 발휘할 때 팀내의 정보공유와 심리적 안전감을 향상시키고, 팀의 창의적 성과를 높인다는 결과를 발표했다. 그러나!

구성원들의 권력간격 지수(PDI)가 높은 경우, 겸양의 리더십이 가지는 긍정적 효과는 사라진다. 특히 심리적 안전감(psychological safety)에 대한 효과는 리더가 겸손해지면 오히려 낮아진다! 어? 왜~?

팀원들의 PDI가 높다는 것은 리더와 팀원들 간 권력차이를 인정하고, 리더가 자신의 권력을 강하게 행사함으로써 팀의 중심이 되어 팀을 주도적으로 이끌어가기를 기대한다는 의미이다. 그런데 그런 역할을 해야할 리더가 자신의 권력을 부정하고 팀원들에게 주도권을 준다면(나 권력 별로~ 너네가 해~ 너네만 믿을게)? 팀원들은 불안해진다. "뭐 어쩌라고? 너는 리더, 우리는 팀원! 우리보고 어쩌라는건데? 지가 하지 왜 우리한테 떠넘겨?" 리더의 겸양이 좋기보다는 불만족스러워진다.

따라서 요즘 추세에 따른다고 구성원들을 마냥 편하게 대하면서 우쭈쭈 우쭈쭈~만 해주다보면 오히려 역효과를 가져올 수 있다. 리더의 바람직한 역할도 팀원들의 문화적 가치에 대한 이해가 선행되어야 한다. 다국적 기업의 다문화 팀에서는 특히나 중요한 이슈이다.

출처: Hu, J., Erdogan, B., Jiang, K., Bauer, T. N., & Liu, S., 2018

불확실성 회피지수(UAI: Uncertainty Avoidance Index)

(2) **불확실성 회피지수(UAI: Uncertainty Avoidance Index)**는 모호하고 **불확실한 상황에 처했을 때 이를 회피하려는 정도**를 가리킨다. 불확실성 회피지수가 낮은 사회는 변화를 두려워하지 않고, 비체계적 상황이나 가변적 환경을 편하게 받아들이며, 보다 실용적이고, 변화에 관용적이다. 덴마크, 영국 등이 이에 속한다. 반면, 불확실성 회피지수가 높은 사회는 위험을 덜 감수하려고 하며, 새로운 시도에 소극적이다. 안정적인 것을 추구하고, 각종 법규, 제도를 통해 위험을 줄이고

자 한다. 독일, 일본, 스페인 등이 이에 속한다.

(3) **개인주의(vs. 집단주의: individualism vs. collectivism)**는 사회구성원이 **집단보다는 개인을 더 우선시 하는 정도**를 말한다. 개인주의 사회에서는 개인의 성취가 중요하다. 따라서 개인들 간 연계가 느슨하다. 미국, 호주, 캐나다가 여기에 속한다. 반면, 집단주의가 강한 사회에서는 내가 속한 집단과 타집단을 엄격히 구별하고, 내부 집단에 강한 충성을 보이며, 집단 공동체를 위해 자신을 희생하기도 한다. 한국, 중국 등이 여기에 속한다.

개인주의(vs. 집단주의: individualism vs. collectivism)

### "버럭이 출동?!": 장소가려가면서 해야한다!

사회생활을 하면서 분노가 쓰나미처럼 몰려오더라도 사람들은 부정적 감정의 표출을 자제한다. 그러나 분노와 짜증 같은 강렬한 부정정서(activated negative affect)에 대한 자제 및 바람직한 형태의 감정표현을 요구하는 조직의 규칙과 기대(display rules)에도 불구하고, 부정정서를 여과없이 마구마구 터뜨리는 이들이 있으니...

바로 리더들! 조직에서 막강한 힘을 가지고 있는 리더들은 "버럭이"를 시도때도 없이 출동시켜도 크게 손해보지 않는게 현실!(직원들이 리더에게 "버럭이" 출동? 이건 상황수습 어렵다)

그런데 리더의 이 "버럭이"도 문화에 따라 수용성의 차이를 보인다. 권력관계지수(PDI)가 높은 동양권에서는 리더의 버럭이, 갈굼이 출동에 대해 비교적 관대하다. 그 이유는 리더의 분노표출을 권한행사 및 권력구조를 명확하게 하는 상징적 행위로 당연하게 받아들이기 때문이다. 그러나 PDI가 낮은 서양권에서는 리더의 버럭이 출동에 대해서 상당히 부정적이다. 자기 감정 하나 통제도 못하는 무능한 루저(loser)로 여기기 때문. 퇴출대상 리스트로 직행! 물론 동·서양을 막론하고 오늘날 권력과 리더에 대한 역할 기대가 권위적이기보다는 수평적인 형태로 변화하고 있는 것은 사실이다.

반대로 동료 간 관계에서의 "버럭이 출동"에 대해서 생각해보자. 리더의 버럭이 출동과는 정반대의 해석이 따른다. 집단주의 체제 안에서 인간관계의 하모니를 중시하는 동양권에서는 동료 간에 분노를 표출하면 팀의 단합과 화기애애한 분위기를 파괴하는 분노조절장애, 왕따, 또라이 1순위가 된다. 반면, 개인주의 성향이 강해서 인간관계에서의 결속을 크게 중시하지 않는 서양권에서 동료 간의 버럭이 출동은 그냥 그 인간의 권리! 뭔가 맘에 안드는 일이 있나보다 하고 만다. 따라서 문화 간의 가치차이를 잘 이해하고, 감정을 적절하게 표현해야 슬기로운 조직생활을 할 수 있다.

출처: Kuwabara, K., Yu, S., Lee, A. J., & Galinsky, A. D., 2016

남성문화(vs. 여성문화: masculinity vs. femininity)

장기지향(vs. 단기지향: long-term vs. short-term orientation)

(4) 남성문화(vs. 여성문화: masculinity vs. femininity)는 남성적 가치의 중요성이나 우월성을 강조하는 정도를 말한다. 남성성이 높은 사회는 남녀의 차이, 물질적 성취, 상황에 대한 통제력을 강조하고, 성공, 재산, 권력 등에 가치를 둔다. 반면, 여성성이 높은 사회는 동료간 유대관계, 삶의 질, 안정성, 남녀 역할의 평등성 등에 더 큰 가치를 부여한다.

(5) 장기지향(vs. 단기지향: long-term vs. short-term orientation)은 가치를 미래에 두는 것을 말한다. 장기지향적 문화는 미래지향적 가치, 미래를 위한 지속적 절약과 근면, 투자 등으로 특징지어진다. 반면 단기지향적 사회는 즉각적 결과와 여기·당장(here and now)의 가치를 중시한다.

홉스테드의 문화차원이론은 당시 세계로 진출하는 다국적 기업들에게 유용한 방향을 제시해주었고, 문화이론에 대한 기초를 마련했다는 데 큰 의의가 있다. 그러나 당시 조직 구성에 있어서 남성비율이 상당히 높았다는 점, 그리고 미국 내 조직환경에 대한 편향성이 있다는 비판도 있다. 또한 조사시점이 1967년에서 1973년으로 문화의 시대적 변동성 역시 고려해야한다.

**그룹토론문제**

MZ세대와 기성세대와의 차이점, 비슷한 점을 홉스테드의 문화차원이론을 적용해 논의해보자. 그리고 그렇게 생각하는 근거를 제시하라.

(1) 권력간격지수
(2) 불확실성회피지수
(3) 개인주의 vs. 집단주의
(4) 남성문화 vs. 여성문화
(5) 장기지향 vs. 단기지향

## 핵 심 용 어

- Big 5 모델(Big 5 model)
  - 감정안정성(emotional stability)
  - 외향성(extroversion)
  - 개방성(openness)
  - 우호성(agreeableness)
  - 성실성(conscientiousness)
- 자존감(self-esteem)
- 통제감(locus of control)
- 내적통제감(internal locus of control)
- 외적통제감(external locus of control)
- 마키아벨리즘(Machiavellianism)
- 나르시시즘(Narcissism)
- 사이코패스(psychopathy)
- 자기감시(self-monitoring)
- 위험감수성향(risk-taking propensity)
- 타입 A/B 성격(type A/B personality)
- 가치 시스템(value system)
  - 자기개발(values on self-development)
  - 친근한 관계(values on intimate relationship)
  - 물질적 가치(materialistic values)
  - 정신적 가치(values on spirituality)
- 궁극적 가치(terminal values)
- 도구적 가치(instrumental values)
- 홉스테드의 문화차원이론(cultural dimensions theory)
  - 권력간격지수
  - 불확실성회피지수
  - 개인주의 vs. 집단주의
  - 남성문화 vs. 여성문화
  - 장기지향 vs. 단기지향

## 연습문제

01 Big 5 개념에 대해 간략히 서술하라.

02 Big 5 성격에 따른 업무태도 및 P-O fit에 대해 논하라.

03 내적통제감과 외적통제감의 차이에 대해 논하라.

04 자기감시(self-monitoring)란 어떤 개념인지 설명하라.

05 경영자의 위험감수성향(risk-taking propensity)에 대해 간략히 서술하라.

06 타입 A 성격은 무엇을 말하는가?

07 가치 시스템(value system)에 대해 간략히 서술하라.

08 궁극적 가치(terminal values)와 도구적 가치(instrumental values)의 차이점은 무엇인가?

09 홉스테드의 문화차원이론에서 제시된 권력간격지수는 무엇을 말하는 것인가?

CHAPTER 06

# 조직구성원 지각과 의사결정

1. 지각의 개념

2. 귀인이론

3. 귀인오류

4. 지각오류

5. 의사결정 모델

6. 의사결정 오류

## 학습목표

- 지각의 개념에 대해서 명확히 설명할 수 있어야 한다.
- 귀인오류 및 지각적 오류에는 어떤 것들이 있는지, 각 개념들은 어떤 것인지 명확히 설명할 수 있어야 한다.
- 귀인오류 및 지각적 오류들의 의의에 관해서 설명할 수 있어야 한다.
- 의사결정 시 발생가능한 오류들에 대해 설명할 수 있어야 한다.

## 1. 지각의 개념

지각(perception)

감각 정보(sensory input/information)

**지각(perception)**은 사람들이 그들을 둘러싼 환경과 상황에 의미를 부여하기 위해 **감각 정보(sensory input/information)를 해석하는 과정**으로 사람들의 행동은 현실자체가 아니라 사람들이 현실이라고 인지하는, 그래서 현실이라고 믿는 것에 기초한다.

아래의 상황들을 보자. 같은 정보가 들어가도 사람들은 서로 다른 해석을 하고, 자신이 보는 것이 현실이고 진실이라고 생각한다.

①

②

③

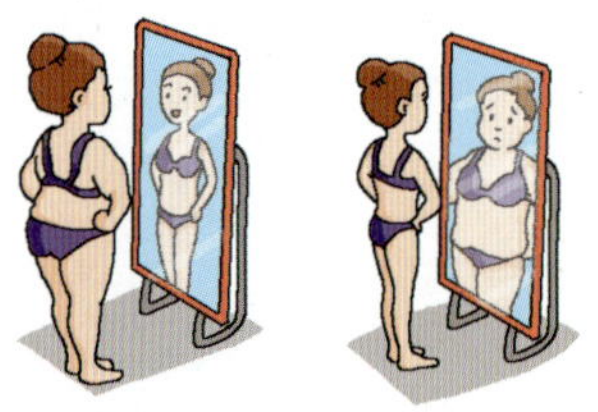

④

① 같은 숫자를 두고 자신이 보는 시각에서 6이다, 9다라고 주장하는 두 사람.

② 같은 나무토막을 두고 자신이 보는 것을 기준으로 네 개다 세 개다를 주장하는 두 사람.

③ 현실은 뚱뚱하지만 자신을 날씬하다고 생각하기 때문에 거울에 비친 모습은 날씬한 여자, 반대로 날씬한데도 자신을 뚱뚱하다고 생각하기 때문에 거울에 비친 모습은 뚱뚱한 여자.

④ 컵 안에 남은 똑같은 양의 물을 보고 한 사람은 '반이나 남았네', 다른 사람은 '반밖에 안남았네'라고 지각한다.

결국 지각이라는 것은 상황자체에 대한 해석이 아닌 **상황에 의미를 부여하는 것**을 말한다. 지각과정이라는 필터를 거치면서 이 세상은 각 개인에게 독특한 의미를 지니게 되며, 이렇게 지각된, 즉 의미가 부여된 세상은 사람마다 모두 다르다. 그래서 이 세상에는 객관적 세상, 진실이 아닌 전 세계의 인구만큼에 해당하는 각기 다른 세상이 존재한다고 보아야 한다.

## 2. 귀인이론

귀인이론(attribution theory)은 사람의 행동을 추론하는 과정을 설명하는 이론으로 오스트리아 심리학자인 프리츠 하이더(Fritz Heider) 교수팀에 의해 1958년 제시된 사회심리학이론이다. 인간은 사건, 행동을 인식하고 해석할 때 그 원인을 추론하는데, 귀인이론은 사람들이 그 원인을 유추하는 기준을 두 가지로 제시하였다.

귀인이론(attribution theory)

자동차 사고가 났다고 가정하자.

- 눈길에 미끄러졌다고 생각할 수도 있고,
- 운전자 부주의로 사고가 났다고 생각할 수도 있다.

하나의 현상 및 결과를 놓고, 그 원인을 추론하는 것은 개인에 따라 다르게 나타날 수 있다.

프리츠 하이더(Fritz Heider), 1896–1988

- 내적 요인(internal causes): 인간이 통제할 수 있는 기질적 요인(예: 개인성향)
- 외적 요인(external causes): 인간이 통제할 수 없는 환경적 요인(예: 천재지변)

내적 요인(internal causes)
외적 요인(external causes)

헤롤드 켈리(Harold Kelley) 박사는 1972년 공변량 모델(covariation model)을 통해서 사람들은 상이한 조건에서도 특정효과와 원인의 연관성을 찾는 경향이 있다며, ① 상황 · 대상의 특이성, ② 사회적 합의성, ③ 시간적 일관성이라는 기준을 제시하고, 사람들은 이 세 가지 기준을 바탕으로 원인귀속을 내적으로 할지 혹은 외적으로 할지를 결정한다고 주장했다.

헤롤드 켈리(Harold Kelley), 1921–2003

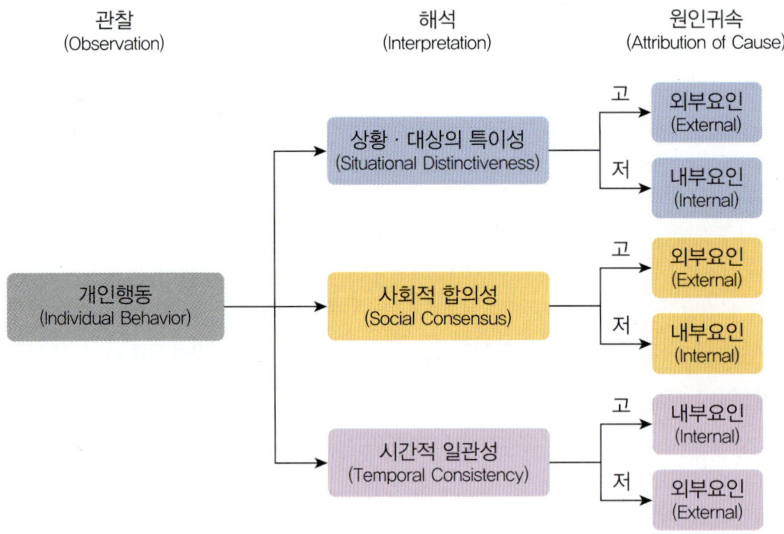


출처: Robbins & Judge, 2016

상황 · 대상의 특이성(situational distinctiveness)

사회적 합의성(social consensus)

시간적 일관성(temporal consistency)

- **상황 · 대상의 특이성(situational distinctiveness)**: 특정행동이 해당상황 · 대상에 대해서**만** 발생한다면, 그 행동의 원인은 상황 · 대상으로 바로 외부귀인이다.
- **사회적 합의성(social consensus)**: 동일한 상황 · 대상에 노출된 다른 사람들 **역시** 동일한 행동을 보이는지의 여부를 의미한다. 다른 사람들도 해당상황·대상에 모두 동일하게 반응한다면 그 상황·대상이 원인으로 외부귀인이다.
- **시간적 일관성(temporal consistency)**: 어떤 사람이 동일한 상황·대상에 대해서 항상 동일한 행동을 오랜기간 **지속적**으로 보인다면 그 사람 자체가 행동에 대한 책임의 소재가 된다. 따라서 이 경우는 내부귀인이 일어난다.

귀인(attribution)

**귀인과정의 쉬운 예!!**

귀인과정! 설명은 들었는데 이해가 가는 것 같기도 하고, 아닌거 같기도 하고~

아직 헷갈리고 까리하다. 인간의 지각과정에서 "귀인(attribution)"은(귀한 사람! 뭐 그 귀인(貴人)말고~!) 매우 핵심적 개념이기 때문에 쉬운 예로 다시 한번 도전!!

출처: 드라마 사랑의 불시착, 2019-2020

위 사진 속 상황을 켈리 교수가 제시한 세 가지 기준으로 분석해보자.

❖ **분석해야할 행동** = "현빈이 손예진을 보고 눈 반짝!!"

- 내부귀인 = 현빈의 개인특성! 현빈 = "원래 눈 반짝 반짝"
- 외부귀인 = "손예진"이라는 대상, 즉, 손예진 때문에 반짝!

| 행동 | 상황 · 대상의 특이성 | 사회적 합의성 | 시간적 일관성 | 귀인 |
|---|---|---|---|---|
| 현빈이 손예진을 보고 눈 반짝!! | 낮음(low)<br>**누굴봐도** 눈 반짝! | 낮음(low)<br>**다른 사람들**은 손예진을 봐도 **눈 반짝 안함!** | 높음(high)<br>현빈은 손예진을 **볼 때마다** 눈 반짝! | **내부귀인**<br>(internal attribution)<br>누굴 봐도 눈 반짝하는 **현빈의 내적요인**(기질, 성격)에 귀인 |
| | 높음(high)<br>손예진**한테만!** 눈 반짝!! | 높음(high)<br>**모든 사람이** 손예진을 보면 다 **눈 반짝!** | 낮음(low)<br>**이번에만** 반짝! | **외부귀인**<br>(external attribution)<br>외적요인, 즉 **손예진**<br>**(외부자극)**에 귀인 |

(1) 상황 · 대상의 특이성: 특정자극(손예진) 뿐 아니라 다른 자극(다른 사람들)에도 동일하게 반응하는가?
  - 특이성 낮음: 특별한 일이 아니다. 아무나 보고 눈 반짝!(내부귀인: 현빈)
  - 특이성 높음: 특별한 일이다. 손예진한테만 눈 반짝!(외부귀인: 손예진)

(2) 사회적 합의성: 다른 사람들도 특정자극(손예진)에 동일하게 반응하는가?
  - 합의성 낮음: 다른 사람들은 손예진을 봐도 반응 없음!(내부귀인: 현빈)
  - 합의성 높음: 다른 사람들도 손예진을 보면 모두 눈 반짝!(외부귀인: 손예진)

(3) 시간적 일관성: 판단대상(현빈)의 행동이 다른 때에도 동일하게 유지되는가?
  - 일관성 낮음: 요상하게 이번에만 손예진을 보고 눈 반짝!(외부귀인: 손예진)
  - 일관성 높음: 손예진을 볼 때마다 항상 눈 반짝!(내부귀인: 현빈)

다른 상황을 예로 귀인과정을 계~속, 알 때까지 연습해보자!!

상황 · 대상의 특이성
사회적 합의성
시간적 일관성

## 3. 귀인오류

귀인오류(attribution error)

귀인오류(attribution error)란 행동·결과에 대한 원인을 찾는 과정에서 발생하는 오류를 말한다. 발생행동·결과·사건에 대한 원인을 분석함에 있어서 우리는 흔히 오류를 저지르는데 이를 귀인오류(attribution error)라고 한다. 대표적인 귀인오류들을 살펴보자.

### 3.1. 기본적 귀인오류

기본적 귀인오류(fundamental attribution error)

기본적 귀인오류(fundamental attribution error)란 발생행동·결과·사건에 대한 원인을 분석함에 있어서 **외부요소의 영향을 과소평가하고, 내부요소의 영향을 과대평가**하는 지각오류를 말한다. 특정 발생사건에 대한 원인을 판단할 때, 주변상황을 고려하기 전에, 혹은 고려를 하지도 않고 개인에게 원인을 돌리는 경향을 말한다. 이러한 강한 내부귀인성향은 주변상황에 대한 분석이라는 귀찮은 과정을 생략하고 단순한 해답을 찾고자 하는 인간의 인지적 게으름(cognitive miser)을 반영한다. 현빈이 손예진 보고 눈이 반짝 했어? 좋아하네 좋아해~ 내부귀인으로 바로 결론!

동양인들은 서양인들보다 기본적 귀인오류를 덜 저지른다고 알려져 있다. 이는 동양인들이 개인·사람을 중시하는 서양인들에 비해 주변환경·상황을 중시하고, 개인과 상황을 전체적으로 고려(holistic thinking)하기 때문인데 미시건대학 연구팀은 실험을 통해 동·서양의 차이를 과학적으로 입증했다.

리처드 니스벳(Richard Nisbett), 1941-

미국 미시간대, 앤아버(University of Michigan, Ann Arbor) 리처드 니스벳(Richard Nisbett) 교수팀은 「Cultural variation in eye movement during scene perception」이라는 논문을 통해 재미있는 실험을 소개하였다. 유럽계 미국인 학생 25명과 중국인 학생 27명에게 정글 속 호랑이의 사진을 보여준 뒤 눈동자의 움직임을 관찰했다. 그 결과 미국 학생들의 눈동자는 주변 배경이 아닌 전면에 두드러진 물체(figure)인 호랑이에 빨리 반응하고 오래 쳐다본 반면, 중국 학생들의 눈동자는 주변배경(background)

을 먼저 살핀 뒤 배경과 호랑이 사이를 부지런히 오갔다. 1,000분의 1초(ms) 단위로 안구운동을 측정한 결과, 미국 학생들은 중국 학생들에 비해 180ms 더 빨리 호랑이를 바라보았으며, 눈길이 머문 시간도 42.8%나 더 길었다. 사진을 본 후 처음 안구운동에서는 그리 차이를 보이지 않다가 이후 420-1,100ms동안 미국 학생들이 중국 학생들에 비해 호랑이, 즉 중심물체에 주목하는 정도가 뚜렷하게 나타났다. 확실히 동·서양 학생들은 같은 그림을 다른 방식으로 보는, 아마도 다른 세상을 보고 있다고 해석할 수 있다.

그들은 미국인과 일본인을 대상으로 또 다른 실험을 진행했다. 바닷 속 사진을 보여준 뒤 무엇을 보았는지 묻자 미국인들은 송어 세 마리라고 답했으나 일본인들은 물의 흐름, 물 색깔, 바닥에 깔린 자갈 등을 말한 뒤 송어를 언급했다. 미국 학생들은 사물에 초점을 맞추고, 동양 학생들은 전체 풍경과 맥락을 본다는 것.

니스벳 교수 연구팀은 이런 차이를 서로 다른 문화적 배경으로 진단하며, 사회적으로 복잡하게 얽힌 세상에서 항상 타인에게 신경을 써야 하는 동양인들에 비해 서양인들은 강한 개인주의 성향의 사회에 살고 있기 때문이라고 그 이유를 설명하였다.

### 3.2. 궁극적 귀인오류

궁극적 귀인오류(ultimate attribution error)는 사회심리학자 토마스 페티그루(Thomas Pettigrew)가 1979년 제시한 개념으로 기본적 귀인오류를 집단 간 편견과 결부시킨 개념이다.

궁극적 귀인오류(ultimate attribution error)

집단 간 편견

내가 속한 집단이 아닌 타 집단에 속한 사람들의 부정적 행동은 그들의 성격결함(내부귀인)으로 규정짓고, 그들의 긍정적 행동은 돌발적, 우연적 외부상황의 결과(외부귀인)라고 규정짓는 편향적 지각오류.

토마스 페티그루(Thomas Pettigrew), 1931-

예를 들어, 백인이 하는 긍정적 행동은 내부·기질적 요인에 의한 것이며, 반면 그들이 하는 부정적 행동은 외부·상황적 요인에 의한 것이다라고 평가하는 것. 쉽게 말해 백인의 긍정적 행동은 그들이 원래 착하기 때문, 부정적 행동은 어쩔 수 없는 상황이 발생한 것! 흑인 용의자에 대한 백인경찰의 과도한 진압에 대해서 백인경찰은 진압과정에서 발생한 폭력적 행동을 정당방위 혹은 흑인 용의자의 도주·위협때문이었다는 외부귀인적 설명을 하는데, 궁극적 귀인오류의 개념에서 보면 백인과 흑인에 대한 선입견이 반영된 것이다.

다음 그림을 보자.

출처: google 이미지

- 좌측그림: 대상이 남자인 경우, "너 수학 진짜 못한다"(남성 개인에 대한 평가)
- 우측그림: 대상이 여자인 경우, "여자들은 확실히 수학을 못해"(여성집단 평가)

이러한 행동분석과 추론에는 여자는 수학을 못한다는 집단에 대한 편견·선입견이 기본적 귀인오류에 섞여들어간 것이다.

### 3.3. 행위-관찰자 편향

행위-관찰자 편향(actor-observer bias)

행위자-관찰자 비대칭(actor-observer asymmetry)

**행위-관찰자 편향**(actor-observer bias)은 **행위자-관찰자 비대칭**(actor-observer asymmetry)이라고도 한다. 앞서 기본적 귀인오류를 제시한 리처드 니스벳(Richard Nisbett)교수와 에드워드 존스(Edward Jones) 교수가 1971년 소개한 개념으로 인간의 이중논리 혹은 정보편향에 따른 인지적 오류를 설명하고 있다.

에드워드 존스(Edward Jones), 1926-1993

행위자가 자신(actor 입장)의 행동을 귀인할 때와, 타인(observer 입장)의 행동을 관찰자로서 귀인할 때 차별적인 경향을 보이는 귀인오류를 말한다. 자신의 행동은 외부/상황적 요소로 돌리고, 타인의 행동은 내부/기질적 요소로 돌리는 것을 가리킨다.

간단히 말해서 자신이 한 행동의 이유는 주로 외부 환경에서 찾고, 다른 사람의 행동은 내면에서 이유를 찾는다. 쉬운 예들을 생각해보자.

- 내 업무가 밀리면 "너무 바빠서", 네가 밀리면 "게을러서"
- 내 문제는 "세상 탓", 네 문제는 "네 탓"
- 내가 지각하면 "일 생겨서", 네가 그러면 "늑장부려서"
- 내가 사고나면 "길이 미끄러워서", 네가 하면 "부주의해서"

행위-관찰자 편향은 성공은 내부 요소, 실패는 외부 요소, 즉, 남 탓을 하는 **자기위주 편향**(self-serving bias)을 설명하는 기본원리이다.

자기위주 편향(self-serving bias)

"성공은 우리 것, 실패는 그들 것(It is "our" success but "their" failure)"

이러한 지각적 오류는 사실 스스로를 보호하고 스트레스를 피하기 위해 뇌가 자연스럽게 작동시키는 인간의 방어기제이다. 그러나 방어기제라는 명목 하에 불합리한 행동을 합리화 하는 것은 옳지 않다. 잘못된 행동의 변명이 되어서는 안 된다는 것이다. 우리가 생활 속에서 흔히 저지르는 귀인 및 지각오류, 명확하게 인식하고 주의해야한다.

## 4. 지각오류

**지각오류**(perceptual bias)란 외부환경으로부터의 자극이나 **정보를 평가자 자신의 이해관계, 경험, 선입견, 자아개념을 바탕으로 잘못 판단하거나 왜곡하는 것**을 말한다.

지각오류(perceptual bias)

①  ②

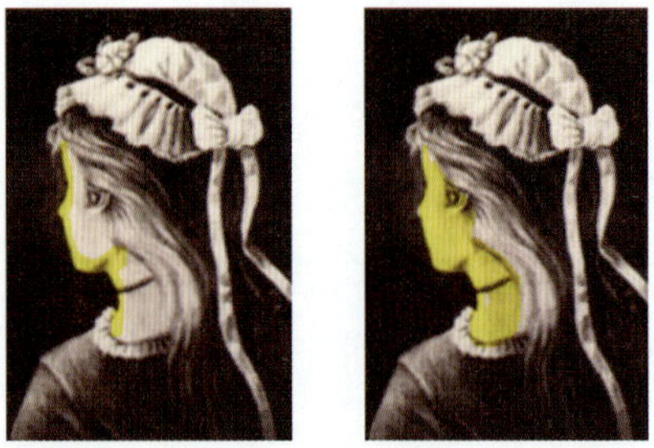

아내와 장모(my wife and my mother-in-law, 1915):
영국의 풍자화가 윌리엄 일리 힐(William Ely Hill), 1887 - 1962

출처: https://innonyx.tistory.com/entry/게슈탈트-게슈탈트

그림 ①과 그림 ②를 비교해보자. 같은 그림이지만 보는 사람에 따라서 달라 보일 수 있다. 그림 ①의 윤곽선을 보면 오른쪽으로 고개를 돌리고 있는 젊은 여인의 측면 얼굴이 보일 것이다. 그림 ② 색이 칠해진 부분을 유심히 보면 머리카락 아래 눈, 왼쪽 매부리코, 긴 주걱턱을 가진 나이든 여인의 얼굴이 보일 것이다. 잘 들여다보자. 어떤 사람은 젊은 여인이 먼저 보일 것이고, 또 다른 어떤 사람은 나이든 여인이 먼저 보일 것이다. 동일한 그림을 보고 다른 대상이 보이는 것처럼 같은 현상·사건을 보고도 사람들은 각기 달리 해석할 수 있고, 사실 그 자체를 왜곡할 수도 있다. 우리가 흔히 저지를 수 있는 지각오류에 대해서 알아보자.

## 4.1. 후광 효과

후광 효과(halo effect)
과잉일반화(overgeneralization)

**후광 효과(halo effect)**란 어떤 대상의 한 측면에 대한 평가가 그 대상에 대한 전체적 이미지(halo)를 형성하여 기타 다른 특성들에 대한 평가에까지 영향을 미치는 현상을 말한다. 즉, **사람의 한 측면만을 보고, 그 사람을 전반적으로 평가**하는 것으로 하나의 단서로는 절대 알 수 없는 다른 특성까지도 추론하는 **과잉일반화(overgeneralization)**의 오류를 저지르는 것을 말한다.

출처: 네이버 이미지

우리는 흔히 사람의 외모를 보고 그 사람을 판단한다. 얼굴이나 차려입은 모습, 그 한 가지 측면만을 보고 그 사람을 전체적으로 판단하는 오류를 범하는 것이다. 예를 들어보자. 당신은 허름하게 옷을 입은 백발의 중년 남성이 정류장에서 버스를 기다리고 있는 것을 보았다. 우리는 일반적으로 그 사람이 가난하고, 무능하고, 게으르고, 사회적 지위가 별로 없는 그저그런 사람이라고 생각할 수 있다. 하지만 실제로 그런 사람인지 아닌지는 모르는 것이다. 사실은 엄청난 재력가이며 인생을 매우 성실하게 살아온 검소한 사람일 수도 있는 것이다.

심리학자 에드워드 손다이크
(Edward Thorndike), 1874–1949

출처: 네이버 이미지

제1차 세계대전 때 심리학자 에드워드 손다이크(Edward Thorndike)는 지휘관들에게 병사들 개개인의 역량을 항목별로 평가하도록 했다. 지휘관들은 체격이 좋고 품행이 단정한 병사들은 지성과 리더십 역시 높을 것이라 예상했고, 그렇지 않은 병사들은 다른 항목에서도 역량이 낮을 것이라 평가했다.

2014년 프란치스코 교황이 한국을 방문할 때 의전차량으로 기아의 "쏘울"을 선택했다. 이후 "쏘울"은 "교황이 탄 차"라는 후광 효과를 입어 수출 및 매출이 크게 상승하였다. 교황이 탔다는 점과 차 자체의 성능은 큰 연관성이 없지만 교황의 이미지가 차의 이미지로 확장되고, 별로 관련 없는 다른 속성들에 대한 평가들이 꼬리에 꼬리를 물고 일어난다.

바로 이런 이미지 혹은 속성의 확장과 연결, 즉 과잉일반화의 원리를 활용하는 것이 기업들의 스타 마케팅이다.

**경남제약을 살린 레모나의 후광(halo)은 BTS!!**

후광 효과를 마케팅에 적극적으로 활용하는 기업들!

BTS의 후광 효과(halo effect)를 톡톡히 본 경남제약!

2019년 10월 경남제약이 '방탄소년단(BTS)'을 새 광고 모델로 발탁한 이후, 레모나는 2020년 1분기 영업이익 11억원을 기록하며 흑자로 돌아섰다. 2018년 2분기 이후 7분기만의 흑자였다. 2019년 11월 20일 판매를 시작한 BTS 패키지는 약국 유통 1시간만에 초도물량 완판을 기록했다. 경남제약은 1분기 매출도 175억원을 올리며 전년 대비 74% 증가했다. 레모나의 인기는 국내뿐 아니라 해외에서도 이어져 미국 '아마존'과 중국 '타오바오' 등에 입점 후 완판을 기록했다. 또한, 베트남을 시작으로 캐나다, 일본 등과도 계약을 체결했다. 오호~ 역시 BTS!!

출처: https://m.post.naver.com/viewer/postView.nhn?volumeNo=27842746&memberNo=27908841&vType=VERTICAL

이외에도 스타가 쓰는 핸드폰, 스타가 가는 곳, 스타가 마시는 음료 등 소비자들의 인지적 오류를 적극적으로 활용하는 영악한 마케터들.

## 4.2. 선택적 지각

선택적 지각(selective perception)

**선택적 지각(selective perception)**은 **상황을 객관적으로 판단하지 않고 자신의 입장, 경험에 근거하여 자신에게 유리한 방향으로 상황을 인식하고 해석하는 것**으로, 쉽게 말해 자기가 보고 싶은 것만 보고, 듣고 싶은 것만 듣는 것을 말한다. 양자물리학에 따르면 인간의 뇌는 초당 4,000억 비트의 정보를 처리하는데, 우리가 실제로 인지하는 정보는 단 2,000비트에 불과하다고 한다. 즉, 들어오는 정보의 극히 일부만 선택해서 인지하고 나머지는 무시해버리는 것이다.

생물학적으로 인간의 두뇌회로는
객관적 사실보다는 "내 생각이 맞다"고
확인시켜주는 정보,
그리고 "내가 보고싶은" 정보만
쏙쏙 골라내는 데 특화되어 있다.

이러한 인간의 특징과 심리를 아주 잘 활용하는 분야가 바로 인터넷 마케팅이다. 극히 일부만 선택적으로 인지하는 인간에게 짧은 시간에 자극적인, 원하는 컨텐츠를 제공하는 것. 예를 들어, 새 노트북을 구매해야겠다고 생각한 바로 그 순간부터 그 다음에 내 눈에 들어오는 것은 모두 노트북 광고. 우리의 인터넷 검색 히스토리를 파악하고 선별적인 푸시광고와 웹페이지 배경광고가 끝없이 들어온다. 어차피 다른 광고는 띄워봤자 보지도 않는다. 신상 노트북에 대한 욕구와 관심이 지각체계의 강력한 필터가 되어 선택적 지각을 유발한다.

### 바로 눈 앞에 지나가는데도 보이지 않는 고릴라(invisible gorilla)

하버드대 심리학과의 인지심리학자 크리스토퍼 차브리스(Christopher Chabris)와 대니얼 사이먼스(Daniel Simons) 교수는 사람이 "주의를 기울인 부분만 보고 들을 수 있다"는 현상을 실험적으로 입증했다. 그들의 실험은 '보이지 않는 고릴라' 실험으로 유명세를 타게 되었다.

크리스토퍼 차브리스
(Christopher Chabris)

대니얼 사이먼스(Daniel Simons)

이 실험에서 6명의 학생들을 두 팀으로 나누어 한 팀에는 검은색 셔츠를 입히고 다른 팀에는 흰색 셔츠를 입힌 후, 두 팀을 섞어놓고 서로 농구공을 패스하게 했다. 그리고 이 장면을 동영상으로 찍어 그 영상을 실험 참가자들에게 보여준 후 검은색 팀은 무시하고 흰색 팀이 한 패스(pass)의 숫자만을 세도록 지시한다. 영상을 본 후, 동영상 속에 고릴라가 등장한 걸 보았냐고 묻자 실험참가자들의 절반 이상이 못봤다고 대답했다. 중간에 고릴라가 등장했었다는 정보를 제공해주고 다시 동영상을 재생하면 실험 참가자들은 당연히 고릴라를 발견하고 처음 고릴라를 알아보지 못한 자신에게 깜놀한다. 진짜 그랬냐고? 진짜!! 진짜 그랬다!

왜 이런일이 생겼을까?

시야의 사각(blind spot)

실험에 앞서 실험 참가자들은 흰색 셔츠 팀의 패스 횟수를 세라는 지시를 받았기 때문에 흰색 셔츠 팀원들의 패스에만 집중해서 이외의 것은 눈에 들어오지 않았던 것이다. 공의 움직임에만 선택적 주의가 집중되면서 고릴라는 화면의 전면을 통과하여 지나가는데도 보지 못한 것! 일종의 시야의 사각(blind spot)이 물리적이 아닌 심리적 작용으로 생긴 것으로 해석할 수 있다.

부주의 맹시(inattention blindness)

이 실험은 공부를 하면서 혹은 운전을 하면서 휴대전화를 사용하면 집중력이 분산되어 학습효율성이 떨어진다거나, 교통사고를 더 일으킨다는 현상을 설명하는 "부주의 맹시(inattention blindness)" 이론을 설명하는 대표적인 사례이다. 휴대전화로 복잡한 내용의 통화를 하며 혹은 다른 생각을 깊게 하면서 운전대를 잡고 있는 경우, 눈은 앞을 보고 있지만 실제로는 보고 있지 않는, 즉, 생리·물리적 신호는 눈으로 계속 들어오지만 뇌에서는 전혀 처리가 되지 않는 상태가 되는 것이다.

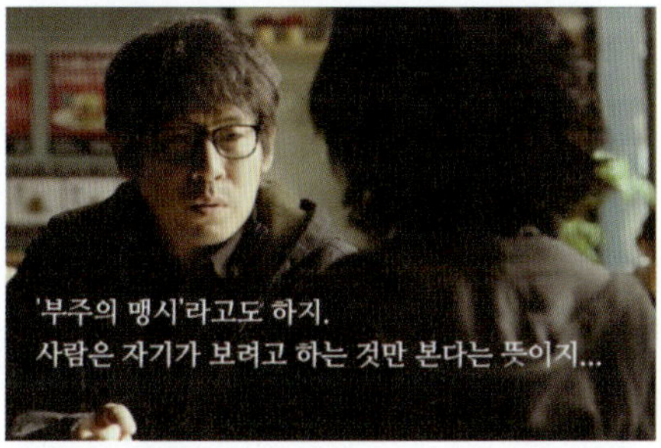

영화 "감시자들"

미국 유타대학 심리학자들은 "부주의 맹시"의 원인을 작업기억 용량(working memory capacity)에서 찾았다. 인간의 작업기억 용량에는 한계가 있다는 것이다. 그런데 자신이 저지르는 선택적 지각의 오류를 단순히 기억용량 한계로 인한 것이라고 가볍게 치부해버리면 되는 것일까?

내가 겪지 않고, 내가 들어보지 않고, 내 기준에 맞지 않는 것은 일단 비판하고 거부하고 부인하는 인간들!! 선택적 지각의 오류에 빠진 사람들은 대부분 독선적인 독불장군의 모습을 보인다. 인간은 당연히 지각과정을 통해서 자기만의 방식으로 세계를 인식하지만 자기만의 세계에 빠져드는 것은 위험천만. 인간은 자신이 언제든지 "지각오류"를 범할 가능성이 있다는 것을 항상 인지하고, 오류를 최소화시켜야 한다. 일반인은 물론 조직구성원, 경영자들은 특히나 더 지각오류를 경계해야한다.

### 4.3. 대조효과

대조효과(contrast effect)

대조효과(contrast effect)는 차례로 제시된 두 상황 간 차이점이 사람들의 지각에 영향을 미치는 것을 말한다.

그림 ①에 있는 왼쪽 회색 원을 보자. 그리고 그 안의 네모를 본다.

이제는 오른쪽 검은색 원을 보자. 그리고 그 안의 네모를 본다.

질문 1. 두 큰 원 안의 네모를 본다. 같은 색인가? → 정답은?

그림 ②를 보자.

질문 2. 두 네모의 색은 같은 색인가? → 정답은?

질문 1과 2의 정답은 모두 YES!! 이다.

그림 ① 두 원 안에 있는 네모의 회색도 같은색이고, 그림 ② 네모의 회색도 같은 색이다. 그림 ① 두 원 안의 회색은 아무리 봐도 다른 데 같은 색이라고?

같은 색 맞다! 왼쪽 두 원 안의 네모를 그대로 복사해서 옮긴 것이 오른쪽 그림이다.

왜 이런 현상이 생기는지에 답을 주는 것이 바로 대조효과이다. 왼쪽 원 안의 회색네모가 진해보이는 것은 그것을 둘러싼 원의 색상이 흐리기 때문이다. 반대로 오른쪽 원 안의 회색네모가 흐려보이는 것은 그것을 둘러싼 원의 색상이 진하기 때문이다. 하지만 사실은 같은 색상이다. 대조효과는 시각에서만 발생하는 것이 아니다. 우리의 삶에서 끊임없이 발생한다. 그것이 문제인 것이다.

### 실생활의 대조효과!

• 무거운 것을 들다가 가벼운 것을 들면 원래 가벼운 것의 무게감보다 훨씬 더 가볍게 느껴진다.

가볍다 무겁다는 어디까지나 간단한 개념적 예시. 여기까지는 뭐 ok!

그러나, 대조효과가 사람들 간의 비교대조로 확장되면서 문제를 일으키기 시작한다!

• 우연히 CF 촬영을 하는 샤방샤방 아이돌을 보다가 옆에 있는 여친을 보니 나름 괜찮았던 여친이 갑자기 좀 아닌 것 같다.
• 난 반 1등, 전교 10등. 울 엄마 하는 말! "엄마친구 아들은 전교 1등이라는데! 그러게 너 잠 좀 더 줄이랬지?!" 엄친아 그 쉐x, 진~짜 싫다!
• 울 아빠 S회사 임원. 나름 성공한거다. 근데 울 엄마 하는 말! "내 친구 남편은 Q회사 대표인데 잘릴 위험도 없고, 연봉도 높고, 거기다가 회사에서 체면 유지비도 나오고, 뭐도 나오고, 또 뭐도 나오고~~!! 그런다는데~!!"

조직에서 대조효과가 문제가 되는 중요한 경우 중 하나는 신입사원 면접과정이다.

왜? 면접순서의 운이 신입사원 선발 과정에 바로 영향을 주기 때문!

내 바로 앞에 유난히 똑똑하거나 빛을 발하는 후보자가 있다면 난 면접관들에 의해서 과소평가될 확률이 아주 높다. 반대로 앞 후보자가 영~ 꽝인 경우 난 실제의 나보다 더 높게 평가받을 수 있다. 게다가 면접관들은 자신들이 면접 한 번으로 상대방을 제대로 파악할 수 있다고 자신하는 경향(면접 착각: interview illusion)이 있기 때문에 문제를 더욱 악화시킨다. 따라서 신입사원 채용에 있어서 면접 방식이 적합하지 않다는 의견이 많아지고 있다.

**대조효과의 대표적 희생자!!**

언론 3사(조선일보, YTN, KBS)에 모두 합격했던, 언론고시생들에게는 레전드로 불리웠던 전현무. 그러나, 2005년 MBC 최종면접까지 갔다가 탈락! 그때는 왜?

전현무 아나운서

"잘 생기고, 키 크고...
어린 오상진을 보고 이미 떨어졌구나 마음이 들더라"
"내가 사장이더라도 오상진을 뽑겠다는 생각을 했다.
그래서 마음 접었다"

오상진 아나운서

최종면접에 오른 전현무는 자신의 탈락을 예감하게 만든 아나운서가 바로 앞에 있었다고 고백했다! 대조효과!!

이런 지각오류라는 것이 참 피할 수 없는 것이긴 하다. 그러나, 내가 범하는 이 대조효과와 같은 오류가 내 주변 사람들에게 상처를 주고, 더 나아가서 조직에 심각한 피해를 입힐 수 있다는 사실을 인지해야 한다. 물론 오상진 아나운서를 잘못 뽑았다는 말은 절대 아니다. 사실 잘 뽑았다!

## 4.4. 투영

투영(projection)
희생양 찾기(scapegoating)

**투영(projection)**이란 **자신의 생각, 가치관, 감정상태 등을 다른 사람에게 투사하는 무의식적 자기방어기제**의 하나로 사람들에게 흔히 발생하는 심리적 현상이다. 죄책감, 분노 등 부정적 감정을 경험할 때, 사람들은 그 현실을 받아들이거나 개선하려는 노력보다는 주변사람들에게 자신이 겪는 부정적 감정을 투영한다. 즉, 자신의 불만을 그대로 인정하기보다는 그 불만의 원인을 외부로 돌리고 누군가 비난의 대상을 찾는 것이다. 이는 앞서 설명한 귀인오류들 중 자기위주편향(self-serving bias)이 자신의 감정을 지각하는 과정에서 나타나는 것으로 볼 수 있다. 투영은 스트레스, 부정적 자기인식 등으로부터 스스로를 보호하기 위한 방어기제이지만 현실직시를 방해하고 문제해결을 위한 건설적 대처를 어렵게 한다. 항상 핑곗거리, **희생양 찾기(scapegoating)**에 나섬으로써 문제의 본질을 회피하기 때문에 개선이 없다.

**"내가 아니라 바로 너라고(it's not me, it's you)!" "네가 문제야!"**

"네가 그따위로 구니까 내가 이러는거야.

네가 날 못믿게 하잖아!

결국 내가 이러는건 내가 못돼x먹어서 그런게 아니라

다~ 네 탓이야!!"

가정에서 자식에게 늘 화가 나있고, 불만과 잔소리인 엄마. 자신이 자식에게 과도한 기대를 하기 때문에, 자신이 감정통제를 못해서(자신의 약점) 매일 매일 딸을 때려잡고 있다는 사실을 절대 받아들일 수 없다. 따라서 그녀의 손가락은 항상 딸에게 향한다. 전형적인 희생양 찾기로 자신이 느끼는 부정적 감정, 태도, 행동을 모두 딸 탓으로 돌린다. 이렇게 함으로써 자신이 경험하는 유쾌하지 않은 감정은 결국 자기 문제가 절~대 아닌 모두 딸의 문제인 것! 세상은 나를 중심으로 돌아야한다. 네가 그 따위라서 나도 어쩔 수 없이 이러는 거다. 내가 오히려 피해자고 희생자거든! 흔히 들을 수 있는 가해자의 변명.

다른 예를 보자.

"걔네들은 내가 팀에 들어가는걸 싫어해.

아무도 날 원치 않아"

결국 팀에 못들어가는 건 걔네가 날 받아주지 않기 때문이다. 그러나 진실은 그 팀에 들어가서 잘 할 자신이 없기 때문이다. 자신의 불안감, 열등감을 스스로 인정할 수 없기 때문에 결국 "걔네들"이라는 "나를 원하지 않는" 대상을 찾아 스스로를 보호하는 것이다. 한국사회와 조직의 문제인 왕따와 달리 "스따(스스로 따돌림)"는 투영과 같은 지각과정이 행동으로 나타난 것일 수도 있다.

자기위주편향이 투영이라는 왜곡된 지각현상으로 연결되는 현상은 집단 혹은 국가 수준에서 발생하기도 한다. 자신의 불만과 적개심 등의 부정적 감정과 생각을 상대집단에게 투영하고 상대도 자기 집단에 대해서 동일한 불만과 적개심을 가질 것으로 믿는다. 인종 간 갈등, 국가 간 갈등, 남녀 간 갈등이 시작되는 주요 단초가 된다.

물론 투영이 항상 부정적인 것에 대해서만 이루어지는 것은 아니다. 자신이 선의를 가지고 있고 상대를 대하니, 상대도 나와 같을 것이라는 착각도 자주 일어난다. 자신이 절대 거짓말을 안 하는 사람들은 상대방도 거짓말을 하지 않을 것이라 믿는다. 시골에서 이웃들과의 허물없는 관계에 익숙하게 지내던 사람은 서울에 와서도 시골에서와 같은 이웃관계를 당연히 여긴다. 서로 문걸어 잠그고, 옆집 사람도 생까는 관계가 당황스러울 수도 있다.

**투영의 결과! : 무학대사와 이성계**

때는 조선 초 무학대사와 이성계는 농담따먹기 놀이를 하기로 한다.

**이성계**: 대사는 생김새가 참~으로 돼지같소~!

**무학대사**: 제가 보기에 임금님께서는 부처 같으십니다~

**이성계**: 어허~ 아니 농을 하라고 했더니 어찌 그런 말을 하시오?

**무학대사**: "돼지 눈에는 돼지만 보이고, 부처 눈에는 부처만 보인답니다~"

한 단계 발전된 상대방 까기! 제대로 한방 먹인 무학대사!! You win!!

무학대사의 말에 "투영"의 오묘한 뜻이 담겨 있으니 역시 도닦은 대사는 대사인가보다!

**그룹토론문제**

(1) 투영(projection)을 방지하기 위해서는 어떻게 해야할지 논의해보자.

(2) 앞서 부정적 투영을 예를 들었다. 긍정적 투영의 예를 생각해보자.

## 5. 의사결정모델

의사결정(decision making)이란 문제에 대한 대응과정이라고 할 수 있다. 현재 발생하는 일과 내가 바라는 상태 간 불일치(discrepancy)가 발생할 때, 우리는 이 불일치를 감소시키기 위해 일련의 의사결정과정을 통하여 대안을 마련하고 대응행동을 취한다. 이때 모든 의사결정에는 정보에 대한 해석과 평가가 필요하게 된다.

의사결정(decision making)

### 5.1. 합리적 의사결정모델

합리적 의사결정모델(rational decision-making model)

의사결정에 있어서 가장 기초가 되는 합리적 의사결정모델(rational decision-making

model)이란 **주어진 조건 하에 목표달성의 극대화를 달성하기 위한 의사결정과정**을 설명하는 이론이다. 합리성(rationality)에서 인간의 주관적 감각과 경험은 배제된다. 합리적 의사결정을 하기 위해서는 의사결정결과 뿐 아니라 의사결정과정 역시 합리적이고 객관적이어야한다. 따라서 기계적이고 이상적인 절차를 따른다.

| 단계 | 내용 |
|---|---|
| 1. 문제 인식 | • 문제본질 파악 |
| 2. 대안 탐색 · 개발 | • 다양한 대안들을 광범위하게 탐색 |
| 3. 대안 평가 | • 여러가지 문제해결 방안을 비교 · 검토 |
| 4. 대안 선택 | • 여러대안 중 최선의 대안 선택 |
| 5. 대안 실행 | • 대안 실행 |
| 6. 대안 사후평가 | • 실행결과 효과성 평가 |

문제 인식
대안 탐색 · 개발
대안 평가
대안 선택
대안 실행
대안 사후평가

합리적 의사결정의 과정은:

- 문제 인식: 문제의 본질을 파악하고 이를 명확히 정의함으로써 바람직한 **목표를 설정**
- 대안 탐색 · 개발: 목표설정 후, 목표달성을 위해 다양한 대안들을 **광범위하게 탐색**
- 대안 평가: 선정기준(예: 실행가능성, 비용, 효율성, 예측되는 성과 등)을 통해 탐색된 여러가지 **문제해결 방안**에 대하여 비교·검토를 통한 **평가**
- 대안 선택: 대안을 평가한 후, 여러가지 대안 중 **최선의 대안을 선택**
- 대안 실행: 선택된 **대안을 실천**
- 대안 사후평가: **실행결과** 어느정도 목표를 달성하였는지 그 **효과성을 평가**

그러나, 이러한 합리적 의사결정에는 몇 가지 전제가 필요하다.

- 인간은 이성적, 합리적 존재이기 때문에 모든 목표와 문제를 정확히 인지하고 있다는 것
- 의사결정자는 모든 필요한 정보를 가지고 상호 비교 분석이 가능하다는 것
- 문제해결을 위한 모든 가능한 대안들이 탐색 가능하다는 것
- 각 문제해결 대안에 있어서 정확한 시간 및 비용, 그리고 기대되는 성과에 대한 예측이 가능하다는 것
- 이를 바탕으로 의사결정자가 목표달성을 위한 최선의 대안을 선택할 수 있다는 것

합리적 의사결정의 전제는 인간의 **완전한 합리성(perfect rationality)**인데, 문제는 이러한 전제들이 현실세계(real world)에서는 존재하지 않는다는 것이다. 현실은 모든 문제상황과 관련 정보를 수집하여 대안을 정확하게 파악하고, 무한정의 시간을 투입하여, 비용과 효용(cost and benefit)을 모든 측면에서 정확하게 비교분석하여, 최대의 성과(maximum payoff)를 보장하는 최적의 해결책(optimal solution)을 낼 수 있는 이상적인 상황과는 거리가 멀다. 현실적으로 인간은 전지전능한 존재가 아니며, 항상 부분적 지식, 제한된 능력, 제한된 시간과 노력만을 투입할 수 있기에 최대화와 최적화(maximization and optimization)는 이상에 불과할 수도 있다. 이를 **제한된 합리성(bounded rationality)**이라고 한다. 이에 합리적 의사결정모델에 대한 현실적인 대안모델(alternative model)들이 등장하게 된다.

완전한 합리성(perfect rationality)
제한된 합리성(bounded rationality)

## 5.2. 대안적 의사결정모델

인간의 합리적 판단과 의사결정에 한계가 있다는 전제 하에 여러가지 대체적인 의사결정 모델들이 등장한다.

독일계 미국인이었던 인지과학자 허버트 사이먼(Herbert Simon)은 인간 인지능력의 한계, 제한된 합리성이라는 관점을 가지고, 주류 경제학이 가정하는 합리성 체계를 비판한 최초의 학자였다.

허버트 사이먼(Herbert Simon) 1916–2001

제한된 합리성에 근거하여 아래와 같은 다양한 대체관점들이 등장했다.

- **만족화 모델(satisficing model)**: 인간의 제한된 합리성으로 인하여 완벽한 최적의 대안이 아닌 **현실적으로 만족할 수 있는 수준의 대안을 선택**하는 것. 최적의 해법을 찾기위해 지속적 노력을 하는 것이 아니라 적당히 쓸만한(good enough, workable) 대안이 있으면 거기에 만족하고 문제해결과정 종료.
- **점증 모델(incremental model)**: 문제가 되고 있는 것을 완전히 바꾸는 것이 아니라 **기존의 틀을 유지하면서 수정 · 개선**하는 것. 최선이 아닐지 모르지만 검증된

만족화 모델(satisficing model)
점증 모델(incremental model)

혼합모델(mixed scanning model)

최적화 모델(optimizing model)

시행착오를 통한 학습(iterative trial and error learning)

쓰레기통 모델(garbage can model)

방식을 안전한 방식으로 야금야금 바꾸면서 대형사고를 피하는 방법.

- 혼합모델(mixed scanning model): 합리적 모델과 점증 모델을 결합한 하이브리드 모델로 기본방향 설정에는 합리적 모델을 적용하고, 이후 문제 해결에는 점증 모델을 적용하는 것. 문제인식은 철저하게, 액션은 신중하게 전법.
- 최적화 모델(optimizing model): 현실에서 이루어지는 결정만을 고려하는 것이 아니라 결정이 이루어진 후, 실행에 대한 평가를 계속하면서 최적수준에 도달하고자 하는 것. 여러 단계에 걸친 시행착오를 통한 학습(iterative trial and error learning)을 거쳐서 최적화 추구. 일본기업식의 카이젠(Kaizen, 개선운동)의 문제해결방식.
- 쓰레기통 모델(garbage can model): 의사결정이 비합리적이고 우연한 선택으로 이루어진다는 입장. 합리적·이성적 의사결정모델과 가장 거리가 있는 모델. 그냥 쓰레기통 속에 손을 넣어 아무거나 잡히면 그게 문제라고 생각하고 그 문제에 매달리거나, 혹은 아무거나 손에 쥐고 있는 해결책이 있으면 그 해결책을 사용할 수 있는 문제에 집중. 문제인식 자체가 임의적으로 진행되니 문제해결과정이 합리적일 수가 없다. 말도 안되는 상황이지만, 조직에서의 문제해결이 놀랍게도 쓰레기통 모델을 기초로 이루어지는 경우가 많다는 안타까운 현실.

## 6. 의사결정 오류

인간의 제한적 합리성은 우리가 의사결정을 하는 데에 있어서 저지르는 다양한 의사결정 편향·오류의 기반이 된다. 몇 가지 중요한 의사결정 편향과 오류를 살펴보자.

### 6.1. 과잉확신 효과

과잉확신 효과(overconfidence effect)

기만적 우월감 효과(illusory superiority effect)

과대평가(overestimation)

과잉확신 효과(overconfidence effect)란 자신의 능력을 과대평가하는 것을 말한다. 이를 기만적 우월감 효과(illusory superiority effect)라고도 한다. 과잉확신 효과는 자신의 판단에 확신을 가지고, 자신이 틀릴 수 있다는 가능성을 완전히 무시하는 것을 말한다. 재미있는 사실은 지적·사회적 능력이 낮은 사람일수록 자신의 능력과 성과를 과대평가한다는 것이다. 에이미 메즐리스(Amy Mejlis) 연구팀은 거의 모든 문화권 대다수의 사람이 자신을 실제보다 높게 평가한다는 점을 수백 차례에 걸친 조사를 통해 밝혀냈다.

과대평가(overestimation)는 자부심(self-esteem)이라는 말로 포장되기도 한다. 오스트리아 심리학자 알프레드 아들러(Alfred Adler)는 열등감이 높은 사람일수록 자신을 더 우월하다고 생각한다는 것을 발견했다. 다른 사람보다 자기가 더 우월하다고 생각하는 것이 열등감을 숨기는 **내적 방어기제**가 되기 때문이다.

내적 방어기제

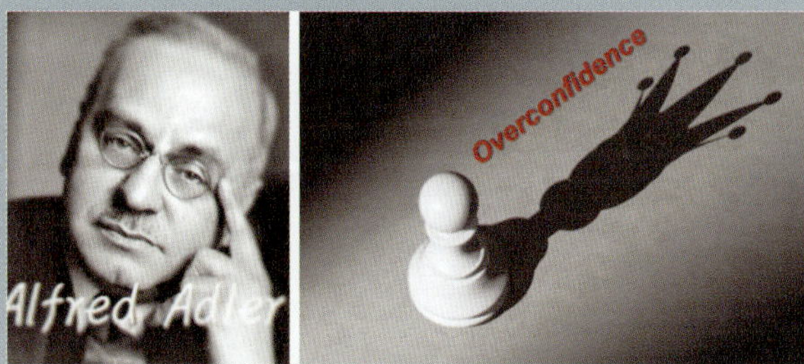


알프레드 아들러(Alfred Adler), 1870–1937

인간의 겸손함과 예의를 가리키는 의미로 벼는 익을수록 고개를 숙인다는 속담이 있다. 사실 지적 · 사회적 능력이 높은 사람의 경우 구태여 자기 입으로 자랑을 하거나 과시를 할 필요가 없기는 하다.

자신감(confidence)! 물론 중요하다. 무엇인가에 끊임없이 도전하게 하는 원동력을 주는 것이 바로 자신감이기 때문이다. 그러나 현실을 왜곡하는 과신(overconfidence)은 주의해야 한다. 과신이 남들에게 피해를 안 주는 경우야 제 잘난 맛에 사는 것이 문제가 되지 않지만, 조직에서 중요한 의사결정을 할 때 본인의 과잉확신으로 인한 그릇된 판단과 결과에 대한 책임은 생각보다 훨씬 크다. 경영자의 과잉확신은 조직 자체를 붕괴시킬 수도 있다는 점을 명심해야 한다.

## 6.2. 기준점 편향

기준점 편향(anchoring bias)

기준점 편향(anchoring bias)은 처음 접한 정보가 기준점이 되어 이후의 판단과 의사결정에 영향을 미치는 현상을 말한다.

셔츠 하나가 250달러! 완전 비싸다!!
그러나 그 셔츠가 일주일 전에 1,000달러였다가
오늘 본 가격이 250달러라면 싸다고 생각한다.
250달러가 여전히 비싼 가격임에도 불구하고
1,000달러가 기준점으로 작동하면서 판단에 영향을 준다!

재판을 받게 된 사람이 있다. 다음 두 경우를 고려해보자.

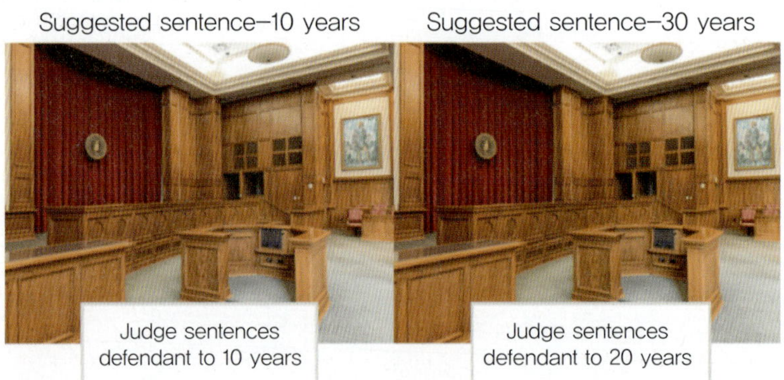


출처: https://boycewire.com/anchoring-bias-definition-and-examples/

① 검찰 구형 = 10년, 법정 최종선고 = 10년. 길다. 너무 길다. 인정머리 없는 저 판사 쉐x!!

② 검찰 구형 = 30년, 법정 최종선고 = 20년. 휴~ 살았다!

같은 현실이 다르게 느껴지는 것! 이것이 바로 기준점 편향의 힘!! 그래서 연봉이나 계약조건 협상에서 일단 첫 제안(first offer)을 과감하게 지르고, 이를 기준점으로 삼아 "양보하는척! 하는 얍삽 전략"이 추천되기도 한다.

## 6.3. 확증 편향

확증 편향(confirmation bias)은 자신의 가치관, 신념 및 과거의 경험, 선택을 뒷받침하는 정보에만 주목하고, 그에 걸맞는 근거만 수용하며, 자신에게 유리하지 않은 정보는 무시하는 선택적 사고방식을 말한다. 정보의 객관성과 상관없이 자기가 보고 싶은 것만 보고 믿고 싶은 것만 믿는 선별적 현상으로 선택적 지각(selective perception)의 한 형태이다.

확증 편향(confirmation bias)

선택적 지각(selective perception)

출처: https://m.blog.naver.com/businessinsight/221061150538

인간은 합리적 판단을 위한 충분한 양의 정보를 가지고 있음에도 불구하고 정보를 입맛에 맞게 필터링(filtering)하는 습성 때문에 유용한 정보를 놓치고 잘못된 판단을 하는 오류를 범한다. 확증편향의 가장 주요한 형태가 바로 자기측 편향(myside bias)이다. 자기에게 유리한 방향으로 증거를 만들고, 평가하고, 검증하는 것을 말한다. 확증 편향이라는 용어는 모든 상황에 적용되기 때문에 자기측 편향보다 광범위하다. 확증 편향이 위험한 것은 의사결정 시에만 발생하는 것이 아니라 자기가 보고 싶은 것만 보고, 믿고 싶은 것만 믿기 때문에 정보수집 단계에서부터 편향이 나타난다는 것이다. 계속 편향된 정보를 수집하고 반복적으로 받아들임으로써 자신의 기존 생각이 맞다는 것을 계속 강화하고 자신을 합리화하는 것이다.

필터링(filtering)

자기측 편향(myside bias)

"수많은 경영자들이
자기측 편향에 빠져 전략수립을 한다"

제임스 엠쇼프(James Emshoff)와 이언 미트로프(Ian Mitroff)

미국 펜실베니아대학 와튼스쿨의 제임스 엠쇼프(James Emshoff)와 이언 미트로프(Ian Mitroff) 교수는 미국 대기업들의 전략수립 과정을 연구하면서 많은 경영자들이 자신이 수립한 기업전략을 지지해주는 자료를 만들어내기 위해 노력한다는 사실과 그런 대기업 프로젝트가 대부분 실패로 끝났음을 발견했다.

## 참사를 부른 확증 편향(confirmation bias)

때는 1986년 1월 28일.
우주왕복선 챌린저호가 발사 후 73초 만에 공중에서 폭발!
당시 타고 있던 7명의 우주비행사가 모두 사망했다.

챌린저호의 비극은 사실 예견된 사고였다. 대부분의 사고가 그렇듯이 인재.

챌린저호가 발사된 날 케네디우주센터의 기온은 영하 0.5℃로 과거 최저 기온이었던 11.7℃보다 무려 12℃ 이상 낮았다. 따라서 기술자들은 이렇게 낮은 온도에서는 이음부 고무패킹의 탄력성이 급격히 떨어지므로 이상이 발생할지 모른다고 우려했다.

발사 전날, 우주왕복선을 설계한 모튼 티오콜(Morton-Thiokol)사의 기술자 34명과 NASA측 관계자는 우주왕복선의 고무패킹이 다음 날 예상되는 추운 날씨에도 무사할 것인지에 대해 3시간에 걸쳐 전화회의를 진행했다. 모튼 티오콜의 일부 기술자는 챌린저호를 발사해서는 안된다고 주장했지만 NASA측 관계자는 그 의견에 반대했고, 결국 다음 날 우주선은 예정대로 발사되었다.

발사 후 73초!! 대서양 상공 15킬로미터 지점에서 챌린저호는 폭발!!

끔찍한 재앙으로 막을 내렸다.

이 재앙은 충분한 정보를 갖고 있음에도 정보를 입맛에 맞게 필터링하는 확증 편향의 결과였다. 폭발사고 후, 모든 자료를 사후 분석한 결과 챌린저호가 발사된 날 고무패킹에 문제가 일어날 확률은 99%! 프로젝트가 진행되는 동안에도 온도와 고무패킹 간 관계를 알려주는 충분한 자료가 있었고, 고무패킹 역시 이전까지의 발사로 인해 어느 정도 부식되어 있었다. 기술자들도 엔진 이상이 발생활 확률을 1/200 정도로 높게 판단했다.

그러나, 당시 NASA도 나름 입장이 있었다. 챌린저호는 당초 1월 22일 발사될 예정이었는데 다른 발사체의 일정, 착륙 예정지, 우주센터의 악천후, 추가정비로 계속 미뤄져 6일이나 연기되어 있는 상황이었고, 더 이상 연기를 할 경우, 대통령 연설 등 주요행사에 차질을 빚을 상황이었다. 발사 전 회의에서 NASA측은 두 변수 간 별 관계가 없고, 엔진 이상 발생확률은 10만분의 1정도라고 판단했다. 왜?

**"그 같은 발사위험에 대한 논쟁은 NASA에서 일상적이었기 때문!!!!"**

결국, 이제까지 통틀어 고무패킹이 30% 이상 부식되지 않았다는 점을 들어 앞으로도 3배의 여유가 있다는 판단을 내렸고, 챌린저호 발사를 강행했다.

## 6.4. 가용성 편향

**가용성 편향**(availability bias)은 어떤 문제나 이슈에 직면해 무언가를 찾아서 알아보려고 하기보다는 기억에서 잘 떠오르는 것, **머릿 속에서 쉽게 처리할 수 있는 정보를 기반으로 의사결정을 하는 것**을 말한다. 가용성(availability)이라는 단어는 "구할 수 있는, 이용할 수 있는"이라는 뜻이다. 쉽게 떠올릴 수 있는 대상에 대하여 높은 평가를 내리는 현상은 **단순노출효과**(mere exposure effect) 혹은 **인지적 수월성**(cognitive fluency) **이론**과 비슷하다. 반복적으로 노출된 대상에 대하여 친숙한 느낌이 들고, 최근의 것일수록 떠올리기 쉽기 때문에 그 사건이 발생할 가능성이 높은 것으로 믿는 편향.

가용성 편향(availability bias)

단순노출효과(mere exposure effect)

인지적 수월성(cognitive fluency)

실험 참여자들에게 1분 동안 네 페이지 분량의 소설을 보여준 후 다음과 같은 질문을 했다.

1973년 행동경제학자 아모스 트버스키(Amos Tversky)와 대니얼 카너먼(Daniel Kahneman)은 가용성 편향에 대한 실험을 했다.

아모스 트버스키(Amos Tversky), 대니얼 카너먼(Daniel Kahneman)

① 소설에서 7개의 철자로 된 단어 중에 –ing로 끝나는 단어는 몇 개인가?

② 소설에서 7개의 철자로 된 단어 중에 여섯번 째 철자가 n인 단어는 몇 개인가?

실험결과 실험 참여자들은 ①번 질문에 평균적으로 13.4개, ②번 질문에 4.7개라고 대답했다. 이 대답은 논리적으로 맞지 않는다. 왜? 철자가 7개인 단어 중 –ing로 끝나는 단어는 여섯번 째 문자가 반드시 n이다. 따라서 직접 세지 않더라도 ①번 질문의 답은 ②번 질문의 답과 같던지 혹은 적어야 맞다.

그런데 참여자들은 왜 이런 대답을 했을까?

–ing란 단어는 떠올리기 쉬운 반면, 여섯번 째가 n인 단어는 잘 생각이 나지 않는다. 따라서 사람들은 –ing로 끝나는 단어가 당연히 많을거라고 가용성이 높은 정보를 바탕으로 판단했기 때문이다.

가용성 편향의 문제는 자주 노출되어 자신의 머릿속에 잘 떠오른다고 그게 진실은 아니라는 데에 있다. 2020년 세상을 떠들썩하게 했던 아이돌들의 연이은 자살, 한류 문화의 영향으로 외국에서도 대서특필!! 이후 한국인의 자살은 과대평가되고, 실제로 한국인의 주요 사망원인인 심장질환, 암 등은 과소평가된다. 이는 자극적인 것이 뇌에 더 효과적으로 작용하기 때문이다. 따라서 우리는 숨겨진 정보를 무시하는 인간의 편향을 지양하고 편향에서 벗어나기 위해 과학적인 사고 능력을 갖출 필요가 있다.

## 6.5. 기타 의사결정 편향 및 오류

위에서 살펴본 것 이외에도 다양한 의사결정관련 편향 및 오류들이 존재한다.

몰입 상승(escalation of commitment)
임의 오류(randomness error)
사후확신 편향(hindsight bias)

- **몰입 상승(escalation of commitment)**: 부정적 패턴, 부정적 결과가 계속 증가하는 것을 보면서도, **뭔가 잘못되어 가고 있다는 것을 알면서도** 방향을 변경하지 않고 **그 행동방식을 그대로 계속하는 것**. 자신의 결정이 잘못되었다는 것을 알면서도 인정하고 싶지 않을 때 사람들은 몰입 상승이라는 오류를 범한다. 소위 x고집 효과.
- **임의 오류(randomness error)**: 아무런 규칙없이 **임의적으로 발생한 사건에 특별한 의미를 부여**하는 인지과정 상의 오류이다. 예를 들어, 지난번 소개팅 때 흰색 셔츠를 입고 갔더니 킹카, 퀸카가 나왔더라. 흰색 셔츠에 의미를 부여하며, 다음 소개팅에도 흰색 셔츠를 입어야겠다고 생각한다. 행운을 부르는 흰색 셔츠!
- **사후확신 편향(hindsight bias)**: 어떤 일이 발생했을 때 **실제로는 그 일을 예측할 수 없었음에도 불구하고 결과를 보고 진작에 예견했다라고 믿는 것**을 말한다. "그럴 줄 알았어(knew–it–all–along effect) 효과"로 일종의 "갖다 붙이기". 어떤 사건의 결과를 알고 난 후, 마치 처음부터 그 일의 결과가 그렇게 나타날 것이

라는 걸 알고 있었던 것처럼 생각하는 경향을 말한다. 예를 들어, 교육수준이 높은 사람들이 사회성도 좋다라는 연구결과가 있으면 "교육수준이 높은 사람들이 배운게 많으니 사회성도 좋지!"라고 해석을 할 것이고, 교육수준이 높은 사람들은 사회성이 낮다라는 연구결과가 나오면 "원래 똑똑한 것들이 지만 잘나서 지만 알고 사회성이 낮아!!"라고 갖다붙일 것이다. 사후확신 편향은 그릇된 자기판단을 사실로 인지하고 과잉확신(overconfidence)의 오류를 강화시키는 지름길이다. 사이비 점쟁이 효과. 내가 니들 커플 깨질 줄 진즉에 알았다고 했잖아!(니가 언제 그랬는데?)

지금까지 의사결정 과정에서 발생할 수 있는 다양한 오류와 편향에 대해서 살펴보았다. 이러한 오류와 편향은 다방면에 걸쳐 거의 모든 일상생활에 영향을 미친다. 특히, 경영자들의 경우 성과평가, 보상체계, 투자결정, 전략적 사업계획 등에서 이러한 의사결정 오류와 편향을 범할 수 있다는 가능성을 항상 경계하고, 과학적이고 합리적 방식의 의사결정을 할 수 있도록 노력해야 한다. 상황을 객관적으로 판단하고 이에 걸맞는 행동을 하는 것! 경영자가 반드시 갖추어야할 덕목이다. 물론 이게 또 말처럼 쉽지는 않다.

**그룹토론문제**

(1) 위에서 우리가 쉽게 범할 수 있는 지각·의사결정 오류 및 편향에 대해서 배웠다. 각 지각·의사결정 오류 및 편향을 쉽게 설명 할 수 있는 재미있는 예를 세 개만 들어보자.

(2) 지각·의사결정 오류 및 편향이 경영자에게 주는 시사점에 대해서 논의해보자.

**나는 얼마나 지각적 오류를 범하고 있는가? 다음 문항들을 읽어보고 그렇게 생각한 적이 있거나 말 혹은 행동을 한 경험이 있는지 솔~~직하게 대답해보자.**

| | 전혀 그렇지 않다 | 그렇지 않다. | 보통 이다 | 그렇다 | 매우 그렇다 |
|---|---|---|---|---|---|
| 1. 친구랑 밥을 먹는데 친구가 물을 쏟았다.<br>"애가 왜 그렇게 덤벙대냐?"<br>그러다가 내가 물을 쏟았다.<br>"이 컵 왜 이렇게 미끄러워?!" | 1 | 2 | 3 | 4 | 5 |
| 2. 팀 과제에서 좋은 성적을 받았다.<br>"역시 난 잘해~"<br>팀 과제에서 나쁜 성적을 받았다.<br>"저것들이 화~~악~!!" | 1 | 2 | 3 | 4 | 5 |
| 3. 차은우랑 블랙핑크 제니가 쓰는 썬크림이래~<br>완전 좋은가봐~ 나도 얼른 사야지~! | 1 | 2 | 3 | 4 | 5 |
| 4. 얼짱 친구 옆에만 있으면 내가 작아보이고 못생겨 보여서 기분이 아주 나빠진다. | 1 | 2 | 3 | 4 | 5 |
| 5. TV에서 그러는데 1년만 온라인 수강하면 미국 박사 학위 딴대~! 우와~ 진짜래!! | 1 | 2 | 3 | 4 | 5 |

**총점으로 보는 나의 지각적 오류 정도는?**

5: 아주 낮음

6-10: 낮음

10-15: 중간

16-20: 높음

21-25: 아주 높음

## 핵심용어

- 지각(perception)
- 귀인이론(attribution theory)
  - 내부요인(internal cause) vs. 외부요인(external cause)
  - 상황/대상의 특이성(situational distinctiveness)
  - 사회적 합의성(social consensus)
  - 시간적 일관성(temporal consistency)
- 기본적 귀인오류(fundamental attribution error)
- 궁극적 기본오류(ultimate attribution error)
- 행위-관찰자 편향(actor-observer bias)
- 자기위주 편향(self-serving bias)
- 지각오류(perceptual error)
- 후광 효과(halo effect)
- 선택적 지각(selective perception)
- 대조효과(contrast effect)
- 투영(projection)
- 합리적 의사결정모델(rational decision-making model)
- 제한적 합리성(bounded rationality)
- 대안모델(alternative model)
  - 만족화 모델(satisficing model)
  - 점증 모델(incremental model)
  - 혼합모델(mixed scanning model)
  - 최적화 모델(optimizing model)
  - 쓰레기통 모델(garbage can model)
- 과잉확신 효과(overconfidence effect)
- 기준점 편향(anchoring bias)
- 확증편향(confirmation bias)
- 가용성 편향(availability bias)
- 몰입 상승(escalation of commitment)
- 임의 오류(randomness error)
- 사후확신 편향(hindsight bias)

## 연습문제

01 지각(perception)의 개념은 무엇인가?

02 귀인이론(attribution theory)은 무엇인가?

03 귀인이론에서 내적요인(internal causes)과 외적 요인(external causes)의 차이는 무엇인가?

04 헤롤드 켈리의 공변량 모델(covariation model)에서 제시한 원인 귀속을 결정하는 세 가지 기준은 무엇인가? 귀인을 하는 데에 있어 각 기준의 핵심 지표는 무엇인가?

05 기본적 귀인오류(fundamental attribution error)는 무엇인가?

06 궁극적 기본오류(ultimate attribution error)의 개념을 설명하라.

07 행위-관찰자 편향(actor-observer bias)은 무엇인가?

08 지각오류(perceptual error)의 개념은 무엇인가?

09 후광 효과(halo effect)란 무엇인가?

10 선택적 지각(selective perception)은 어떤 개념인가?

11 대조효과(contrast effect)의 개념은 무엇인가?

12 투영(projection)의 개념에 대해 간략히 설명하라.

13 합리적 의사결정모델(rational decision-making model)은 무엇을 말하는가?

14 인간의 제한적 합리성을 전제로 합리적 의사결정모델에 대안적으로 등장한 의사결정이론에 대해서 서술하라.

15 과잉확신 효과(overconfidence effect)의 개념은 무엇인가?

16 기준점 편향(anchoring bias)은 무엇을 말하는가?

17 확증편향(confirmation bias)의 개념에 대해 설명하라.

18 가용성 편향(availability bias)은 무엇인가?

19 몰입 상승(escalation of commitment)의 개념을 설명하라.

20 임의 오류(randomness error)란 무엇인가?

21 사후확신 편향(hindsight bias)의 개념에 대해 설명하라.

CHAPTER 07

# 조직구성원 동기부여



### 학습목표

- 동기란 무엇인지 구체적으로 설명할 수 있어야 한다.
- 구성원들의 동기를 설명할 수 있는 고전동기이론에는 어떤 것들이 있는지 대표적인 이론들을 나열하고 설명할 수 있어야 한다.
- 구성원들의 동기를 설명할 수 있는 현대동기이론에는 어떤 것들이 있는지 대표적인 이론들을 나열하고 설명할 수 있어야 한다.

동기(motivation)

동기(motivation)란 목적달성을 위한 일련의 행위를 발생시키는 내적 요인의 총칭으로 목적을 달성하기 위한 노력의 강도, 방향, 지속성을 설명하는 과정이다.

강도(intensity)
방향(direction)
지속성(persistence)

- 강도(intensity): 얼마나 열심히
- 방향(direction): 어떤 방향으로
- 지속성(persistence): 얼마나 지속적으로 꾸준히

동기를 설명하는 가장 기본적인 개념은 바로 욕구(needs)인데, 욕구는 무엇인가가 필요할 때, 무엇인가에 만족하지 못할 때 나타난다. 기본적으로 이 욕구란 것이 있어야 인간은 무엇인가를 하고자하는 동기가 생긴다.

동기의 내용이론(content theories of motivation)
동기의 과정이론(process theories of motivation)

사람의 동기를 설명하는 데에는 다양한 이론들이 있다. 고전이론과 현대이론 모두 인간의 동기와 욕구를 설명하고 있지만, 고전 이론이 인간의 기본 욕구와 동기의 구성요인들에 대한 일련의 분류체계를 제시하고 있는 데에 반해, 현대 이론은 동기의 내용자체보다는 동기를 유발하는 과정에 대한 심리학적 설명을 제시하는 것을 목표로 하고 있다. 이런 이유로 고전 이론들을 동기의 내용이론(content theories of motivation), 현대 이론들을 동기의 과정이론(process theories of motivation)이라고 부른다.

## 1. 고전 동기이론

내용기반의 가장 대표적인 고전적 동기이론들로는 매슬로우의 욕구위계이론, 허츠버그의 2요인이론, 맥그리거의 XY이론, 맥클레란드의 욕구이론이 있다.

### 1.1. 매슬로우의 욕구위계이론

매슬로우의 욕구이론(Maslow's needs theory)

욕구위계이론(hierarchy of needs theory)은 매슬로우의 욕구이론(Maslow's needs theory)으로 잘 알려진 이론으로 인간의 동기를 설명하는데 가장 보편적으로 사용되고 있는 이론이다.

아브라함 매슬로우(Abraham Maslow)는 1943년 「A theory of human motivation」이라는 논문을 통해 인간은 기본적으로 다섯 가지 욕구를 가지고 태어났고, 이 다섯 가지의 욕구에는 **우선순위**가 있다고 주장했다.

아브라함 매슬로우(Abraham Maslow), 1908-1970

우선순위

하위계층(lower-level)의 욕구로는 생리적 욕구와 안전의 욕구가 있고, 상위계층(higher-level)의 욕구로는 애정과 소속의 욕구, 존중의 욕구, 자아실현의 욕구가 있다. 위계적 욕구의 핵심은 **하위계층의 욕구가 충족되어야만 상위계층의 욕구로 이동이 가능**하다는 것이다.

생리적 욕구(physiological needs)

안전의 욕구(safety needs)

(1) **생리적 욕구(physiological needs)**: 욕구단계의 최하단에 위치하는 욕구로 인간의 가장 기본적인, 그리고 그 무엇보다 강렬한 욕구이다. 본능적 욕구이므로 다른 어떤 욕구에 비해서도 우선된다. 식욕, 성욕, 수면욕 등이 이에 속한다.

(2) **안전의 욕구(safety needs)**: 생리적 욕구가 충족되면 인간에게는 안전에 대한 욕구가 생긴다. 과거에는 다른 종족으로부터의 물리적 공격, 전쟁, 자연재해 등으로부터의 안전을 추구하였다면, 현대 사회에서는 병이나 사고 등으로부터의 안전 및 생계와 직결된 경제적 안전을 추구한다.

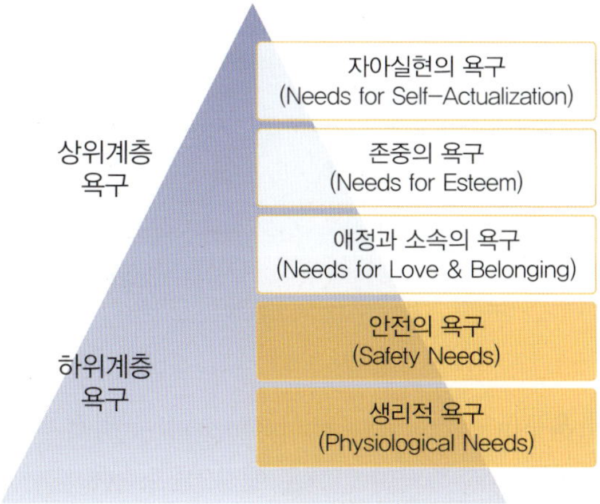


아브라함 매슬로우(Abraham Maslow)의 욕구위계이론(Hierarchy of Needs Theory)

### 잔혹한 72일! 나는 살아야겠다!!

실화를 바탕으로 만든 영화「Alive: The miracle of the Andes」

때는 1972년 10월 13일.
우루과이 대학 럭비팀을 태운 항공기가
안데스 산맥에 추락!
승객과 승무원 29명 사망, 16명 생존.

생존자들은 구조대를 애타게 기다리지만, 수색작업을 포기했다는 절망적인 방송을 듣게된다. 영하 40도의 혹한 속에서 그들은 살아야겠다는 의지로10주를 버티고 또 버틴다. 결국 구조대를 데려오기 위해 죽음을 무릅쓰고 안데스 산맥을 넘는 사람들. 그리고 마침내12월 23일 그들은 구출됐다!

안데스 산맥에 추락한 비행기 안에서 그들은 어떻게 72일을 버틸 수 있었을까?

무엇을 먹고?

그들이 버틸 수 있었던 것은 먼저 생을 마감한 자들의 "인육"!

하지만 그 누구도 그들을 비난할 수 없었다. 당시 우루과이 카톨릭 대주교조차도 그들을 비난하기보다는 그저 사망한 사람들의 명복을 빌었을 뿐이다. 이후, 생존자 중 일부는 해마다 사고현장에 세워진 십자가 앞에 꽃을 바쳤다고 한다.

생존욕구는 어떤 상위욕구보다 우선된다. 고결한 신념보다 우선은 먹고살아야지즘!

애정과 소속의 욕구(needs for love and belonging)

사회적 욕구(social needs)

(3) **애정과 소속의 욕구**(needs for love and belonging): 생리적 욕구와 안전에 대한 하위단계의 모든 욕구가 충족되면 인간은 애정 및 소속에 대한 욕구를 가지게 된다. 개인의 생존문제가 어느 정도 해결되면 타인에게로 관심이 옮겨 가는 것. 따라서 이를 **사회적 욕구**(social needs)라고도 일컫는다. 친구와 연인을 만들고, 종

교, 직장 등의 사회 집단에 소속되어 사회의 일부분이 되어 공동체 속에서 의미를 추구한다.

(4) **존중의 욕구**(needs for esteem): 애정과 소속의 욕구까지 충족되면 사람들은 더 상위단계인 존중의 욕구를 가지게 된다. 단지 타인들과 어울리는 것이 아니라 그들로부터 자신이 가치있는 존재라는 것을 인정받고 싶은 욕구로 존중의 욕구가 충족되지 않을 경우 사람들은 열등감, 심리적 무력감 및 위기감을 느낀다. 존중의 욕구는 낮은 수준과 높은 수준으로 나뉜다. **낮은 수준의 존중**은 **타인으로부터 존중받고자 하는 욕구**로 지위, 체면, 타인의 주목 등 외적으로 충족되는 반면, **높은 수준의 존중**은 스스로에 대한 **자기 존중**(self-respect)으로 타인과의 관계에서 자신의 능력, 경쟁력, 가치에 대한 스스로의 자신감을 중심으로 형성된다. 이 두 가지 측면의 존중이 결합되어야 존중의 욕구가 궁극적으로 충족된다.

존중의 욕구(needs for esteem)
자기 존중(self-respect)
자아실현의 욕구(needs for self-actualization)

(5) **자아실현의 욕구**(needs for self-actualization): 자아실현의 욕구는 인간욕구의 최상위 단계의 욕구로 자신이 타고난 능력과 잠재력을 최대한 발휘하여 스스로를 성장시키고 완성시키고자하는 욕구이다. 최상위 단계의 욕구인 **자아실현의 욕구는 모든 사람들이 경험하는 것은 아니다**. 자아실현의 욕구를 경험하기 위해서는 하위단계의 욕구들이 먼저 충족되어야 하는데, 현실적으로 모든 사람들이 이 단계까지 오르지는 못한다.

**그룹토론문제**

(1) 매슬로우는 죽기 전에 다섯 단계의 욕구 피라미드의 한계를 지적하면서 그 피라미드가 뒤집어져야 옳았다고 말했다. 인간에게는 자아실현 욕구가 가장 원초적이고 궁극적이기도 한 욕구라는 것이다. 원래의 피라미드, 뒤집어진 피라미드. 어느 쪽이 인간의 욕구를 설명하는 데 더 설득력이 있는지, 그 이유는 무엇인지 논의해보자.

(2) 매슬로우의 이론과 달리 어떤 사람은 욕구위계 상에서 전진하기 보다는 후진을 하거나 한 단계의 욕구에 고착되는 경우도 많다. 본인의 경험에 비추어 보아 매슬로우 이론의 장·단점을 생각해보자.

## 1.2. 허츠버그의 2요인이론

프레드릭 허츠버그(Frederick Herzberg)는 1959년 「The motivation to work」라는 저서를 통해 **2요인이론**(two-factor theory)을 소개하였다.

2요인이론(two-factor theory)

사람들이 일을 하고자 하는 동기는 불만족을 방지하는 위생요인과 만족을 증가시키는 동기 요인에 의해 영향을 받는다.

프레드릭 허츠버그(Frederick Herzberg), 1923–2000

흔히 만족(satisfaction)의 반대는 불만족(dissatisfaction)으로 생각하지만, 허츠버그(Herzberg)의 2요인이론에 따르면 만족과 불만족은 반대의 개념이 아닌 전혀 다른 차원의 개념(satisfaction and dissatisfaction are not opposites but separate constructs)이다. 만족스럽지 않다는 것은 비-만족(no-satisfaction)으로 불만족과는 다른 개념이다(낮은 만족 ≠ 높은 불만족). 마찬가지로 불만족스럽지 않다는 것은 비-불만족(non dissatisfaction)이지 만족스럽다는 의미는 아니다(낮은 불만족 ≠ 높은 만족). 왜 이런 수수께끼 같은 소리를 하는지 다음을 살펴보자.

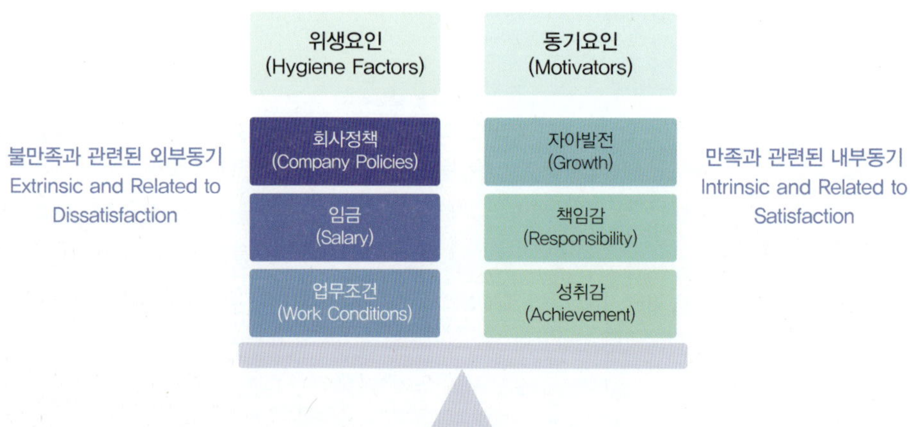


출처: Robbins & Judge, 2016

위생요인(hygiene factors)
외부동기(extrinsic motivation)
동기요인(motivators)
내부동기(intrinsic motivation)

- **위생요인(hygiene factors)**: 위생요인은 흔히 **외부동기(extrinsic motivation)**라고 일컬어지는 요인으로 회사정책, 임금, 업무조건 등 조직구성원들의 **불만족을 방지하는 요인**을 말한다.
- **동기요인(motivators)**: 동기요인은 흔히 **내부동기(intrinsic motivation)**로 일컬어지는데 성취감, 책임감, 자아발전 등 **만족을 증가시키는 요인**을 말한다.

### 레이니어 효과(Rainier effect): 돈이 다가 아니다!

레이니어 효과는 직원들의 소속감이 급여에 의한 물질적 만족뿐 아니라 자연환경 혹은 전반적 조직분위기와 같은 여타 조건에서도 생긴다는 것을 말한다. 레이니어 효과는 미국 시애틀 소재 워싱턴대학교에서 관찰된 현상이다.

북태평양 기슭에 위치한 이 대학 근처에는
워싱턴 호수가 있고,
날씨가 좋은 날에는 95km나 떨어진
레이니어 산 위의 눈 덮인 능선과 구름을 볼 수 있다.

어느 날 갑자기 학교에서 워싱턴 호수 방향으로 체육관을 건립하겠단다. 그러면 직원 식당에서 감상할 수 있는 호수니 레이니어 산이니 모두 가려지게 된다. 교수들의 격한 반대! 체육관 지으면 사직하겠다는 협박까지! 학교는 결국 계획 포기.

사실 워싱턴대학교 교수들의 평균 임금은 미국교수 평균 대비 20% 낮았지만 학교 주변의 아름다운 자연경관이 교수들을 붙잡아 두고 있었던 것이다. 교수들은 부족한 임금의 20%를 학교 주변의 아름다운 환경으로 보상받고 있었던 것!

레이니어 효과의 핵심개념은 직원들의 소속감이 급여에 의한 물질적 만족뿐 아니라 자연환경, 조직분위기와 같은 여타 조건에 의해서도 생긴다는 것이다. 따라서 금전적 보상만을 고려하기보다는 주변의 자연, 인문, 문화, 사회 등의 다양한 환경요소를 고려해야 직원들의 동기를 이해할 수 있다.

카카오가 복잡한 서울/판교를 버리고 자연과 여유을 즐길 수 있는 제주도로 본사를 옮겼다. 여기서 레이니어 효과와 같은 현상이 생길까? 제주의 자연을 사랑하는 사람에게는 레이니어 효과, 서울을 좋아하는 직원은 역 레이니어 효과? 사람에 따라 다르겠지만, 최근 사회추세가 삶의 질, 워라밸, 소확행, 자연과 함께 하는 여유로운 삶인 것은 분명해보인다.

직원들의 동기부여에 있어서 동기요인, 즉 내부동기(혹은 내적동기)에 초점을 두는 경우가 많지만, 위생요인, 즉 외부동기인 회사정책, 임금, 업무조건이 마음에 들지 않을 경우 조직구성원들은 불만족을 느끼고 조직을 떠날 확률이 높다. 이 경우 업무관련 성취감 등의 내부동기가 높아도 전체적인 동기는 낮은 수준에 머물 수 밖에 없다. 따라서, 동기요인과 위생요인, 즉 내부동기와 외부동기는 서로 공존하면서 균형을 유지해야 한다.

### 내부동기의 끝판왕 그릿(grit): 끝까지! 될 때까지!!

요즈음 성취를 설명하기 위한 인간의 동기를 가장 극적으로 강렬하게 표현하는 용어는 그릿(grit)!! 그릿은 자신이 성취하고자 하는 목표를 끝까지 해내는 힘이자, 어려움, 역경, 슬럼프가 있더라도 그 목표를 향해 오랫동안 꾸준히 정진할 수 있는 능력을 말한다. 펜실베니아 대학의 앤젤라 더크워스(Angela Duckworth) 교수는 저서에서 다양한 심리실험과 수많은 현장자료·사례를 기반으로 성공이라는 것이 재능보다는 "될 때까지 매달리는 투지의 결과물"이라고 주장한다.

"평균보다 떨어지는 IQ,
특별할 것 없는 재능,
불우한 가정환경에도
놀라운 성공을 일궈낸 사람들은
어떻게 그 모든 불리함을 극복하고
최고의 자리에 오를 수 있었을까?"

출처: 앤젤라 더크워스/김미정 역, 2019

끊임없이 샘솟는 내부동기로서의 그릿! 모든 성공과 결과는 당신 책임이다라고 지적하며 빠져나갈 구멍을 주지 않는다. 6장에 등장한 자기위주편향이나 선택적 지각 등으로 항상 외부귀인을 하면서 다른 데서 실패에 대한 핑계거리를 찾아나서는 것도 문제이긴 하지만, 의지만 있으면 된다, 노력만 하면 된다, 그냥 열심히 죽기살기로 하면 못할 일이 없다라는 주장도 사실 그닥 현실적이지 않아 보인다. 외부요소만으로 혹은 내부요소만으로는 동기를 충분히 설명할 수 없기 때문이다. 내부와 외부요인 둘 다를 고려하는 균형(internal-external balance)에 대해 고민하고 방안을 마련하는 것이 더 현실적인 선택이 될 것이다.

## 1.3. 맥그리거의 XY이론

XY이론(theory X and theory Y)
X이론
Y이론

**XY이론**(theory X and theory Y)은 미국의 심리학자이며 경영학자인 더글라스 맥그리거(Douglas McGregor)가 1960년 「Humanside of enterprise」라는 저서를 통해 소개한 이론이다. 맥그리거는 인간에 대한 부정적 관점, 즉, 직원들은 회사에 무관심하고 자신만을 우선시하기 때문에 명령, 통제, 강압으로 직원들을 다루어야한다고 가정하는 기존 통념을 **X이론**이라고 칭하며, 이를 전통적이고도 낡은 인간관이라고 비판, 이에 X이론을 대신할 새로운 인간관인 **Y이론**을 제시하였다.

XY이론에서는 인간에 대한 관점을 부정적, 그리고 긍정적 두 가지 방향으로 나눈다. 부정적 관점을 토대로 한 것이 X이론이며, 긍정적 관점을 기초로 한 것이 Y이론이다.

더글라스 맥그리거(Douglas McGregor), 1906–1964

X이론의 기본 가정은 인간은 선천적으로 일하는 것을 싫어하고, 야망이 없으며, 책임을 회피한다는 것이며, Y이론의 가정은 이와 반대로 인간을 자기주도적이고, 일하는 것을 즐기며, 책임을 감수하는 존재로 정의한다. X이론 관점에서 보면 직원들은 수동적이고, 명령을 해야만 움직이고, 현실에 안주하고자 하는 존재들이다. 반대로 Y이론 관점에서의 직원들은 자발적으로 일을 하고, 스스로 목표를 설정하며, 스스로 능률을 향상시킬 수 있는 존재들이다.

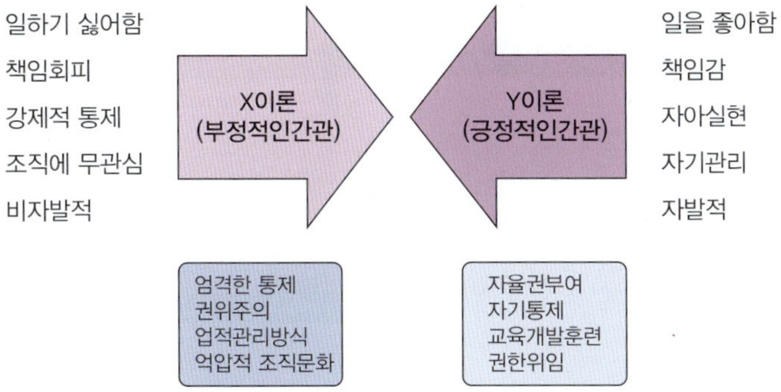


사실 인간에 대한, 그리고 직원들에 대한 이러한 기본가정은 일반적으로 경영자들의 개인 경험과 관점에 기인하는 것으로 이는 직원들을 대하는 태도와 행동, 그리고 기업 전체의 인사제도 등에 직접적인 영향을 미친다. 예를 들어, 경영자가 X이론을 지지하는 사람이라면 항상 근로자들을 통제하고, 일일이 업무를 지시하고 관리할 것이며, 경영자가 Y이론을 지지하는 사람이라면 근로자들을 존중하고, 그들에게 더 많은 자율권을 부여할 것이다.

**그룹토론문제**

(1) X이론과 Y이론 어느 쪽이 더 타당하다고 생각하는가?

(2) 당신이 경영자/관리자라면, 직원들을 관리하는데에 있어 어떤 이론이 더 적합하다고 생각하는가?

(3) 1번과 2번에 대한 당신의 답이 같다면 혹은 같지 않다면 그 이유에 대해서 논의해보자.

## 1.4. 맥클레란드의 욕구이론

욕구이론(theory of needs)

1961년 데이빗 맥클레란드(David McClelland)는 「The achieving society」라는 저서를 통해 욕구이론(theory of needs)을 소개하였다.

데이빗 맥클레란드(David McClelland), 1917-1998

맥클레란드가 주장한 욕구이론에 따르면 인간이 가지는 욕구에는 세 가지 유형이 있다. 모든 사람들은 이 각각의 욕구유형에 대해서 다른 양상의 프로파일을 보이며, 각 개인의 욕구 유형과 크기가 행동을 좌우하게 된다.

성취욕구(need for achievement)
친애욕구(need for affiliation)
권력욕구(need for power)

- 성취욕구(need for achievement): 성공에 대한 갈망
- 친애욕구(need for affiliation): 타인과 친해지고 싶은 갈망
- 권력욕구(need for power): 타인을 통제하고 싶은 갈망

**화성에서 온 나, 금성에서 온 너!!**

작가 존 그레이(John Grey)는 「화성에서 온 남자, 금성에서 온 여자」라는 저서를 통해 남녀관계에서 서로의 차이를 인식하고 존중해야한다는 메시지를 전했다. 그러나 이 저서는 단순히 남녀관계뿐 아니라 서로 다른 유형의 욕구를 가진 사람들 간의 관계를 이해하는 데에도 유익한 가이드라인을 제공한다.

- 화성에서의 삶: 남자들은 그들의 목적을 이루는 능력을 통해 자기 존재를 확인한다. 화성인들은 혼자 동굴 안으로 들어가 해결책을 찾고 나서야 기분이 좋아진다.
- 금성에서의 삶: 여성들은 남들과 자신의 느낌을 함께 나누는 관계를 통해 만족을 느낀다. 그들은 능력 대신 따뜻함, 사랑, 관심을 받고, 또 표현하며 살고 싶어한다. 금성인들은 누군가에게 자기 문제를 솔직히 터놓고 이야기하고 나면 기분이 좋아진다.

화성에서 온 사람들은 성취욕구가 강한 인간들이며, 금성에서 온 사람들은 친애욕구가 강한 인간들로 해석할 수 있다. 물론 이런 구분도 상동적 태도(stereotyping)의 오류에서 자유롭지는 않지만, 남녀관계를 성취욕구를 가진 사람들과 친애욕구를 가진 사람들 간의 갈등으로 설명하는 것은 많은 사람들이 공감하고 있는 바이다. 조직은 다양한 사람들로 구성되어 있고, 그들은 다양한 욕구를 가지고 있다.

나와 다른 사람들, 나와 다른 욕구를 가진 이들을 이해하기란 도통 쉽지가 않다.

하지만 우리는 사회라는 테두리 안에서 더불어 살아야한다. 각 욕구의 지향점을 인지하고, 서로의 차이를 이해하며, 그 차이로 인한 갈등을 최소화시키면서 서로 타협점을 찾는 것! 그것이 슬기로운 조직생활의 핵심이다.

업무성과를 고려한다면 성취욕구가, 반면 조직에 대한 순응, 협력적 태도, 대인관계를 고려하면 친애욕구가 중요하다. 성취욕구가 강한 사람들은 적당히 어려운 과제 즉, 불확실성과 위험성이 너무 낮거나 혹은 너무 높은 것을 피하고자 하는 성향이 있다. 불확실성이 너무 높으면 노력을 한다고 해도 성공할 확률이 그리 높지 않아 성취수준을 운에 맡기게 되는 편치 않은 상황이 발생하고, 그렇다고 너무 빤하고 쉬운 것을 하면 성취했다고 해도 누구든 할 수 있기에 그다지 의미가 없을뿐더러 그 대가도 작기 때문이다.

**그룹토론문제**

(1) 당신은 팀 리더이다. 맥클레란드가 제시한 세 가지 유형 중 어떤 성향을 가진 구성원들을 어떻게 구성하는 것이 팀성과를 위해 바람직하다고 생각하는가?(예: 성취욕구가 강한 팀원들로만 구성 혹은 각각의 성향을 섞어서 구성한 팀)

(2) 맥클레란드가 제시한 세 가지 유형 중 당신은 어떤 성향을 가진 리더가 적합하다고 생각하는가?

그렇다면 어떤 욕구를 가진 사람들이 좋은 관리자가 될까? 흔히들 성취욕구가 높은 사람들이 조직에서 좋은 관리자가 될 것이라 생각한다. 그러나 꼭 그렇지는 않다. 이는 성취욕구가 높은 사람들이 상당히 개인 중심적(person-focus)이기 때문이다. 경력이 진행되면서 리더의 역할 혹은 팀의 시니어로 다른 멤버들을 이끌어야 하는 단계에서는 권력욕구가 필요해진다. 조직에서 강한 리더십을 보이는 관리자들을 보면 보통 친애욕구는 낮고 권력욕구는 강한 경우가 많은데, 이는 권력욕구가 강한 사람들이 뚜렷한 방향으로 조직구성원들에게 확실한 동기 부여를 하면서 팀 전체를 이끄는 능력이 강하기 때문이다. 리더 입장에서는 성취욕구나 친애욕구보다는 권력욕구가 업무만족도와 리더로서의 성과에 긍정적인 영향을 준다. 흔히들 권력욕구를 부정적으로 평가하는 경우가 많지만, 조직의 효과성과 성과를 위해서는 리더의 강한 권력욕구 또한 필요하다.

## 2. 현대 동기이론

과정기반의 가장 대표적인 현대 동기이론들로는 자기결정이론, 목표설정이론, 자기효능감이론, 공정성이론, 기대이론이 있다.

### 2.1. 자기결정이론

자기결정이론(self-determination theory)

**자기결정이론(self-determination theory)**은 리차드 라이언(Richard Ryan)과 에드워드 데시(Edward Deci)가 제시한 이론으로 사람들이 내재적인 요인과 외재적 요인에 의해 동기부여가 되었을 경우 서로 다른 행동과 결과를 보인다고 주장한다. 자기결정이론의 핵심은 사람들이 자신의 행동을 스스로 선택할 수 있을 때 자기 결정력을 느끼게 되고, 이때 내적 동기가 올라가게 된다는 것이다.

**데시(Deci)와 라이언(Ryan)의 실험**

**1차 실험**

그룹 A: 퍼즐을 맞추면 1달러

그룹 B: 퍼즐을 맞춰도 보상없음

**2차 실험**

그룹 A & 그룹 B: 퍼즐 맞추기에 모두 보상 없음!

결과는?

출처: https://blog.daum.net/rheesahn54/1138

- 그룹 A: 돈을 받았다가 보상이 없어지자 흥미를 아예 잃어버림!!
- 그룹 B: 애초에 대가없이 퍼즐을 맞추기 시작하자 흥미로움같은 자율적, 내재적 동기가 생겨 퍼즐을 완성!!

재미있는 점은 그룹 A처럼 보상을 해주다가 중단해도 흥미가 떨어지지만, B 그룹처럼 보상 없이 잘 하던 경우에도 보상을 해주면 흥미가 떨어진다는 것이다.

자기결정이론에 속한 미니이론을 살펴보자.

인지평가이론(cognitive evaluation theory)

유기적통합이론(organic integration theory)

- **인지평가이론(cognitive evaluation theory)**: **내부동기가 유발되어 있는 상태에서 외부보상을 주면 내부동기가 감소**한다고 주장한다. 원래 재미있게 놀듯이 하던 행동이었는데, 그 행동을 하면 돈을 준다고 하는 순간, 그 행동은 돈을 버는 수단으로서의 "일"로 전락하고 만다. 동일행동의 원인에 대해서 내부귀인을 하다가 "금전적 보상"이라는 강력한 경쟁자가 투입되면서 외부귀인이 되어버리는 것. 이건 돈 때문에 하는거니까 재미있는 일이 아니야! 재미가 없으니까 돈을 주는거야! 라고 생각하게 된다. 멍석 깔아주면 오히려 하기 싫어하는 인간의 오묘한 심리!!
- **유기적 통합이론(organic integration theory)**: 동기는 **내부동기와 외부동기가 복합적으로 상호작용하는 것**으로, 내부동기가 바람직하지만 이것이 모든 외적보상의 기능을 부정하는 것은 아니라는 것을 강조한다. 유기적 통합이론에서는 내부와 외부 동기들이 명확히 구분되기 보다는 이들이 서로 얽히고 섞혀서 외적 보상

이 내부동기를 증가시키는 경우도 고려한다. 따라서 인간의 동기에 대해서 자기결정이론을 칼처럼 적용하기는 어렵다는 점에 중점을 둔다.

리차드 라이언(Richard Ryan) 1953– & 에드워드 데시(Edward Deci) 1942–

인간 행동의 통제 원천
내적 통제
외적 통제

자기결정이론의 기본가정은 사람들이 자신의 행동을 스스로 결정하고 통제한다고 느낄 때에야 비로소 동기가 부여된다는 것으로, 결국 **인간 행동의 통제 원천**이 내부에 있는지 혹은 외부에 있는지가 중요한 지표가 된다. 인간의 동기는 완전한 **내적 통제**에 의할 때, 즉, 자기가 원해서 할 때 가장 높고, **외적 통제**, 즉 강요에 의해서 했을 때 가장 낮다.

자기결정력

외적, 물적 보상이 내부동기를 감소시키는 이유는 무엇일까? 이는 물적 보상이 자신에게 이로움을 주는 것보다는 오히려 미끼가 되어 자신의 행동을 통제하고 조종하며 스스로의 자유를 제한시키고 있다고 인식되면서 **자기결정력**에 역효과를 주기 때문이다. 이보다는 확실한 목표제시나 칭찬과 같은 언어적 보상이 인간의 내부동기를 증가시킨다고 한다. 물적보상보다는 의사결정 참여와 자율권을 줌으로써 자기결정을 고취시키는 것이 더 효과적이다.

**덕업일치가 왜 어려울까? 인지평가이론(멍석이론?)에 해답이 있다!**

국어사전에도 들어간 "덕업일치!" 미친듯이 좋아서 했던 덕질이 직업이 된 경우를 말한다. 유튜버와 콘텐츠 크리에이터라는 신종직업이 새로운 트렌드가 되면서 덕업일치는 젊은 세대의 새로운 로망이 되었다.

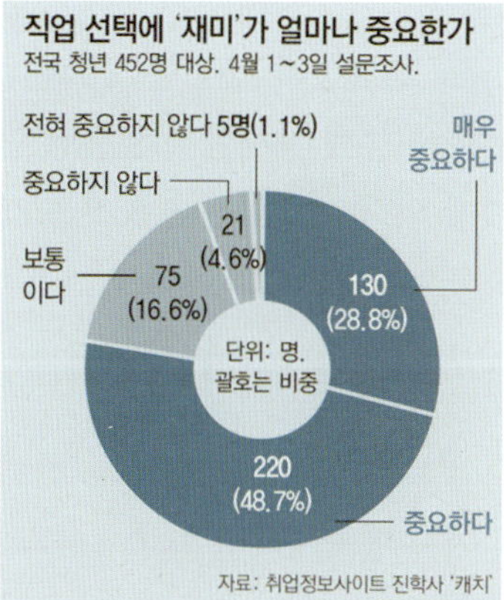


출처: https://www.donga.com/news/article/all/20190423/95176365/1

직업 선택에서 "재미"는 절대다수가 원하는 요인!
'일을 재미로 하냐?'라고 반문하는 기성세대와 달리
신세대에게 재미는 일의 핵심!

밀리터리 덕후들은 무기관련 저술·블로그를 운영하고, 만화 덕후들은 웹툰 작가가 된다. 재미가 밥 먹여주냐? 응!! 재미가 밥 먹여준다! 재미가 돈이 되는 시대!

젊은 세대에서는 재미있고 좋아하는 일을 직업으로 삼고 싶다는 덕업일치에 대한 열망이 크다. 하지만! 이게 말처럼 쉽지는 않다. 왜?

인지평가이론(cognitive evaluation theory)에서 설명한대로 재미있던 일도 보상이 따르고, 혹은 보상을 위해 그 일을 하기 시작하면 내부동기가 폭풍감소하기 때문! 내가 원래 하고 싶어서 나서려고 했는데, 남들이 갑자기 하라고 등떠밀면 하기가 싫어진다. 멍석 깔아주니 하기 싫어지는 청개구리 인간들!!

자기결정력 손상

즐기던 일이라도 일단 그것이 의무가 되는 순간 동기는 급격감소!! 이는 자신이 통제당하고 있다고 느끼는 "자기결정력 손상" 때문이다.

요리로 덕질하면서 맛있는거 먹고, 요리하는게 너무 재미있어 식당을 차렸는데 하루종일 돈 벌려고 하다보니 덕질이 아니라 노동이 되어버린다. 글 쓰는게 너무 좋아 블로거를 했는데 매일 뭔가 올려야 한다는 부담감에 글 쓰기가 지옥처럼 느껴진다. 미치게 좋아하던 덕질이 의무로 변신하면서 스트레스 지수 핵업(up)! 덕업일치가 바람직한 형태인건 사실이지만 자기결정이론과 인지평가이론에 의하면 꼭 그렇지만은 않은 듯하다!

강화이론(reinforcement theory)

내부동기의 중요성을 강조하는 자기결정이론의 대척점에 있는 관점이 동물과 인간 행동 분석에서 큰 영향력을 발휘해온 강화이론(reinforcement theory)이다. 강화이론은 인간의 행동이 전적으로 환경에 의해 결정된다고 주장한다. 여기서 사람의 느낌, 태도, 기대 등 주관적, 정신적, 내적 요소들은 모두 배제된다. 강화이론에서 말하는 보상과 처벌 등의 환경적 요소는 인간의 행동을 설명하는 유일한 요소는 아니지만 상당한 영향을 미치는 것 또한 부인할 수 없는 사실이다.

## 2.2. 목표설정이론

목표설정이론(goal-setting theory)

**목표설정이론(goal-setting theory)**은 에드윈 로크(Edwin Locke) 가 1968년 「Toward a theory of task motivation and incentives」라는 논문을 통해 제시한 이론으로 인간 행위는 본능, 욕구, 조건형성 등이 아닌 **목표와 노력에 의해 이루어진다는 것**을 강조하는 이론이다.

에드윈 로크(Edwin Locke), 1938-

설정된 목표를 효과적으로 관리함에 있어 강조되는 요소는 목표몰입과 내적동기부여이다.

### 로크(Locke) 법칙!!

목표는 미래지향적이고 도전적일 때 가장 효과가 높다. 이는 목표가 정해져야 그 다음의 행동이 집중력 있고, 효과적으로 실행되기 때문이다. 로크는 농구 골대를 예로 들어 설명하였다.

농구골대의 높이 3.05m!
뛰어오르면 닿을 수 있는 높이로
의욕을 불러일으키는 동시에 도전적이다.

골대가 너무 높으면 공이 안 들어가 흥미 자체를 잃을 수 있으며, 너무 낮으면 또 재미가 없다. 농구골대의 높이는 뛰어오르고자 하는 욕망을 이끌어낸다.

즉, 목표를 세워야 하고자하는 욕망과 이를 달성하고자하는 강한 의지가 생기며, 계획을 진행하고 목표를 실현하는 과정을 통해 성취감과 자아실현의 욕구를 만족시킬 수 있다는 것!

출처: https://m.post.naver.com/viewer/postView.nhn?volumeNo=16583727&memberNo=34773263

- 목표몰입(goal commitment)이란 목표를 달성하기 위해 노력하기로 결정하고 그것을 위해 지속적으로 노력을 유지하는 강도와 정도를 말한다.
- 내적동기부여(intrinsic motivation)란 일을 하면서 얻는 성취감, 도전감 등 내적 보상에 의해 형성되는 동기부여를 말한다. 내적 보상은 가치 있는 일을 하고 있다는 스스로의 믿음, 자신이 선택하고 목표한 일을 잘 해내고 있다는 자부심, 그리고 목표의 달성에서 비롯되는 성취감 등 감정 및 태도적인 요소에 기초한다. 이를 바탕으로 스스로 노력하게 되는 것이 바로 내적동기부여이다.

목표몰입(goal commitment)

내적동기부여(intrinsic motivation)

목표설정이론의 기본가정은 목표가 특정적이고 도전적일수록 성과가 높아진다는 것이다. 로크는 구체적이고 도전적인 목표가 설정된 경우가 목표가 쉽거나, 애매하거나 혹은 없는 경우보다 더 높은 수행을 보인다는 연구결과를 발표하였다. 도전적인 목표는 동기의 지속성을 부여함으로써 보다 효율적이고 효과적으로 일을 할 수 있게 하는 원동력이 된다는 것. 이와 더불어, 목표와 성과간 관계를 보면 목표를 혼자만 아는 것이 아니라 공개적으로 공표했을때 목표가 성과로 이어지는 확률이 높아진다. 목표설정이론에 근거하여 오늘날 많은 조직에서 채택하고 있는 목표달성관리(MBO: Management By Objectives)제도는 목표설정을 활용하는 시스템적인 방법으로 명확한 그리고 검증 및 측정이 가능한 목표를 직원들에게 부여하여 업무동기를 증진시키고자 한다. 조직 전체의 목표는 조직 각 부문 수준에서 세부적 목표로 나뉘어진다. 목표달성관리 프로그램의 성패는 목표가 명확한지, 의사결정은 참여적인지, 목표달성기간이 분명한지, 성과에 대한 피드백이 제대로 주어지는지에 달려있다.

목표달성관리(MBO: Management By Objectives)

도전적인 목표

### 목표달성관리(MBO: Management By Objectives)

목표달성관리는 1954년 「The practice of management」라는 저서를 통해 경영학의 아버지라고 불리는 피터 드러커(Peter Drucker)가 소개한 개념으로 조직의 목표와 개인의 목표를 통합하기 위한 경영관리기법이다.

피터 드러커(Peter Drucker), 1909–2005

**목표설정의 'SMART 원칙'**

S: Specific(목표가 구체적이어야 하고)
M: Measurable(측정이 가능해야하고)
A: Achievable or Ambitious(달성 가능하면서도 도전적이어야 하고)
R: Result-oriented or Realistic(결과 지향적이며 현실적이고)
T: Time-bound(시간제약적이어서 기간이 명시되어야 한다)

목표달성관리(MBO)는:

- 조직목표와 개인목표와의 연계를 통한 경영 목표의 효율적 달성
- 참여를 통한 목표 설정과 자율적인 업무수행
- 업무수행 상의 권한과 책임의 명확화
- 자율경영체계의 정착을 통한 직원들의 동기와 성과 향상

결과지향적 평가방법

이라는 네 가지 목적이 있다. 이를 위하여, 각 개인이 설정하는 목표를 기본으로 자기의 성과관리를 철저히 하는 것을 기초로 한다. 목표관리에 의한 평가는 6개월 내지 1년 내에 달성할 특정 목표를 평가자와 피평가자 간 협의에 의해 결정하고, 그 기간이 종료된 후 목표를 양적, 질적으로 평가하는 결과지향적 평가방법이다.

## 2.3. 자기효능감이론

자기효능감이론(self-efficacy theory)

사회학습이론(social learning theory)

자기효능감이론(self-efficacy theory)은 알버트 반두라(Albert Bandura)가 1977년 「Self-efficacy: Towards a unifying theory of behavioral change」라는 논문을 통해 소개한 이론이다. 자기효능감이론은 관찰과 대리학습 등을 강조하기 때문에 사회학습이론(social learning theory)으로도 불리운다.

인간이란 감정, 사고, 행동을 통제할 수 있는
자기반영적 능력을 지니고 있는데,
이 중에서 가장 강력한 자기조절 과정의 하나가
바로 자기효능감(self-efficacy)이다.

알버트 반두라(Albert Bandura), 1925-

자기효능

반두라는 사회학습이론에서 자기효능의 역할을 강조해왔는데, 자기효능감이론의

핵심은 스스로에 대한 믿음이 자신감을 향상시키고, 부정적인 피드백에도 잘 대처할 수 있도록 하여 동기와 성과의 향상이 이루어진다는 것이다.

스스로 자신에게 자질이 있다고 믿는 사람들은 더 잘하기 위해 노력한다. 그러나 자신감이 부족한 사람은 자신의 결점에 대해 더욱 골몰하고 과제 역시 실제보다 더 어렵게 판단한다. 일에 충분히 몰두하지 못하기 때문에 실패의 가능성은 더욱 커질 수 밖에 없다. 자기효능감을 향상시켜주는 요소로 가장 중요하게 꼽히는 요소들로는 경험을 통한 숙달과 대리학습이 있다.

- 경험을 통한 숙달(enactive mastery)은 업무와 관련된 꾸준한 경험을 통해서 숙달수준에 이르는 것을 말하는 것으로 결국 꾸준한 연습만이 완벽함을 만든다(practice makes perfect)는 명제를 말한다.
- 대리학습(vicarious learning)은 다른 사람들이 업무를 하는 모습을 옆에서 보면서 배우는 것으로 자신이 직접 참여하지 않아도 대리인의 모습을 통해 간접 경험을 얻음과 동시에 스스로도 할 수 있다는 믿음이 고무되는 현상인데, 특히나 자신과 같거나 비슷한 업무영역에서 일을 잘 하는 사람을 보고 배우는 것이 가장 효과적이다.

경험을 통한 숙달(enactive mastery)

대리학습(vicarious learning)

### 반두라(Bandura)의 보보인형 실험(Bobo doll experiment)

때는 1961년.

반두라는 3살에서 6살 남·녀 아동 각 36명을 대상으로 실험을 진행하였다. 아동들을 3개 그룹으로 나누어 한 명씩 10분간 실험실에서 장난감을 가지고 놀게 하였다.

- **그룹 1**: 보보 인형에게 공격적인 행동을 하는 성인 모델을 보며 놀이를 하게 함.
- **그룹 2**: 어떤 공격적인 행동도 하지 않는 성인 모델을 보며 놀이를 하게 함.
- **그룹 3**: 성인 모델 없이 아동만 놀이를 하도록 함.

이후 아동들은 보보인형을 포함한 다른 장난감들이 있는 방으로 안내되었다.

아동들의 행동은?

그룹 1, 즉, 공격모델에 속했던 아동들은 다른 그룹에 속한 아동들에 비해 훨씬 공격적 성향을 보였다. 성인이 보여준 행동과 똑같이 보보인형을 넘어뜨리고, 위에서 구르고, 나무 망치로 때리며, 괴성을 지르는 행동까지 그대로 모방하였다. 난폭한 성인의 자기복제(clone)? 애들 앞에서는 냉수도 못마신다!

**1963년 2차 연구:**

반두라는 실험에 로키와 죠니라는 두 명의 인물을 넣었다. 로키는 죠니를 괴롭히고 장난감을 빼앗는 악당, 죠니는 늘 당하기만하는 찐따.

영상의 마지막 부분에서 로키는 죠니의 방에서 빼앗은 장난감들을 모~두 자루에 쓸어담고 콧노래까지 부르면서 룰루랄라 즐겁게 퇴장!

이 영상을 본 어린이들은 다른 아이를 괴롭히는건 물론이고 로키를 따라하기 위해서 장난감을 담는 자루는 어디 있냐고 묻기까지 했다.

**1965년 3차 연구:**

"보상"이라는 측면을 추가하여 세 그룹의 아동들에게 성인 모델이 보보인형에게 공격적인 행동을 한 뒤 상을 받는 조건, 벌을 받는 조건, 그리고 어떠한 결과도 나타나지 않는 조건이 담겨 있는 영상을 보여주었다. 그 결과, 공격적 행동을 보인 후 보상을 받는 것을 본 집단의 아동들에게서 나머지 두 집단에서보다 훨~씬 강한 공격 행동이 관찰되었다. 이를 통해서 행동모방뿐 아니라 그에 따른 결과에 의해서도 학습이 일어남을 확인하게 된다. 즉, 본인이 겪지 않아도 타인이 보상을 받거나 처벌을 받는 것을 관찰함으로써 대리 강화(vicarious reinforcement)에 따른 대리학습(vicarious learning)이 일어난다는 것! 이들 실험은 타인의 행동과 그 결과를 관찰하는 것만으로도 모방학습이 가능하다는 것을 보여주었다.

대리 강화
(vicarious reinforcement)

대리학습(vicarious learning)

이후 한국 EBS에서 보보인형실험을 응용하여 비슷한 실험을 진행하였다.

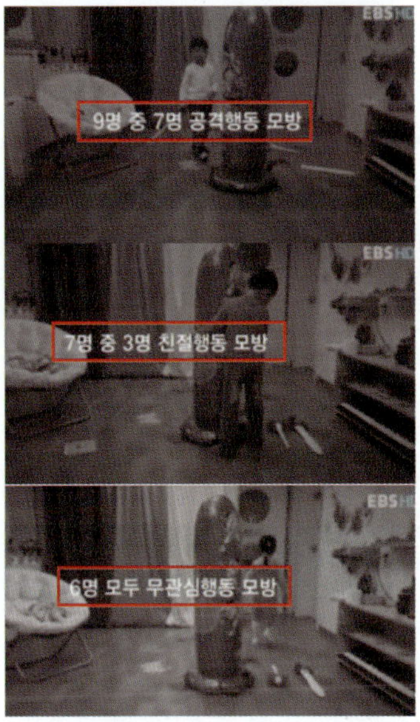


집단 A: 공격행동
집단 B: 친절행동
집단 C: 무관심행동

결과는?

부정적 행동의 영향은 긍정적 행동의 영향보다 강한 것인가?
이래서 윗물이 맑아야 아랫물이 맑다는 말이 나왔나보다.

## 2.4. 공정성이론

공정성이론(equity theory)

공정성이론(equity theory)은 직원들의 노력과 업무만족이 업무환경에 대해서 직원들이 인식하는 공정성(fairness)에 의해서 결정된다고 주장한다. 행동심리학자 존 아담스(John Adams)가 1965년 「Inequity in social exchanges」라는 저서를 통해 소개한 이론으로 사회비교이론(social comparison theory)에 근거한 심리적 과정에 초점을 둔 동기이론이다.

존 아담스(John Adams). 1925–

공정성 이론은 개인의 행동에 있어서
동기를 자극하는 욕구나 요소 등의 중요한 요인들이
절대적인 가치에 의하여 작용하는 것이 아니라
산출과 투입의 상대적 비율,
다른 사람과의 상대적인 관계에서 작용한다는 것을 강조한다.

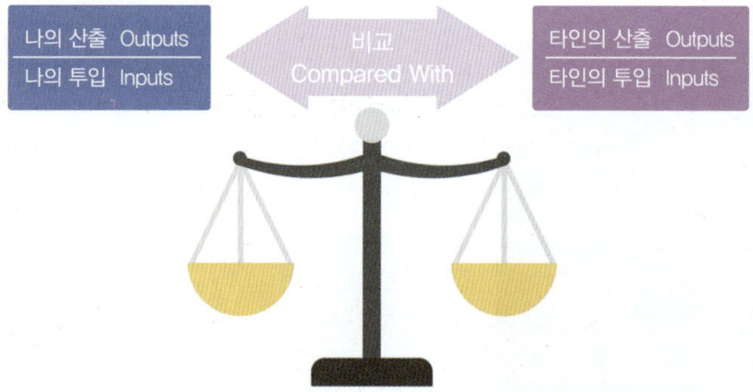


예를 들어, (1) 직원 전체의 평균연봉이 5천만원인데 8천만원을 받게되는 직장과 (2) 직원 전체의 평균연봉이 2억인데 1억을 받게되는 직장. 더구나 다른 직원들과 하는 일에서 별로 차이도 없다면? 절대 액수가 많은 곳? 아니면 상대 액수가 많은 곳?

당신의 선택은?

사람들은 나와 다른 사람을 끊임 없이 비교한다. 즉, 다른 사람에 비해 내가 얼마나 더 좋은 혹은 나쁜 대우를 받고 있다고 느끼는지가 동기요인으로 작용하고, 다른 사람과의 비교에서 나타난 공정성 정도의 판단에 따라 업무만족과 행동이 달라진다.

사람들은 자신의 투입-산출 간 비율을 다른 사람들의 것과 비교하고 그 비율이 같을 때에는 공정하다고 생각하지만, 그 비율이 같지 않을 경우에는 불공정하다고 느낀다. 연봉이 전체적으로 낮은 것은 참아도 내가 상대적으로 덜 받는 것은 못 참는다.

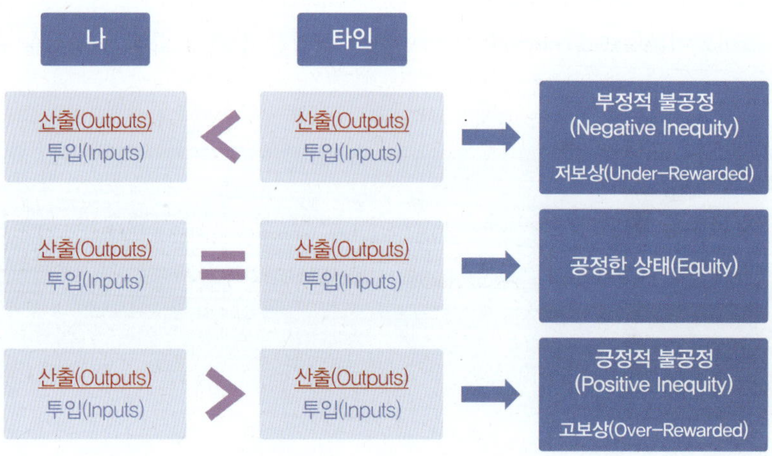


위 그림을 보자.

- 내가 타인에 비해 투입대비 산출이 작다면, 이는 부정적 불공정(negative inequity)으로 당신은 상황이 불공정하다고 생각하고, 저보상(under-rewarded)에 분노를 느낀다.
- 다른 사람과 비교를 했을 때 투입대비 산출이 똑같다면, 이건 공정한 상태(equiry)가 된다. 따라서 이에 따르는 긴장 및 갈등상황은 생기지 않는다.
- 내가 타인에 비해 투입대비 산출이 크다면, 이는 긍정적 불공정(positive inequity)으로 당신은 고보상(over-rewarded) 상태에 놓이게 된다. 이 경우, 대부분의 사람은 죄책감을 느낀다(현실적으로는 물론 기쁨을 느낄 수도 있다).

부정적 불공정(negative inequity)
저보상(under-rewarded)
공정한 상태(equiry)
긍정적 불공정(positive inequity)
고보상(over-rewarded)

### 직장에서 왜 누구는 뚜껑열리고, 누구는 룰루랄라할까?

당신은 오늘 5시간을 일하고 10만원을 받았다. 당신의 투입-산출비율은 2(10/5=2), 시간당 2만원이다. 최저임금 기준으로 보면 절대적 보상수준에서 나쁘지 않다.

- 그런데! 동일한 업무를하는 옆의 동료를 보니 똑같이 5시간을 일했는데 15만원을 받았다. 동료의 투입-산출 비율은 3(15/5=3), 시간당 3만원. 투입 대비 산출에서 당신과 동료 간 1.5배라는 차이가 생긴 것이다. 부정적 불공정 발생!
  : 빡친다!
- 반대로 당신이 15만원을 받고, 동료가 10만원을 받았다면? 긍정적 불공정!
  : 불공정하니 5만원 자진반납? Nope!! Never!! Ever!! 내가 사실 일을 더 잘하긴 하지~~ 자기위주편향! 세상은 어차피 나를 중심으로 돈다!
- 똑같이 10만원 혹은 15만원을 받았다면? 공정한 상태!
  : 아무 생각 없다! Peace~~

공정함은 현재상태를 유지하도록 하지만, 부정적이든 긍정적이든 불공정(inequity)의 발생은 긴장(tension)을 유발하고, 사람들로 하여금 이 상황을 공정하게 만들고자 하는 욕구를 불러일으킨다. 불공정을 감소시키기 위해 취할 수 있는 대표적인 방안은 다음과 같다.

불공정(inequity)
긴장(tension)

- 투입 변화: 노력을 증가시키거나 혹은 감소시킴
- 자신에 대한 인식변화: 난 더 받을만하다 혹은 덜 받을만하다라고 인식변화
- 타인에 대한 인식변화: 타인이 더 받을만하다 혹은 덜 받을만하다라고 인식변화
- 상황이탈: 조직을 떠남

투입 변화
자신에 대한 인식변화
타인에 대한 인식변화
상황이탈

분배의 공정성(distributive justice)

절차 상의 공정성(procedural justice)

예전에는 공정성의 문제에 있어서 **분배의 공정성**(distributive justice), 즉, 누가 무엇을 갖느냐(who got what)가 핵심 이슈였다면 근래에는 누가 무엇을 갖는지를 결정하는 그 과정이 어떠한가(how was who gets what decided)에 대한 **절차 상의 공정성**(procedural justice)으로 그 중심이 옮겨지고 있다.

## 2.5. 기대이론

기대이론(expectancy theory)

빅터 브룸(Victor Vroom)은 1964년 「Work and motivation」이라는 저서를 통해 **기대이론**(expectancy theory)을 소개했다.

결과에 대한 기대감이
동기와 행동 양식을 결정한다!

빅터 브룸(Victor Vroom), 1932–

과정적 동기이론(process theory of motivation)

조직에서 한 개인이 자신의 목표를 달성하는 과정을 생각해보자. 노력을 통해 성과가 생기고, 그 성과에 근거해 조직은 보상을 한다. 그리고 보상은 개인의 목표달성과 욕구충족에 기여를 하게 된다. 여기서 노력－성과, 성과－보상, 보상－개인목표의 모든 고리가 순조롭게 연결이 되어야만 조직구성원들에게 동기부여를 할 수 있게된다. 이러한 심리적 연결과정이 개인의 동기수준을 설명한다는 측면에서 기대이론은 **대표적인 과정적 동기이론**(process theory of motivation)이라고 할 수 있다.

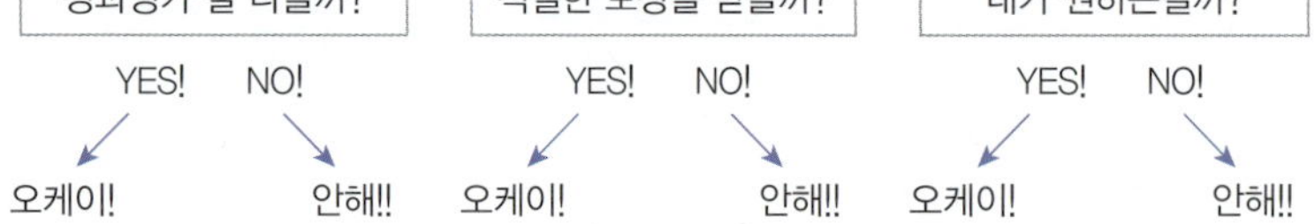

(1) 기대감(expectancy): 노력 - 성과간 관계(effort-performance linkage)로 개인이 노력을 함으로써 성과를 얻을 수 있다고 기대하는 정도를 말한다. '내가 만약 노력을 하면 성과가 그만큼 나올까?'라는 질문에 많은 조직원들이 그렇지 않을 것이다라는 대답을 한다. 왜? 업무성과와 그에 대한 평가에는 업무에 투여하는 본인의 노력뿐 아니라 수많은 다른 요인이 영향을 미칠 것이기 때문에 내가 아무리 노력한다고해도 성과가 그에 비해 잘 나오지 않을 것이라고 생각하기 때문이다. 이렇게 노력 - 성과 간 연결고리가 불분명하거나 아예 끊어지는 상황에 노출될 때 조직구성원들은 동기부여가 되지 않는다.

(2) 수단성(instrumentality): 성과 - 보상간 관계(performance-reward linkage)로 업무성과가 좋으면 조직에서 그에 상응하는 보상을 해줄 것인가에 대한 고려이다. 이 질문에 대해서도 많은 조직원들은 회의적이다. 그 이유는 보상이 성과에만 기초해서 나오는 것이 아니라 근속연수, 상사와의 관계 등 다른 요인에 의해서도, 어쩌면 그 다른 요인들에 의해서 더 많은 영향을 받는 것을 알기 때문이다. 여기에서 성과와 보상 간 연결고리가 다시 끊어진다. 이 역시 조직구성원들의 동기를 저해한다.

(3) 유의성(valence): 보상 - 개인목표간의 관계(reward-goal linkage)로 조직이 보상을 하면 개인의 목표가 달성되는가? 여기서 알아둘 것은 모든 사람들의 목표와 가치가 같지는 않다는 것이다. 어떤 사람은 경제적으로 부유해지는 것이 목표일 수도 있고, 어떤 사람은 조직에서 인정받는 사람이 되는 것이 목표일 수 있으며, 또 어떤 사람에게 일은 단지 생계를 위한 수단이기 때문에 기본 생활만 해결이 되면 가족과 많은 시간을 갖는 것이 목표일 수도 있다. 성과가 좋아서 조직이 보상을 했다.

- 내가 바라는 보상은 인센티브 등의 경제적 보상이었는데 조직에서는 그저 잘했다는 칭찬 몇 마디로 보상을 했다(말로 때웠다! 흥!).
- 내가 바라는 것은 승진이었는데 조직에서 상여금만을 지급했다(내가 뭐 돈독 오른줄 아냐?).
- 내가 바라는 것은 휴가를 받아 가족과 많은 시간을 보내는 것이었는데 조직에서는 월급인상과 더불어 더 중요하고 바쁜 업무를 맡겼다(다음부터는 절~대 잘하지 말아야지!).

이런 상황들에서 보상과 개인목표 간 연결고리가 끊어지게 된다. 이 경우, 보상과

기대감(expectancy)

노력 - 성과간 관계(effort-performance linkage)

수단성(instrumentality)

성과 - 보상간 관계(performance-reward linkage)

유의성(valence)

보상 - 개인목표간의 관계(reward-goal linkage)

개인목표와의 기대치가 어긋나면서 조직구성원들은 일을 하고자 하는 욕구 및 업무동기가 감소된다.

동기부여(M) = 기대감(E) × 수단성(I) × 유의성(V)

기대이론에서 동기부여는 기대감, 수단성, 유의성의 곱이다. 따라서 이 중 어느 한 요인이라도 "0"에 가까워지면 동기부여도 마찬가지로 "0"에 가까워진다.

기대이론을 활용하는 경영자들은

① 개인의 능력에 맞는 적절한 업무를 부여하고, 교육훈련을 통해 업무능력을 향상시킴으로써 노력 - 성과간 관계에 대한 기대감을 높이고,

② 경영진에 대한 신뢰를 구축함으로써 성과 - 보상간 관계에 대한 수단성을 확보함과 동시에,

③ 구성원들의 욕구를 면밀히 파악하여 조직이 제공하고 있는 보상의 실효성을 검증함으로써 보상 - 개인목표 간 관계를 공고히 해야 한다.

## 2.6. 직무특성모델

직무특성모델(job characteristics model)

**직무특성모델(job characteristics model)**은 리차드 해크맨(Richard Hackman)과 그레그 올드햄(Greg Oldham)에 의해 제시된 모형으로 다섯가지의 핵심직무특성이 조직원들의 심리상태에 영향을 줌으로써 조직원 동기부여와 성과에 영향을 주는 일련의 과정을 설명하는 이론이다.

리차드 해크먼(Richard Hackman) & 그레그 올드햄(Greg Oldham)

핵심직무특성(core job dimensions)

**핵심직무특성(core job dimensions)**에는 다섯가지 요소가 있다.

- **기술다양성(skill variety)**: 업무에 있어 다양한 활동을 요구하는 정도.
- **직무정체성(task identity)**: 전체단위의 완성도에 기여하는정도.
- **직무유의성(task significance)**: 타인의 생활에 실질적 영향을 미치는 정도.
- **자율성(autonomy)**: 업무수행에 필요한 일정, 방법, 절차를 결정하고 선택하는 데에 있어서 구성원들에게 부여된 자유 · 재량권의 정도.
- **피드백(feedback)**: 업무수행결과에 대해 직접적이고 명확한 정보를 얻을 수 있는 정도.

기술다양성(skill variety)
직무정체성(task identity)
직무유의성(task significance)
자율성(autonomy)
피드백(feedback)

위 다섯가지의 핵심직무특성이 조직구성원들의 다음과 같은 심리상태를 형성함으로써 업무동기, 태도 및 성과에 영향을 미친다.

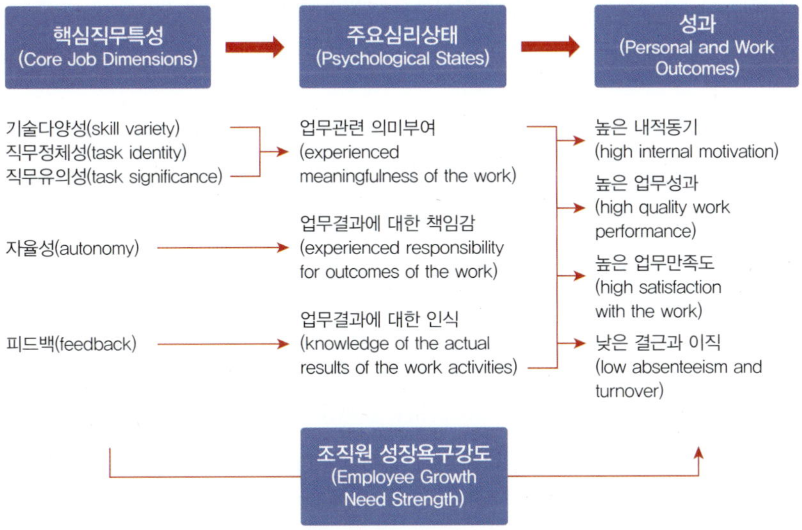


- **업무관련 의미부여(experienced meaningfulness of the work)**: 업무를 수행함에 있어 그 일이 의미있고 가치있다고 믿는 정도
- **업무결과에 대한 책임감(experienced responsibility for outcomes of the work)**: 수행한 업무결과에 대한 책임감
- **업무결과에 대한 인식(knowledge of the actual results of the work activities)**: 자신이 수행한 업무의 결과 및 성과에 대한 인식

업무관련 의미부여(experienced meaningfulness of the work)
업무결과에 대한 책임감(experienced responsibility for outcomes of the work)
업무결과에 대한 인식(knowledge of the actual results of the work activities)

조직원들의 **성장욕구강도(growth need strength)**는 자아성장과 실현에 대한 열망의 정도를 말하는데 핵심직무특성이 중요한 심리상태에 영향을 미치는 것은 사실이지만

성장욕구강도(growth need strength)

개인의 성장욕구가 약하다면 그 영향이 약해진다. 성장욕구가 약한 사람들은 핵심직무특성에 따른 업무를 부담스러워하고 원하지 않을 수 있기 때문이다.

**동기유발 잠재력점수(MPS: Motivating Potential Score):**

$$MPS = \frac{\text{기술다양성} + \text{직무정체성} + \text{직무유의성}}{3} \times \text{자율성} \times \text{피드백}$$

MPS가 높은 업무는 기술다양성, 직무정체성, 직무유의성, 자율성, 피드백이 모두 높은 업무로 MPS에서 높은 점수를 받는 경우, 동기부여, 성과, 만족도가 향상되고, 결근과 이직율이 낮아질 것으로 예측할 수 있다. 직무특성이론 초기에 위와 같은 곱셈방식의 MPS공식이 제안되었지만 최근에는 다섯 가지 직무특성 측면을 단순평균하는 방법이 보다 바람직한 것으로 인정되고 있다.

$$MPS = \frac{\text{기술다양성} + \text{직무정체성} + \text{직무유의성} + \text{자율성} + \text{피드백}}{5}$$

직무특성모델은 구체적인 업무설계의 방향을 제시함과 동시에 업무특성이 동기부여에 미치는 주요한 역할을 설명했다는 측면에서 경영학에 큰 기여를 했다. 그러나 개인의 심리상태라는 것이 핵심직무특성 이외의 수많은 다른 요인에 의해서도 영향을 받는다는 점을 간과해서는 안 될 것이다.

지금까지 조직에서 조직구성원들의 업무에 대한 태도, 생산성, 이직, 업무 성과 등을 설명해 줄 수 있는 여러가지 동기이론을 살펴보았다. 조직구성원들의 동기를 진작시켜 업무에서의 효율성과 효과성을 달성하고, 조직 전체의 경쟁력을 키우는 것이야말로 경영자가 직면하고 해결해야할 가장 중요한 과제 중의 하나이다.

**그룹토론문제**

(1) 직무특성모델을 기준으로 전문직과 비전문서비스직 근로자들의 차이를 논의해보자.

(2) 전문직과 비전문서비스직 근로자들의 동기를 진작시킬 수 있는 방법에는 어떤 것들이 있을지 논의해보자.

(3) 고전이론부터 현대이론까지 인간의 동기를 설명하는 수많은 이론들 중 직원들의 동기부여에 가장 합당하다고 생각되는 이론은 무엇인가? 당신이 관리자라면 어떤 동기이론에 근거해서 직원들을 독려하고 업무에 매진하도록 할 것인가? 그 이유에 대해서 논의해보자.

(4) 직업이나 직군의 특성에 따라서 동기이론들의 적용가능성이 달라질 수도 있다. 예를 들어, 생산직, 판매직, 사무직, 혹은 전문직에 종사하는 사람들의 동기부여를 위해 어떤 이론들이 적절할지 생각해보자.

## 핵심용어

- 매슬로우의 욕구이론(Maslow's needs theory)
- 허츠버그의 2요인이론(Herzberg's two-factor theory)
  - 동기 요인(motivators) vs. 위생요인(hygiene factors)
- 맥그리거의 XY이론(McGregor's theory X and theory Y)
- 맥클레란드의 욕구이론(McClelland's theory of needs)
  - 성취욕구(need for achievement)
  - 친애욕구(need for affiliation)
  - 권력욕구(need for power)
- 자기결정이론(self-determination theory)
- 목표설정이론(goal-setting theory)
- 자기효능감이론(self-efficacy theory)
- 공정성이론(equity theory)
- 브룸의 기대이론(Vroom's expectancy theory)
- 직무특성모델(job characteristics model)
- 핵심직무특성(core job dimensions)
  - 기술다양성(skill variety)
  - 직무정체성(task identity)
  - 직무유의성(task significance)
  - 자율성(autonomy)
  - 피드백(feedback)

## 연습문제

01 매슬로우의 욕구이론을 구성하는 요소와 핵심내용은?

02 허츠버그의 2요인이론을 간략히 설명하라.

03 맥그리거의 XY이론에 대해서 간략히 논하라.

04 맥클레란드의 욕구이론에서 제시된 인간의 세 가지 욕구 유형은 무엇인가?

05 자기결정이론의 핵심 내용은?

06 목표설정의 'SMART 원칙' 다섯 가지는 무엇인가?

07 자기효능감이론의 핵심 내용은 무엇인가?

08 공정성 이론을 설명하라.

09 빅터 브룸이 주장한 기대이론의 핵심 내용은?

10 직무특성모델에 대해서 간략히 논하라.

03 PART

# 집단수준에서의 조직행동

CHAPTER 08

# 업무집단과 팀

1. 집단의 개념

2. 집단의 영향력

3. 집단의 유형

4. 집단 응집성

5. 집단의사결정

6. 집단의 창의적 문제해결

### 학습목표

- 업무집단과 팀의 개념, 그리고 그 차이점에 대해서 명확하게 설명할 수 있어야 한다.
- 집단이 구성원들에게 부여하는 의미와 영향에 대해서 설명할 수 있어야 한다.
- 집단의 유형에는 어떤 것들이 있는지 설명할 수 있어야 한다.
- 집단의사결정에서 나타나는 다양한 현상들에 대해서 설명할 수 있어야 한다.
- 집단의사결정의 장점과 단점에 대해서 설명할 수 있어야 한다.

## 1. 집단의 개념

집단(group)
업무집단(work group)

**집단**(group)은 두 명 또는 그 이상의 개인들이 특정 목표를 달성하기 위하여 모인 사회 단위를 일컫는다. **경영학에서의 "집단"**은 일반적으로 **"업무집단(work group)"**을 의미한다. 업무집단은 두 명 이상의 사람들이 스스로를 집단이라 칭하며 이를 제 3자에게 인정받고, 공동의 업무가 상호 의존적인 형태를 가지고 있으며, 개인보다 높은 수준의 사회적 단위를 구성하여 만들어진다.

업무팀(work team)

실생활에서 우리는 업무집단(work group)과 **업무팀(work team)**을 혼용해서 쓰고 있다. 집단은 팀보다 상위 차원에 있는 보다 일반적인 개념으로 **팀은 집단의 한 형태**이다. 어떠한 팀이든 집단의 한 종류로 정의되지만, 집단은 상황에 따라 팀일 수도 혹은 팀이 아닐 수도 있다. 이게 무슨소리냐~?

팀이란?

시너지(synergy)

- 개별 구성원들의 업무목표와는 확연히 구별되는 팀 수준의 목표를 가지며,
- 높은 몰입도를 가지고,
- 서로 협력하여 달성한 팀 전체의 성과가 "개별 구성원들의 성과를 단순하게 합산한 것보다 큰 **시너지(synergy)**"가 존재하는

업무집단을 말한다.

| | 형태 | 목적 | 시너지 | 책임 | 기술 |
|---|---|---|---|---|---|
| 집단 (groups) | | 정보공유 | 중립적 (거의 부정적) | 개인책임 | 동일, 혹은 서로 다름 |
| 팀 (teams) | | 팀성과 | 긍정적 | 개인 및 상호책임 | 상호보완적 |

출처: Robbins & Judge, 2016

따라서 팀은 "상호 보완적인 능력을 가진 사람들이 집단수준의 전체적 목적, 구성원들 간의 상호 의존적인 업무목표, 그리고 공통의 사회적 규범을 받아들여 집합적으로 업무를 수행하는 상태"라고 정의된다.

## 2. 집단의 영향력

조직은 업무집단 혹은 업무팀으로 구성되고 디자인, 생산, 마케팅, 재무, 경영지원 등 대부분의 기능들이 팀 단위로 이루진다. 물론 팀은 리더와 팀원이라는 개별 구성원으로 구성된 단위이기 때문에 구성원 개인의 태도, 인지과정, 정서, 성격, 가치관, 동기 등을 이해하면 조직행동과 성과에 대한 설명이 가능하다. 그러나, 조직에서는 개별구성원 혼자가 아닌 팀 단위로 일을 하기 때문에 개인특성과 심리적 과정에 대한 일차원적 고려만으로는 팀 전체의 행동과 성과를 충분히 설명할 수 없다.

개인은 집단의 구성원이 되는 순간 그 행동방식이 크게 변하며, 때로는 개인특성에서 기대되는 행동과 완전히 반대되는 행동을 보이기도 한다. 집단이라는 상황과 맥락의 효과를 함께 고려해야만 집단에 속한 개인과 집단전체의 행동을 이해할 수 있다. 이는 개인행동과 집단행동이 전혀 다른 요소들과 힘(forces)에 의해 결정되기 때문이다.

### 2.1. 사회정체성

집단을 이해함에 있어서 가장 중요한 개념은 **사회정체성(social identity)**이다. 사회정체성이란 사회적 **집단에 소속되어 있다는 지각에 기반하여 생성되는 자기개념**이다. 사람들이 자신이 속한 집단의 성공이나 실패에 강하게 감정몰입을 하는 것은 집단성과를 곧 자신의 성과로 인식하기 때문이다. 따라서 자신이 속한 집단의 성과가 좋으면 그것에 자부심을 느끼고, 성과가 안 좋으면 화를 내게 되는 것이다. **사회정체성이론(social identity theory)**은 헨리 타즈펠(Henri Tajfel)과 그의 제자였던 존 터너(John Turner)가 집단행동을 설명하기 위해 개발하였다.

사회정체성(social identity)

사회정체성이론(social identity theory)

사람들은 자신이 속한 집단의 성과를 자신의 성과로 생각한다.

내가 속한 집단이 바로 "나"이기 때문이다.

헨리 타즈펠(Henri Tajfel) & 존 터너(John Turner), 1947–2011

사회정체성이론의 핵심 개념은 다음 세 가지이다.

범주화(categorization)
동일시(identification)
비교(comparison)

- **범주화(categorization)**: 자신이 속한 집단과 아닌 집단을 나눈다.
- **동일시(identification)**: 자신이 속한 집단과 자신을 동일시한다.
- **비교(comparison)**: 자신이 속한 집단인 내집단(in-group)에 호의적인 편향을 가지고 자신이 속하지 않은 외집단(out-group)과 비교한다.

### 사회정체성! Who am I?

사람들은 아주 어린 시절부터 나와 다른 사람들을 구분한다. 즉, 내가 속한 내 친구집단과 내가 속하지 않은 집단을 나누기 시작하면서 "우리"라는 개념을 쓰기 시작한다.

우리 집, 우리 학교, 우리 회사, 우리나라 vs. 걔네 집, 걔네 학교, 걔네 회사, 딴 나라.

어릴 적 유치한 집 자랑부터 시작해서, 농구만 했다하면 난 "K대인" "Y대인"이 되어 파랗고 빨간 티셔츠를 들쳐입고 내 학교 이겨라 소리소리를 지른다.

올림픽, 월드컵, 세계선수권대회

뭐 이런 것들만 했다하면

난 세상에 다시 없는 열혈 한국인!

애국자가 된다!

집단 대 집단의 이기고 지고의 승부는 내가 과연 누구인가에 대한 나의 "정체성"에 마구마구 불을 지른다!

뭣도 모르는 어린시절부터 사람들은 자신이 속한 "우리"의 그 무엇과 내가 아닌 쟤가 속한 "쟤네"의 그 무엇을 나누고, 자신과 자신이 속한 집단을 동일시하고, 타 집단과 끊임없이 비교한다. 이 사회적 동일시 현상은 사람들이 자신이 속한 집단규범에 동조하고, 희생하기도 하며, 타집단에 강한 편견을 가지고 반응하게 한다.

정체성

특정 집단에 속하게 되면 사람들은 정체정의 전환(identity shift)을 경험하게 된다. 이러한 현상은 개별 구성원이 스스로를 집단에 동일시(identify)하고, 결과적으로 집단에 대해 강력한 의미를 부여하면서 발생한다. 사람들은 집단에 속하게 된 이후 개인의 정체성과 별개로 존재하는 집단차원의 정체성을 내재화하게 되고, 이러한 집단정체성을 바탕으로 집단구성원들은 동료의식은 물론 동질감을 내재화하게 된다. 우리가 일반적으로 말하는 개인정체성은 외부 세계로부터 자기 자신을 구분 짓고 정의(self-categorization)하는데, 종종 집단에 크게 몰입한 구성원들은 개인정체성을 집단정체성(collective identity)으로 대체하기도 한다.

정체정의 전환(identity shift)

집단정체성(collective identity)

## 2.2. 사회적 동조

사람들은 세상을 해석하고 이에 부합하는 행동을 취하는 과정에서 주변 상황의 영향을 받는다. 따라서 사람들의 감정, 생각, 그리고 행동들은 타인과의 상호작용을 통해 생성되는 사회적 결과물로 볼 수 있다. 특히나 집단은 집단정체성을 기반으로 구성원 간 친밀한 인간관계가 강조되는 사회적 환경으로 구성원들 사이의 소통을 강조하고, 구성원들이 동일한 가치 및 상징체계를 갖추어 유사한 세계관 및 지식체계를 갖추도록 유도한다. 집단의 이러한 특성은 집단 구성원들이 세상을 유사한 방식으로 해석하고 반응하도록 만드는 강력한 힘을 발휘한다. 사회적 동조가 발생하게 되는 것이다.

사회적 결과물

### 사회적 동조(social conformity) 현상

1955년, 사회심리학자 솔로몬 애쉬(Solomon Asch)는 사람들이 집단 내에서 과연 스스로 독자적인 판단을 할 수 있을지 궁금했고, 이에 개인의 판단과 행동이 집단에서 어떻게 달라질 것인지에 대한 실험을 하였다.

솔로몬 애쉬(Solomon Asch), 1907–1996

실험 참가자들에게 주어진 과제는 매우 단순한 것이었다. 아래의 그림 A, B, C 세 개 중 X와 동일한 길이의 선은 무엇인지 대답하는 것. 레알? 이렇게 쉬운?

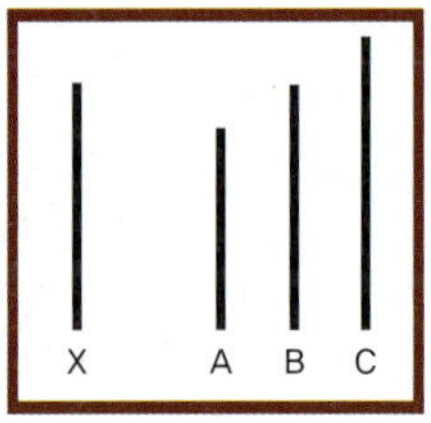


출처: google 이미지

단순한 시각검사(vision test)라고 진행했을 때 실험 참가자들은 100% B라고 대답!

당연하지! 틀릴 수가 없는데…

그러나…

다른 사람들과 함께 실험에 참여하며 앞 사람들이 A 혹은 C라고 대답을 한 경우, 정답이 B인 것을 분명히 알면서도 75%의 실험 참가자들이 오답에 동조하는 성향을 보였다.

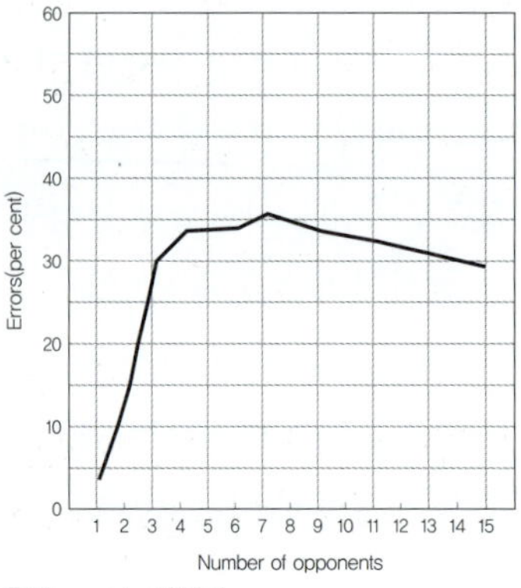


출처: google 이미지

그래프를 보면 오답을 제시하는 사람이 1명에서 3명까지 증가할때 가장 많은 동조행동의 증가를 보인다. 오히려 7명 이상이 연속으로 오답을 말하는 경우 동조현상이 소폭이나마 감소하는 패턴을 보였다(이거 뭐야? 몰래 카메라?).

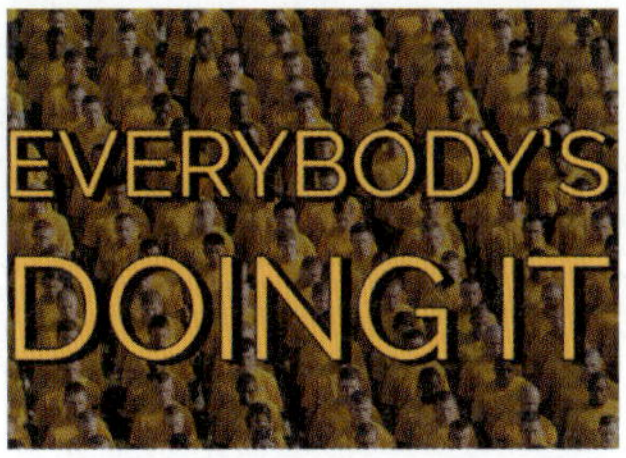


"인간은 물리적인 지각과정마저도
사회적인 압력과 상황의 영향력으로부터 자유롭지 않다는 슬픈 현실!!"

### 삼인성호[三人成虎]: 세 사람이면 없는 호랑이도 만든다!

-《한비자》 내저설(內儲說)-

때는 중국 전국시대[기원전 403~221]

위(魏)나라 대신 방공이 조(趙)나라에 인질로 가는 태자를 수행하게 되었다. 떠나면서 방공은 왕에게 물었다.

**방공**: "한 사람이 달려와 '시장에 호랑이가 나타났다'고 외치면 믿으시겠습니까?"

**왕**: "당연히 안 믿지."

**방공**: "그렇다면 두 사람이 '시장에 호랑이가 나타났다'고 외치면 믿으시겠습니까?"

**왕**: "그래도 안 믿지."

**방공**: "다시 세 사람이 와서 이구동성으로 '시장에 호랑이가 나타났다'고 외치는데 그래도 믿지 않으시겠습니까?"

**왕**: "그렇다면 믿을 수 밖에 없겠지."

**방공**: "시장에 호랑이가 나타날 리가 없음은 세상 사람이 다 아는 사실이지만, 세 사람이 한 목소리로 호랑이가 나타났다고 하면 호랑이는 나타난 것이지요. 제가 조정을 비운 사이 저에 대해 이런 저런 말을 할 사람은 셋 정도에 머물지 않을 것입니다. 모쪼록 왕께서는 잘 판단하시기 바랍니다."

왕은 고개를 끄덕이며 걱정 말라는 답변을 하였지만, 한참이 지난 후 방공이 귀국하자 왕은 측근들의 말에 현혹되어 방공을 만나 보려고도 하지 않았고, 결국 방공은 조정에 복귀하지 못했다. 간신 세 명이면 충신도 역적이 될 수 있다.

애쉬의 유명한 선분 실험(line experiment)에서 발견된 내용을 동양에서는 기원 전부터 이미 파악했던 듯하다. 동양고전의 막강한 통찰력!

출처: https://terms.naver.com/entry.nhn?docId=1669573&cid=50801&categoryId=50804

## 2.3. 사회적 기대와 역할행동

자기확인(self-verification)
자기향상(self-enhancement)
자기제시행동(self-presentation behavior)

집단은 집단 구성원들의 동기에 영향을 미치면서 행동을 통제하기도 한다. 집단에 소속된 사람들은 다양한 집단 구성원들 사이에서 일종의 **자기확인(self-verification)** 및 **자기향상(self-enhancement)에 대한 욕구**가 생기면서 **자기제시행동(self-presentation behavior)**을 보인다. 한 재미있는 실험에 의하면 매력적인 남성들의 옆에 있을 때, 즉 혼자가 아닌 집단에 노출될 때, 여성 실험 참여자들이 음식을 적게 먹는 등 보다 여성성을 어필하는 행동을 보인다고 한다. 구직을 위한 면접장에서 지원자들은 면접관에게 좋은 인상을 주고, 다른 지원자보다 더 잘 보이기 위해 평소와 다른 어투, 억양, 행동을 보인다. 이런 점에서 동일한 개인이라도 어떤 사회적 상황에 처하느냐에 따라 매우 다른 방식으로 행동을 한다는 주장이 설득력을 얻는다. 이처럼 집단 환경, 집단 특징은 개인의 동기에 큰 영향을 미치고, 때로는 개인으로서는 절대 하지 않을 행동을 하게 만들기도 한다. 때로 사회적 기대에 의해 부여된 집단 구성원으로서의 역할은 개인의 신념과 윤리의식조차 파괴하는 막강한 힘을 가진다.

## 스탠포드 감옥실험(SPE: Stanford Prison Experiment): 악의 평범성

루시퍼 효과(Lucifer effect): 인간은 어떻게 괴물이 되는가?

출처: google 이미지

때는 1971년.

필립 짐바르도(Philip Zimbardo)는 자신이 교수로 재직하던 스탠포드 대학교에서 실험을 한다. 육체적·정신적 장애가 없고, 범죄 및 약물남용 이력이 없으며, 미국, 캐나다 중산층 가정출신의 24명의 학생을 선발하여 무작위로 교도관과 수감자 역할을 시키고 심리학과 건물 지하실에 위치한 가짜 감옥에서 지내게 했다. 그들은 2주간 감옥에서 생활하게 될 것이라는 것과 그 대가로 하루에 15달러를 지불받을 것이라고 안내받았다.

1일차 역할분담: 실험 참가자들 중 교도관역을 맡은 학생은 무기(나무 곤봉)와 교도관 유니폼, 눈을 마주칠 수 없도록 선글라스를 지급받았고, 수감자들에게는 끊임없이 불편하도록 크기가 맞지 않는 겉옷을 입히고, 머리에는 스타킹을 씌웠다. 교도관들은 수감자들을 이름 대신 죄수복에 새겨진 번호로 불렀다.

- <u>교도관 역을 맡은 참여자들에 대한 지시:</u>

"교도관으로서 당신은 어느 정도 공포감을 조성할 수 있으며, 독단적으로 행동할 수 있습니다. 우리는 수감자들의 개성을 다양한 방법으로 없앱니다. 우리는 모든 통제권을 가지고 있으며 그들은 어떠한 힘도 가지고 있지 않습니다."

- <u>수감자 역할을 맡은 참가자들:</u>

경찰의 협조를 빌려 수감자 역할을 하기로 한 참가자들의 집에 찾아가 실제로 경찰에 의해 체포되는 과정을 겪게 했고, 감옥으로 이송되어 실제 죄수들에게 하는 것처럼 알몸 검사, 분말 소독을 하고, 발목엔 쇠사슬을 채웠다.

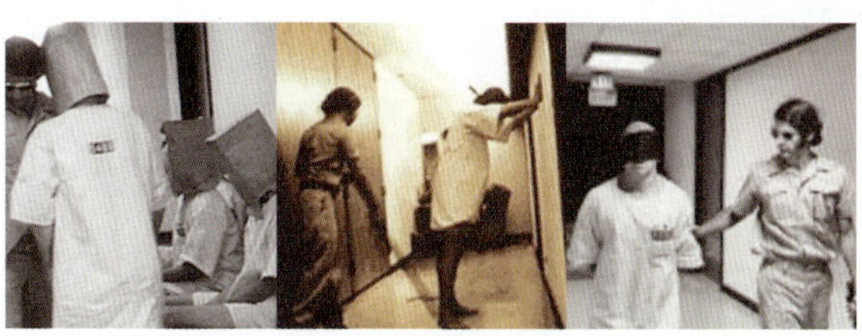

임의로 분류되었는데도 불구하고 하루도 안돼서 수감자 역할과 교도관 역할을 맡은 학생들 사이에서 말투나 감정의 변화가 나타나기 시작했다. 교도관 역할을 맡은 학생들은 폭력적으로 변하였으며, 수감자 역할

을 맡은 학생들은 수동적이고 무기력해졌다.

2일차 폭동: 새벽 2시 30분. 교도관 역의 학생들은 죄수 역의 학생들을 깨워 자신의 번호를 말하게 했다. 이러한 행위가 자신들의 권위를 세우고, 죄수들을 더 통제하기 좋은 상태로 둘 수 있을거라고 믿었다. 그러나 이 일을 계기로 심각한 갈등이 생겼고, 다음날 아침 폭동이 일어났다. 수감자 역할의 학생들은 모자를 집어던지고 죄수복의 번호표를 떼려고 했으며, 침대로 바리케이트를 쳤다. 교도관들은 소화기로 수감자들을 진압하고, 모든 죄수 역의 학생들을 뒤돌아 있게 한 채 한 명의 피험자에게는 팔굽혀펴기를 시켰다.

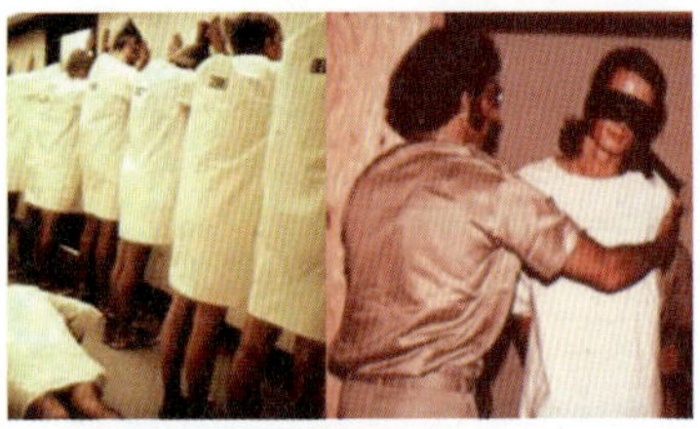

실제 독일의 아우슈비츠
강제 수용소에서 행해졌던 체벌을
가르쳐주지 않아도 알아서 하는 센스(?)!

이 와중에 수감자 #8612가 정신착란을 일으키며 통제불가능 상태가 되었고, 연구원들은 그를 풀어줘야만 했다. 실험에서 빠진 #8612번이 친구들을 데려와서 남은 수감자 역할을 맡은 학생들을 풀어준다는 소문이 돌자 교도관 역할을 맡은 학생들은 감옥을 철거하고 수감자들을 안전한 다른 장소로 옮겼다. 어떠한 시도도 일어나지 않고, 헛소문이었음을 깨달았을 때, 교도관 역할의 학생들은 힘들게 엄한 짓을 했다는 것에 대해 화가 치밀었고, 죄수번호를 반복해서 외치게 하거나, 매트리스를 빼앗아 콘크리트 위에서 재우거나, 알몸으로 돌아다니도록 하거나, 수감자들이 변기통을 비울 수 없게 하는 등 각종 방법을 동원하여 수감자 역할의 학생들을 괴롭혔다.

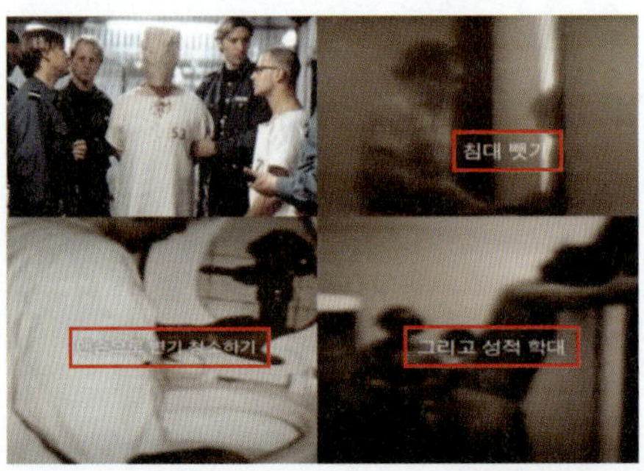


짐바르도 교수 역시 이 실험에 점점 몰두하며 당초 실험 목적을 망각하고 진짜 교도소장이 되어가고 있었다. 동료 교수가 찾아와 이 실험에서 무엇을 알고자 하는 것이냐고 묻자 "지금 나는 교도소 질서를 유지하며 언제 있을지 모를 습격에 대비하느라 정신이 없는데, 그렇게 한가한 학술적인 질문을 받아야 하느냐?"라며 투덜댔다.

3일차 가족면회: 교수와 교도관 역할의 학생들은 가족들에게 실험에 대해 좋은 말만 하도록 암묵적인 요구를 하였다. 수감자 역할의 학생들은 이미 적극적인 저항을 포기하고, 스스로를 진짜 수감자로 여기고 있었다.

4일차 가석방 신청: 수감자 역할의 학생들은 카톨릭 신부와의 면담에서 2명을 제외한 9명이 자신의 이름이 아닌 수감자 번호로 자신을 소개했고, 교도소에서 벗어나기 위해 변호사가 필요하다고 간청했다. 자신들이 원하면 언제든지 실험을 그만두고 나갈 수 있다는 것을 알고 있음에도 단 3일만에 완전히 진짜 수감자의 심리 상태가 되어 있었다.

5일차 실험 조기종료: 교도관 역할의 학생들이 죄수 역할의 학생들을 교묘한 방법으로 고문하고 성적 학대를 하는 것이 관찰되었고, 수감자 역할의 학생들은 이미 우울증과 신경쇠약으로 무력감과 좌절감에 사로잡힌 상태였다. 피험자의 부모들과 동료 교수들이 실험을 그만 둘 것을 요구. 결국 실험을 조기에 중단하기로 결정.

14일로 예정되었던 스탠포드 감옥 실험은 6일 만에 조기종결되었다. 이 실험의 결과는 사람들이 합법적인 이데올로기, 사회적, 제도적 지지를 받고 있을 때 비인간적인 요구에도 복종하게 됨을 적나라하게 보여준다. 평범한 사람도 권력에 복종하여 사악해질 수 있다는 메시지. 그러나 실험절차의 비윤리성으로 엄청난 비난을 받았다.

출처: https://m.blog.naver.com/PostView.nhn?blogId=kops_blog&logNo=220501831723&proxyReferer=https:%2F%2Fwww.google.com%2F

## 2.4. 권위에 대한 복종

**사회학습이론**(social learning theory)에 따르면 사람들은 자기가 속한 집단의 다른 구성원들의 행동을 관찰하고, 그 행동에 의거하여 그 집단에서 바람직한 행동방식, 기준을 익히게 된다. 집단에 속한 개인들은 **사회화 과정**을 통해 집단 구성원으로서의 **정체성을 확립**하고 이에 근거하여 행동을 결정한다. 복종, 동조, 혹은 군중 행동에 대한 사회심리학의 수많은 실증연구들은 사람들이 스스로의 가치체계에 반하는 행동을 하게 만드는 강한 **외부상황의 힘**(power of situation)에 얼마나 취약한지를 보여준다. 따라서, 집단상황에서 사람들의 행동을 판단할 때에는 그들에게 부과된 사회적 영향력에 대해 충분히 고려하고 이를 기초로 행동을 판단하고 평가할 필요가 있다.

사회학습이론(social learning theory)

사회화 과정

외부상황의 힘(power of situation)

## 밀그램(Milgram)의 권위에 대한 복종실험

스탠리 밀그램(Stanley Milgram), 1933–1984

아돌프 아이히만(Adolf Eichmann)

"상부에서 내려온 명령이었기 때문에 나로서는 어쩔 수 없는 선택이었다."

때는 1963년. 하버드대 심리학과 교수였던 스탠리 밀그램(Stanley Milgram)은 어느 날 우연히 2차 세계대전에서 600만명의 유태인들을 학살한 독일군 중령 아돌프 아이히만(Adolf Eichmann)이 재판에서 했던 진술을 보게 된다. 나치가 되기 전 평범한 가장이었던 그가 어떻게 그런 잔인한 학살자가 될 수 있었을까 밀그램은 궁금해졌다. 이에 명령이라는 권위가 인간에게 어떤 영향을 미치는지에 대해 연구하기로 한다.

**실험:**

학생 역할을 담당한 참여자는 일련의 단어들을 학습한 후 시험에 임하게 되고, 만약 학생이 오답을 낼 경우 선생의 역할을 담당한 참여자는 서서히 단계를 높여가며 학생에게 전기충격을 가하는 버튼을 누르게 된다.

실제로 연구에 참여한 실험대상자들 모두에게 선생님의 역할이 주어졌고, 학생 역할은 밀그램이 고용한 전문배우가 실제적인 충격이 없음에도 전기충격을 받는 척하며 고통스러워하는 연기를 하였다. 선생님 역할을 담당한 참여자들이 전기충격 버튼을 누르기를 주저할 때마다 연구책임자는 모든 책임은 연구자측이 질거라며 전기충격을 가하기를 종용했다.

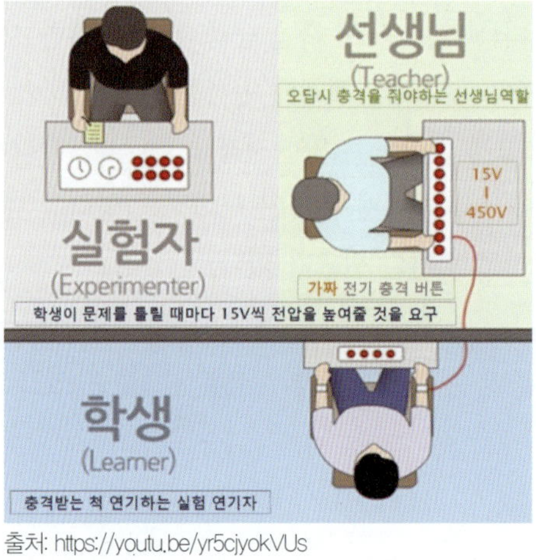


출처: https://youtu.be/yr5cjyokVUs

놀랍게도 40명 중 26명의 실험자들이 450볼트까지, 실제로 사람을 죽일 수 있는 정도의 강한 전기충격 버튼을 학생 역할을 맡은 사람에게 가했다. 실험이 끝난 후, 참여자들에게 450볼트의 위협적인 버튼을 누른 이유에 대해 물었고, 실험자들은 한결같이 대답했다.

"옆에 있던 연구자가 시키는대로 했을뿐이예요. 전 책임이 없어요!!"

어느 누구도 죄의식이나 책임감을 말하지 않았다.

### 밀그램(Milgram) 실험으로는 부족하다!

찰스 셰리던(Charles Sheridan)과 리처드 킹(Richard King)의 강아지 전기충격 실험!

1972년 찰스 셰리던(Charles Sheridan)과 리처드 킹(Richard King)은 밀그램 실험에서 사람들이 그처럼 쉽사리 복종한 이유를 놓고 고민하다가 "전기충격에 고통스러워하는 것이 가짜라고 눈치채서가 아니었을까?"라는 의심을 품었다. 이 의문을 해결하려면 누군가 "진짜 전기충격"을 받아야하는데 문제는 450볼트의 충격을 받겠다는 사람이 없는 것! 그들은 작은 강아지에게로 시선을 돌렸다.

**실험:**

전구 두 개를 강아지 앞에 놓고, 불빛이 들어오는 쪽으로 강아지가 이동하지 않으면 참가자가 전기충격을 가하는 것이었다. 연구책임자의 지시에 따라 점차 충격의 강도를 높여 가는 것은 밀그램실험과 동일했다.

약한 자극을 받은 강아지는
'캥!'하고 비명을 질렀다.
자극이 강해지면서 강아지는 펄쩍 뛰어올랐고,
나중에는 고통에 못이겨 길게 울부짖었다.

참가자로 지원한 대학생들의 대다수가 그 장면에 공포에 질렸으며, 초조하게 왔다갔다 했고, 가쁜 숨을 몰아쉬었다. 일부는 강아지가 이동해야 할 방향을 미친 듯이 손짓하며 가리켜 주기도 했다. 그러나! 13명의 남성, 13명의 여성 피험자들 중 6명의 남성들을 제외하고 그 누구도 거부하지 않고 최고 강도의 전기충격을 강아지에게 가했다.

출처: https://namu.wiki/w/%EC%8B%A4%ED%97%98

집단은 구성원들이 생각하는 방식에도 영향을 미친다. 집단의사결정은 애초 개별 구성원들이 가지고 있던 태도에 비해 급진적이거나 혹은 보수적인 방향으로 흘러가는 경향을 보인다. 이른바 **선택 이행**(choice shift)이라고 하는데 선택 이행이란 구성원들이 **집단 프로세스에 영향을 받아 애초의 선택과 다른(보통은 훨씬 극단적인) 선택을 내리게 되는 현상**을 말한다. 집단 구성원들이 집단 내에서 아이디어를 처리하는 방식 역

선택 이행(choice shift)

집단극화(group polarization)

시 집단 특유의 문제해결 방식 및 의사소통 방식에 의해 영향을 받는다. 집단은 구성원들로 하여금 특정 부분의 생각을 활성화시키거나 혹은 그들이 생각하는 방식을 처음과는 전혀 다른 방향으로 돌려놓기도 한다. 이를 집단극화(group polarization) 현상이라고 하는데, 이번 장의 후반부에서 자세히 다루도록 하겠다.

## 3. 집단의 유형

집단에는 어떠한 유형들이 있는지 살펴보자. 서로 다른 유형의 집단에서 구성원들은 특유의 방식으로 서로 상호작용하며, 결과적으로 서로 다른 종류의 집단 영향력을 경험한다.

### 3.1. 단순집단

단순집단(aggregates of individuals)

단순집단(aggregates of individuals)은 집단에 속한 구성원들이 상호 간의 친밀감 혹은 공식적 관계가 없는 단순한 하나의 집합체로 모여있는 것을 말한다. 예를 들어, 카페 혹은 비행기와 같은 곳에 모여 동일한 물리적 공간을 공유한 사람들을 단순 집단에 속한 사람들이라고 할 수 있다. 얼핏 보기에 단순 집단은 구성원들에게 특정한 영향력을 미치지 않을 것이라 생각하지만, 개인들의 집합체에 불과한 단순집단 역시 때에 따라서는 동기의 전환을 통해 집단 구성원들에게 영향을 미친다.

**모르는 사람이라도 존재 자체가 의미!! 막을 수 없는 집단의 힘!**

사람들은 근처에 다른 사람이 있기만해도 각성 수준이 증가하고, 결과적으로 동기수준이 향상된다(mere presence effect). 서로 눈을 마주치거나 얘기를 할 필요도 없다. 그냥 근처에 "있기만"하면 된다. 이는 타인과 같이 있는 경우 자기향상동기(self-enhancing motive)가 증진되어 자기제시행동(self-presentation behavior)이 나타나기 때문이다. "눈치보기 효과"!!

사회촉진효과(social facilitation)

사회촉진효과(social facilitation)는 인지적 과업수행에서도 나타나지만, 특히 단순반복작업에서 더 강한 효과를 보인다. 이러한 동기증진효과 때문에 사람들은 집보다는 굳이 헬스클럽에 가서 운동을 하고, 도서관이나 카페로 가서 공부를 하는 것이다. 같이 열심히 하는 척하다 보면 운동도 공부도 더 잘된다는 사실. (?)

타인의 시선이 있든 없든 최선을 다하는 프로 사이클 선수들 조차도 혼자 시간단축을 하기 위한 노력을 하는 것보다 옆에 다른 선수가 함께 사이클링을 할 때 기록이 향상된다. 그래서 기록경기의 훈련에는 페이스메이커(pace maker)가 대부분 함께 따라다닌다.

프로들도 이럴진데... 텅 빈 피트니스센터 러닝머신에서 설렁설렁 뛰다가도 근처에 매력적인 이성이 나타나면 갑자기 동기가 폭풍 업(up)! 크로스핏을 하면서도 혼자 할 때와 그룹으로 할 때 다룰 수 있는 무게와 횟수가 달라진다. 처음보는 사람이라도 같이 하면 힘 뿜뿜!! 거기에 관중까지? 나도 모르게 헐크로 변신!

출처: google 이미지

반대로 복잡한 인지과정이 요구되는 글쓰기나 문제풀이의 경우에는 주의분산으로 인해 집중력이 저하되는 사회억제효과(social inhibition)가 나타나기도 한다. 카페에서 기말 페이퍼를 작성하는데 바로 옆 혹은 뒤에 사람이 있으면 집중이 안 된다. 아 쫌~ 그만보라고!! 거슬려~! 이러다 보니 카페의 구석자리가 항상 인기! 공부뿐 아니라 스포츠, 레저 상황에서도 사회억제효과는 나타난다. 특히 골프, 당구처럼 순간적인 집중력과 "멘탈"이 중요한 경우 다른 사람이 보고 있다는 것이 상당한 부담이 된다. 그러다 보니 혼자 연습할 때보다 경기 중 관중이 있으면 실력발휘가 안되는 경우도 생긴다. 아주 숙달된 프로의 경지에서는 관중이 도움이 된다고도 하지만 중요한 게임에서의 역전 가능 프리드로우, 마지막 승부차기 등을 보면 최고기량의 선수들이 경험하는 사회억제효과를 종종 발견할 수 있다.

사회억제효과(social inhibition)

결과적으로 구성원들 간의 특정한 상호작용이 없이 일시적으로 생기는 단순집단이라도 집단이란 형태나 상황, 그 자체가 구성원들의 동기와 행동에 영향을 미친다. 무인도에서 혼자 사는게 아닌 이상 인간은 사회적 영향에서 자유로울 수 없다!

## 3.2. 비공식집단

비공식집단(informal group)은 현실에서 가장 흔히 볼 수 있는 형태의 집단이다. 가족, 친구관계, 친목모임 등을 일컫는다. 비공식집단에서 구성원들은 자발적으로 의사소통을 하고, 아주 자연스럽게 서로가 집단구성원이라고 인식한다. 집합적 정체성이 있어야 집합적 규범이 형성되고, 구성원들이 특별한 갈등없이 집단의 규범에 순응하게 된다. 집합적 정체성을 바탕으로 집단구성원들은 집단이라는 사회적 범주에 자신들을 일체화시키고, 집단의 사회적 규범(social norms)을 자연스럽게 내재화한다. 이러한 사회인지적인 프로세스를 통하여 비공식집단은 구성원의 태도 및 가치체계에 영향을 미치고, 궁극적으로 행동에 영향을 미친다.

비공식집단(informal group)
사회적 규범(social norms)

## 3.3. 공식집단

공식집단(formal group)
집단인지(group cognition)

**공식집단**(formal group)은 **특정한 목적을 달성하기 위해 조직된 집단**으로 기업에서는 프로젝트 팀 혹은 기능 부서(functional department)를 공식적으로 조직하여 기업의 목적을 달성한다. 공식적 집단 내에서 구성원들 간의 상호 작용은 위계질서, 업무, 기술, 조직구조 등으로 공식화되기 때문에 기계적인 양상을 보인다. 구체적인 목적을 위해 조직된 공식집단에서는 목표달성에 있어서 각 구성원의 인지과정을 통합하는 **집단인지**(group cognition)의 역할이 매우 중요하다. 집단수준의 정보처리 및 업무수행의 효과성은 집단인지의 연결망에서 교점(node)의 역할을 하는 각 구성원들이 어떻게 유기적이고도 협조적으로 연결되는가에 의해 결정된다. 공식집단은 특유의 고도로 구조화된 상호작용 및 문제해결 지향성을 통해 구성원들의 인지, 정체성, 그리고 동기의 전환을 유발함으로써 구성원들이 업무에 몰입할 수 있는 환경을 이끌어 낸다.

**우리는 혼자일 때조차 혼자가 아니다! 타인의 영향력**

주변에 사람들이 없으면 사회적 영향력으로부터 자유로울까? 절대 그렇지 않다!

혼자 뉴스를 보며 분노를 느끼고, SNS에서 '좋아요'를 누르거나, 심지어 혼밥, 혼술을 할 때 조차도 우리는 사회적 영향을 받는다. 특히 공식, 비공식 집단에 함께 속해 있는 다른 사람들의 영향력은 막강하다! 코로나로 인한 비대면, 재택근무의 상황에서도 소속집단의 다른 구성원들은 시도 때도 없이 튀어나와 우리의 감정, 태도, 행동을 좌지우지한다. 24시간 우리를 통제하는 보이지 않는 그들.

이 책에서 저자는 앞서 소개한
스탠리 밀그램의 전기충격 실험,
필립 짐바르도의 스탠포드 감옥 실험 같은
악명 높은 심리 실험들을 재조명하고,
타인의 영향에 대해
다시금 생각해볼 계기를 제공하고 있다.

우리는 "사람들과 더 많이 연결되고 소통하고 싶은 욕망, 그리고 타인을 의식하며 살아가는 현실에 피로를 느끼고 혼자가 되고 싶은 욕망, 그 사이에서 갈등하고 고민"하는 사회성과 독립성의 균형을 추구하는 존재이다.

출처: 마이클 본드(문희경 역), 2015

### 3.4. 통일집단(unified group)

통일집단(unified group)
몰개성화(de-individuation)
정체성의 전환(identity shift)

통일집단(unified group)은 매우 극단적인 형태의 동일시 현상이 나타나는 집단이다. 집단 구성원들이 개별적 정체성을 잃고, 집단 정체성에 완벽히 매몰된 집단을 의미하는 것으로 이러한 완벽한 몰개성화(de-individuation)는 집단 정체성이 구성원들의 개인적 정체감을 압도할 때 발생한다. 집단 사이의 격렬한 경쟁 상황, 극단적 형태의 종교집단 등이 이에 해당된다. 이러한 상황에서 개인은 집단에 완전히 매몰되어 스스로의 정체성을 잃고(de-individuation), 극단적인 정체성의 전환(identity shift)을 통하여 개인적 자아와 집단적 자아의 경계선이 무너지는 경험을 하기도 한다. 통일된 집단은 일시적인 현상으로도, 혹은 지속적인 현상으로도 나타난다.

예컨대 축구 경기의 관람객들은 일시적으로 자신의 정체성을 잃고 하나의 통일된 집단처럼 행동할 수 있다. 보다 지속적인 형태로 나타난 통일된 집단은 과거 히틀러 치하에 있었던 독일 군사들, 종교지도자 짐 존스의 명령을 받들었던 신도들. 그들은 지속적 형태의 통일된 집단이 어떤 것인지, 그리고 통일된 집단이 구성원들에게 얼마나 극단적 형태의 집합적 영향력을 미칠 수 있는지 보여주는 좋은 사례이다.

집단 매몰현상
군중 현상

집단 매몰현상은 왜 발생하는 것일까? 정신분석학적 이론에 따르면 집단 매몰현상은 집단 구성원들이 집단의 리더 혹은 동료들에게 자신을 과도하게 동일시하여 발생하는 결과라고 설명한다. 더불어, 다수의 사람들과 모여있다는 느낌은 집단 구성원들로 하여금 일종의 능력감과 더불어 군중의 일부가 되어 익명적 존재가 되었다는 생각을 갖게 한다. 나는 사라지고, 집단만 남는 군중 현상에 빠지는 것이다. 이와 비슷한 맥락으로 숫자가 큰 집단에서는 특정 행동에 따르는 책임이 다수의 사람들에게 분산되기 때문에 군중들이 비이성적 행동을 저지르게 되는 주요 원동력이 된다.

**집단 매몰현상의 쉬운 예**

2002년 월드컵 붉은악마

이미 오래 지난 얘기가 되어 버렸지만 2002년 여름.

대~한 민!국! 짝짝짝짝짝!!!
대~한 민!국! 짝짝짝짝짝!!!
삐삐삐삐~~

하늘을 붉게 물들였던 한국의 붉은 악마들!

너도 나도 할 것 없이 빨간 색 티셔츠를 입고, 머리에 머리띠를 하고, 떼지어 몰려다녔다. 축구를 원래 좋아하던 팬이건 좋아하지 않던 사람들이건 가리지 않고.

애까지 들쳐업고 나가서 응원을 하면서 소리를 지르고, 처음 보는 옆 사람을 부둥켜 안고, 같이 손을 잡고 흔들어댔다. 그때 그들은 개인이 아니었다. "붉은 악마"라는 통일된 집단에 속해 있는 구성원일뿐이었다.

통일된 집단 속의 사람들은 행동의 준거점을 개인이 아닌 집단에 두게 되며, 이때 집단 구성원의 행동은 개인의 행동에서 분리되어 집단전체 행동이 된다.

때로는 집단매몰현상이 강력하게 단합된 결속력으로 연결되어 집단의 성과에 도움이 되기도 하지만 이러한 현상이 과도해지는 경우, 비상식적인 의사결정이나 행동을 보이는 등의 집단병리현상으로 연결되기때문에 경영자들은 강한 소속감을 만들어내는 동시에 집단 자체에 개인이 심하게 매몰되는 것을 경계해야 한다.

## 4. 집단 응집성

집단 응집성(group cohesiveness)

**집단 응집성**(group cohesiveness)은 집단의 구성원을 그 집단 내에 머물러 있도록 작용하는 힘의 총체로 대표적인 집단 프로세스 중 하나이다. 특히 집단 응집성은 구성원들로 하여금 **집단 공통의 목적달성을 위해 결집하게 하는 원동력**으로 작동하여 집단 업무성과 향상에 중요한 역할을 한다.

집단 응집성은 집단 내의 친밀감이나 집단에 대한 자부심과 같은 정서적 요인을 강화시켜 집단전체의 업무에 대한 몰입을 강화시킴으로써 집단성과를 향상시킨다. 집단 응집성이 업무 성과에 미치는 영향은 어떤 집단이냐에 따라서 달라지는데 일반적인 업무집단보다 스포츠 혹은 군대집단에서 그 영향이 강하게 나타난다.

집단 응집성 효과는 집단의 크기가 작고, 집단이 사회적 명성을 가지고 있는 경우, 집단 구성원들이 오랜 시간을 함께 하고, 집단에 들어가기가 어려운 경우, 구성원들 사이에서만 공유되는 사회적 특성이 있으며, 구성원 간 의사소통이 원활한 경우에 강해진다.

### 집단 응집성은 무조건 높고 봐야 한다?

No No No~!
단결된 팀이 사고도 크게 친다!

집단 응집성이 집단성과에 기여하는 경우가 많은 것이 사실이다. 그러나, 집단 응집성이 조직전체의 성과에 악영향을 미치는 경우도 있다. 특히, 집단의 목표가 조직의 목표와 일치하지 않는 경우, 응집성이 높은 집단은 조직에 해가 됨에도 불구하고 일치단결하여 집단의 이익을 추구하게 된다.

일명 쿠!데!타!

집단 응집성이 집단목표를 위해 구성원을 단결시킨다는 장점이 있는 반면, 집단의 목표가 잘못된 경우 더 강하게 똘똘 뭉쳐서 조직에 피해를 주는 행동을 강력하게 추진할 수 있다는 문제점을 가지기도 한다. 내부에 강력한 반대세력이 생기는 셈. 내부의 적!! 그거 완전 골치아프다!

또한, 응집성이 높은 집단이 바람직하지 않은 업무규범을 가지고 있는 경우, 그 집단 구성원들은 바람직하지 않은 업무규범조차 헌신적으로 따르기 때문에 결과적으로는 집단성과를 저하시키는 행동에 몰입하게 된다.

열심히 일해서 우수한 성과를 낼 수 있는 구성원인데도 집단에서 정한 수준의 성과에 맞추고 그 이상은 일을 하지 않는 경우가 발생할 수 있다. 왜?

초과 성과자(rate buster)에 대한 왕따와 사회적 보복이 무섭기 때문이다.

다들 천천히 하는데 왜 너만 열심히 해?! 우리랑 비교되잖아!! 대세를 따라 대세를~!

일종의 강요된 태업!! 하향평준화이다.

따라서, 무조건 집단 응집성을 높이는 것이 능사는 아니다. 해당 집단의 목표와 규범 등이 제대로 설정되어 있지 않으면 조직 내에 강력한 반군이 생기는 것과 마찬가지!

응집성이 높은 집단에서는 구성원들이 비슷한 아이디어를 내고, 비슷한 의사결정을 내리는 경향이 강하다. 따라서 사고의 다양성이 감소되고, **집단사고(groupthink)**와 같은 역기능적 집단 행동이 나타나기도 한다. 집단사고라 함은 집단의 가치에 동조해야 한다는 압력(pressure to conform)과 집단 내에서 다른 사람들과 의견 일치를 보아야 한다는 생각(pressure toward unanimity)으로 **집단동조에 대한 강박이 현실에 대한 객관적, 체계적인 평가를 저해하는 현상**을 말한다. 집단지성과 혼동해서는 안된다. 무식하다고 동네방네 소문난다.

집단사고(groupthink)

## 애블린 패러독스(Abilene paradox): 누구도 원치 않았다!!

섭씨 40도가 넘는 후끈후끈 무더운 텍사스. 천장에는 팬이 돌고 있고, 하비(Harvey) 교수가 오랜만에 아내의 친정을 방문하여 레몬에이드를 마시며 앉아있다.

출처: https://www.youtube.com/watch?v=z_iGdiYO7gI

장인: "차타고 애블린가서 저녁 먹고 올까?"
아내: "좋아요!"
장모: "가서 옷 갈아입고 올게요."
하비교수: "저도 좋습니다."

완전 평화롭다!! 즐거운 가족모임~

그러나!!

살인적인 더위에, 에어컨도 안 나오는, 1958년 형 Buick을 타고, 모래먼지를 뒤집어쓰고, 왕복 4시간이 되는 카페테리아에 가서, 변변치 않은 음식을, 억지로 먹고 돌아온 가족들…

가슴 깊~~은!! 곳에서 부글부글 끓어오르는 이 짜증!! 이 빡침!!

아무리 후회를 해도 되돌릴 수 없다! **그들은 도대체 왜 이런 짓을 했을까?**

**왜? 왜? 왜?**

장인 : "차타고 애블린가서 저녁 먹고 올까?"
"아~~!! 심심해 죽겠네, 뭐 할거 없나? 말도 안되지만 애블린 가자고 해볼까??"

아내 : "좋아요!"
"미쳤어! 미쳤어! 왕복 4시간에 이렇게 먼지바람 날리고 더운데? 미쳐 미쳐 내가 미쳐! 그래도 간만에 왔는데… 아~ 진짜… 아빠 진짜 왜 저래~"

장모 : "가서 옷 갈아입고 올게요."
"뭐가 어쩌구 저째?! 이 영감탱이 기어이 노망이 났구나~ 아주! 사위땜에 참는다 내가! 아~~!!! 못살아 못살아~~~"

하비교수: "저도 좋습니다."
"헐… 왜~?! 나한테 왜 그러는건데~? 이건 아니잖아!!"

애블린 패러독스! 집단에 반하는 자신의 의견을 말하지 못하는 인간의 취약성을 보여준다. 특히나 응집성이 강한, 혹은 강력한 리더가 있는 집단에서 구성원 간 사고 및 행동의 일치성에 대한 압박감(conformity pressure)은 심해지고, 집단사고가 강해진다.

출처: https://sayonarahomerun.tistory.com/48

아니라는 것을 알면서도, 원치 않으면서도!! 집단 내에서 다른 구성원들의 눈치를 보면서 집단 분위기를 따라가는 것! 그러다 보니 개개인으로 보면 누구도 원하지 않는 결정이나 행동이 집단이라는 테두리 안에서는 이루어지기도 한다. 이는 개인적으로 아무리 똑똑한 사람들이 모여도 집단으로는 상당히 미련한 의사결정과 행동을 단체로 할 수 있음을 시사한다. 이러한 형태의 집단사고는 창의적 문제해결 및 복잡한 의사결정과 같은 업무 수행에 상당히 불리하게 작용한다.

**그룹토론문제**

(1) 집단사고(groupthink)의 장점과 단점은 무엇이 있는지 논의해보자.

(2) 집단사고가 어떤 상황에서 개인과 집단의 성과에 바람직하거나 바람직하지 않은 영향을 미치게 될지 논의해보자. 상황에 따라서 바람직하다면 혹은 바람직하지 않다면 그 이유가 무엇인지 얘기해보자.

## 5. 집단의사결정

집단의사결정(group decision-making)

집단사고나 애블린 패러독스와 같은 위험 요소에도 불구하고, 최근 기업에서는 업무집단이 핵심적인 의사결정의 주체로 각광받고 있다. 이러한 집단의사결정(group decision-making)선호에는 분명한 실리적 이유가 있는데, 그 이유는 바로 의사결정 환경이 더욱 복잡해지고 불확실해졌다는 것이다. 정보기술이 발전하고 기업 간 경쟁이 심화되면서 기업들은 수익창출활동을 하는 데에 있어 과거보다 더욱 복잡하고 잘 정의되지 않는 불분명한 상황과 문제들에 직면하게 되었다. 결국 이러한 문제들은 개인의 역량으로는 효과적으로 해결하기 어려울 정도로 복잡하게 되었고, 결과적으로 집단이 다양한 지식, 기술, 전문성, 그리고 경험을 갖춘 의사결정의 단위로 주목을 받게 되었다.

집단이 개인보다 양질의 의사결정을 내릴 수 있는 잠재성을 가지고 있다는 대중적인 인식 역시 집단이 의사결정의 단위로 자리매김하는데 한 몫을 했다. 이러한 대중적 인식은 집단이 다양한 사람들로 이루어져 있는 만큼 다양한 정보와 지식, 그리고 기술을 보유할 것이라는 믿음 때문이다. 대중들은 집단특유의 집합적 인적자원이 문제에 대한 다양하고 상세한 분석, 그리고 의사결정 결과물에 대한 보다 다각적이고 철저한 평가를 가능케 해줄 것이라 믿는다.

주인의식
강한 몰입
실천의지

집단의사결정이 각광받고 있는 또 다른 이유는 사람들이 집단의사결정을 통해 정해진 사항들을 보다 적극적으로 수용하고 실천한다는 것이다. 자신이 의사결정과정에 직접 참여한 경우 해결책이 도출된 배경에 대해 더욱 잘 이해하게 된다. 따라서, 구성원들은 의사결정 결과물에 대해서 주인의식을 가지게 되고, 도출된 해결책을 긍정적으로 평가하게 되며, 정해진 사항에 강한 몰입과 실천의지를 보인다. 오늘날 집단의사결정이 보편화된 상황에서 집단의사결정에서 나타나는 현상들을 살펴보자.

### 5.1. 집단극화현상

집단극화현상(group polarization)
선택이행(choice shift)

집단극화현상(group polarization)은 집단의사결정 과정을 거치면서 처음 구성원들이 가지고 있던 태도와 달리 지나치게 위험하거나 혹은 지나치게 보수적인 결정을 내리게 되는 성향을 말한다. 집단은 구성원들로 하여금 특정 방향의 생각을 활성화시키거나 혹은 그들이 생각하는 방식을 처음과는 전혀 다른 방향으로 돌려놓기도 하는데, 이러한 현상을 선택이행(choice shift)이라고 한다. 선택이행을 통해서 구성원들이 집단의 영향을 받아 애초의 개인적 선택과는 다른 선택을 내리게 되는 것.

### 집단극화현상: 중간은 없다. 모 아니면 도!!

사람들은 집단에 속하게 되면 혼자서는 절대 하지 않을 판단이나 행동을 한다. 집단극화현상은 그런 상황 중의 하나로 한 방향으로 편향된 정보취합(biased information pooling), 사회적 비교(social comparison), 사회적 동일시(social identification), 그리고 사회적 영향력에 대한 순응(conformity to social influence) 등이 종합적으로 작용하여 발생한다.

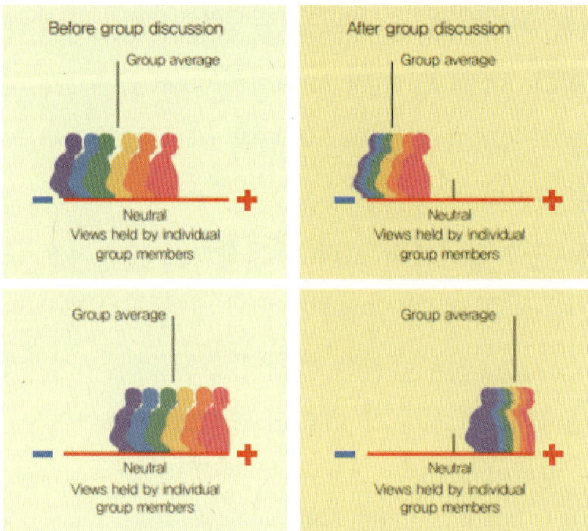


출처: https://angellacasullo.wordpress.com/2015/10/11/group-polarizati

집단에 속한 개인은 튀고 싶어하고 그러다 보니 같은 의견이라도 남보다 강하게 어필해서 돋보이고 싶어 한다. 이 경우 집단 내에서 모든 정보가 고르게 표현되고 반영되기 보다는 상당히 보수적 혹은 급진적인 방향으로 정보들이 집중되면서(biased information sampling) 극단적인 결정을 쉽게 정당화하게 된다. 한쪽으로 누가 더 과감하게 밀어붙이느냐 하는 경쟁이 시작되는 것.

이 경우 집단은 메가폰처럼 작동한다. 원래 한쪽을 약하게 지지하던 의견들이 마구마구 증폭되어 서로에게 전달, 공유, 강화된다. 이렇게 과도한 사회적 영향 아래에서 집단 구성원들은 인지적 과부하(cognitive overload)를 경험하고, 자기 나름의 편향된 정보집중전략을 활용한 결과 상황을 더욱 단순화하고, 한쪽을 강하게 선호하게 되는 방식으로 의견의 극단화를 보인다. 따라서 집단에서 다양한 의견이 반영되고, 보다 복잡한 문제에 더욱 합리적인 해결책을 끌어낼 수 있다는 상식과 달리 자칫 개인보다 집단이 더욱 빨리 문제를 단순화하고 손쉬운 해결책을 "다수결"의 원칙으로 끌어낼 수도 있는 위험이 있다.

인지적 과부하(cognitive overload)

편향된 정보집중전략

의견의 극단화

## 5.2. 거래적 기억체계

거래적 기억체계(transactive memory system)

업무영역의 전문화 전략

**거래적 기억체계**(transactive memory system) 현상은 집단의 의사결정 및 문제해결 과정에서 구성원들 간의 지적 노동의 분업(cognitive division of labor), 즉 **업무영역의 전문화 전략**을 추구하면서 생긴다. 집단 구성원들은 의식적으로든 무의식적으로든 집단의 기억체계 내에서 전문화된 역할을 맡게 된다. 예를 들어보자. 남편은 가정 내에서 예산편성과 세금, 재산에 관련된 정보를 기억하고, 아내는 각종 친인척 대소사에 대한 정보를 기억한다. 혹은 반대일 수도 있다. 여튼 두 사람은 원활한 가정운영이라는 목표를 공유하며, 한 사람이 모든 정보를 기억하고 관리하는 부담을 지기보다는 서로 보완적으로 정보를 관리하고 업무를 전문화한다.

이렇게 상호 보완적인 업무전문화는 공식집단에서 보다 체계적이고 철저하게 구조화된다. 프로젝트 팀 안에서 각 구성원들은 특정 영역이나 주제에 대한 정보관리로 특화된다. 한 팀원이 기술적 문제에 집중하고, 다른 팀원은 마케팅에 집중하는 식. 팀원 간 자발적인 업무분담도 가능하지만 보통은 리더가 각 팀원의 역할과 책임영역(R&R: Roles and Responsibilities)을 정해주는 경우가 많다.

**거래적 기억체계: 무엇(What)보다는 누구(Who)인지를 찾아라!**

팀의 거래적 기억체계(TMS: Transactive Memory System)가 팀 업무활동을 원활하게 하려면 누가 어떤 정보를 가지고 있는가? 를 알아야 한다.

팀 구성원들에게 분산 저장되어 있는 정보를
필요할 때 즉시 활용하려면
정보의 소재(who knows what)에 대한
팀원들 간 상호이해가 중요하다.

팀 내부 구성원 간 거래적 기억체계 구축을 위해 전체 팀 업무에 관련된 특정 정보의 습득, 정리, 해석, 재구조화, 보고와 같은 업무과정에서 각 팀원은 특정부문을 담당하게 된다. 이러한 업무전문화는 점점 복잡해지는 업무에 따르는 과도한 인지적 부담을 해소해줄 뿐만 아니라 구성원들의 역할, 업무, 전문영역에 대한 상호이해를 향상시켜 효율적 업무 흐름을 가능하게 해준다.

> 그러나, 이러한 분업상황에서 당장 필요한 지식을 누구에게서 얻을 수 있는지(know who)를 알지 못하면 효과적인 협업이 불가능하다. 그래서 팀에서는 업무관련 본인의 지식(know how, know what)도 중요하지만 필요한 지식의 소재(know who)에 대한 공유된 이해가 필수! 이게 제대로 안되면 업무중복으로 인한 낭비와 업무 상의 공백이 생긴다.

## 5.3. 히든 프로필

히든 프로필(hidden profiles)
에코 체임버(echo chamber)

**히든 프로필(hidden profiles)**이란 **불균등한 형태의 정보배분**을 일컫는 것으로 우수한 대안과 관련된 정보가 한 구성원에게 집중되어 있기보다는 구성원들에게 불균형하게 배분되어 있기 때문에 그 우수성이 드러나지 않는 상태로 정의된다. 이게 무슨 소리냐?

집단에서 구성원들은 이미 서로 알고 있는 정보에 대해서는 빈번하게 이야기한다. 서로 공유하고 있는 지식, 정보(shared information)는 언급하기도 편하고, 서로 확인·검증을 하는 부담도 적다. 그러다 보니 서로 알고 있는 뻔한 얘기들이 돌고 또 돈다. 소위, **에코 체임버(echo chamber)** 현상.

그러나, 개인적으로 자기 혼자만 알고 있는 **가치있는 정보와 지식**(unshared information)은 다른 구성원들과 공유를 꺼린다. 왜? 귀한 가치있는 정보니까!

집단 내에서 소수의 구성원들만이 알고 있는 이 특별한 정보는 집단 내부에 존재함에도 불구하고 전체에서는 공유되지 않으며 문제해결과정에서도 활용되지 않는다.

독특한 개인정보들의 미활용으로 인하여 집단은 최선의 의사결정 및 문제해결을 할 수 있는 내부역량과 지식기반을 가지고도 최선의 결정에 이르지 못하게 된다. 개개인의 집단 구성원들은 흔히 방대한 정보처리 네트워크에 있는 교점, 노드(node)로 비유되는데, 집단의사결정의 효과성은 각각의 노드가 활성화되는 것뿐만 아니라 각 노드들의 원활한 연결과 상호작용이 필요하다.

따라서 집단의사결정의 과정은 모든 구성원들이 자신들만의 독특한 정보를 공유해야만 도출되는 최선의 해답을 찾아내는 숨은 그림찾기같은 것이다. 집단구성원들이 자신만이 보유한 고유한 지식과 정보를 자발적으로 공유하여 구성원 전체의 지적 역량이 집단 내에서 효과적으로 통합되도록 하는 것이 히든 프로필을 찾아내는 핵심이다. 집단 문제해결에 대한 이와 같은 접근은 집단창의성에 특히 중요한 역할을 한다.

**이상적인 집단 문제해결: 팀원들이 함께 하는 보물 찾기!**

출처: http://www.cine21.com/movie/info/?movie_id=28251

구성원들이 함께 해야하는 보물찾기가 바로 히든 프로필(hidden profiles)!

최적의 해결책(hidden profile)

이놈의 보물지도는 항상 서너 조각으로 찢어져 있다. 찢어진 조각들을 다 모아서 맞춰야만 한 장의 온전한 지도를 가질 수 있게 된다. 집단 구성원들은 보물지도의 한 조각씩을 가지고 있다. 팀원들 모두가 자신만이 가지고 있는 보물지도의 독특한 조각을 내놓아야만 완전한 지도를 갖게 되고, 최적의 해결책(hidden profile)에 이르게 된다. 따라서 의사결정팀의 또 다른 이름은 트레져 헌터!

## 6. 집단의 창의적 문제해결

창의성(creativity)

새롭고 유용한 아이디어를 생성(generation of novel and useful ideas)

창의성(creativity)이란 새롭고 유용한 아이디어를 생성(generation of novel and useful ideas)하는 것을 의미한다. 조직경영에서 창의성이 점점 중요한 이슈로 떠오르는 오늘날, 의사결정 및 문제해결의 핵심 단위로 각광받고 있는 집단이 개인보다 더 창의적인가에 대한 명확한 답은 없다. 그럼에도 불구하고 집단은 효과적이고 합리적인 문제해결의 단위로 널리 인식되고 있으며, 업무팀의 집단창의성에 대한 요구는 더욱 증가하고 있다.

**집단지성 vs. 집단바보**

환경의 복잡성과 불확실성이 증가하면서 개인의 지적 능력을 통합하여 새로운 통찰력과 문제해결의 돌파구를 만들고자 하는 집단지성에 대한 열망! 그러나 현실은 기대와 달리 사람들이 모여서 "집단 어리석음"을 보인다는 냉혹한 진단! 능력있고 똑똑한 개인들이 모여서 집단 안에서 멍청한 결정들을 한다.

저자는 최고의 인재들이
불철주야 노력을 함에도
집단에서 문제해결이 안되고
바보 같은 결정을 하게 되는 이유를
다양하게 제시한다.

"별다른 성과 없이 끊임없이 반복되는 회의, 그저 윗선에 보이기 위한 보고서 작성, 불합리한 규제와 감사, 극단적 성과주의 속 잔인한 경쟁, 만연한 기회주의와 이기주의, 무기력한 분위기"

이게 끝이 아니다.

"구체적이고 실현 가능한 공통의 목표 부재, 오로지 수치로만 제시되는 과도한 목표에 대한 강요와 압박, 그 결과 나타난 성과주의, 스트레스, 업무 과부하, 서로를 향한 불신으로 생겨난 엄청난 통제와 감시, 평가 시스템, 책임을 회피하기 위한 온갖 속임수와 꼼수, 엇갈리는 커뮤니케이션…"

이 정도 되면 모든 팀을 해체하고 그냥 각자 혼자서 일하라고 해야하나? 그러나 이건 빈대 잡겠다고 초가삼간 태우는 접근 방법이다. 팀성과를 끌어내기 위한 부단한 노력이 필요하다.

출처: 군터 뒤크(김희상 역, 2016)

물론, 개인이든 집단이든 창의적으로 문제를 해결하기 위해서는 넘어야 할 장벽들이 있으며, 특히나 집단은 집단 특유의 맥락 때문에 추가적으로 발생하는 장애물이 존재한다. 창의성 관련연구는 과도한 외적 동기(extrinsic motivation), 평가불안(evaluation apprehension), 순응에 대한 압력(conformity pressure), 그리고 패러다임을 벗어나는 것에 대한 인간의 내재적 한계(innate anxiety or fear) 등을 개인 창의성 저해요소로 제시하고 있다.

집단은 집단대로 창의성을 위해 고려해야할 요소들이 있는데, **집단역동(group dynamics)**, 구성원들 동기, 리더십 스타일, 문제의 복잡성, 부정적 집단 분위기, 내부갈등, 집단극화현상, 집단사고, 지식공유의 부재 등이 이에 속한다. 집단창의성을 향상시키는 것으로 가장 널리 알려져 있는 기법은 **브레인스토밍(brainstorming)**이다. 그

집단역동(group dynamics)
브레인스토밍(brainstorming)

평가불안(evaluation apprehension)
무임승차(freeriding)
사회적태만(social loafing)

러나 실제로 막상 브레인스토밍 기법을 활용하더라도 구성원들은 **평가불안(evaluation apprehension)**으로 인하여 아이디어를 당당하게 제시하지 못하는 경우가 많다. 또한, 집단에서는 평가의 기초가 개인이 아닌 집단이기 때문에 **무임승차(freeriding)** 혹은 **사회적태만(social loafing)**과 같은 문제가 발생할 수 있다. 내가 의견을 내지 않더라도 집단 내에서 다른 구성원들이 내 역할까지 해주기 때문이다.

### 사회적 태만(social loafing)

사회적 태만이란? 집단에 속한 사람들이 공동의 목표를 달성하기 위해 함께 일하는 상황에서 혼자 일할 때보다 노력을 덜 들이는 현상으로 집단에서 나타나는 대표적인 부정적 행태이다. 각자 얼마나 노력했는지 알 수없으니 혼자 열심히 하면 손해 보는 기분이 들기 때문!!

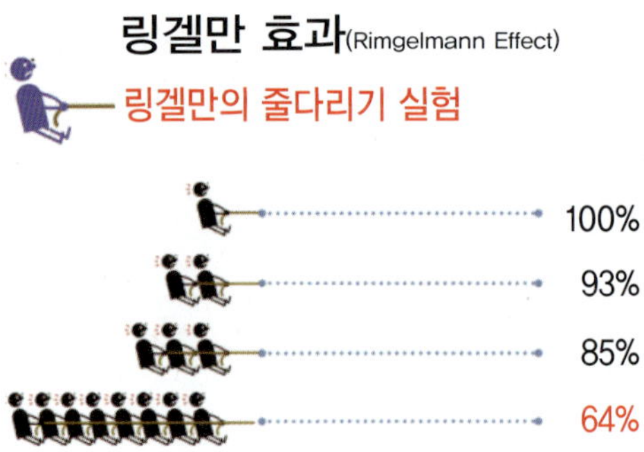


함께 일하는 사람이 늘어날수록 1인당 투입(input)과 팀에 대한 공헌도는 떨어진다. 사람들이 같이 일할 때에는 1+1이 2가 아니다. 함께 일하는 과정에서 거래비용(process loss)이 발생한다.

막시밀리앙 링겔만(Maximilien Ringelmann)이라는 프랑스 엔지니어가 처음 발견했기 때문에 "링겔만 효과"로도 많이 알려져 있다. 줄다리기 하면서 당기지 않고 줄에 그냥 매달려 있는 구성원들의 핑계는 다양하다.

- 내가 열심히 안해도 다른 팀원들이 있으니까~: 나 없어도 잘 돌아가~
- 우린 한 팀! 내 몫까지 네가…: 다음엔(never?) 내가 할게.
- 팀원들 사이에 끼어 있음 티두 잘 안나네 뭐~: 그냥 좀 묻어 가자~
- 나 하나 힘 좀 덜 쓴다구 뭐~!! 뭐!!: 나 좀 냅둬~!! 편하게 좀 살자~~!! 너네가 해~~!!

사실 다른 사람들의 아이디어에 집중하며 동시에 새로운 아이디어를 낸다는 것 자체가 인지적으로 매우 어려운 일이다. 하지만 이 모든 문제에도 불구하고 브레인스토밍이 구성원들의 의욕을 증진시키고, 집단 응집성 역시 향상시켜 결과적으로 집단 창의성을 증진시킨다고 믿는 경향이 있기 때문에 브레인스토밍 집단에 속한 구성원들은 개별적으로 일하는 사람들에 비해 실제 창의적 성과와는 무관하게 자신들의 성과를 긍정적으로 평가하기도 한다.

현대 조직에서 집단은 조직이 개인의 행동을 효과적으로 조율하여 조직 목적을 달성케 하는 중요한 전략적 도구이다. 따라서, 집단이라는 맥락에 속한 개별 구성원들의 행동을 이해하지 않고 조직을 이해한다는 것 자체가 불가능하다. 특히, 조직 수준에서의 행동 및 성과는 구성원들 개인행동의 단순합이 아니라는 점에서 더욱 그렇다고 할 수 있다. 사람들이 집단이라는 단위로 묶인 이후에는 개인역동과는 다른 차원에 있는 집단수준의 복잡성이 등장하게 된다. 이러한 집단역동(group dynamics)에는 집단구성의 다양성, 상호작용 프로세스, 그리고 이에 따르는 긍정적 혹은 부정적 시너지가 있는데, 집단에서 일어나는 이러한 복잡한 현상들은 성격, 가치, 능력과 같은 개인특성들과는 독립적으로 존재한다. 따라서 집단을 효과적으로 조직하고 관리하는 적절한 방안을 찾아내는 것이 현대경영에서 조직의 성패를 좌우하는 열쇠임을 기억해야 한다.

집단역동(group dynamics)

### 그룹토론문제

(1) 개인의 선택 대비 집단의사결정의 장점은 무엇인가?

(2) 개인의 선택 대비 집단의사결정의 단점은 무엇인가?

## 핵심용어

- 업무집단(work group) vs. 업무팀(work team)
- 사회학습이론(social learning theory)
- 사회비교이론(social comparison theory)
- 정체성 전환(identity shift)
- 선택 이행(choice shift)
- 사회적 동조(social conformity)
- 자기향상동기(self-enhancing motive)
- 자기제시행동(self-presentation behavior)
- 사회적 규범(social norms)
- 집단인지(group cognition)
- 몰개성화(de-individuation)
- 집단 응집성(group cohesiveness)
- 집단사고(groupthink)
- 집단극화현상(group polarization)
- 사회적 동일시(social identification)
- 사회적 영향력에 대한 순응(conformity to social influence)
- 거래적 기억체계(transactive memory system)
- 히든 프로필(hidden profiles)
- 무임승차(freeriding)/ 사회태만(social loafing)
- 브레인스토밍(brainstorming)

## 연습문제

01 집단과 팀을 비교하라. 차이점은 무엇인가?

02 통일집단이란 무엇을 의미하는가?

03 집단 응집성이 어떤 경우에 강해지는지 서술하라.

04 집단사고란 무엇을 말하는가?

05 집단극화현상은 무엇이며, 왜 생기는 것인가?

06 히든 프로필 현상은 무엇인지 간략히 서술하라.

07 개인이 창의성을 발휘하는 것에 방해가 되는 요인에는 어떤 것들이 있는가?

08 집단에서 흔히 발생할 수 있는 문제들 중 대표적인 것에는 어떤 것들이 있는지 제시하고 자세히 설명하라.

CHAPTER 09

# 리더와 리더십

1. 리더의 개념
2. 고전 리더십이론
3. 리더십 상황이론
4. 현대 리더십이론
5. 리더십에 대한 도전

## 학습목표

- 관리자와 리더의 차이가 무엇인지 설명할 수 있어야 한다.
- 대표적인 리더십 이론에 대한 명확한 설명이 가능해야 한다.
- 조직환경, 직무, 구성원의 특성과 변화에 맞추어 적절한 리더십을 설정할 수 있어야 한다.

## 1. 리더의 개념

리더를 이해하기 위해서는 리더와 관리자의 차이를 먼저 알아야 한다. 그게 그거 아닌가 싶을 것이다. 하지만 개념적으로 다르다.

• 관리자(manager)는?

계획-실행-확인-조정(PDCA cycle: Plan-Do-Chekc-Adjust/Act)

공식적인 지위와 권위로 부하직원들에게 명령을 내리고, 명령에 대한 복종을 받는 사람으로 1장에서 등장한 앙리 페이욜의 관리경영(administrative management)에서 경영의 주체로 설정된 관리자의 역할에 상응한다. 경영관리의 기본과정인 계획-실행-확인-조정(PDCA cycle: Plan-Do-Check-Adjust/Act)의 주체로

- 계획을 수립하고,
- 효율적으로 계획을 실행하고,
- 매일매일의 업무상태를 확인 · 검토하여,
- 필요한 조정작업을 한다.

• 리더(leader)는?

목표달성을 위해 조직원들을 이끌고 그들에게 영향력을 미치는 사람으로

- 현재에 안주하지 않고 도전을 하고,
- 미래에 대한 비전을 제시하며,
- 조직원들이 비전을 달성할 수 있도록 격려한다.

### 리더(Leader)와 보스(Boss)의 차이

• 관리자와 리더의 차이?

리더가 왠지 더 있어보인다.

• 그럼 리더와 보스의 차이는?

보스가 왠지 더 강력한거 같다.

이렇게 보니 리더는 평범, 보스는 아우라? 참고로 아우라는 일본어가 아니다. 아우라(Aura)는 독일의 철학자 발터 벤야민(Walter Benjamin, 1892-1940)의 예술이론에 나오는 말로 "분위기", "기운"을 말한다. 다시 리더와 보스로 돌아가서…

**보스는?**

말만 앞서고, 행동은 하지 않고,
명령과 평가하기를 좋아하고,
두려움을 활용하여 대우받기를 원하며,
소위 "급"에 민감하고,
자신이 우두머리라는 것을 항상 각인시킨다.

**리더는?**

자신이 직접 일을 추진하고 책임을 지며,
조직원의 열정을 진작시키고,
자신의 대우보다는 팀원들을 살피고,
잘못을 지적하기보다 도와주는 역할을 한다.

## 리더(leader)가 될 것인가 꼰대가 될 것인가?

사실 리더와 꼰대. 한 끗 차이이다.

팀장: 이봐 자네! 리더와 꼰대의 차이를 아나?

팀원: 모르겠는데요.

팀장: 리더는 물어보는 것에만 답하는 사람이고, 꼰대는 안 물어보는데도 말하는 사람이라네.

팀원: 저 안물어봤는데요…

• 타이밍을 잘 잡아라.

부하직원들이 스스로 도움을 구할 때까지
기다리는 것도 미덕.
어설프게 나섰다가는 간섭이 되고 꼰대가 된다.
하나 하나 다 끼어들고, 간섭하고, 감시하려 하지 말아라.

리더가 되기 위해서는 타이밍이 중요하다. 문제를 알아도 모른 척 시간을 주자. 부하직원들이 먼저 문제점을 파악하고, 조언을 구할 때 도움을 주는 것이 좋다.

런던 대학(London College) 콜린 피셔(Colin Fisher) 교수는 124개 그룹을 대상으로 실험을 진행하였다. 한 그룹은 토론을 시작하기 전에 지침을 주었고, 다른 한 그룹은 토론이 끝난 후 피드백을 주었다. 그 결과 나중에 피드백을 준 그룹이 실제로 조언을 더 많이 활용하고 정보를 더 많이 공유한다는 것을 발견하였다.

• 조력자임을 분명히 해라.

부하직원들을
간섭하고 평가하는 것이 아닌
도와주기 위한 것임을 분명히 해야한다.

상사는 자신을 평가하는 위치에 있는 사람이기 때문에 상사의 말 한마디 한마디에 직원들은 예민하게 반응할 수 밖에 없다. 비판이 아니고 말 그대로 조언이라는 것을 분명히 해야한다.

출처: https://blog.naver.com/businessinsight/222269231698

## 2. 고전 리더십이론

### 2.1. 리더성향이론

리더성향이론(trait theories of leadership)

가장 고전적인 리더십 이론은 **리더성향이론(trait theories of leadership)**으로 랄프 스토길(Ralph Stodgill)이 1948년 「Personal factors associated with leadership」이라는 논문을 통해 소개했다. 리더성향이론은 리더의 개인적 특성에 초점을 두어 성공적인 리더의 특성과 자질을 연구한 리더십의 가장 초기이론이다. 이 관점은 사실 이론이라고 하기에 취약하다. 역사적으로 영웅, 정치가, 대부호, 과학자, 예술가 등 어떤 형태로든 리더로서 성공한 경우, 그 사람의 탁월함을 이유로 꼽아왔다. 소위 "위인전" 방식의 리더에 대한 이해(great man theory of leadership)라고 할 수 있다. 리더십이 있으니까 훌륭한 리더가 되었을 것이라는 기본적 귀인오류(fundamental attribution error)에 따른 내부귀인일 뿐이다.

"리더는 선천적으로 타고나는 것으로

리더는 리더만의 특징을 가지고 태어난다"

랄프 스토길(Ralph Stodgill), 1904-1978

리더성향이론의 핵심은 리더는 타고난다는 것, 그리고 리더의 특성을 가진 사람은 언제 어디서든 좋은 리더가 될 수 있다는 것이다. 리더성향이론에 따르면 리더라는 것이 **선천적**으로 태어나기 때문에 그 사람의 특징을 보면 리더가 될 사람인지 아닌지가 구분된다고 가정한다(leader material test?).

스토길이 주장하는 성공적인 리더는 지능 수준이 높고, 주도적이며, 자신감과 용기가 있고, 활력이 넘치고, 업무관련 지식과 전문성이 높다. 또한, 용모, 건강, 판단력, 직관력, 성취의욕, 책임감 등 모든 면에서 리더의 특징을 가지고 있다. 효과적인 리더에게는 비효과적인 리더와 구별되는 보편적 특성이 존재하고, 이런 자질을 지니고 있는 사람들을 리더로 선택하면 조직에 좋은 결과를 가지고 온다는 것. 문제는 좋다고 생각되는 개인성향은 대충 다 들어간다는 것.

리더성향이론의 문제는 성공적인 리더의 자질과 특성을 지나치게 광범위하게 규정함으로써 리더의 특성을 명확히 제시하는 데 실패했고, 그 모든 능력과 외모와 성격까지 갖춘 사람이 현실적으로 있을 수 없다는 점이다. 이런 특성을 가진 사람들이 리더가 될 가능성이 높은 것 역시 부인할 수 없는 사실이긴 하지만, 모든 면에서 탁월한 사람이 리더가 된다는 주장으로는 리더십을 이해하는 데에 있어 체계적인 틀을 제시하기 어렵다. 무엇보다, 조직·기업이란 것이 다양한 상황에 처해지게 되는데, 시·공간을 초월해서 모든 상황에 적합한 리더가 있다는 것 자체가 불가능하고, 조직 내에서 리더와 구성원 간 상호관계를 무시한 채로 **리더의 개인적 특성만을 강조**했다는 측면에서 한계를 가지고 있다.

## 리더십 귀인이론(attribution theory of leadership)

리더십에 대한 귀인이론(attribution theory)!! 요거 아주 재미난 이론이다. 리더성향이론이 리더의 재능과 특성을 보고 선천적으로 리더의 자질이 있다고 한다면, 귀인이론에서는 성과나 결과를 보고 리더의 자질을 평가한다. 조직이 성공을 하면 훌륭한 리더이고, 실패하면 무능한 리더!! 뭐 말이 아예 안되지는 않지만…

- 리더성향이론: 리더 본인을 먼저 보는 것(이런 리더가 잘한다!)
- 리더십 귀인이론: 결과를 먼저 보는 것(잘했으니 좋은 리더!)

리더십 귀인이론은 실제 리더의 행동 또는 기여여부와 전혀 무관하게 성공 또는 실패라는 결과를 바탕으로 리더를 평가한다.

왜 이런 현상이 발생할까?

공이든 책임이든 리더에게 몰빵하는게 편하니까! 잘되면 리더 탓, 못되면 더~ 리더 탓! 유치한 사고방식이지만 누구나 항상 이런 사고를 한다.

CEO: "이 사업 실적 왜 이래~~!? 부문장 당장 오라고 해!!"

리더의 실제 자질이나 리더십과 상관없이 성과가 좋은 곳에 있는 리더는 무능하더라도 훌륭한 리더로 인식되고, 성과가 안 좋은 곳에 있는 리더는 능력이 있어도 무능한 리더로 인식된다. 소속 팀이나 조직의 성과에 따라서 역으로 형성되는 리더에 대한 평가와 이미지! 말 그대로 리더십의 역설계 공학(reverse engineering)!

척 프린스(Chuck Prince)

2007년,
서브프라임 모기지(subprime mortgage) 쇼크로
위기를 겪은 씨티그룹.
회사순이익이 급격하게 감소한 데에 책임을 지고
척 프린스(Chuck Prince) 회장이 사퇴!

거꾸로 리더에 대한 기존의 좋은 인식, 이미지, 기대가 회사성과에 영향을 주는 경우도 있다. 리더성향이론! 저 사람이 오면 분명히 잘될거야!!!

미국 최대 통신회사, AT&T.
1997년 최대위기!
마이클 암스트롱(Michael Armstrong)
CEO 결정 후 회사가치 하루만에 40억 달러 증가!

"사람들의 인식이 실제 존재하지 않는 환상 속의 리더를 만들어내기도 한다."

## 2.2. 리더행동이론

리더행동이론(behavioral theory of leadership)

리더는 선천적인 특성을 가지고 태어난다는 리더성향이론과 달리 **리더행동이론(behavioral theory of leadership)**에서는 리더의 특성을 타고난다고 하기보다는 구체적 행동에 대한 **교육으로 리더를 키워낼 수 있다**고 주장한다. 효과적인 리더들이 어떤 스타일과 패턴을 보이는지 그 행동을 연구하고 규명하여 효과적이라고 입증된 리더십 행동을 훈련시키면 누구나 좋은 리더가 된다는 것이 행동이론의 기본가정이다.

"효과적인 리더십을 찾고,
그것을 훈련시키면
누구든 좋은 리더가 될 수 있다!"

커트 루윈(Kurt Lewin) & 로날드 리핏(Ronald Lippitt)

리더십 행동에 대한 다양한 연구가 이루어졌는데 대표적인 연구 중 하나는 아이오와(Iowa) 대학 커트 르윈(Kurt Lewin)과 로날드 리핏(Ronald Lippitt) 교수의 연구이다. 1939년 르윈(Lewin)과 리핏(Lippitt) 교수는 10세 소년들로 구성된 한 클럽을 대상으로 리더십 스타일의 변화에 따라 소년들이 어떠한 행동을 보이는가를 실험하였다.

민주형(democratic)
권위형(autocratic)

- 민주형(democratic): 구성원 만족을 중시하고, 의사결정의 참여를 존중하는 유형
- 권위형(autocratic): 과업성취에 초점을 두고, 명령과 통제에 중점을 두는 유형

방임형(laissez-faire)

- 방임형(laissez-faire): 집단 구성원에게 완전한 자유를 줌으로써 사실상 리더십 행사가 없는 유형

실험결과, 민주형 리더십은 일관성 있게 구성원 만족도에 영향을 미치며 집단응집력을 강하게 만들었다. 반면 권위형 리더십에서는 구성원들이 냉담하고 공격적인 특성을 보였다. 방임형 리더십에서는 구성원들이 별 특징없이 지속적으로 작업을 하였다. 또한, 생산성 측면에서는 민주적 리더십이 효과적이지만, 위기상황에서는 권위형 리더십이 더 유효하다는 것을 발견하였다.

비슷한 시기에 미시간 대학에서는 직무중심과 부하중심의 리더십 유형에 대한 연구를 진행하였다.

직무중심형(production-oriented)

부하중심형(employee-oriented)

- 직무중심형(production-oriented): 업무성과를 중시하고, 리더의 권한에 의존하며, 구성원들을 치밀하게 감독하는 유형
- 부하중심형(employee-oriented): 부하직원과의 관계를 중시하고, 권한을 위양하며, 그들을 지원하는 업무환경을 구축하는 유형.

그러나, 두 유형 중 어느 유형이 생산성 향상에 더 유효한지 결론을 내리지 못했다. 누구든 좋은 리더로 훈련시킬 수 있다는 명제 하에 가장 효과적인 리더십 스타일을 찾기 위한 노력이 다양하게 시도되었으나, 사실 어떤 리더십이 가장 효과적인 것인가에 대한 절대 해답은 찾을 수 없었다. 그러나, 리더십 관련 행동을 체계적으로 분석하고, 다양한 리더십 유형을 제시한 행동이론가들의 공헌만큼은 인정하지 않을 수 없다.

산소 프로젝트(Google Oxygen Project)

### 리더는 조직의 산소와 같다! 성공적인 구글 리더들의 행동들

행동이론은 리더의 구체적 행동을 규정하고 측정하여 구성원들의 동기, 만족도, 팀 성과 등 다양한 결과들에 대한 리더의 효과성을 알아볼 수 있게 하는 기본적인 툴을 제공하기에 현재까지도 많은 조직에서 활용되는 접근방법이다.

리더는 조직운영의 산소와 같은 존재라는 의미에서 2008년 구글에서 산소 프로젝트(Google Oxygen Project)를 실행. 인터뷰, 설문, 사례연구 등 다양한 방식을 통해 구글에서 성공한 리더들의 8가지 특성행동을 찾아냈다. 이후, 2018년 산소 프로젝트를 확대·수정하여 다음과 같은 구글 리더의 10가지 산소행동(The 10 Oxygen behaviors of Google's best managers)을 발표하였다. 3, 6, 9, 10번 행동은 2018년 업데이트된 항목들이다.

A good leader

1. 코칭(is a good coach)
2. 권한위임(empowers team and does not micromanage)
3. 포용적 환경구축(creates an inclusive team environment)
4. 생상성, 결과 지향(is productive and results-oriented)
5. 소통(is a good communicator — listens and shares information)
6. 경력과 성과관리(supports career development and discusses performance)
7. 명확한 비전(has a clear vision/strategy for the team)
8. 전문성(has key technical skills to help advise the team)
9. 전사적 협력관계(collaborates across Google)
10. 단호한 의사결정(is a strong decision maker)

위의 10가지 행동지표들을 보면 구글이 원하는 리더는 코칭·소통·협력 등의 관계지향적 측면과 생산성·성과·과단성 등의 업무성취 측면을 동시에 충족시켜야 하는 것으로 보인다. 결국 둘 다~ 잘해라~? 그렇댄다!

출처: https://rework.withgoogle.com/blog/the-evolution-of-project-oxygen/

## 3. 리더십 상황이론

리더십 상황이론(contingency theory)

리더성향이론과 리더행동이론의 경우 리더를 고정된 특성이나 행동으로 규정하는 한계가 있었다. 이에 무엇인가 중요한 걸 놓치고 있다는 것을 발견하게 되는데 그것은 바로 상황 · 환경(situations/environments)이었다. 그래서 나타난 것이 **리더십 상황이론(contingency theory)**이다. 이전 이론들에서는 리더의 타고난 특성이나 행동패턴에 따라 리더십의 효과성이 결정된다고 보고 모든 상황에 적용 가능한 보편적인 리더십 형태가 존재한다고 믿었다. 그러나 **동일한 특성이나 행동이라도 상황에 따라 리더십의 효과성이 다르게 나타난다**는 한계가 드러나면서 비로소 상황적 요소에 대한 관심이 대두되었다. 이는 1960~1970년대를 지배한 조직경영의 상황이론적 관점과도 같은 맥락이다. 이에 따라 상황이론에 입각한 리더십 이론들이 등장한다.

### 3.1. 상황모형이론

상황모형(contingency model)

프레드 피들러(Fred Fiedler)는 1967년 그의 저서인 「A theory of leadership effectiveness」에서 **상황모형(contingency model)**을 제시하였다.

리더의 스타일은 업무지향형 혹은 관계 지향형으로 정해져 있다.

리더십의 효과는 리더-멤버간 관계, 업무구조, 지위에 따르는 권한에 의해

결정되는 것이다.

프레드 피들러(Fred Fiedler), 1922–2017

업무지향형(task – oriented)

관계 지향형(relationship – oriented)

상황모형의 기본 가정에 따르면 리더의 스타일은 **업무지향형(task – oriented)** 혹은 **관계 지향형(relationship – oriented)**이라는 두 종류로 정해져 있고, 리더십의 효과성은 다음 세 요소에 의해 결정된다는 것.

리더 – 멤버간 관계(leader–member relations)

업무구조(task structure)

지위에 따르는 권한(position power)

- **리더 – 멤버간 관계(leader–member relations)**: 리더와 멤버(부하직원) 간 서로에 대한 확신, 믿음, 존중의 정도
- **업무구조(task structure)**: 업무가 표준화, 구조화되어 있는 정도
- **지위에 따르는 권한(position power)**: 부하직원의 채용, 해고, 승진, 임금에 영향을 미칠 수 있는 리더의 공식적인 권한

피들러는 리더 – 멤버간 관계, 업무구조, 지위에 따르는 권한. 이 세 가지 요소를 리더십의 효과성을 결정하는 주요한 상황요소로 규정하고, 이 세 가지 요소가 어떤가에 따라서 리더에게 유리하거나 불리한 8가지의 상황이 존재한다고 하였다. 8가지 상황 조합이 너무 복잡했기 때문에 이후 리더에게 유리한(favorable), 적당한(moderate), 불리한(unfavorable) 세 가지의 상황으로 재정리하였다.

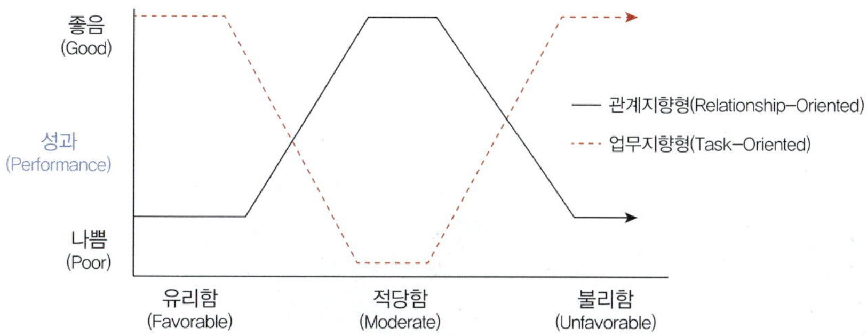


상황(Situations)

| • Category | I | II | III | IV | V | VI | VII | VIII |
|---|---|---|---|---|---|---|---|---|
| • Leader-Member Relations | Good | Good | Good | Good | Poor | Poor | Poor | Poor |
| • Task Structure | High | High | Low | High | High | High | Low | Low |
| • Position Power | Strong | Weak | Strong | Weak | Strong | Weak | Strong | Weak |

- 리더에게 유리한 상황이란? 리더 – 멤버간 관계가 좋고, 업무구조가 상당히 표준화되어 있고, 지위에 따르는 리더의 권한이 강한 상황
- 리더에게 불리한 상황이란? 리더 – 멤버간 관계가 안 좋고, 업무구조가 비표준화되어 있으며, 지위에 따르는 리더의 권한이 약한 상황

유리한 상황

불리한 상황

피들러의 상황이론에 따르면, 리더에게 극히 불리한 상황(extremely unfavorable)이거나, 완전히 그 반대로 리더에게 매우 유리한 상황(extremely favorable)에서는 업무지향형 리더십이 효과적이다. 반면, 유리하지도 혹은 불리하지도 않은 적당한(moderate) 상황에서는 관계지향형 리더십이 효과적이다.

## 3.2. 상황적 리더십이론

상황적 리더십이론(situational leadership theory)은 미국의 행동과학 연구자인 폴 허시(Paul Hersey)와 매사추세츠대학교 경영학과 교수인 케네스 블랜차드(Kenneth Blanchard)가 1977년 발표한 저서인 「Management of organizational behavior: Utilizing human resources」에서 소개한 이론이다.

상황적 리더십이론(situational leadership theory)

폴 허시(Paul Hersey) 1931–2012 & 케네스 블랜차드(Kenneth Blanchard), 1939 –

부하직원들의 준비된 상태(readiness)

상황적 리더십이론에서 중요한 상황요소는 바로 **부하직원들의 준비된 상태(readiness)**이다. 즉, 부하직원들의 준비 상태에 따라서 리더들이 그에 맞는 리더십을 유연하게 발휘해야 한다는 것! 상황적 리더십이론에서 말하는 준비된 상태는 부하직원들의 업무 성숙도와 심리적 성숙도에 따라 결정된다.

업무 성숙도(task maturity)

심리적 성숙도(psychological maturity)

- **업무 성숙도(task maturity)**: 직원들의 능력과 경험
- **심리적 성숙도(psychological maturity)**: 책임을 받아들일 수 있는 마음상태

| 업무 성숙도<br>(Task Maturity) | 심리적 성숙도<br>(Psychological Maturity) | 요구되는 리더십<br>(Required Leadership) |
|---|---|---|
| 낮음(Low) : 무능(Unable) | 낮음(Low) : 의지없음(Unwilling) | 지시형 리더십 |
| 낮음(Low) : 무능(Unable) | 높음(High) : 의지있음(Willing) | 코치형 리더십 |
| 높음(High) : 유능(Able) | 낮음(Low) : 의지없음(Unwilling) | 지원적 리더십 |
| 높음(High) : 유능(Able) | 높음(High) : 의지있음(Willing) | 위임적 리더십 |

### (1) 첫 번째 상황(Unable + Unwilling): 능력도 없고, 의지도 없다!

**"아~ 뒷골 땡겨!"** 이때 리더는 부하직원에게 분명하고도 구체적인 방향과 방법을 지시해주는 지시형 리더가 되어야한다. 구글에서는 절대 하지 말라고 말리는 세세한 간섭(micromanaging)을 해야만 하는 상황. 물론 최고의 인재들이 몰리는 구글이라면 이런 상황은 발생하지 않지 않을까?

### (2) 두 번째 상황(Unable + Willing): 능력은 없지만, 의지는 있다!

**"참으로 안타깝다."** 이때 리더는 확실히 업무지향적이 되어서 부하직원이 능력을 향상시킬 수 있도록 도움을 주는 코치형 리더가 되어야 한다. 방법을 친절하게 가르쳐주면 되는 상황.

### (3) 세 번째 상황(Able + Unwilling): 능력은 있는데, 의지가 없다!

**"어허~!"** 이때 리더는 최대한 지원해주고 함께 해주면서 의지를 심어주는 지원적 리더가 되어야 한다. 마음만 먹으면 잘 할 가능성이 다분. 따라서 살살 꼬득여야 하는 상황. 7장에서 소개된 다양한 동기이론들, 특히 자기결정이론을 잘 활용하도록 하자.

### (4) 네 번째 상황(Able + Willing): 능력도 있고, 의지도 있고!

**"아싸~!"** 이때 리더는 딱히 할 게 없다. 큰 방향과 비전만 제시해주면 알아서 한다. 위임적 리더로서 의사결정을 부하직원에게 맡기면 된다. 괜히 지시하고 간섭하면 오히려 방해! 문제는 대부분의 리더들이 이런 경우에도 권한위임을 안하고 사사건건 간섭을 해서 오히려 문제를 만든다는 것. 상황에 따라 권한위임을 잘 하는 것도 리더의 능력이다!

#### 한국형 상황적 리더십 모델: 상사와 부하의 궁합

실무자들, 직장인들 사이에서 꽤 잘 알려져있는 리더십에 대한 모델을 살펴보자. 학자들이 개발한 모델은 아니지만 완전 말된다! 이 한국형 모델에서는 상사와 부하의 똑똑함, 멍청함, 게으름, 부지런함으로 둘 간의 궁합을 맞춰본다.

- 똑똑함이란? 그 똑똑함이 아니다! 해야할 일, 하지 말아야할 일을 확실히 아는 것!
- 멍청함이란? 해야할 일과 하지 말아야할 일을… 허… 모른다~!
- 부지런함이란? 맞다! 열심히 한다.
- 게으름이란? 방관! 그냥 늘 자빠져있다.

| 부하 (최악→최고) \ 상사 (최악→최고) | 멍부 | 똑부 | 멍게 | 똑게 |
|---|---|---|---|---|
| 똑게 | 갈굼 / 불평불만 | 조짐 / 임기응변 | 요청만 함 / 건성건성 | 지켜봄 / 불안함 |
| 멍게 | 갈굼 / 짖어라 | 조짐 / 안맞다고 생각함 | 평화 | 지켜봄 / 상사를 천사라 착각함 |
| 멍부 | 절친궁합 | 조짐 / 숨막혀 하며 열심히 함 | 요청만 함 / 그냥 열심히 함 | 가르침 / 잘하고 있다고 생각함 |
| 똑부 | 갈굼 / 잡아먹음 | 조짐 / 맞짱 | 그냥 맡김 / 알아서 함 | 이상적인 궁합 |

- (상사)멍부 × (부하)멍부 = 회사에 도움이 안될지도 모르지만 어쨌든 함께 죽도록 일한다. 엉뚱한 방향으로!
- (상사)멍게 × (부하)멍게 = 밥값이 아깝다. 너네 세트로 안 나가니?
- (상사)똑부 × (부하)똑부 = 엄청 피곤하다. 서로 지가 잘났다고 싸운다!

그렇다면 환상의 조합은? 바로?

- (상사)똑게 × (부하)똑부 = 환상의 궁합! 엄청난 시너지!! 똑똑하고 부지런한 부하직원을 믿고 맡기는 똑똑한 상사의 센스!! 알아서 잘하는데 괜히 나서지 말자~! 리더도 부하직원 잘 만나면 그냥 날로 먹을 수 있다!

# 4. 현대 리더십이론

## 4.1. 경로-목표이론

경로-목표이론(path-goal theory)

경로-목표이론(path-goal theory)은 1971년 로버트 하우스(Robert House)가 「A path-goal theory of leader effectiveness」라는 논문을 통해 소개하였다.

"리더의 역할은
부하직원들에게 길을 안내해주고
그 길을 밝혀주는 등대가 되어주는 것이다!"

로버트 하우스(Robert House), 1936–

경로-목표이론에서 말하는 리더의 역할은 부하직원들에게 목표를 달성할 수 있는 길을 명확히 보여주고, 그들이 목표를 달성할 수 있도록 정보와 자원을 제공해주는 것이다. 사실 경로-목표이론은 1964년 빅터 브룸(Victor Vroom)이 제시한 동기부여의 기대이론에 기초하고 있다(7장 참조). 리더는 부하직원들의 성과달성에 대한 기대감, 보상에 대한 확신, 그리고 보상의 가치를 높여주는 역할을 해야 하는데, 이를 위한 네 가지 유형의 리더십이 있다. 경로-목표이론의 리더 유형에 대한 논리는 상황적 리더십이론의 주장과 일부 중첩되는 부분들이 있다.

지시형 리더십(directive leadership)

지원형 리더십(supportive leadership)

참여형 리더십(participative leadership)

(1) **지시형 리더십**(directive leadership): 부하직원들에게 업무를 명확히 전달하는 리더십 유형으로 업무규정을 강조한다. 업무능력이 낮은 직원, 모호한 업무를 하는 직원들에게는 긍정적으로 작용하여 동기를 향상시킬 수 있다. 반대로, 업무능력이 높고, 이미 업무가 명확한 상태에서는 불필요한 간섭이 되고 오히려 부정적으로 작용하여 직원들의 동기와 만족도를 크게 저하시킬 수 있는 위험이 있다.

(2) **지원형 리더십**(supportive leadership): 직원들의 복지를 신경쓰고, 친구 같은 관계를 중요시하는 리더십 유형으로 욕구불만, 좌절감 등을 느끼는 부하직원들의 사기를 진작시켜줄 수 있다. 또한 상황적 리더십이론에서 설명한 바와 같이 능력은 충분하지만 업무동기가 약한 직원의 동기부여에도 효과적이다.

(3) **참여형 리더십**(participative leadership): 의사결정과정에 직원들을 참여시키고 그들의 의견을 진지하게 고려해주는 리더십 유형이다. 참여형 리더는 회사에 강한 애착을 가지고 있거나, 자율욕구 혹은 성취욕구가 강한 직원들의 만족도와 동기를 크게 진작시킬 수 있다. 그러나 직원들의 업무가 이미 상당히 구조화되어 있고, 자신들의 업무를 명확히 이해하면서 잘 수행하고 있는 경우에는 그닥 효과를 보지 못한다.

성취지향형 리더십
(achievement-oriented ledership)

(4) **성취지향형 리더십(achievement-oriented ledership)**: 직원들이 최고의 성과를 달성할 수 있도록 도전적 목표를 설정해주고, 스스로 자신의 능력에 자신감을 가질 수 있도록 유도하는 유형의 리더십이다. 창의적인 업무를 수행하는 직원들의 자신감과 동기를 증진시키는 데에 큰 기여를 할 수 있다.

## 4.2. 리더 - 멤버 교환이론

리더 - 멤버 교환이론(LMX: Leader-Member eXchange theory)

**리더 - 멤버 교환이론(LMX: Leader-Member eXchange theory)**은 프레드 댄서로(Fred Dansereau), 조지 그랜(George Graen), 윌리엄 하가(William Haga) 교수가 1975년 「A vertical dyad linkage approach to leadership in formal organizations」라는 논문을 통해 소개하였다.

프레드 댄서로(Fred Dansereau), 조지 그랜(George Graen), 윌리엄 하가(William Haga)

리더 - 멤버 교환이론의 핵심은 내 울타리 안의 친한 부하직원들과 그 외의 그냥 부하직원들! 이 이론의 기본전제는 리더는 한정된 자원과 시간을 가지고 있다는 점. 따라서 구성원 중에서 자신과 잘 맞고, 능력이 뛰어나고, 외향적이고, 사교적인 구성원과 더 가까워지고 이들에게 상대적으로 많은 자원을 투입할 수 밖에 없다.

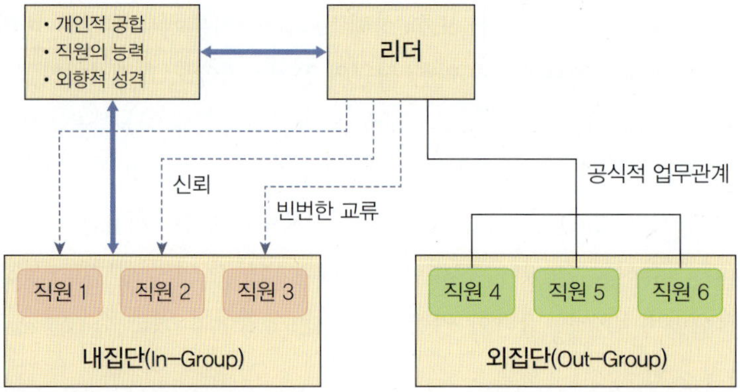


출처: Robbins & Judge, 2016

**잔인한 리더 - 멤버 교환(LMX): 1등만 좋아하는 리더의 편애, 그리고 질투!**

현실적으로 리더가 모든 부하직원에게 동일한 처우와 행동을 보일 수는 없다. 그런 면에서 리더 - 멤버 교환이론은 매우 현실적인 이론이라고 할 수 있다. 이 새로운 관점은 리더와 직원 간의 관계를 1대1의 독특한 인간관계(vertical dyadic linkage)로 파악하면서 조직의 냉혹하고 잔인한 현실을 보여준다.

어디 조직에서뿐만이겠는가? 사람 사는 곳이 다 그렇다!

문제는 외집단(out-group)에 속한 직원들. 이들은 당연히 상대적 박탈감과 소외감을 느낀다. 같은 팀 안에 있으면서 리더가 뻔하게 고성과자 혹은 자기와 마음이 맞는 직원에 대한 편애를 한다고 생각하면 당연히 열이 오른다. 집에서, 학교에서도 그러더니만 또냐? 또야?! 또! 1등만 알아주는 드러븐 세상!! 학교에서 선생님의 사랑을 받는 범생이와 달리 미운털 박힌 아이들이 삐딱선을 타듯, 성인 직장인들도 리더의 인정을 못 받으면 빗나간다. 힘이 없으니 리더에게 따지지는 못하고 조용히 태업, 우울, 불평불만, 툴 궁리 등! 리더로부터 소외된 외집단의 직원들은 내집단 직원들과의 관계도 부정적이 된다. 아닌척 큰소리치고 쿨한척 하지만, 원래 "문제아"들이 범생이를 더 질투하고 미워한다.

내집단(in - group)
외집단(out - group)

리더–멤버 교환이론의 핵심은 리더가 평소 개별 구성원과의 상호관계에 근거하여 구성원들을 **내집단**(in - group)과 **외집단**(out - group)으로 분류하게 된다는 것. 리더는 내집단 구성원들과 더 많은 상호작용을 하면서 신뢰를 형성하고, 내집단에 속한 구성원들에게 더 많은 시간과 관심, 자율성, 배려를 제공한다. 이와 같은 리더의 행동은 내집단 구성원들의 리더에 대한 긍정적인 평가, 높은 업무만족도, 업무성과 향상, 리더로부터의 높은 고과점수, 빠른 승진, 연봉 인상 등과 같은 다양한 긍정적인 결과로 이어지게 된다. 반면 외집단에 속해 있는 구성원들은 주어진 업무만을 담당하고 리더와는 공식적이고 형식적인 관계만을 유지하는 데에 머무르게 되어 동기, 태도, 성과, 경력 등에서 많은 손실을 겪게 된다.

### 당신은 in-group? out-group? 직장으로도 이어지는 인싸와 아싸의 투쟁

리더와 애인은 동격이다! 애인의 사랑이 식는 것 같으면 주변의 잠재적 경쟁자들을 핵질투 하며 경계하듯 리더의 내집단에 속하기 위한 집단 내의 경쟁도 치열하다. 그러니 많은 직장인들은 외친다: 편애를 일삼는 리더들 out! 더불어 잘난 동료들도 제발 out!

이런 상태라면 집단 내 협업이나 지식공유를 통한 시너지나 가치창출이 쉽지 않다. 모든 평가시스템과 마찬가지로 LMX에 대해서도 찬반이 갈리는 이유이다. 평가절차의 공정성이 있다는 전제하에 LMX로 인한 차별이 커질수록 고성과자 위주로 리더의 내집단이 형성되고 성과지향이 강해진다. 반면 그만큼 외집단에 소속되는 직원들의 불만도 커진다. 학교생활을 하면서 항상 왕따를 피하려 인싸가 되려고 엄청 노력했건만 직장에서도 여전히 리더에 의해 혹은 동료들 간에 인싸와 아싸그룹이 형성된다. 인생은 서바이벌 게임인가?

출처: https://m.post.naver.com/viewer/postView.nhn?volumeNo=26579122&memberNo=22846622&vType=VERTICAL

리더의 LXM와 그에 따른 부하직원들의 인싸, 아싸로의 구분은 당연히 많은 갈등과 병폐를 가져온다. 그러니 LMX 이런거 하지말고 직원간 차별 없애고 모두 똑같이? 이 경우 반대로 고성과자들의 불만이 커진다. 이번 달에 차를 10대 판매한 직원과 1대 판매한 직원에게 리더가 동일한 처우를 한다면? '정의와 공정성은 물 말아 먹었냐?!'라는 불만과 함께 자동으로 하향평준화의 길로 간다. 조직을 이끌어가는 일잘러들은 "이 회사은 글렀어~"라며 다른 회사의 스카웃 제의에 흔쾌히 응한다. 결국 부하직원들 간 LMX 상의 차등화(differentiation)와 이에 따르는 내집단과 외집단 간 갈등을 효과적으로 관리는 것이 리더의 역량이며 과제이다.

**그룹토론문제**

(1) 내집단(in-group)에 속해서 혜택을 누리는 구성원은 현실적으로 소수에 불과하고, 대부분의 구성원들은 외집단(out-group)에 머무르게 된다. 당신이 리더라면 다수가 느끼는 소외감과 불만족을 어떻게 해결할 수 있을지 논의해보자.

(2) 부하직원들에 대한 처우의 불공정성이라는 위험에도 불구하고 현실적으로 리더들과의 친밀한 관계를 통하여 리더와 좋은 교환관계를 맺고 내집단에 소속되는 것은 직장에서의 성공에 매우 중요한 요소이다. 사내정치나 아첨과 같은 방식이 아닌 건설적인 방법으로 리더의 내집단에 진입하기 위한 방안에 대해 고민해보자.

### 4.3. 변혁적 리더십

변혁적 리더십(transformational leadership)은 1978년 정치학자 제임스 번스(James Burns)가 「Leadership」이라는 저서에서 소개한 개념으로 권력의 행사라고 인식되던 기존의 리더십을 구성원의 욕구를 만족시키는 과정이라고 재해석했다는 데에 큰 의미가 있다.

변혁적 리더십(transformational leadership)

"리더십은 권력행사가 아닌
구성원을 만족시키는 과정이다!"

정치학자, 제임스 번스(James Burns) 1918-2014

변혁적 리더십의 특징은 조직구성원의 창의성을 강조하고, 책임의 분권화를 지향한다는 데에 있다. 직원들을 통제하고 관리하기보다는 멘토로서 직원들의 영감과 창의성을 자극시키고, 무엇이든 할 수 있다(can do)는 의식을 불어넣으며, 부하직원들의 자신감을 고취시키는 것이 주된 역할이다. 번스는 변혁적 리더십과 거래적 리더십(transactional ledership)을 다음과 같이 비교하였다.

거래적 리더십(transactional ledership)

| 거래적 리더십<br>(TAL: Transactional leadership) | 변혁적 리더십<br>(TFL: Transformational leadership) |
|---|---|
| 리더와 멤버는 타산적 이해관계에 기반 | 리더와 멤버는 공동목표를 추구 |
| 업무역할과 요구사항을 명확히 전달 | 비전을 제시, 자존감 고취 |
| 성과 및 노력에 따르는 보상 강조 | 영감, 문제해결 능력, 가치 내면화 강조 |
| 안정지향적 | 변화지향적 |
| 규정, 법규를 강조하고 일탈행위를 감시 | 개인적 관심과 조언을 제공 |

이후 버나드 배스(Bernard Bass)가 1985년 「Leadership and performance beyond expectations」라는 저서를 통해 번스의 개념에 심리학적인 근거를 제시하고, 실제 상황에서 변혁적 리더십이 부하직원들의 동기와 성과에 미치는 영향을 연구함으로써 변

혁적, 거래적 리더십을 한 단계 더 발전시켜 현재까지 가장 영향력 있는 리더십 이론으로 정립시켰다.

"현실세계의 리더들은
변혁적 리더십(transformational leadership)과
거래적 리더십(transactional leadership)
그 사이 어딘가에 있다!"

버나드 배스(Bernard Bass), 1925-2007

배스가 발전시킨 리더십 개념과 번스가 주장한 리더십 개념의 가장 큰 차이점은 변혁적 리더십, 그리고 거래적 리더십 간의 상호배타성이다.

제임스 번스(James Burns)
버나드 배스(Bernard Bass)

- 제임스 번스(James Burns): 변혁적 리더십과 거래적 리더십은 서로 반대되는 개념
- 버나드 배스(Bernard Bass): 변혁적 리더십과 거래적 리더십은 동일한 차원에서 연결될 수 있는, 상호배타적이지 않은 개념

현실에서 실제 리더들은 변혁적 리더십과 거래적 리더십이라는 양극단에 있는 것이 아니라 그 사이에 존재하며 두 리더십을 적절히 조합하여 성과를 달성하고 있다는 것이 배스(Bass)의 주장이다.

## 4.4. 신뢰기반의 리더십

최근까지도 조직경영분야에서 가장 자주 활용되고, 리더십 프로그램에도 적용되는 이론은 거래적 리더십과 변혁적 리더십이다. 그러나 엔론 회계부정 사태를 비롯한 기업의 윤리문제 관련 스캔들이 지속적으로 발생하고 기업의 비재무적 측면인 환경, 사회, 지배구조(ESG: Environment, Social, Governance)의 관리가 강조되면서 새로운 리더십에 대한 요구가 증가하고 있다.

21세기에 들어오면서 윤리성과 사회적 가치를 강조하는 새로운 리더십 스타일들이 다양하게 제안되고 있다. 윤리적 가치와 원칙에 따라 행동하고, 부하직원들에게도 윤

리적 업무방식을 가르치며, 비윤리적 행동을 방지하는(moral manager) 것에 초점을 둔 윤리적 리더십(ethical leadership)이 대표적이다.

### 윤리적 리더가 되는 7가지 방법

리치몬드(Richmond)대학 교수인 린다 피셔 손튼(Linda Fisher Thornton)은 「7 lenses: Learning the principles and practices of ethical leadership 7가지 렌즈: 윤리적 리더의 원칙과 실천을 배운다」라는 저서를 통해 윤리적 리더가 되는 7가지 방법을 제시했다.

1. 윤리적 선택의 복잡성을 직시할 것: 직장생활은 복잡하고 윤리적으로 모호한 부분들이 많다. 어려운 윤리적 선택들에 대해 공개적으로 토론하고 신중하게 윤리적 결정을 할 수 있도록 도와주는 리더가 되어야 한다.
2. 윤리를 일상의 업무와 분리시키지 말 것: 윤리는 교육프로그램도 사용설명서도 아닌 기본적인 운영방침으로 모든 활동은 윤리적이어야 한다.
3. 신뢰를 무너뜨리는 부정적 행태를 하지 말 것: 사람들에게 윤리에 대해 큰 목소리로 이야기하고 그것이 당연시되는 환경을 만들어야 한다.
4. 법과 규제를 따르는 것쯤으로 윤리를 생각하지 말 것: 윤리는 단순히 법과 규제를 준수하는 것이 아니다. 인권, 사회정의 등의 윤리적 이슈에 헌신하고 이를 증명해야 한다.
5. 윤리적 기대에서 예외를 두지 말 것: 윤리적 기준을 충족하는 데에 예외는 없다. 조직에서 가장 최우선으로 해야할 과제가 윤리이며, 특히 지위가 높은 사람들을 절대 열외로 두어서는 안된다.
6. 윤리적 행위를 칭찬해 줄 것: 윤리에 대해 자주 이야기하고 적극적으로 실천해야 한다. 윤리적 선택을 축하해주고, 칭찬해주어야 한다.
7. 윤리를 1년짜리 교육프로그램으로 생각하지 말 것: 윤리는 지속적인 과정이다. 모든 행위에 윤리를 접목시키고 한치의 방심도 허용되지 않음을 인식해야 한다.

출처: 미디어SR(http://www.mediasr.co.kr

진정성 리더십(authentic leadership)

봉사형 리더십(servant leadership)

겸양의 리더십(humble leadership)

이 외에도 윤리원칙에 기반하여 부하직원들과 개방적이고 진솔한 관계를 유지하고, 직원들의 기여를 장려하는 **진정성 리더십**(authentic leadership), 전통적 방식으로 부하직원들에게 지시를 하고 성과를 요구하기보다 이들의 권리, 성장, 복지를 향상시키는 데 보다 초점을 두는 **봉사형 리더십**(servant leadership), 리더 스스로의 약점을 인정하고, 대신 부하직원들의 강점을 부각시키며, 부하들의 적극적 기여를 끌어내는 **겸양의 리더십**(humble leadership)/리더의 겸손함(leader humility) 등이 부하직원들의 자유로운 의사소통과 창의성 발휘에 필요한 새로운 리더십 형태로 강조되고 있다.

이들 리더십에 공통적으로 나타나는 핵심적인 요소는 리더에 대한 신뢰(trust)!

신뢰는 하루 아침에 생기는 것이 아니라 오랜 시간에 걸쳐서 형성된다. 직원들의 신뢰를 받기 위한 리더의 조건에는 다음 세 가지가 있다.

진실성(integrity)

자애로움(benevolence)

능력(ability)

- **진실성**(integrity): 솔직하고 진실해야한다. 앞뒤가 다른 모습을 보여서는 절대 신뢰를 받을 수 없다.
- **자애로움**(benevolence): 직원들의 마음을 읽고 토닥일 줄 아는 따뜻한 리더가 되어야 한다. 냉담한 리더에게는 그 누구도 접근하지 않는다.
- **능력**(ability): 리더로서 전문지식과 기술, 능력을 가지고 있어야 한다. 무능한 리더는 무능하고 불만족스러운 부하직원을 만든다.

**리더에 대한 신뢰형성(trust building)**

A팀 김대리, B팀 이대리.

김대리: "우리 프로젝트 잘했다구 이번에 특별 인센티브 받았잖아~ 우하하하!!
아참, 근데 너네 팀장은 완전 천사라면서?!
좋~겠다!"

이대리: "글쎄~~"

김대리: " 왜? 무슨 문제있어?"

이대리: "사람은 좋은데…
우리 팀장 승진심사만 있으면 매번 물먹고, 하는 일마다 엎어져서
우리 팀 싸잡혀서 맨날 욕먹고… 공중분해 직전이다~!
넌 똑똑한 팀장 둬서 인센티브도 받고 부럽다~"

"못돼x먹은 리더도 신뢰를 받을 수 없지만,
착하기만한 무능한 리더 역시 신뢰를 받을 수 없다!"

그룹토론문제

리더 한명이 다수 직원들의 동기부여를 억제

(1) 어떤 특성을 가진 리더를 독이 되는 리더(toxic leader)로 정의할 것인지, 어떤 요인들이 경영자들을 나쁜 리더로 만드는지 논의해보자.

(2) 당신의 리더가 이렇게 최악의 리더라면 어떻게 대응해야할지 논의해보자.

## 5. 리더십에 대한 도전

앞서 리더십의 개념과 다양한 관련 이론들을 알아보았다. 그러나 인간과 조직에 대한 대부분의 이슈들이 그렇듯 좋은 리더십이 항상 직원동기부여, 시너지 창출, 높은 성과로 이어지느냐? 답은 꼭 그렇지는 않다는 것이다. 리더가 아무리 바람직한 특성과 행동들을 보여도 리더십 효과성이 감소, 심지어 와해되는 상황도 있다.

**우리는 리더가 필요 없다! 리더십 파워를 낮추는 혹은 아예 대체하는 요소들**

오호~! 그런게 있나?

리더들의 어깨에 힘을 쭉 빼버리는… 아예 있으나마나 한 존재로 만들어서 리더들을 쫄게 만드는 요소들이 있다!

- 상쇄재(neutralizers): 리더가 영향력을 행사할 수 있는 기회를 팍 줄여버리는 요소들
- 대체재(substitutes): 리더십이라는 것 자체를 불필요하게 만드는 강력한 요소들

상쇄재(neutralizers)
대체재(substitutes)

어떤게 있냐고?

- 부하직원의 경험, 전문지식:
  한마디로 이 부하직원 업무 xx 잘한다. 경험도 아주 많~다. 우씨…
  - 관계지향형 리더에게는 사실 별 영향을 주지 않는다.
  - 그러나 업무지향형 리더에게는 아주 치명적 대체재. 뭐 가르쳐줄게 없어서 큰소리 한번 칠 수가 없다. 힘빠지게시리… 쳇!!

• 보상에 무관심:

재는 회사를 취미삼아 다니나보다. 연봉, 인센티브 뭐 관심이 없다! 아부지가 건물주??

- 관계지향형 리더, 업무지향형 리더에 전~혀 상관없이 그 어느 누구 말도 잘 안 통한다. 리더파워를 팍 떨어뜨리는 상쇄재.

• 높은 내적 만족:

재는 성격이 참으로 좋다. 뭐 아주 만족하며 해피하게 회사를 다닌다.

- 업무지향형 리더에게는 뭐 별로 영향이 없다. 내 영역은 업무니까.
- 그러나, 부하직원 토닥거리고 얘기들어주면서 리더의 역할을 하는 관계지향형 리더에게 있어 직원의 이같은 긍정성, 만족도, 행복도는 따뜻한 리더의 필요성을 확 앗아가버리는 대체재. 아 쫌~ 힘들어하라구~!

• 협력적 업무집단:

나 없어도 지네끼리 협조 잘하면서 잘 지낸다. 흥!!

- 리더 없이도 일 잘하고, 지네끼리 잘먹고 잘사는 팀원들. 관계지향형, 업무지향형 리더 모두를 필요없게 만드는 울트라 대체재. 우리는 리더 필요없거든~!

내가 그냥 잘먹고 잘살면, 즉, 일 잘하고, 회사에서 만족하고, 팀원들하고 잘 지내고, 보상에 좀 느긋~한 태도를 보이면 리더들의 힘이 약해진다. 10장에서 다룰 파워(power)와 의존도(dependency)간 관계를 아주 잘 보여주는 예라고 할 수 있다. 상대방에 대한 내 의존도가 높아질수록 나에 대한 상대방의 파워는 강해진다. 반대로 상대방에 대한 내 의존도가 낮아지면 상대방의 파워가 낮아지는 건 당연한 일!

결국 이렇게 보자면, 리더들이라는게 부족한 직원들의 업무역량을 향상시키고, 직장 만족도를 높여주고, 팀 분위기를 진작시키는 역할을 하는, 그리고 그런 역할을 해야하는… 그런 사람들이지 않을까? 리더들 스스로 파워홀더(power holder)가 아닌 서포터즈(supporters)로 생각하고 팀과 조직을 이끌어야 한다.

리더가 처하게 되는 또다른 심각한 도전은 직원들과의 관점 상이성, 서로 다른 목표와 이해관계, 상호이해 부족으로 인해 발생하는 직원들과의 경쟁적 혹은 적대적 관계이다. 인간의 본성은 당연히 스스로의 이익이 먼저이다. 동양고전 한비자에는 “왕과 신하는 하루에도 백번씩 싸운다(상하일일백전: 上下一日百戰)”라고 적혀있다. 왕은 남쪽을 보는 자리, 신하는 북쪽을 보는 자리에 위치하기에 시각과 입장차이는 불가피한 현실. 왕이 자기 맘대로 편한대로 권력을 휘두르는 것 같지만 꼭 그런 것만도 아니다. 리더 해먹기도 쉬운게 절대 아니다.

### 진지하게 생각해보기! 나도 언젠가는 리더!

이번 장에서는 리더십을 배웠다. 리더는 어쩌구 저쩌구... 리더는 이래야하고, 저래야하고... 그런데 우리가 평생 부하직원만 하는 것은 아니다. 나도 팀장이 되고 임원이 되고 그러면서 부하직원들이 흔히 말하는 꼰대도 된다. 뭐 20대 젊은 꼰대들도 많긴 하다. 여튼!

부하직원들은 리더를 무슨 적이나 되는 듯 바라보는데 리더들은 과연 스트레스가 없고, 고충이 없느냐? 그럴까? 허시(Hersey)와 블랜차드(Blanchard)의 상황적 이론으로 다시 돌아가보자. 직원들의 업무성숙도, 심리적 성숙도에 따라서 리더십을 달리 하라고? 한번 보자.

- 능력없고 의지도 없고: 지시형 리더십
- 능력없지만 의지 있음: 코치형 리더십
- 능력있으나 의지없음: 지원적 리더십
- 능력도 있고, 의지도 있고: 위임적 리더십

말~은 잘한다!! 그러나 현실적으로 생각해보자.

- 능력없는게 의지도 없다? 이 또라이 누가 뽑았어? 당장 자르고 싶다!
- 능력없는게 의지는 있다? 괜히 사고치지 말고 가만히 있어주면 안되겠니?
- 능력있는게 의지는 없다? 이런 뺀질이!! xx 얄밉다! 저걸 그냥 확!
- 능력있는게 의지까지 있다? 우씨! 저거 나 치고 올라오는거 아냐?? 경계경보!

아이고… 부하직원에 따라서 리더십 유형을 바꿔야한다고? 그게 말처럼 쉬운줄 아냐? 내가 무슨 카멜레온이냐? 너도 해봐라! 그게 쉬운가! 그리구 나두 엄청 힘들거든!

출처: https://blog.naver.com/businessinsight

- 요즘것들 다루기나 쉽냐?
  한 마디하면 열 마디 하시지, 사고치고 뻔뻔도 하시지, 꼭 바쁠 때 휴가간다고 하시지… 도무지 머리 속에 뭐가 들었는지~
- 지네들끼리 쑥덕대고 나 따 시키지!
- 다른 팀장들하고는 허구한날 힘겨루기 해야하지…
- 밑에선 들이박지, 위에선 내리찍지~~!!

팀장되고 나도 우울증에 원형탈모증 왔다!

너네도 팀장되거든 너네랑 아주 똑같은 것들 데리고 일해봐라! 리더는 외롭다.

## 핵심용어

- 리더성향이론(trait theories of leadership)
- 리더십 귀인이론(attribution theory of leadership)
- 리더행동이론(behavioral theory of leadership)
- 피들러의 상황모형(Fiedler's contingency model)
  - 리더-멤버간 관계
  - 업무 구조
  - 지위에 따르는 권한
- 허시와 블랜차드의 상황적 리더십이론(situational leadership theory)
  - 직원들의 업무성숙도(task maturity)
  - 심리적 성숙도(psychological maturity)
- 하우스의 경로-목표이론(House' path-goal theory)
  - 지시형 리더(directive leader)
  - 지원형 리더(supportive leader)
  - 참여형 리더(participative leader)
  - 성취지향형 리더(achievement-oriented leader)
- 리더-멤버 교환이론(leader-member exchange theory)
  - 내집단(in-group)
  - 외집단(out-group)
- 변혁적 리더십(transformational leadership)
- 거래적 리더십(transactional leadership)
- 윤리적 리더십(ethical leadership)
- 봉사형 리더십(servant leadership)
- 진정성 리더십(authentic leadership)
- 리더에 대한 신뢰형성(trust building)
  - 진실성(integrity)
  - 자애로움(benevolence)
  - 능력(ability)
- 상쇄재(neutralizers)
- 대체재(substitutes)

## 연습문제

01 리더성향이론과 리더행동이론의 차이점은 무엇인가?

02 리더십 귀인이론의 핵심은 무엇인가?

03 피들러의 상황모형에 대해서 간단히 설명하라.

04 허시와 블랜차드의 상황적 리더십이론의 핵심내용은 무엇인가?

05 하우스의 경로–목표이론(House' path–goal theory)의 핵심은 무엇인가?

06 리더–멤버 교환이론의 핵심내용은 무엇인가?

07 번스와 배스의 변혁적 vs. 거래적 리더십의 가장 큰 차이점은 무엇인가?

08 신뢰기반의 리더십에는 어떠한 유형의 리더십이 있는가?

09 리더에 대한 신뢰형성을 위한 세 가지 요건은 무엇인가?

10 리더십의 상쇄재와 대체재란 무엇을 말하는가?

CHAPTER 10

# 조직 내 권력 · 갈등 · 협상

1. 조직 내 권력

2. 정치적 행동

3. 조직 내 갈등

4. 협상

### 학습목표

- 권력의 개념과 권력을 얻기 위한 전술에 대해서 설명할 수 있어야 한다.
- 정치적 행동의 개념과 그 선행요소에 대해서 설명할 수 있어야 한다.
- 갈등의 유형과 각 개념에 대해서 명확히 알아야 한다.
- 갈등해결 전략의 유형과 개념에 대해서 명확히 설명할 수 있어야 한다.
- 협상의 개념과 유형을 파악하여야 한다.

권력(power)은 사회관계에서 필연적으로 나타나는 기본적 현상으로 조직 내의 개인, 집단 간 상호작용에도 중요한 영향을 미친다. 리더십이 조직목표에 근거하여 구성원들의 태도와 행동을 변화시킴으로써 성과를 창출하는 하향적 영향력(downward influence)을 행사하는 과정이라면, 권력은 공동목표에 대한 동의없이 조직 내 상향, 하향, 수평적 관계는 물론 외부 이해관계자들에게도 영향력을 행사하는 과정이다. 권력은 리더십에 비하여 보다 포괄적인 형태로 조직행동에 반영되며 파괴적이고 비생산적인 결과를 초래할 수도 있다.

## 1. 조직 내 권력

### 1.1. 권력의 개념

권력(power)

권력(power)은 관계의 특성을 규정하고 경제·정치·사회적 상호작용에 영향을 미치는 힘을 포괄적으로 가리키는 것으로 조직뿐 아니라 그 어디에서나 발견되는 현상이다.

내가 원하는 대로
타인의 행동을 조종할 수 있는 능력,
타인을 복종시키고 지배하는 능력
(ability to control other's behavior and outcomes)
그것이 바로 권력(power)이다.

의존성(dependency)

권력의 어원이 라틴어 potere(to be able)임을 감안하면 권력이 무엇인지 직관적으로 이해할 수 있다. 자기 뜻을 관철하고 이룰 수 있는 힘! 권력은 인간사회에서 떨어질래야 떨어질 수 없는 삶의 일부로 국가 간 권력, 조직 간 권력은 물론 조직·기업 내에도 권력은 당연히 존재한다. 권력에서 중요한 개념은 바로 의존성(dependency)! A를 권력자, B를 A에게 영향을 받는 피권력자라 가정해보자. A에 대한 B의 의존성이 클수록 A의 B에 대한 영향력이 커진다. 여기서 의존성의 크기는 B가 원하는 자원(resource)을 A가 얼마나 보유하고 있는지에 따라 결정된다.

B에 대한 A의 권력이 커지는 조건은?

- B가 필요로하는 자원을 A만이 보유하고 있을 때(scarce/no alternative)
- A가 보유하고 있는 자원이 B에게 중요할 때(important)
- A가 보유하고 있는 자원의 대체재가 없을 때(non-substitutable)

**자원(resource)과 권력(power)의 쉬운 예**

자원과 권력! 대단한 것처럼 들리지만 사실 아주 간단한 논리이다.

부모와 자식 간 관계를 생각해보자.

- 부모가 제공하는 자원, 특히 정서적 지원은 오직 그 부모만이 제공할 수 있으며(scarce · no alternative),
- 부모가 제공하는 물질적 · 정신적 자원은 자식들에게 중요하고(important),
- 부모의 지원과 자원에는 실질적으로 대체재가 없다(non-substitutable)!

따라서 부모-자식 간에는 필연적으로 권력관계가 존재한다. 이때 부모가 보유한 자원의 크기는 자식에 대한 권력의 크기를 결정한다. 쉽게, 금수저, 흙수저 논리를 대입시켜보자.

자식들에게 금수저를 물려준 부모들과
흙수저를 물려준 부모들.
어느 부모들이 자식에게
더 큰 권력을 행사할까?
자원에 대한 의존성이 권력의
기반이라는 점을 생각하면 답은 쉽게 나온다.

## 1.2. 권력의 유형

미국 심리학자 존 프렌치(John French)와 버트램 레이븐(Bertram Raven)은 개인 혹은 집단이 타인과 타 집단에 영향을 미칠 수 있는 다섯 가지 유형의 권력을 제시하였다.

"권력에는 공식적 권력뿐 아니라
비공식적 권력도 있다"

존 프렌치(John French) & 버트램 레이븐(Bertram Raven)

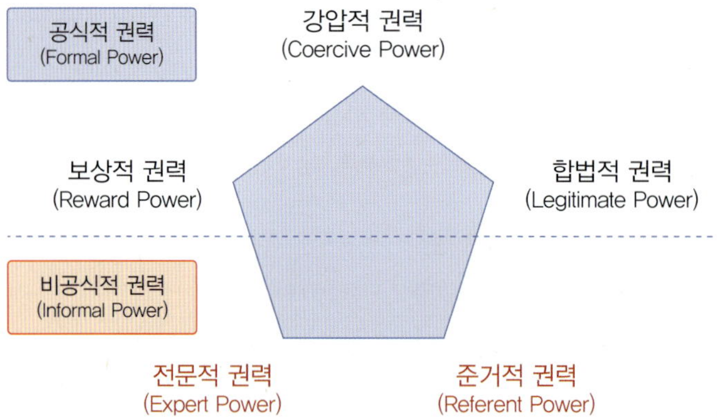


공식적 권력(formal power)

**공식적 권력(formal power)**은 가장 전형적 형태의 권력으로 지위에 기반한 권력을 말한다. 공식적 권력은 강압적, 보상적, 합법적 권력을 포함한다.

강압적 권력(coercive power)
보상적 권력(reward power)
합법적 권력(legitimate power)

- **강압적 권력(coercive power)**: 두려움을 기반으로 한 권력으로 협박과 강압을 통해 권력을 행사.
- **보상적 권력(reward power)**: 다른 사람들이 가치있다고 생각하는 것(예: 급여인상, 승진)을 보상으로 제공함으로써 권력을 행사.
- **합법적 권력(legitimate power)**: 공식적 위계·서열에서의 지위 및 직책을 기반으로 권력을 행사.

비공식적 권력(informal / personal power)

**비공식적 권력(informal / personal power)**은 공식적 지위가 아닌 개인 특성에 기인한 권력을 말한다.

전문적 권력(expert power)
준거적 권력(referent power)

- **전문적 권력(expert power)**: 전문적 기술과 지식에 근거한 영향력으로 가치있는 정보와 지식을 공유해 줄 것이라는 신뢰를 바탕으로 하는 권력.
- **준거적 권력(referent power)**: 개인이 보유하고 있는 자원 혹은 개인적 특성을 기반으로 한 영향력으로 인간적 매력, 존경, 신뢰를 기반으로 하는 권력이다. 사람들은 어떤 사안을 결정하거나 행동할 때 자신이 존경하는 대상을 따라하려는 경향을 보이는데, 이 경우 존경이 다른 사람의 행동에 영향을 주는 주요 요인이 된다.

이상 다섯 가지 권력의 원천(sources of power)에 더하여 현대 기업활동에서는 정보의 신속한 획득, 활용, 공유가 개인 및 조직 성과에 큰 영향을 미치고 있다. 업무관련 전문성과 지식이 힘(Knowlede is power)이라는 전통적인 원천에 더하여 이제는 정부와 업계의 동향, 경쟁자의 움직임, 새로운 상품, 고객 트렌드 등에 대한 정보가 새로운 형태의 권력이 되고 있다(information power). 예를 들어 중앙은행의 이자율 공시, 실업율 증가·감소 등의 통계치는 발표되는 순간 몇 초 안에 증권거래에 영향을 미치는 만큼 정확한 정보를 남들보다 빠르게, 혹은 적어도 실시간으로 확보하고 활용하는 것은 중요한 업무능력임과 동시에 권력이 되기도 한다.

**그룹토론문제**

(1) 다섯 가지 유형의 권력 중 조직 내에서 가장 효과적 권력은 무엇이라고 생각하는가? 그 이유에 대해서 논해보자.

(2) 조직의 위기상황에서 가장 효과적인 권력은 무엇이라고 생각하는가? 그 이유에 대해 논해보자.

### 당신은 어떤 유형의 권력을 행사하는가?

여러 가지 권력유형 중 어떤 형태의 권력을 활용하는 것이 효과적일까?

-2020년 드라마 꼰대인턴 중-

- 지위를 이용해 억압적으로 일 시키는 상사!

업무적합도? 나 그런거 몰라~ 그냥 하라면 해!
현재 일 진행상태? 그걸 내가 알아야 해?! 시키면 그냥 무조건 해~!

- 업무도 잘 모르면서 간섭하는 상사!

아는 것도 없으면서 일일이 간섭하고, 부하직원만 x잡듯 잡는다.

- 업무실수 및 착오에 엄청 모욕을 주는 상사!

인간적으로 해도해도 너무한다. 꼬투리만 잡았다하면 그날은 죽는 날이다.

나도 소리 지를 줄 안다고~~~!!
이 xx들아~~!!

위 사례들에서 리더는 공식적으로 부여된 합법적 권력(legitimate power)을 기반으로 강압적으로 부하들을 협박하고 통제(coercive power)하는 방식을 활용하고 있다. 부정적 상사의 대명사인 "꼰대상사". 권력남용은 직원들의 반발과 사기저하, 수동적 업무수행 등 많은 부작용을 유발시킨다. 조직에서 부여한 지위에 의존하기 보다는 자신만의 능력이나 인간적 매력 등을 활용하는 것이 효과적이다.

전문적/준거적 권력(expert, referent power)의 경우 직원들의 만족, 조직몰입, 성과향상 등에 긍정적인 효과를 보인다. 자신에게 주어진 합법적 권한(legitimate power)을 활용하는 것도 필요하지만 이 방식은 좋지도 나쁘지도 않은 결과를 보인다. 보상적 권한(reward power)의 경우는 보상이 직원들의 욕구와 필요성에 부합하는 경우 효과적이다. 그러나, 단기적인 효과에 그치는 경우가 많다. 이는 외부보상에 의한 동기변화와 성과향상에는 한계가 있기 때문이다.

권력행사에서는 전문적/준거적 권력이 가장 바람직한 형태인데, 전문적이라고 해서 아인슈타인 같은 천재가 될 필요도, 준거적이라 해서 위인이 되라는 것이 아니다. 자기영역에서 충분한 경험과 지식을 쌓고, 부하직원들을 배려하는 것으로도 족하다. 그러나, 좋은 상사보다는 나쁜 상사가 많은 현실은 이 두 가지가 그리 쉽지 않다는 것을 보여주기도 한다. 하지만 그 과정과 노력만으로도 선한 영향력을 행사할 수 있을 것이다.

## 1.3. 권력전술

다양한 유형의 권력을 행사하고, 주변 사람들의 태도와 행동을 내가 원하는 방향으로 변화시키기 위해서 아래 열거되는 아홉 가지 권력전술(power tactics)을 사용할 수 있다.

- 합법성(legitimacy)
- 이성적 설득(rational persuasion)
- 영감적 호소(inspirational appeals)
- 협의(consultation)
- 교환(exchange)
- 개인적 호소(personal appeals)

- 아부(ingratiation)
- 압력(pressure)
- 연합(coalitions)

피권력자가 성과에 관심을 보일 때, 이성적 설득, 영감적 호소, 협의와 같은 방식이 효과적이며, 지시와 명령 등으로 압력을 가하는 경우 합법성과 아부를 함께 섞어주는 것이 부정적 반응을 감소시키는 데에 효과적이다.

### 효과적으로 권력행사를 하기 위한 방법: 최강의 영향력!

사람들은 다양한 권력유형을 효과적으로 활용하여 다른 사람에게 영향력을 행사하고자 한다. 최신 뇌과학 연구에 따르면 우리의 뇌는 다른 사람에게 자신의 의견을 피력하고 지식이나 지혜를 전달할 때 보상 부위도 활성화된다. 자신의 의견이나 지식을 전하며 누군가에게 영향을 미치는 것은 사람의 본능과도 같다는 뜻!

이 책에서 뇌과학자 탈리 샤롯(Tali Sharot)은
수십 년간의 연구결과에 근거하여
최강의 영향력을 행사할 수 있는 방법을 제안한다.

1. 공통점에서 출발하라! 반대되는 데이터와 증거로 상대의 신념, 선입견을 바꿀 수 없다. 사람들은 자신이 알고 있는 것이 아닌 경우, 즉각 거부 · 필터링한다.
2. 감정에 호소하라! 감정은 놀라운 지배력을 갖고 있다. 이성적 설득보다 훨씬 즉각적이고 강렬한 효과를 갖는다.
3. 채찍보다는 당근을 써라! 위협보다 이득을 주는 것이 효과적이다.
4. 위임해 보라! 통제력을 행사하고 싶은 마음을 꾹 눌러참고, 타인에게 권한을 넘겨주는 방식은 엄청난 효력을 발휘한다. 이케아 효과(IKEA effect)! 사람들은 좀 엉터리 같아도 자기가 만든 것에 애착을 느낀다. 직접하게 하라.
5. 긍정성을 유지하라! 절망이 아닌 희망의 메시지를 전달할 때 영향력이 강해진다.

출처: 탈리 샤롯(안진환 역), 2019

### 1.4. 권력의 순기능

권력을 소유하고 있다는 것 자체는 권력소유자에게 다양한 이점을 준다. 권력소유자는 독립성, 긍정적 자아개념, 확장된 능동적 자아뿐 아니라 의사결정, 창의성, 적응성(adaptivity)에서도 혜택을 누린다. 권력소유로 인한 이점은, 반대로 이러한 이점 때문에 사람들이 권력을 추구하는 것으로 해석될 수 있다. 권력 자체를 즐기는 권력욕구(need for power)가 강한 사람도 있겠지만 조직에서 구성원들이 권력을 추구하는 것은 권력소유로 인한 혜택때문이다. 권력소유와 관련된 이론을 살펴보자.

#### (1) 기능적 이론

기능적 이론(functional theory of power)

**기능적 이론**(functional theory of power)은 인간본성에 대한 노골적 고찰에 근거한 이론이다. 권력이 있으면 다른 사람이나 상황에 대한 의존성이 낮아지기 때문에 권력소유자의 복지와 전반적인 만족도를 높여준다. 의사결정에 있어서도 언제든지 **자신의 뜻에 따라 결정을 수정 · 보완 · 변경**할 수 있다. 즉, 권력소유로 인한 이점은 그 누구의 눈치를 보지 않아도 된다는 것.

#### (2) 접근동기 이론

접근동기 이론(approach motivation theory of power)

행동활성체계(behavior activation system)

행동억제체계(behavior inhibition system)

**접근동기 이론**(approach motivation theory of power)은 권력이 부여하는 다양한 자원들이 목표달성을 용이하게 함을 강조한다. 권력은 자원, 기회, 자신감, 인지과정의 자동성, 행동통제요구의 감소 등과 같은 **행동활성체계**(behavior activation system)를 유발시킴으로써 적극적 목표추구를 가능하게 한다. 반면 권력이 없는 경우 처벌, 제약 등으로 인해 발생하는 부정정서, 그리고 경계심과 같은 **행동억제체계**(behavior inhibition system)가 활성화되기 때문에 목표추구를 어렵게 만든다. 일단 어떤 유형이든 권력이 있다면 적극적인 목표추구가 가능하다는 얘기.

#### (3) 상황초점 이론

상황초점 이론(situated focus theory of power)

인지적 융통성(cognitive flexibility)

**상황초점 이론**(situated focus theory of power)의 핵심은 권력이 부여하는 **인지적 융통성**(cognitive flexibility)이다. 권력소유자는 현재상황에서 자신의 욕구와 목표에 관련된 상황·대상에만 선택적 주의를 기울이고, 그 나머지 관심이 없거나 중요하지 않다고 판단되는 사항들은 무시할 수 있는 인지적 융통성이라는 혜택을 누릴 수 있다. 이와 같은 정보처리 방식은 상황에 따른 신속한 결정와 행동을 가능하게 한다. 주어진 상황에서 자신에게 중요한 것들에 우선순위를 두고 핵심정보에 집중을 할 수 있는 권한은 위급상황에서 효과적인 위기관리를 가능하게 해준다. 즉, 권력소유자는 하고 싶은 것에만 집중할 수 있다.

### 권력은 결국 부패하는가(Does power corrupt)?

권력은 조직 내 · 외부적으로 사회적 영향력을 행사할 수 있게 해줄 뿐 아니라 권력 소유자 본인에게도 긍정적인 자아개념, 정서, 동기, 인지적 여유, 창의성, 위기관리 등의 다양한 이점을 준다. 문제는 "자기 마음대로 할 수 있다"는 것에 익숙해지다보면 사람들은 자신의 이익을 추구하는 이기적인 결정을 하게 된다. 내가 기여도 많이 하고 잘났으니 남들보다 더 받는게 점점 당연해진다. 자기중심적 정당성 부여(self-serving self-entitlement)!

자기중심적 정당성 부여(self-serving self-entitlement)

자신의 권력에 취하다보면 사익추구를 당연시하고, 지키지도 않을 약속을 천연덕스럽게 하는 등 비윤리적인 행동을 죄의식 없이 하게 된다. 문제라는 것은 분명하지만, 사실 이건 인간의 본능이다. 실험결과에 의하면 5살짜리 아이도 자기에게 결정권이 있으면 물건이 필요한 아이들과 물건을 나누지 않고, 자기가 다 갖는다고 한다. 그렇다고 권력남용행위를 당연한 것으로 이해해야 한다는 것은 아니다. 권력에는 책임도 따르기 때문이다.

권력자가 어떤 행동이든 할 수 있다는 사고방식은 동 · 서양을 막론하고 존재했다. 서양에서 왕을 태양 · 신의 아들이라고 하는 주장, 동양에서 왕을 하늘의 대리인 · 아들이라고 하는 주장은 "왕은 어떤 행동을 해도 된다"는 정당성의 근거가 된다. 동양에서의 군왕무치(君王無恥: 왕은 지배자로서 그 어떤 행동도 부끄러워할 필요가 없다)! 이 같은 말들은 권력자에게 날개를 달아준다.

절대권력은 절대적으로 부패하기 마련(absolute power corrupts absolutely)!

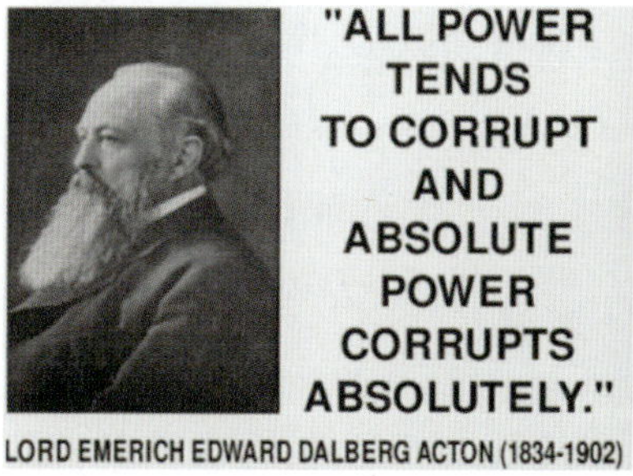

국가는 물론 조직에서 권력을 가진 자가 권력에 취해 비윤리적 전횡을 하는 경우 그 폐해는 말할 수 없이 크다. 특히 조직의 상층부로 갈수록 더 그렇다. 그렇다면 이같은 권력의 부패와 전횡에 영향을 미치는 요인을 살펴보자.

권력자의 도덕성(moral identity)
권력의 안정성(power stability)
경쟁집단의 존재(intergroup conflict, rivalry)
사회 · 조직의 문화(culture)

- 권력자의 도덕성(moral identity): 권력에 취하는 것이 사람의 본능이지만 항상 스스로를 경계하고 권력의 무게에 책임을 져야한다. 도덕성의 결여는 권력 부패와 전횡으로 직결된다.
- 권력의 안정성(power stability): 권력 안정성은 낮은 것이 좋다. 한번 왕은 영원한 왕? 평생 권력자라는 것은 "남의 눈치 볼 필요없이 네 맘대로 뭐든 다~ 할 수 있다"라는 타이틀을 부여하는 것!
- 경쟁집단의 존재(intergroup conflict, rivalry): 경쟁상황에서는 지도자의 권한이 강해지지만 반면, 조직이나 집단의 존폐가 달린 상황에서 불합리한 사익을 추구할 여유가 없다. 조직을 위해서라기 보다는 지면 내 밥그릇이 날라가고 내가 끝장난다는 절박함!
- 사회 · 조직의 문화(culture): 권력이 개인이익을 극대화하기 위한 기회이고 이런 행동이 당연한(self-entitlement) 개인주의문화(individualistic culture)에서는 권력의 사유화(personalized power) 경향이 강하다. 반면, 집단주의적 문화(collectivistic culture)에서는 권력이 공익과 사회적 책임과 관련된 형태로 나타나고 사익추구가 지탄의 대상이 된다. 그렇다고 동양권에 권력비리가 꼭 적으냐? 이건 뭐 말할 필요도 없는 것 같다. 그럼에도 불구하고 권력의 사유화보다는 사회화된 권력(socialized power)시스템이 권력남용과 부패를 약화시키는 것은 사실이다.

구조적 장치

**결론**: 권력자에게 도덕성을 강조하기보다는 구조적 장치를 통해 권력이 개인보다는 집단의 이익을 위해 쓰이도록 여건을 조성하는 것이 중요하다.

## 1.5. 권력과 사회적 지위

사회적 지위(social status)
사회적 가치(social value)

조직행동학에서 권력과 유사하면서도 상당히 다른 개념이 사회적 지위(social status)이다. 권력이 타인이 원하는 어떤 자원의 소유여부에 따라 자동으로 생기는 부산물이라면, 지위는 다른 사람들이 특정 개인이나 집단에게 부여하는 사회적 가치(social value)이다. 권력이 객관적 통제권이나 재물의 소유에 따른 것인 반면, 지위는 다른 사람들의 주관적 판단에 의해 부여되는 것이다. 따라서, 사회적 지위는 명망, 존경, 경의(prestige, respect, admiration) 등으로 칭해지기도 한다. 기업경영에서 흔히 나타나는 소유와 경영의 분리와도 일맥상통한다. 권력이 소유라면 지위는 경영!

| | 지위 낮음 | 지위 높음 |
|---|---|---|
| 권력 낮음 | 아무 것도 없다. Nothing! | 아무 것도 가진게 없는데 사람들이 따르고 존경한다. |
| 권력 높음 | 가진게 많은데 사람들이 무시한다. | 가진 것에 상응하는 사회적 지위와 존경을 받는다. |

권력과 지위가 모두 높거나 혹은 모두 낮은 경우는 사실 별 문제가 없다. 평온한 균형상태. 물론 둘 다 낮은 경우, 인생은 피곤해진다. 둘다 높은 경우, 당연히 타인보다 행복하게 인생을 향유할 수 있는 필수조건이 충족된다. 문제는 권력과 지위 간 불균형 상태이다. 돈을 엄청 벌어서 떵떵거리면서 사는데 주변사람들이 땅 투기꾼, 복부인, 벼락부자라며 무시한다? 없는 것들의 질시라고 생각하면서도 자격지심이 심히 발동한다. 반면 재산도 합법적 권위도 없지만 사람들이 인정하고 따른다. 비공식적 인플루언서? 그렇지만 빛 좋은 개살구. 당장 먹고살기도 힘들다. 배부른 돼지 대 배고픈 소크라테스? 당신의 선택은? 바로 여기서 우리가 5장에서 배운 가치(value)라는 것이 작동한다.

### Two ways to the top: 사회적 지위를 얻는 두 가지 방법!

권력을 획득하기 위해서는 자원을 구축하면 된다. 그렇다면 사회적 지위는?

인간의 지위추구전략(status seeking strategies)에 대한 최근의 사회심리학 연구들에 의하면 사회적 지위와 영향력을 확보하는 데에는 두 가지 방법이 있다.

- 지배추구(dominance seeking): 타인을 강압적으로 찍어누르고 신체적 · 정신적 위해를 가하겠다는 협박을 통하여 두려움에 못이겨 할 수 없이 지위를 인정하게 함.
- 명망추구(prestige seeking): 사회적으로 가치가 있는 능력, 이타적인 행동, 집단복지, 성과에 대한 기여 등을 통해 인정을 받고 사회적 지위를 부여받음.

지배추구(dominance seeking)
명망추구(prestige seeking)

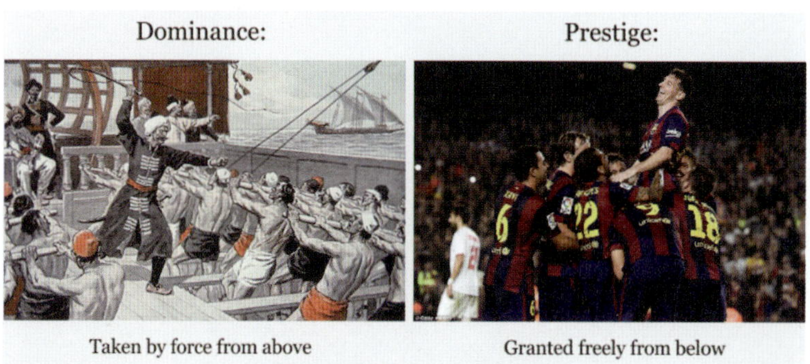


출처: https://meltingasphalt.com/social-status-down-the-rabbit-hole/

사회적 지위를 얻기 위한 두 방식은 얻는 과정도 크게 다르지만 결과에서도 확연한 차이를 보인다. 앞서 권력유형에서도 보았듯이 강압적 권력(coercive power)의 효과는 단기적이고 많은 부작용을 초래한다. 지배추구에 의한 지위도 마찬가지. 다른 사람들이 어쩔 수 없이 인정하는 지위는 무너지게 마련이다. 더군다나 최근 사회연구에 따르면 권력의 차이가 그닥없는 동료집단 내에서의 지배추구행위는 단기적으로라도 사회적 지위로 연결되지 않음을 보여준다. 엄한 지배추구행위는 자신이 사회부적응자라는 것만 보여주는 것 밖에 안된다.

> 전문성, 인간적 매력으로 인한 권력(expert, referent power)의 효과가 긍정적인 것처럼 사회적 지위를 명망추구를 통해 획득하는 경우 지위, 인정, 명망 간 긍정적 상호작용으로 시간이 지남에 따라 더욱 높은 지위와 영향력을 확보하게 된다. 결국 사람들은 능력이 있으면서도 친사회적인 사람을 믿고 따르게 되며 시간이 지날수록 신뢰가 쌓이면서 그 효과는 더욱 커진다.
>
> 출처: Redhead, D., Cheng, J. T., Driver, C., Foulsham, T., & O'Gorman, R., 2018

## 2. 정치적 행동

### 2.1. 정치적 행동의 개념

정치(politics)
정치적 행동(political behavior)
조직정치(workplace politics)

**정치**(politics)란 권력을 획득하거나 증가시키기 위한 일련의 과정을 말한다. **정치적 행동**(political behavior)은 조직에서 요구되는 공식적 역할이 아닌 **권력을 확보하고, 권력에 편승하고자 하는 부수적 행동**이다. 조직목표달성에 필요한 업무활동이 아니기에 정치적 행동은 당연히 안하는 것이 좋지만, 인간사회에서 권력과 지위의 차이가 불가피한만큼 **조직정치**(workplace politics)는 어느 조직에나 필연적으로 있게 마련이다. 따라서 조직구성원들의 정치적 행동의 불가피성을 인정하고, 무조건 억압하기 보다는 합리적으로 관리를 해주는 것이 필요하다.

합법적 정치적 행동(legitimate political behavior)
비합법적 정치적 행동(illegitimate political behavior)

- **합법적 정치적 행동**(legitimate political behavior): 불평(complaining), 우회(bypassing), 방해(obstructing) 등 일상적인 형태의 정치적 행동.
- **비합법적 정치적 행동**(illegitimate political behavior): 파괴(sabotage), 모함·고발(whistle–blowing), 상징적 항의(symbolic protest) 등 규범에 어긋나는 극단적인 형태의 정치적 행동.

합법적 정치적 행동들은 조직 내의 부조리와 불합리한 업무절차의 비효율성을 지적하고 개선하고자 하는 선의의 행동으로 해석해야 할 부분도 분명히 있다. 그러나, 그 행동이 비합법적인 방식으로 전개될 경우, 행동의 의도와 파급효과가 상당히 부정적이게 된다. 상징정 항의나 데모와 같은 경우 구성원들이 항의를 해도 어차피 상황을 바꾸거나 개선하기가 쉽지 않고, 그 과정이 구성원들 스스로에게도 위험과 손해를 가져오며, 장기적으로 다른 구성원들에게도 부정적인 영향을 초래한다. 물론 합법적· 비합법적 정치적 행동의 경계는 애매하기도 하고, 보는 사람들의 관점이나 행동주체의 숨은 의도에 따라 의미가 불분명해지기도 한다. 그럼에도 불구하고 정치적 행동이 가지는 파급효과를 고려할 때 이를 터부시 하고 소극적으로 회피하는 방식이 적절한지, 적극적으로 개선활동에 나서야 할지에 대한 지속적 고민이 필요하다.

### 사내정치(office politics)의 현실

사람 셋만 모여도 정치가 시작되는데 수많은 사람들이 모여 다양한 업무목표를 추구하는 조직에서 이해관계의 상충과 조정은 어찌 보면 당연한 일이다. 정치적 인간(homo politicus)? 사실 정치는 진화론적으로 인간의 본능이라고 할 수 있다.

「침팬지 정치(Chimpanzee politics)」라는 책을 보면
침팬지 사회에서 나타나는 협상, 모략, 연대, 축출 등
다양한 정치활동들을 적나라하게 보여준다.
거의 삼국지 수준! 침팬지들도 스스로의 능력만큼이나
누구랑 친한지가 삶의 질에
결정적 영향을 주기 때문에 어쩔 수 없다.
줄을 잘 서야 인생이 평화롭고 풍요로와진다.

그렇다면 조직구성원 입장에서 어떻게 정치에 대처해야할까? 고상하게 일만 열심히 하면 주변에서 알아주고, 승진도 하는데 왜 굳이 그런 골치 아픈 일을? 그건 너무 순진한(naïve) 생각이다. 세상이 그리 만만치가 않다. 조직에서는 그 누구도 사내정치에서 자유로울 수 없다! 직장인들 대다수는 사내정치에 직접개입하고 싶지는 않지만 조직의 현실이기에 신경을 써야한다고 이야기한다.

잡플래닛에서 직장인 2만3,000여 명을 대상으로 실시한 설문조사 결과, 직장인 10명 중 8명이 사내 정치를 경험하고 있다고 응답했다.

**회사에 사내 정치 · 파벌이 존재하는가?** (단위 = %)

| 매우 많다 | 일부 있다 | 전혀 없다 |
|---|---|---|
| 39.1 | 44.2 | 16.7 |

'2019년 기준, 자료=잡플래닛

개인주의와 합리성을 강조하는 서구조직들에서도 사내정치는 직장인들에게 중요한 이슈. 일을 하면서도, 퇴근을 해서도 일단 모이면 하는 얘기에 모두 정치적 의도가 섞여있다.

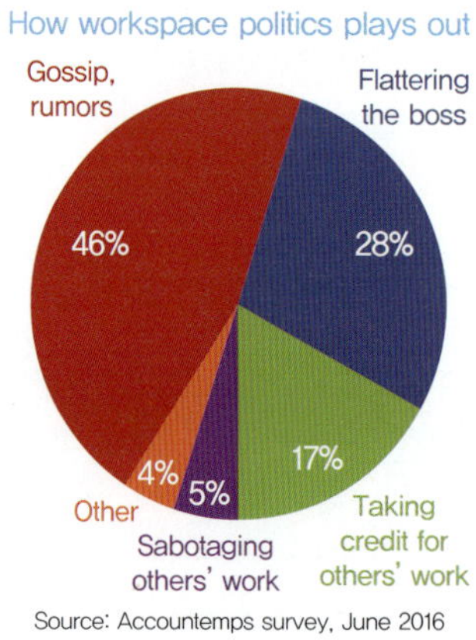


서구 조직과 국내 조직의 사내정치 패턴을 보면
신기하게도 주로 뒷담화, 상사에게 아부,
성과 훔치기 등의 행동들이 공통적으로 나타난다.
동서양을 막론하고 나타나는 인간의 정치적 본능!

2016년 취업 포털 사람인이 직장인 1,412명을 대상으로 '사내 정치로 피해 입은 경험'을 물었는데, '스트레스 가중'(73.2%, 복수 응답), '부당한 책임 추궁'(39.8%), '인격 모욕'(30.7%), '업적 빼앗김'(30.4%) 등 다양한 피해사례가 보고되었고, 사내정치 때문에 이직을 경험한 적이 있다는 응답도 46.2%나 됐다. 사내정치는 피할 수 없는 인간의 숙명이다. 이를 어떻게 관리해야할지는 경영자들이 풀어야할 쉽지 않은 과제이다.

출처: https://www.mk.co.kr/news/business/view/2021/02/139914/

## 2.2. 정치적 행동의 선행요소

조직에 대한 투자(organizational investment)

성공에 대한 기대(expectations of success)

조직정치와 정치적 행동은 불가피한 요소이지만 조직과 개인에 따라 다른 수준을 보이는 것도 사실이다. 조직환경측면에서는 명확한 기준이 없을 때, 제도실행 상 불공정이 발생할 때, 의사결정의 투명성이 확보되지 않을 때 구성원들은 정치적 행동을 보이기 시작한다. 그러나, **조직에 대한 투자**(organizational investment) 정도 및 조직 내에서 **성공에 대한 기대**(expectations of success)가 높을 경우 위험한 정치적 행동을 하지 않는다. 문제는 조직에 대한 투자와 성공에 대한 기대가 낮은 구성원들의 경우 그 돌파구로 높은 정치적 행동성향을 보인다는 것. 상황이 불확실하고 잃을게 별로 없다고 판단될 때 도박을 해보자는 심리가 생기며 사내정치에 발을 담근다. 위험하고 무책임한 선택이지만, 현실적으로 조직이 단순히 능력이나 성실하게 일하는 것만으로 안정적 생활이 보장되는 것이 아닌만큼 적어도 사내정치의 희생자는 되지 않도록 항상 경각심을 가져야 하는 것 또한 사실이다. 조직 내에서 사내정치와 구성원들의 정치적 행동을 유발시키는 주요요소들을 살펴보자.

- 개인적 요소(personal factors):
  - 높은 자기감시 성향(self-monitoring): 상황적응력이 뛰어난 사람들. 눈치도 빠르고 자기에게 유리한 행동이 어떤 것인지 바로 파악.
  - 높은 내적 통제감(internal locus of control): 자신이 상황을 변화시키고 통제한다고 생각하는 사람들. 유리한 상황은 내가 만든다.
  - 높은 마키아벨리즘(Machiavellianism): 결과를 위해서는 그 어떠한 수단을 써도 된다고 믿는 사람들. 내가 인정 받기 위해서라면 무슨 짓이라도.
  - 높은 이직 용이성(perceived job alternatives): 현재 몸담고 있는 조직 외에도 갈 곳이 많다고 생각하는 사람들. 위험행동에 부담이 적다. 여차하면 튀면되니까.

개인적 요소(personal factors)

- 조직적 요소(organizational factors):
  - 자원재분배(resource reallocation): 승진 기회(promotion opportunities), 인센티브 등의 결정이 이루어지는 경우.
  - 조직원 간 신뢰가 낮을 때(low trust)
  - 역할이 모호할 때(role ambiguity)
  - 불명확한 성과평가(unclear performance evaluation): 보상기준이 명확하지 않은 경우.
  - 제로섬 보상시스템(zero-sum reward system): 한 사람이 얻으면, 한 사람은 잃을 수밖에 없는 경우.
  - 의사결정이 민주적(democratic decision making): 정치적 행동으로 의사결정에 영향을 줄 수 있다고 믿을 경우.
  - 성과에 대한 압력이 강한 경우(high performance pressure)
  - 자기위주편향이 강한 상사(self-serving supervisor): 상사가 항상 부하직원 탓만 하는 경우.

조직적 요소(organizational factors)

**사내정치(office politics)에서 살아남기!**

조직에서 정치적 행동을 유발하는 개인과 조직의 특성과 조건들을 보면 모든 조직의 현실로 받아들여야 할 것 같다. 다소 차이가 있을 뿐 누구에게나, 어느 조직에나 있는 특징들이기 때문이다. 그렇다면 사내정치에서 어떻게 살아남을 수 있을까? 다음과 같은 생존전략을 적용해보자.

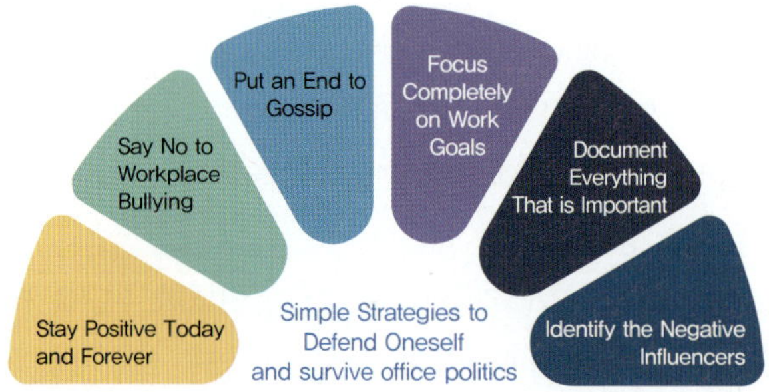


출처: https://empxtrack.com/blog/how-to-avoid-office-politics/

가급적 긍정적 자세로 일에 집중하고, 까칠한 인간들은 최대한 피하자.

무리한 요구를 해오면 과감하게 "노우(No)"라고 얘기하고, 향후 문제발생을 대비해서 증거를 확보하자. 사내정치는 피할 수 없다. 그러나 어떤 식으로든 그 에너지를 긍정적인 방향으로 틀어주어야 한다.

## 2.3. 개인의 정치적 행동과 인상관리

인상관리(impression management)

현실에서 경쟁과 정치는 자원의 희소성(resource scarcity)에 따르는 당연한 결과이다. 정치적 행동과 비슷한 맥락의 **인상관리(impression management)**가 있다. 인상관리는 **다른 사람들이 자신에 대해서 갖는 이미지를 관리하고자 하는 노력과 행동**을 말한다. 사람들은 순응, 핑계, 사과, 아첨, 부탁 들어주기, 유대, 자기홍보 등을 통하여 타인에게 좋은 인상을 주기 위해 노력한다. 8장에서 나온 자기제시행동(self-presentation behavior)과 비슷한 개념으로 사회생활을 하면서 의도적·비의도적으로 나타나는 자연스러운 행동이다.

여기서 생각해볼 문제!

- 정치적 행동은 부정적인 것이고, 인상 혹은 이미지 관리는 긍정적인 셀프 브랜딩(self-branding) 활동인가?
- 어떤 것이 정치적 행동이고, 어떤 것이 이미지 관리인가?

정치적 행동과 이미지 관리의 구분은 명확하지 않으며 보는 사람의 관점에 따라 동일한 행동이 달리 해석될 수 있다. 결국은 행동에 대한 설명, 귀인(attribution)의 문제.

| 정치적 행동(political behavior) | 인상관리(impression management) |
|---|---|
| 남 비판하기 | 책임 명확히 하기 |
| 아부 · 아첨하기 | 좋은 관계 구축 |
| 남에게 책임 미루기 | 권한 위임 |
| 갈등유발 | 변화와 혁신 |
| 편을 짜고 파벌 조성 | 팀워크 |
| 고발 · 밀고 | 조직 부조리 · 불합리성 공유 |
| 기회주의 | 영민함 |
| 교활함 · 얍삽함 | 실용적 마인드 |
| 승진을 위한 로비 | 적극적 경력관리 |

그룹토론문제

(1) 정치적 행동이 개인에게 갖는 장 · 단점은 무엇인지 논의해보자.

(2) 정치적 행동이 조직전체에 갖는 장 · 단점은 무엇인지 논의해보자.

## 3. 조직 내 갈등

### 3.1. 갈등의 개념

갈등(conflict)은 다른 사람이나 집단이 나에게 중요한 자원이나 나에게 유리한 상황에 부정적인 영향을 주었거나 혹은 주려고 할 때 발생한다. 즉, **나에게 손실이 발생 혹은 발생할 것이라 예상되는 상황에서 이를 초래한 대상이나 집단과의 관계에서 발생하는 심리적 긴장과 스트레스 상태**를 말한다. 권력과 지위의 차이에 따른 조직정치가 불가피하듯 서로 다른 목표, 상황에 대한 다른 인식, 그에 따른 대안에 대한 다른 평가, 의사결정 선호도 등 다양한 요소들이 조직 내 갈등을 유발한다.

갈등(conflict)

갈등에 대한 전통적 관점(traditional view of conflict)에서 갈등은 폭력적, 파괴적, 그리고 비이성적 개념으로 바람직하지 않은 것, 피해야 하는 것으로 해석된다. 갈등은 사람들 간 의사소통 및 개방적 태도를 저해하고 불신을 초래함으로써 결국 부정적인 결과로 이어진다는 관점이다.

전통적 관점(traditional view of conflict)

상호주의적 관점(interactionist view of conflict)

반면 갈등에 관한 상호주의적 관점(interactionist view of conflict)에서는 평화롭고 협조적이기만한 업무집단은 정체되어(static) 환경의 변화와 요구에 적절히 대응하지 못할 수 있다는 점을 지적한다. 더불어 갈등에는 다양한 유형이 있고, 각 유형에 따라 기능적(functional) 혹은 역기능적(dysfunctional) 효과를 갖는다고 주장한다.

## 3.2. 갈등의 유형과 효과

업무갈등(task conflict)
관계갈등(relationship conflict)
과정갈등(process conflict)
지위갈등(status conflict)

갈등에 대한 상호주의적 관점에서 제시하듯 다양한 유형의 갈등은 집단과정과 성과에 다른 효과를 갖는다.

(1) 업무갈등(task conflict): 업무의 목적이나 내용에 관한 갈등으로 낮거나 적당한(low to moderate) 수준의 업무갈등은 바람직하다.
(2) 관계갈등(relationship conflict): 대인관계에 기초한 갈등으로 관계갈등은 항상 역기능적이다.
(3) 과정갈등(process conflict): 업무를 진행하는 과정에서 야기되는 갈등으로 낮은 수준의 과정갈등은 바람직하다.
(4) 지위갈등(status conflict): 집단 내의 비공식적 서열경쟁, 혹은 위계관계(pecking order, hierarchy)의 불확실성에 기인한 집단 구성원들 간의 갈등으로 역기능과 순기능 모두를 갖는다.

다양한 형태의 갈등이 상이한 효과를 유발하기도 하지만 이들 갈등이 공존하면서 복잡한 양상을 보이기도 한다. 업무갈등은 업무관련 아이디어의 차이에 기인하며 구성원들의 다양한 관점과 업무에 대한 열정을 반영하고 있어 집단의 성과, 특히 창의성에 긍정적인 영향을 보인다. 과거와 달리 최근에는 업무갈등이 지식관리, 복잡한 문제해결 등의 측면에서 요구되는 사항이 되고 있다. 그러나 업무갈등과 관계갈등이 연계되어 동시에 발생하는 경우, 업무갈등의 순기능은 사라지게 된다.

최근 조직행동관련 연구에서 주목 받고 있는 지위갈등은 집단구성원들이 집단 내의 한정된 사회적 지위를 두고 다투는 상황이기에 구성원 간의 정보교환과 심리적 안전감(psychological safety)을 저해하여 성과에 부정적인 영향을 준다. 지위갈등은 집단의 서열구조(hierarchical structure)를 변화시켜 모든 구성원에게 영향을 주기에 다른 유형의 갈등과 달리 집단전체가 연루되어 파벌이 형성되기도 한다. 더구나 업무 상 의견 불일치로 인한 갈등이 일회성으로 끝나는 경우가 많은 반면 지위갈등에 따른 비공식 서열관계의 변화는 비교적 장기간 지속되는 효과를 가지기에 집단전체가 예민해진다. 나와 친한 동료의 지위가 떨어지면 나 자신도 지위가 떨어지는 느낌을 받기때문에 조직 내 지위갈등전쟁에 참여하게 된다. 갈등 당사자의 국지전이 아니라 집단전체를 뒤흔드는 전면전으로 확대될 가능성이 높고, 따라서 집단과정과 성과에 대한 영향도 클 수밖에 없다.

그럼에도 불구하고, 지위갈등은 구성원들 간의 지위경쟁(status contest) 과정에서 집단에 강한 에너지를 불어넣는 긍정적 기능을 하기도 한다. 우월한 위치에 있는 상대의 지위를 빼앗아 오거나 현재 자신의 지위를 지키기 위한 치열한 노력의 일환으로 동기증진과 더불어 경쟁자보다 높은 성과를 내기 위해 더욱 적극적으로 업무몰입을 하기도 한다. 앞서 **권력의 부패**(power corruption)에 대한 논의에서 보았듯 권력구조의 장기적 안정성은 권력 자체의 변질과 집단전체의 무사안일로 연결될 수 있다. 따라서 집단이나 조직의 위계구조에 어느 정도의 불안정성(structural jolts)과 가변성(hierarchy mutability)의 순기능에 대한 고려도 필요하다.

### 싸움을 막으면 조직은 병든다! 좋은싸움, 나쁜싸움, 이상한 싸움!

사람들은 직장에서 타인과의 충돌을 피한다. 일반적으로 직장문화는 충돌을 방지하는 문화로 형성되어 있다. 우리는 가족이니까~ 해피 패밀리! 그러나 캐나다의 팀워크 컨설팅 회사 '3COze'의 대표인 리엔 데이비(Liane Davey)는 직장 내 충돌을 피하지 말라고 조언한다.

직원들 간 충돌을 피한다고 충돌이 없어지는 건 아니다. 그 순간은 모면할 수 있지만 대립의 원인은 결과적으로 해결되지 않고, 일종의 충돌/갈등의 빚(conflict debt)이 쌓인다.

생산적 충돌(productive conflict)

좋은 싸움: **생산적 충돌**(productive conflict)은 효율적인 의사소통을 기반으로 상대방을 적군이 아닌 아군으로 여기고, 같은 문제를 해결해나아가는 것을 말한다. 따라서 개인적 불만보다는 업무관련 주제로 접근을 하고, 문제를 최대한 객관적으로 보는 것이 필요하다. 좋은 충돌은 누군가 자신의 의견을 이해하고 존중해 줄 때 비로소 끝이난다. 또한 결정을 내리는 과정이 공평해야 좋은 싸움이 된다. 가장 중요한 것은 감정이 아닌 이성으로! 그래야 좋은 싸움이 된다. 물론 현실적으로 쉽지는 않다.

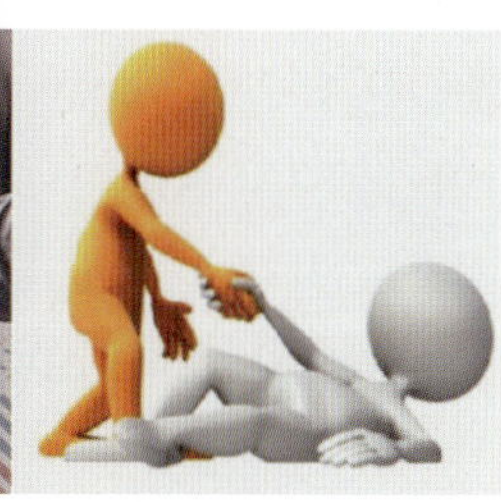

> 업무자체, 혹은 업무를 진행하면서 발생하는 업무갈등, 과정갈등은 좋은 싸움이 될 수 있는 가능성이 높다. 왜? 결국은 그 목적이 회사에 기여하겠다는 공통 목표가 있기 때문. 그러나 이것도 어디까지나 그 충돌의 정도가 낮거나 적당할 때!
>
> 그 정도가 지나치면 감정이 개입되고 좋은 싸움은 더 이상 좋은 싸움이 아니라 애매하고도 이상한 싸움으로 발전된다!
>
> 업무과 상관없이 대인관계에서의 문제로 생기는 갈등, 즉, 관계갈등은 항상 나쁜 싸움이 된다. 왜? 공통목표에 대한 이성적 의견대립이 아니라 난 네가 싫고, 넌 내가 싫기 때문. 주는 것 없이 밉기만 한 이 감정적 투닥거림은 항상 나쁜 싸움일 수 밖에 없다.
>
> 출처: https://www.mk.co.kr/news/business/view/2020/01/93903/

## 3.3. 갈등과정모형

갈등의 시작, 과정, 결과는 크게 5단계로 나타난다.

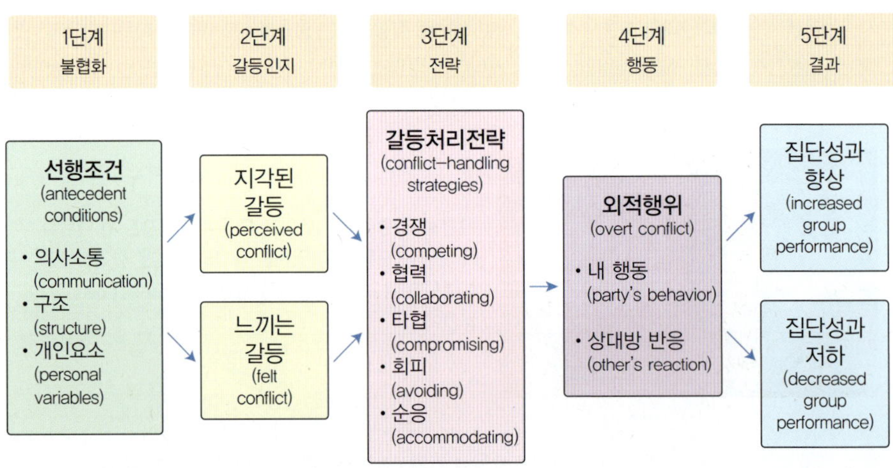


(1) 갈등선행조건: 갈등은 여러가지 요인에 의해 유발될 수 있다.
  - 의사소통에 있어서의 오해나 착오
  - 구조적문제: 업무의 양, 집단구성원 간 혹은 목적에서의 상충, 리더십스타일, 보상체계, 업무집단 간 의존성
  - 개인적 요소: 개인 간 가치 차이

(2) 갈등인지: 갈등을 지각적, 정서적으로 인지

(3) 갈등처리의도에 따른 전략선택: 갈등에 직면하여 어떻게 그 갈등을 해결할 것인

지 전략선택

(4) 행동: 전략에 따른 행동

(5) 결과: 갈등처리방식에 따른 결과도출

### 3.4. 갈등해결전략

갈등에 대처하는 **갈등해결전략**(conflict-handling strategies)은 협조성과 적극성을 두 주요축으로 크게 다섯 가지 유형이 있다. **협조성**(cooperativeness)은 상대의 이익을 고려하는(other-oriented) 방식이며, **적극성**(assertiveness)은 자신의 이익에 초점을 둔(self-oriented) 방식이다.

갈등해결전략(conflict-handling strategies)

협조성(cooperativeness)

적극성(assertiveness)

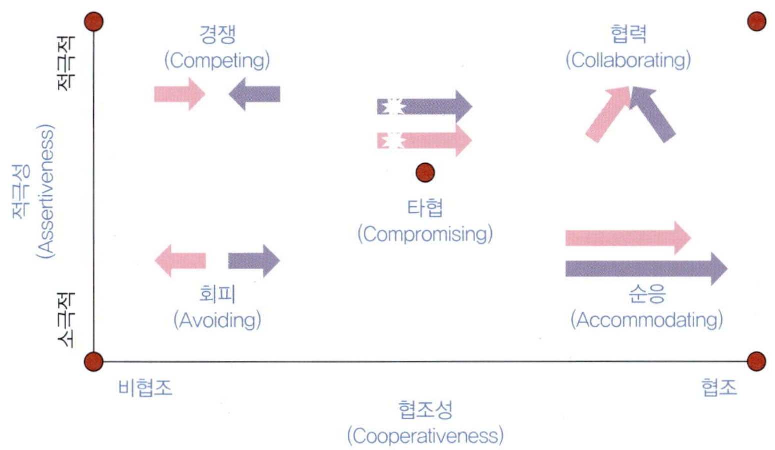


(1) **경쟁**(competing): I win, you lose!

- 비협조적이고 자신의 이익을 적극적으로 극대화하는 전략
- 중요한 이슈에 대한 신속한 결정이 필요할 때
- 자신이 옳다고 확신할 경우

경쟁(competing)

회피(avoiding)

(2) **회피**(avoiding): No winner, no loser!

- 소극적 비협조 전략
- 이슈자체가 사소한 경우
- 자신이 만족할만한 해답이 없다고 생각하는 경우
- 갈등 해결과정에서 얻는 것보다 잃는 게 많다고 판단될 경우
- 즉각적 의사결정보다 정보를 더 모으는 것이 필요하다고 판단되는 경우

협력(collaborating)
순응(accommodating)
타협(compromising)

(3) **협력(collaborating): I win, you win!**
- 협조적이면서도 적극적전략
- 각기 다른 관점을 가진 사람들의 의견을 취합할 때
- 중요한 이슈에 대한 통합적 해결책을 찾고자 할 경우

(4) **순응(accommodating): I lose, you win!**
- 협조적, 그러나 소극적 전략
- 자신이 확실히 틀렸다고 인정하는 경우
- 이슈가 나보다 상대방에게 더 중요할 때
- 미래를 위해서 현재 점수를 미리 따 둘 필요가 있을 경우
- 화합과 안정이 중요한 경우

(5) **타협(compromising): I bend, you bend!**
- 목적이 중요하지만 충돌이나 갈등을 일으킬만한 가치가 없는 경우
- 복잡한 이슈에 대해서 임시방편적 처리가 필요할 경우
- 시간제한으로 빠른 처리가 필요할 경우
- 협조 혹은 경쟁 전략에서 모두 결론을 못 내렸을 경우

**그룹토론문제**

(1) 다섯 가지 갈등해결전략의 장 · 단점이 무엇인지 논의해보자.

(2) 다섯 가지 갈등해결전략에 가장 부합하는 상황에 대한 예시를 들어보자.

## 4. 협상

### 4.1. 협상의 개념

협상(negotiation)
분배적 협상(distributive bargaining)

**협상(negotiation)**은 2인 또는 그 이상의 당사자 사이에 의사소통을 통하여 **상호 만족할 만한 수준으로의 합의(agreement)에 이르는 과정**을 말한다.

협상에 관한 두 가지 관점이 존재한다.

- **분배적 협상(distributive bargaining):**
  - 고정된 양(fixed pie; zero sum)을 분배하는 협상으로 win-lose 게임
  - 상대방의 손해만큼 내가 이익을 얻게 되는 협상
  - 100을 기준으로 내가 20을 가지면 상대방은 80을 가지고, 내가 80을 가지면

상대방은 20만 가질 수 있다.

| | 분배적 협상(Distributive Bargaining) | 통합적 협상(Integrative Bargaining) |
|---|---|---|
| 협상목적 | 내가 최대한 많이 가지기<br>(get all the pie you can) | 나눠야할 것을 키우기<br>(expand the pie) |
| 협상동기 | 내가 이기고 넌 지기(win–lose) | 나도 이기고, 너도 이기기(win–win) |
| 협상초점 | 위치(positions) | 이익(interests) |
| 정보공유정도 | 낮음 | 높음 |
| 관계유지 | 단기적 | 장기적 |

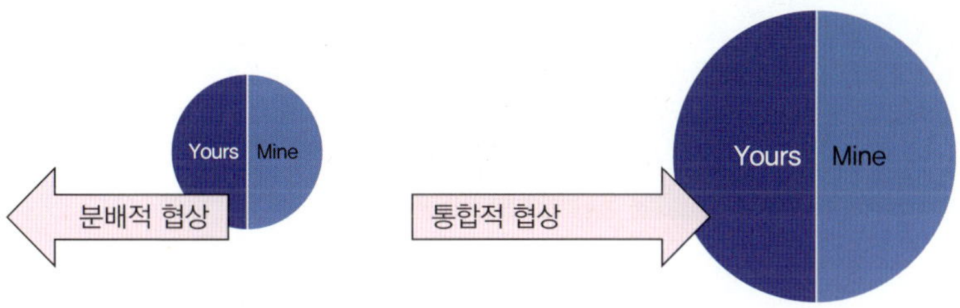


출처: Robbins & Judge, 2016

- 통합적 협상(integrative bargaining):
  - win–win 게임
  - 나도 무언가를 얻고, 상대방도 무언가를 얻는 협상
  - 나와 상대방, 둘 모두의 이익을 키우기

통합적 협상(integrative bargaining)

개인의 특성은 협상에 큰 영향을 미친다. 예를 들어,

- 친애욕구(need for affiliation)가 높은 사람들은 친밀함을 중요시하고, 갈등을 회피하기 때문에 분배적 협상에 약하다.
- 분노를 잘 표현하는 사람들은 분배적 협상에 강하다.
- 긍정적 기분은 통합적 협상에 유리하다.
- 여성이 남성에 비해 협상에 약하다는 결과가 있지만 성별에 의한 차이는 아직 불분명하다.

사회교환이론(social exchange theory)

## 협상: Give and Take? 그런데 주는 사람이 성공한다?

협상을 비롯한 모든 거래관계에서는 "주고받기(give and take)"가 강조된다. 하지만 이는 꼭 협상이나 거래 장면에 국한되는 것은 아니며 모든 인간관계, 조직에서의 업무관계들에도 해당된다. 그래서! 조직행동의 이해에 가장 자주 활용됨과 동시에 강력한 설명력을 갖는 이론적 관점이 바로 사회교환이론(social exchange theory)!

일반적으로 성공에는 재능, 노력, 운이 필요하다. 펜실베니아대학 경영대 교수 애덤 그랜트(Adam Grant)는 성공의 네 번째 요소를 '타인과의 관계'라고 주장한다.

출처: 애덤 그랜트(윤태준 역), 2013

타인과의 상호작용방식에는 세 가지 유형이 있다.

- 기버(giver): 자신의 이익보다 다른 사람을 먼저 생각하는 사람. 더 많이 준다.
- 테이커(taker): 주는 것보다 더 많은 이익을 챙기려는 사람. 더 많이 챙긴다.
- 매처(matcher): 받는 만큼 주는 사람. 주고받기의 계산이 확실하다.

이 세 유형 중 성공의 사다리에서 가장 손해보는 사람은? 당연히 기버다. 맨날 손해보고 제 몫도 못 챙기는 만만한 호구!

그러면 성공의 사다리의 최상층에 있는 부러운 사람은? 또 기버!!

뭐야~?

기버에는 최악의 성적표와 최상의 성적표를 받는 사람들 모두가 포함되어 있다.

성공하는 기버는 호구가 되지 않고, 테이커도 슬기롭게 걸러내는 장치들을 가지고 있다. 관대하지만 만만하지 않은, 호혜의 원칙에 충실한, 이기적이면서도 이타주의인 "똑똑한 기버"들은 남에게 베풀면서도 누구보다도 큰 성취를 이룬다. 협상에서도 넉넉하게 베푸는 듯 하면서, 동시에 자기자신의 이익을 놓치지 않는 윈윈(win-win)전략을 구사한다!

마이크로소프트(MS)의 이사, 이소영 작가는 2021년 출간된 책에서 MS의 사티아 나델라(Satya Nadella) 회장이 '당신은 다른 사람의 성공에 기여한 적 있는가?'라는 질문을 평가에 도입했다고 한다. 왜? 끊임없이 변화하는 세상에서 아무리 똑똑하다해도 혼자서는 한계가 있기때문에 직원들 간 관계에서 파트너십을 가지고 서로 도와야 조직과 개인이 모두 성공할 수 있다는 게 핵심취지!

출처: 이소영, 2021

## 4.2. BATNA

BATNA(Best Alternative To a Negotiated Agreement)는 협상에 의한 합의가 불가능하여 결렬될 경우, 협상 당사자가 취할 수 있는 최상의 다른 대안을 의미한다. BATNA가 협상에서 핵심개념이 되는 이유는 내가 협상에 동의할 수 있는 혹은 양보할 수 있는 가장 낮은 지점(the lowest acceptable value)을 알려주기 때문이다. 협상에서 동의가능한 대안이 내가 다른 협상대상자에게서 얻을 수 있는 대안보다 못하다면 굳이 이 협상을 하고 있을 이유가 없다.

BATNA(Best Alternative To a Negotiated Agreement)

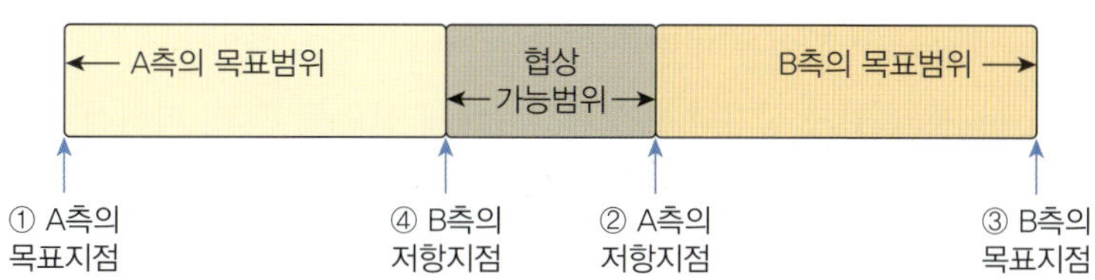


출처: Robbins & Judge, 2016

① A의 목표최대치, 최좌측: 우측으로 갈수록 A가 원하지 않는 상황
② A가 받아들일 수 있는 한계점: 더 우측으로 가는 건 A가 거부하는 상황
③ B의 목표최대치, 최우측: 좌측으로 갈수록 B가 원하지 않는 상황
④ B가 받아들일 수 있는 한계점: 더 좌측으로 가는 건 B가 거부하는 상황

따라서, 협상가능한 대안이 놓일 수 있는 위치는 ②와 ④ 사이의 어딘가라고 할 수 있다. 그림을 다시 살펴보자.

A는 구직자, B는 고용주.

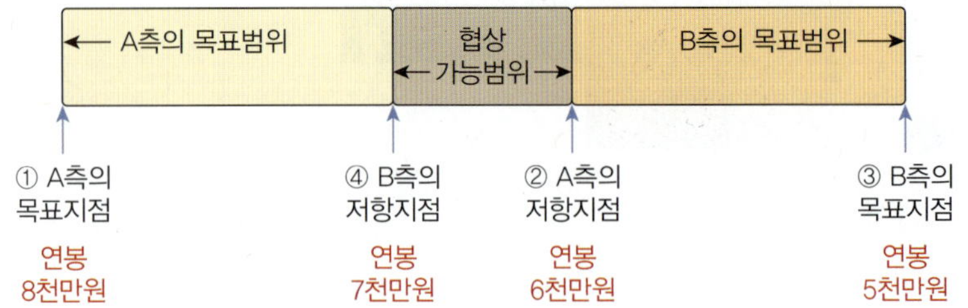


- 구직자인 A가 원하는 목표연봉은 8천만원, 고용주인 B가 원하는 지급연봉은 5천만원.
- A는 6천만원 이하로는 이 회사에서 일을 할 생각이 전혀 없다.
- B는 7천만원 이상을 주고 고용할 생각이 전혀 없다.
- 따라서, 연봉 협상이 가능한 범위는 6천만원에서 7천만원이다. 이 범위에서 협상이 이루어지거나 협상이 결렬된다.

### 4.3. 제3자 협상

나와 상대방 사이에서의 협상이 결렬될 때 제3자(a third party)가 협상에 참여하게 된다.

조정자(mediator)
중재자(arbitrator)
회유자(conciliator)
자문가(consultant)

- 조정자(mediator): 이성, 설득, 대안책을 통해 해결책을 제시하는 중립적 제3자.
- 중재자(arbitrator): 합의를 명령할 권위를 가지고 있는 제3자.
- 회유자(conciliator): 협상자와 협상대상자에게 신뢰를 받고, 따라서 둘 사이에서 비공식적 의사소통을 통해 협상에 도움을 줄 수 있는 제3자.
- 자문가(consultant): 의사소통과 객관적 분석을 통해 갈등관리를 할 수 있는 능력있고 공정한 제3자.

## 핵심용어

- 권력(power)
- 지위(status)
- 정치(politics)
- 의존성(dependency)
- 강압적 권력(coercive power)
- 보상적 권력(reward power)
- 합법적 권력(legitimate power)
- 전문적 권력(expert power)
- 준거적 권력(referent power)
- 정치적 행동(political behavior)
- 인상관리(impression management)
- 갈등(conflict)
  - 업무갈등(task conflict)
  - 관계갈등(relationship conflict)
  - 과정갈등(process conflict)
  - 지위갈등(status conflict)
- 갈등에 관한 전통적 관점(traditional view of conflict)
- 갈등에 관한 상호주의적 관점(interactionist view of conflict)
- 갈등관리전략(conflict-handling strategies)
  - 경쟁(competing)
  - 회피(avoiding)
  - 협조(collaborating)
  - 순응(accommodating)
  - 타협(compromising)
- 협상(negotiation)
  - 분배적 협상(distributive bargaining)
  - 통합적 협상(integrative bargaining)
- BATNA(Best Alternative To a Negotiated Agreement)
  - 조정자(mediator)
  - 중재자(arbitrator)
  - 회유자(conciliator)
  - 자문가(consultant)

## 연 습 문 제

01 권력과 의존성에 관해 간략히 논하라.

02 공식적 권력에 속하는 권력유형과 각 유형의 개념, 특징에 대해 간략히 논하라.

03 비공식적 권력에 속하는 권력유형과 각 유형의 개념, 특징에 대해 논하라.

04 정치적 행동을 유발하는 요소들을 나열하라.

05 정치적 행동을 감소시키는 요소들을 나열하라.

06 네 가지 갈등유형과 각 개념에 대해 간략히 서술하라.

07 다섯 가지 갈등해결 전략에 대해서 논하라.

08 협상의 두 가지 관점에 관해 논하라.

09 BATNA의 개념에 관해 간략히 설명하라.

10 제3자 협상에 대해 논하라.

04 PART

# 조직수준에서의 조직행동

CHAPTER

# 11

# 조직문화와 조직구조

### 학습목표

- 조직문화라는 것은 무엇이며, 어떤 유형이 있고, 어떻게 변화하는지에 대해서 설명할 수 있어야 한다.
- 조직이 어떻게 구성되고 어떤 형태의 조직들이 있는지 설명할 수 있어야 한다.

조직수준에서 기업이 하나의 개체로 운영될 수 있는 것은 조직전체의 업무활동을 공식적으로 규정하는 조직구조, 그리고 눈에 보이지는 않지만 구성원들을 하나로 묶고 그들의 행동을 예측가능하게 해주는 조직문화가 있기 때문이다. 조직구조와 문화가 어떻게 관리되느냐에 따라 조직의 효율성, 시장성과, 재무성과 등이 달라진다.

# 1. 조직문화

## 1.1. 조직문화의 개념

수많은 기업들이 성공과 실패를 경험한다. 과거에는 성공한 기업들의 원인을 눈에 보이는 것에서 찾으려고 노력했지만, 오늘날에는 눈에 보이지 않는 그 무엇인가에서 찾으려 하고 있다. 애플(Apple), 구글(Google) 등의 성공에는 그들만의 특별한 조직 문화가 있기 때문이라는 시각이 두드러지기 시작했다. 국내의 대표적 기업들에도 사람들은 독특한 이미지를 부여한다. 기업의 대표적 이미지들은 거대기업에 대한 과잉단순화이기도 하고, 시대에 따라서 변화하기도 하지만 비교적 안정적인 각 기업만의 독특한 문화를 반영하고 있는 것은 사실이다. 기업은 성장하고 역사를 쌓아가면서 구성원 개개인의 특성을 초월하는 조직 자체로서의 개성(organizational personality)을 형성하게 되는데 그것이 바로 조직문화이다.

조직문화(organization culture)
공유된 가치체계

**조직문화**(organization culture)란 구성원들이 자신이 몸담고 있는 조직에 대해 인지하고 받아들이는 공통된 지각과 세계관(common perception held by the organization's members)에 근거한 **공유된 가치체계**(system of shared values among members)를 말한다. 국가와 사회가 독특한 삶의 방식으로 문화를 가지듯 기업들도 사회적 구성체로서 독특한 삶, 특히 일하는 방식을 형성하고 유지한다. 조직문화는 조직전체 특성이기에 조직성과에 큰 영향을 미친다.

**아마존(Amazon)의 문화: 데이 원(day 1). 앞으로도 영원히 데이 원(forever day 1)!**

인터넷, 모바일, 4차 산업혁명 등으로 특징되는 디지털 시대의 최강자 아마존. 이 막강한 기업이 코로나 바이러스(COVID-19)의 확산과 함께 급격하게 팽창하고 있다. 코로나 이전 1천조원 내외이던 주가총액이 1년 남짓하는 사이에 1천 800조원에 육박했다(삼성전자 주식 총액은 약 470조). 한마디로 괴물기업.

아마존의 성공을 이끈 요인에 대한 다양한 분석이 있지만 빠지지 않고 나오는 것이 고객최우선의 데이 원(day 1) 철학과 이를 뒷받침하는 문화이다.

아마존 문화의 핵심은 데이 원에 대한 강박적 집착!!
아마존을 창업한 바로 첫날!!
그 마인드를 잊지말자는 것!!

아마존은 데이 투(day 2)가 오는 것을 방지하기 위해 강한 데이 원(day 1) 문화를 형성하고 있다.

(1) 고객 집착 비즈니스 모델: 회의에 참석하는 고객을 위한 빈 자리. 모든 것에 우선하는 고객.

(2) 지속적으로 인재의 기준치를 높이는 인재풀: 최고의 인재를 영입하고, 그들이 계속 회사에 머물고 싶게 만드는 자기강화시스템.

(3) AI 기반 데이터 및 측정지표 시스템: 모든 것을 수치화하고 데이터를 투명하게 공개.

(4) 완전히 획기적인 발명: 끊임없이 빅 아이디어를 낼 수 있는 팀을 구축.

(5) 신속하고 탁월한 의사결정: 대부분의 결정들은 잘못했다고 해서 지구가 망하지는 않는다. 신속하게 결정하고, 필요하면 수정한다.

출처: 램 차란 & 줄리아 양(고영훈 역), 2020.

## 1.2. 조직문화의 기능

눈에 보이지는 않지만 문화는 조직을 전체적으로 통합하고, 일관성 있는 운영을 가능하게 해주는 소프트웨어와 같은 역할을 수행한다. 조직문화는:

(1) 조직의 내 · 외부에서 인식할 수 있는 조직전체의 대표적 특성으로 구성원들을 하나로 묶는 중심축이 되어 **조직정체성(organizational identity)**의 기반이 된다(나는 삼성맨! 아마존이 잘 나가도 우리는 우리만의 정체성이 있다).

조직정체성(organizational identity)

(2) 구성원들의 조직정체성을 강화하여 직원들 간 유대감과 공동체의식을 형성함으로써 **조직 내의 협업**을 가능케 한다(우리는 다 같은 삼성맨!).

(3) **조직몰입**을 **증가**시켜 조직시민행동과 같은 바람직한 행동을 유도하고, 궁극적으로 성과를 향상시킨다. 마이크로소프트에서 강조하는 파트너십도 조직문화가 강해야 가능하다(나는 자랑스런 삼성맨!).

이해의 틀(frame of sense-making)

(4) 업무와 환경에 대한 **이해의 틀**(frame of sense-making)을 형성하여 구성원들의 **공유된 상황지각**을 유도한다(우리끼리는 통한다! 척하면 척!)

(5) 구성원들 간의 **행동에 대한 예측가능성**을 높이고, 상호행동을 통제하거나 정당성을 부여한다(이럴 때 어떻게 해야 하는지 알지?)

하부문화(sub-culture)

반체제 문화(counter culture)

바람직한 방향의 조직문화는 조직응집성과 성과를 향상시키는데 도움이 된다. 그러나 조직문화가 강하게 공유되지 않고 약한 상태에 머무는 경우도 많고, 한 기업 내에서도 직원들의 생각이나 행동양식에 영향을 미치는 조직문화가 하나로 통일되지 못하는 경우도 있다. 한 기업 내에 여러 개의 소규모 집단이 존재하듯 문화 역시 하나의 조직문화 아래 여러 하부조직문화들이 존재할 수 있다. **하부문화**(sub-culture)는 기업 전체에 영향을 미치는 문화는 아니지만, 업무집단 내에서 구성원들에게 영향을 미치는 문화를 말한다. 어떤 기업에서는 전체적 조직문화 없이 하부문화만 존재하기도 하고, 또 어떤 기업에서는 전체적 조직문화에 대항하는 **반체제 문화**(counter culture)가 생기기도 한다. 따라서, 하부문화와 기업전체의 조직문화가 충돌하지 않도록 관리하는 것이 중요하다.

**문화가 아무리 좋아도 신세대에는 안 통한다? "일하기 싫어하고, 조직문화 적응 못하고, 승진도 관심없고, 툭하면 사표던지는 밀레니얼?"**

구성원의 정체성, 몰입, 시민행동, 행동조율과 통제 등 다방면에 걸쳐 영향을 미치기에 조직문화는 성공적인 기업들의 성공요소로 인식되어진다. 그러나 최근에 들어서는 대부분의 기업들에서 조직문화가 잘 작동하지도 않을뿐더러 기본적으로 받아들여지지 않는다는 진단이 나오고 있다. 조직문화 관리에 비상이 걸렸다. 가장 큰 원인은 밀레니얼과 그에 바로 이은 Z세대의 등장이다.

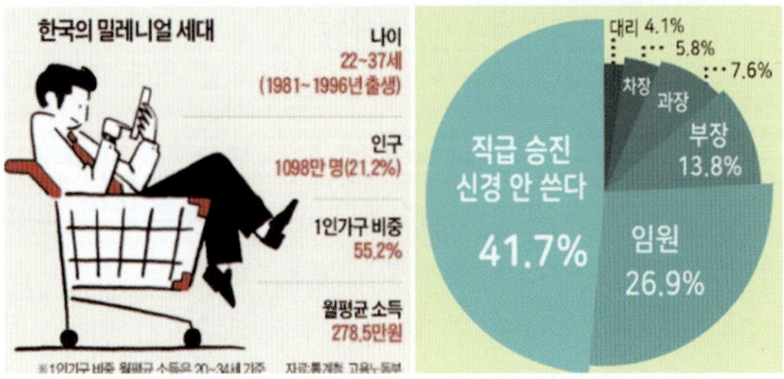


밀레니얼의 선두주자 1981년생.

마흔이 넘었다. 사회생활 한지도 10년은 되었다.

그럼에도 불구하고 인간관계, 조직문화에서 겉돌고 있다는 느낌을 지울 수 없다.

다른 회사는 좀 나을까? 몇 번이나 이직을 해봤는데 다 그 나물에 그 밥이다.

직장에 들어온지 얼마 안된 밀레니얼 막내 1995년생.
이들에게 회사는 도저히 이해가 되지 않는 곳이다.

- 난 그저 월급받고 일하는 사람인데, 왜 자꾸 나한테 주인의식을 가지라고 하지?
  그러면서 맨날 시키는 일이나 잘하래! 이건 웬 모순?
- 재미도 없는 회식은 왜 자꾸해서 내 시간을 빼앗지? 그냥 혼자 있는게 편한데.
- 주말에 등산은 왜 자꾸 가자는거야? 등산 못 가서 죽은 귀신이라도 붙었나?
  내가 그거 빠지려고 멀쩡하게 두 눈 뜨고 살아있는 사돈의 팔촌까지 다 저 세상 보낸거 알아 몰라?!
  (→ 다 알거든!)

신입사원부터 중간관리자까지
대부분 기업들의 실무인력들이
밀레니얼세대로 채워졌는데도
아직도 밀레니얼을 이해할 수 없다는 얘기가 나온다.

취업포털 사이트 사람인의 조사에 의하면 1년차 직장인의 평균 퇴사율은 48.6%. 전체 신입직원의 반이 1년도 안되어 퇴사하는 상황. 퇴사이유는 차고 넘친다.

- 일이 너무 많아서
- 일이 너무 없어서
- 상사가 별로여서
- 오너가 진상이어서
- 열심히 한 프로젝트가 엎어져서
- 기껏 잘했더니 누가 가로채서
- 거래처 갑질이 심해서
- 레알 개인적 이유 등

마치 조직이 제공하는 인센티브나 다양한 보상에 대한 무관심이 리더십 효과에 대한 상쇄재(neutralizer)가 되듯 조직문화 공유에 의한 효과들이 조직에 새로 진입하는 세대에는 제대로 작동하지 않고 있다. 직장에 대한 개념자체가 다른 MZ세대에게는 뭔가 새로운 형태의 조직문화가 필요한 것으로 보인다.

출처: https://post.naver.com/viewer/postView.nhn?volumeNo=16740766&memberNo=43630209&vType=VERTICAL

**그룹토론문제**

(1) 밀레니얼세대가 점차 기업의 주요인력이 되어가고 있다. 그리고, 이제 Z세대들도 사회에 새로이 진출하고 있다. 신세대 직장인의 퇴사를 방지하기 위한 방법에는 어떤 것이 있을지 논의해보자.

(2) MZ세대의 요구에 무조건 다 맞추어주는 것이 기업의 옳은 선택일지 생각해보자.

## 1.3. 조직문화의 형성

조직문화의 초기 생성기에는 기업의 창업자가 중요한 역할을 한다. 즉, 창업자가 어떤 것에 관심을 갖고 있는지, 사업의 핵심적 가치와 의미를 어디에 두고 시작했는지, 위기상황에 어떻게 대응하는지, 해고나 고용변동의 상황에서는 직원들을 어떻게 대우하고 문제를 처리하는지 등 창업자의 철학과 일련의 행동들이 조직의 공유가정(shared assumptions)을 형성하고, 이를 바탕으로 공유가치(shared values)와 문화적 가시물(cultural artifacts)로 구성되는 조직문화가 형성된다.

공유가정(shared assumptions)

(1) 공유가정(shared assumptions)은 눈에 보이지는 않으나 기업 전체활동의 저변에 무의식처럼 자리잡고 있어 조직전체에서 당연한 것으로 여기는 기본적 세계관이다. 보통 창업자 및 최고경영자의 철학과 세계관이 기업의 잠재의식을 통해 공유가정으로 자리잡게 된다.

**세계의 최고경영자들**

조직의 창업자· 최고경영자들의 가치관, 세계관, 인간관, 기업관 등은 조직문화의 기초인 공유가정을 형성하는 핵심요인이 된다. 이들의 생각이 조직전체에 다양한 방식으로 전파되고 공유된다. 결국 이들이 조직의 색(color)을 결정한다!

전IBM CEO, 루 거스너(Louis Gerstner)

변화의 첫걸음은
행동에 옮기는 것이다!

구두끈이 풀어진 것도 모르고
앞만 보고 뛴들 1등을 할 수 있겠나?
가끔은 내려다보고
구두끈을 점검할 필요가 있다!

전 스타벅스(Starbucks) 회장, 하워드 슐츠(Howard Schultz)

얻고자 한다면 먼저 버려라!
수많은 결단 중에서 가장 중요한 것은
철수하는 결단이다!
버리면 정말로 필요한 것에만
집중할 수 있다!

애플(Apple) 창업주, 스티브잡스(Steve Jobs)

(1) 잠재의식과 같은 공유가정은 조직 내에서 무엇이 옳고 그른지, 어떤 행동과 사고가 바람직한 것인지에 대한 조직원들의 **공유가치(shared values)**를 형성하며 조직문화에 구체화되기 시작한다.

(2) **문화적 가시물(cultural artifacts)**은 상징(symbol or image), 의식(ritual), 독특한 언어표현, 회의방식 등의 형태로 나타난다. 이들 문화적 상징들은 우리가 어떤 기업을 생각할 때 가장 먼저 떠올리게되는 **이미지**로 특정 기업의 조직문화에 대한 함축된 느낌을 전달한다.

공유가치(shared values)
문화적 가시물(cultural artifacts)

그러나 조직문화의 세 요소인 공유가정, 공유가치, 문화적 가시물 중 문화적 가시물만 수면위에 드러날뿐 문화형성에 더욱 중요한 역할을 하는 공유가치와 공유가정은 눈에보이지 않기 때문에 바닷물에 잠겨있어 쉽게 보이지 않는 빙산(iceberg)으로 흔히 묘사되곤 한다. 따라서 기업의 조직문화는

- 공유가정이라는 잠재의식단계의 기본철학과 가정에 영향을 받아,
- 공유가치라는 의식단계를 거쳐 신념과 사고방식으로 구체화되고,
- 문화적 가시물이라는 현상으로 현실화되는 단계로 구현된다.

## 전 세계 취준생들의 로망! 구글(Google)!

### Top 50 World's Most Attractive Employers
### Global Business Ranking 2020
### Business Students

- #1 Google
- #2 Apple
- #3 Microsoft
- #4 Amazon
- #5 Deloitte
- #6 Goldman Sachs
- #7 EY (Ernst & Young)
- #8 PwC (PricewaterhouseCoopers)
- #9 J.P. Morgan
- #10 L'Oréal Group
- #11 McKinsey & Company
- #12 KPMG
- #13 Nike
- #14 The Boston Consulting Group (BCG)
- #15 Morgan Stanley
- #16 BMW Group
- #17 Adidas
- #18 Procter & Gamble (P&G)
- #19 The Coca-Cola Company
- #20 LVMH Louis Vuitton Moët Hennessy
- #21 Sony
- #22 Bank of America
- #23 IKEA
- #24 IBM
- #25 Bain & Company
- #26 Johnson & Johnson
- #27 Unilever
- #28 Daimler/Mercedes-Benz
- #29 Accenture
- #30 H&M
- #31 Deutsche Bank
- #32 PepsiCo
- #33 Facebook
- #34 Citi
- #35 Nestlé
- #36 HSBC
- #37 Toyota
- #38 Barclays
- #39 Intel
- #40 Volkswagen Group
- #41 Dell
- #42 Grant Thornton
- #43 Samsung
- #44 Huawei
- #45 Ford Motor Company
- #46 AB InBev
- #47 Credit Suisse
- #48 UBS
- #49 General Motors
- #50 Heineken

출처: World's Most Attractive Employers 2020, Universum

구글의 창업자들. 래리 페이지(Larry Page), 1973– & 세르게이 브린(Sergey Brin), 1973–

"한번의 클릭으로 전세계 정보에 접근할 수 있게 하겠다
(to provide access to the world's information in one click)"

"돈 때문이었다면 오래 전에 회사를 팔고 해변으로 갔을거다"
일 자체를 통한 삶의 의미추구에 대한 강한 가치부여. 돈 많은 돼지는 싫다!

**- 공유가정-**

"좋은 상사는 팀의 분위기를 끌어올리고,
직원이 스스로 최대의 성과를 거둘수 있도록 도와주는 사람이다!!"
리더의 바람직한 역할에 대한 Y이론적 가치관 형성 · 유지

- 공유가치-

"직원들의 자율성에 근거한 내적업무동기에 집중"
내적동기를 북돋을 수 있는 업무환경과 제도 구축

- 문화적 가시물-

## 1.4. 조직문화의 유형

조직문화의 가장 대표적인 분류방식은 두 축의 대비되는 가치를 혼합하여 문화를 네 가지 유형으로 구분하는 **경쟁가치모형**(competing values framework)이다.

경쟁가치모형(competing values framework)

| | 내부초점<br>(Internal focus) | 외부초점<br>(Exnternal focus) |
|---|---|---|
| 유연성<br>(Flexibility) | 관계지향문화<br>(신뢰, 소속감, 팀워크) | 혁신지향문화<br>(적응, 창의성, 위험감수) |
| 안정성<br>(Stability) | 위계형문화<br>(내부효율, 일관성, 공식규칙) | 시장/과업지향문화<br>(목표, 시장, 생산성) |

공동체 · 관계지향문화(clan/team culture)

위계형문화(hierarchical culture)

관료주의적 특성

혁신지향문화(entrepreneurial culture)

시장 · 과업지향문화(market/rational culture)

- **공동체 · 관계지향문화(clan/team culture)**: **공유된 가치와 목표**를 바탕으로 한 통일성, 참여성, 공동체의식을 바탕으로 협동, 헌신의식, 팀워크 등을 중시한다. 이렇게 가족적인 문화를 가진 기업에서 리더는 주로 멘토나 부모와 같은 입지를 갖는다. 종교집단, 봉사단체, 사회적 기업 등에서 전형적으로 나타나는 문화유형이다.
- **위계형문화(hierarchical culture)**: **관료주의적 특성**을 갖고 있기에 명확한 의사결정 절차, 표준화된 규칙, 통제와 책임의 메커니즘을 중시한다. 공식적 규칙, 규범을 중시하기 때문에 맥도널드와 같이 표준화를 중시하는 프랜차이즈, 회사, 정부기관 등에서 위계적 문화를 쉽게 관찰할 수 있다.
- **혁신지향문화(entrepreneurial culture)**: 불확실성이 매우 큰 환경에서의 **적응**, **유연성의 극대화**, **창의성 향상**이 주된 목표이다. 이러한 기업문화에서는 위험을 무릅쓰고 새로운 것에 도전하는 리더십의 효과가 크다. 오늘날 급변하는 정보화 시대에서 기업가 정신(entrepreneurship)이나 창의성(creativity)이 발휘되어야 하는 분야에 속한 기업에 적합한 문화유형으로 주로 스타트업, 하이테크, 소프트웨어, 컨설팅 회사 등에서 나타난다.
- **시장 · 과업지향문화(market/rational culture)**: 주로 **외부 이해관계자들에게 초점**을 맞추는 기업문화이다. 이같은 기업문화에서는 중심화된 의사결정과정을 통한 조직의 내적통제를 중시하고, 시장경제 메커니즘을 기업운영에 적용하여 거래관계자나 이해관계자들의 이윤, 영리, 시장지배력, 고객확보 등에 중점을 둔다. 경쟁과 목표 달성이 주요 목표가 되며 의사결정권자로서의 리더의 역할이 중시된다. 역사가 오래된 거대 기업들이 대표적인 시장지향 문화의 예라고 할 수 있다.

### 넷플릭스(Netflix): 규칙이 없는 것이 규칙(No Rules Rules)!

앞서 1장에서도 간략히 소개한 기업 넷플릭스! 현재 세계에서 가장 가치가 높은 엔터테인먼트 기업. 시가총액 기준 2,379억달러! 감 안오지?

그 유명한 디즈니(2,258억달러)를 제쳤다. 그래도 역시 감은 잘 안오지만..

2002년 상장 당시 1달러였던 주가가 539달러까지 올랐고, 상장 이후 한 해도 빠짐없이 매년 매출이 성장하고 있다.

넷플릭스 CEO, 리드 헤이스팅스(Reed Hastings)

넷플릭스 기업문화 구성의 3단계

1. 평범한 10명 대신 슈퍼스타 1명을 선택(성공을 갈망하는 인재들을 업계 최고대우로 데려와 인재의 밀도를 높인다).
2. 누구든 솔직하게 피드백을 주고받을 수 있는 문화를 도입(탁월한 인재들은 서로에게 배우면서, 폭발적인 시너지를 낸다).
3. 수퍼스타들에게 걸맞게, 불필요한 규정을 없애고 자율적으로 일할 수 있는 권한을 부여한다.

간단하게 들리지만 결코 그리 간단하지 않은 정글의 "적자생존문화!!"

"어디서도 본 적 없던 파격적 대우와 자율성을 제공한다"(좋지?)

**대신!!**

"대접받을 만한 성과를 내라"(얼만큼?)

1997년 창업한 넷플릭스는 2001년 닷컴 버블이 터질 때 극심한 경영난을 맞아, 전체 인원(120명)의 3분의 1을 해고했다. 이 중엔 적당히 일을 잘하던 사람들도 포함되어 있었다. 그런데 이 한 차례의 대대적 물갈이 이후 회사 분위기가 급격히 좋아졌고, 남은 정예인원 80명은 더 의욕적으로 모든 일을 신나게 했다. 2002년 1억 5천만달러였던 회사 매출이 7년 만에 17억달러로 10배 이상 늘었다.

그때의 경험때문이었을까? 넷플릭스는 "록스타 원칙"에 근거하여 슈퍼스타만을 원한다! 왜? 탁월한 소프트웨어 개발자 한 명이 평균 수준 개발자보다 25% 이상 더 뛰어난 성과를 내니까.

"어려울 때 퇴직 희망자를 받는 '명예퇴직 제도'를 도입하는 회사가 있는데, 최악이다.
능력있는 직원만 떠나고, 갈 곳 없는 사람들만 남는다."

그래서 우리는? **키퍼테스트〈keeper test〉**
중간관리자들은 가자미 눈을 하고, 끊임없이! 늘! 항상! 계~속!
부하직원을 평가한다. 무엇을?
"**남을 사람?**"인지 "**나갈 사람?**"인지

우리는 가족이 아니다! 프로스포츠 팀이다.
실력이 부족하면 다른 선수로 당연히 바꿔야지!
입사자들은 자신이 언제든 회사를 떠날 수 있다는 것을 각오하고 입사한다.
우리는 신입도 최고 컨텐츠 책임자의 말을 자르고, 반대의견을 내고, 정면충돌한다.
그래도 칭찬받는다!
넷플릭스의 직원들은 최고의 연봉과 최대의 자유를 보장받는다! 단,

**최고가 아니면 나가!!**

살벌하긴 아마존(Amazon)도 마찬가지!
소위 검투사 문화(Gladiator culture)

중간은 없다.
살아남던지 죽던지.
You fit (love) here or you don't.
There is no middle ground!

한국기업을 살펴보자. 넷플릭스나 아마존처럼 엄청난 압박감을 주는 방식은 아니지만 배달의 민족은 "평생직장은 없다. 최고가 되서 떠나라!"라고 말한다. 일 못하면 자르겠다라는 의미보다는 자기개발과 성장을 통해서 회사에 기여하고, 다른 회사에서 탐낼만한 직원이 되라는 강력한 메시지!

2021년 봄. 직장인 익명 커뮤니티 '블라인드'에 '카카오의 인사평가는 살인입니다'라는 글이 올라오며 인사평가제도의 문제점이 제기되었다. 카카오가 동료평가 결과에 이 사람과 일하기 싫다라는 항목을 넣었다는 것이 문제의 시작이었다. 직원들이 제안한 제도였고, 당사자에게만 공개한다고는 한다. 넷플릭스의 키퍼테스트를 연상시키는 항목인데 과연 조직문화를 어느 방향으로 끌고 가야할지 고민이 되는 부분이다. 기

존의 대기업들과는 확실히 차별화되는 인터넷 · 모바일 기업들의 혁신추구와 직원들의 적극적 업무추진, 성과에 대한 높은 요구를 고려할 때에 직원과 조직 간 이해관계를 조화시키는 새로운 문화와 경영시스템을 심각하게 고민해야할 시기이다.

**그룹토론문제**

(1) 넷플릭스의 문화는 위에서 설명한 네 가지 조직문화 유형 중 어떤 유형에 속할까? 한 가지 유형으로 규정하기 보다는 다양한 유형이 동시에 나타나고 있는지 생각해보자.

(2) 넷플릭스의 조직문화에 대해서 어떻게 생각하는가? 본인이라면 넷플릭스에 입사지원서를 내겠는가?

(3) 그렇다면, 혹 아니라면 그 이유를 말해보자.

## 1.5. 조직문화의 변화

조직문화는 시간이 지남에 따라, 그리고 경쟁 환경이 변함에 따라 달라지게 되는데, 조직의 변화라는 것이 더 나은 발전을 가져오기도 혹은 조직을 오히려 망치는 요인이 되기도 한다. 기업의 조직문화를 변화시키기 위해 보통 잘 나가는 기업들의 조직문화를 따라하곤 한다. 그러나 그 이전에 조직문화 모방의 장점과 단점을 잘 파악해야 한다.

조직문화모방의 장점:

- 다른 조직으로부터 교훈을 얻고, 좋은 것만 따라할 수 있으며,
- 단기간에 변화를 이룰 수 있고,
- 장기적 목표를 설정할 수 있다.

조직문화모방의 단점:

- 어설프게 따라하다가 오히려 혼란을 초래하여 직원들의 불만족과 이직을 유발하고,
- 기업마다 처한 환경이 다르기 때문에 잘못 따라하다가 부작용이 더 클 수 있다.

### 한국기업의 문화 어떻게 변해야 할까?

최근 몇 년 사이 한국기업들의 최대 화두 중 하나는 문화! 문화변혁기라고 해도 과언이 아니다. 4차 산업혁명에 따른 새로운 기술환경에 세대 갈등, 거기에 코로나까지 엎친데 덮친 격.

나름 변화하는 환경, 변화한 세대에 맞춰 정장대신 운동화와 청바지 차림으로 출근하는 캠페인도 하고, 서로 존중하자는 취지로 직급대신 "님"자로 호칭을 바꾸기도 하고, 근무시간도 단축하고, 퇴근 후 카톡지시도 금지하고, 회식도 최소화하며 노력한다.

구체적으로는 다음과 같은 노력들이 진행되고 있다.

(1) 회식/워크샵 간소화 또는 철폐(47.8%)
(2) 복장 자율화(34.8%)
(3) 적극적인 교육 지원(27.8%)
(4) 연봉제도 및 협상방식 개선(21.7%)
(5) 성과평가 투명화(19.1%)
(6) 업무상 넓은 범위의 권한 부여(15.7%)
(7) 직급체계 파괴(15.7%)
(8) 파티션 제거 등 사무공간 재배치(9.6%)

그럼에도 밀레니얼의 퇴사열풍이 멈추지 않는다. 1년차 신입사원 퇴사율에서 중소기업과 스타트업까지 포함하면 실제로는 50%에 육박하는 퇴사율!

"아니, 해달라는대로 다 해줬잖아! 왜~? 뭐가 문젠데?"

문제는 밀레니얼이 보기에 공식적 직급파괴는 했지만 서열에 따른 관계형태는 무의식 속에 여전히 강하게 남아았다는 것. 네 마음에 "너"말고 "**네 직급**" 있잖아!

출처: https://post.naver.com/viewer/postView.nhn?volumeNo=12448804&memberNo=618343&vType=VERTICAL

기성세대에게 직장은 "평생 함께해야만 하는 결혼상대"

밀레니엘세대에게 직장은 "언제든 헤어질 수 있는 연애상대"

문제는 "겉핥기식 파격"보다 조직문화의 "근본적 혁신"이 필요하다는 것!!

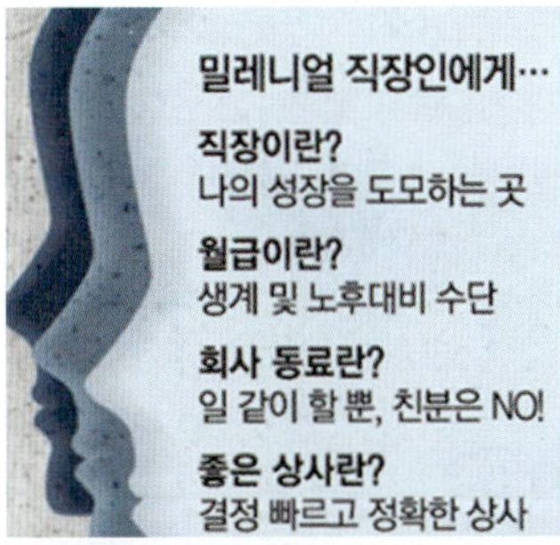


밀레니얼:
- 수직적 위계질서는 견디기 힘들다.
- 평생직장? 촌스럽다!
- 난 회사랑 연애인데, 회사는 결혼하잖다. 결별!

오늘 열심히 일했으니
회식하자는 상사 이병헌!
여기에 답하는 부하직원!
"오늘도 매순간 불태웠으니
망내 먼저 가보겠습니다!"

"고생했다! 진짜 인정!"
"감사히 래일 뵙겠습니다!"

혼낼거 같이 쳐다보더니 결국 멋있게 보내주는 상사!

광고도 변화하는 사회현실을 반영한다!

출처: https://blog.naver.com/catlover13/221980376764

이문화(divergent culture)

## 이문화 적응(cross-cultural acculturation)

세계화로 인해 서로 다른 민족 · 국적을 가진 사람들이 다양한 조직들에서 활동하고 있다. 이문화(divergent culture)라고 하면 서로 다른 인종, 국가를 흔히 생각하지만 세대 간 차이, 조직 간 차이에 의한 이문화 역시 말 그대로 다른 문화이며, 우리는 이에 적응하고 서로 다른 이들과 공존해야 하는 현실에 놓여있다. 사람들이 어떻게 이문화에 적응하는지 그 단계를 살펴보자.

**1단계: 문화차이의 부정(denial of difference)**

나와 다르다. 존재 자체조차 인정하고 싶지 않다. 자기민족, 자기세대, 자기조직중심으로 다른 문화에 속한 사람들에게 관심도 없고, 차이조차 인정하고 싶지 않다.

**2단계: 문화차이에 대한 방어(defense against difference)**

저들의 문화는 레알 충격적이다. 무조건 거부한다.

**3단계: 문화차이의 최소화(minimization of difference)**

문화의 차이를 인식하는 발전된 단계로 적어도 부정적 평가는 하지 않는다.

**4단계: 문화차이의 수용(acceptance of difference)**

문화적 차이를 인정하고 수용하는 단계로 이에 따른 직접 실천도 나타난다.

**5단계: 문화차이의 적응(adaptation of difference)**

문화차이가 더 이상 위협이 되지 않는 평화의 단계이다.

**6단계: 문화차이의 통합(integration of difference)**

다른 문화일지라도 이를 통합하고자하는 시기로 다름에도 불구하고 나름 편안함을 느낀다.

현실적으로 4단계까지만 가도 훌륭하다. 아닌가? 6단계까지 꼭 가야하나?
근데 문화의 차이를 수용하는 4단계도 그렇게 만만한건 아니다.
One of 저자와 식솔들: 중국에서 생활한 지 8년차. 문화차이야 많지만 예를 들어보면?

### 예시 1) 한 여름에 뜨거운 물 마시기

1. 말도 안돼
2. 싫어! 안마셔! 더워! 난 곧 죽어도 얼음물!!
3. 따뜻한 물이 몸에 좋다고는 하는데... 뭐.. 그렇다네...
4. 그럼 **수용? Nope!!** 도리도리~! 그래도 난 찬물!

→ 아~ 4단계 실패!!

### 예시 2) 긴 점심시간과 낮잠

직장마다 다르지만 점심시간 대략 11시 30분부터 2시(or 2시 30분). 오전근무완료! 퇴근! 그리고 오후근무 다시 출근. 그 사이 집에 가서/라꾸라꾸/책상에 엎어져서 낮잠.

### 2-1) 나! 근무자!!

1. 뭐야~?
2. 중간에 무슨 퇴근? 왠 낮잠?
3. 낮잠이 건강에 그렇게 좋다네~
4. 그래? 그럼 나도 자야지~
5. 너도 자~
6. 평화~

→ 오호~! 6단계까지!!

### 2-2) 나! 은행에 볼 일 있는 사람!

1. 무슨 점심시간이 3시간이야~!
2. 11시 30분에 무슨 퇴근? 2시 30분에 온다고? 미친거 아니야?!
3. 혼자 길길이 날뛰어봤자 나만 진 빠진다… 이 나라는 원래 이렇구나... 체념… ㅠㅠ
4. 그럼 **수용?** 응… 억지로 수용. 나 힘없어.
5. 11시 30분부터 2시 30분 사이에는 마음 비우고 관공서 안 감. 적응완료!
6. 이제 다 그러려니 해~ 통합도 완료.

→ 이것도 6단계. 그러나!! 억지로, 할수없이, 마지못해...

예시를 분석해보면

- 내가 거부하고 선택할 수 있는 상황에 대해서는 거부!!
- 자기한테도 이로운건 아주 사뿐! 평화롭게 통합까지!
- 거부하고 싶어도 거부 못하는 어쩔 수 없는 상황은 마지못해 받아들이는 인간!!

뭐 이건 어디까지나 저자의 개인적 경험에 근거한 결론.

출처: https://www.hankyung.com/thepen/lifeist/article/202103238605Q

**그룹토론문제**

(1) 현재 수강하고 있는 수업에 다른 국적의 학생들이 있다. 혹은 있다고 가정해보자. 가장 크게 불편함을 느끼는 부분이 어떤 것인지 세 가지 예를 들어보자.

(2) 이문화로 발생하는 차이점을 생각해보고, 이를 이문화적응 6단계를 기준으로 적절한 예를 들어보자.

(3) 나와 다른 문화권에 속한 이들과 생활하면서 나는 어느 단계에 있는지 이문화적응단계를 적용하여 평가해보자.

## 2. 조직구조

조직구조(organizational structure)

조직설계(organization design)

기업에서의 **조직구조(organizational structure)**는 구성원들에게 특정 업무와 역할을 배분하고, 이들 **업무 간 상호조정과 연계를 가능하게 해주는 관리체계**로 기업 내에서의 권한, 책임, 지위와 계층에 따른 의사소통경로를 정해준다. 즉, 조직전체의 목표를 달성하기 위해 복잡한 대규모 작업을 구성원들 개개인이 수행할 수 있도록 개별과제로 쪼개고, 구성원 각 개인들이 실행한 업무성과들을 조직전체의 성과로 다시 통합하는 과정이라 할 수 있다. 조직문화가 기업의 전체적인 운영을 통합하는 비가시적인 행동통제인 반면 조직구조는 가시적이고도 명확한 조직도(organization chart)로 업무배분, 공식적 업무절차, 업무규칙 등을 정하고 전달한다.

기업들은 각기 다른 조직구조를 갖는데 이는 각 기업의 목표, 산업특성, 발전단계, 역사, 비전, 업무처리 방식 등이 다르기 때문이다. 조직의 구조를 어떤 방식으로 구축할 것인가에 대한 의사결정을 **조직설계(organization design)**라고 한다. 조직설계 시 고려할 주요 요소로는 업무특화, 부문화, 지휘계통, 관리의 폭 · 통솔 범위, 중앙집권화와 공식화가 있다.

### 2.1. 업무 특화

업무 특화(work specialization)

노동분업(division of labor)

**업무 특화(work specialization)**란 **업무가 어떻게 세분화되어 있는지를 나타내는 지표로 노동분업(division of labor)**으로 더 잘 알려져 있다. 노동분업은 구성원들의 기술을 더욱 전문화시킴으로써 생산성을 향상시킨다. 그러나 업무 세분화에 따른 생산성 향상이 어느 수준에 이르면 얘기는 달라진다. 업무 특화로 인한 반복되는 업무와 그에 따른 숙련은 생산성을 향상시키지만, 이건 어디까지나 경제적 관점에서이다. 7장 직무특성이론(job characteristics theory)에서 설명하였듯 심리적 관점에 중심을 둔 조직행동학에서 볼 때 동일한 업무를 반복하게 하는 것은 업무동기를 저하시킨다. 생산성이 오를만큼 오르고 어느 수준에 이르면 생산성은 떨어지게 된다. 그 이유는 인간이기 때문에 발생하는 비경제성때문이다. 이게 무슨말이냐?

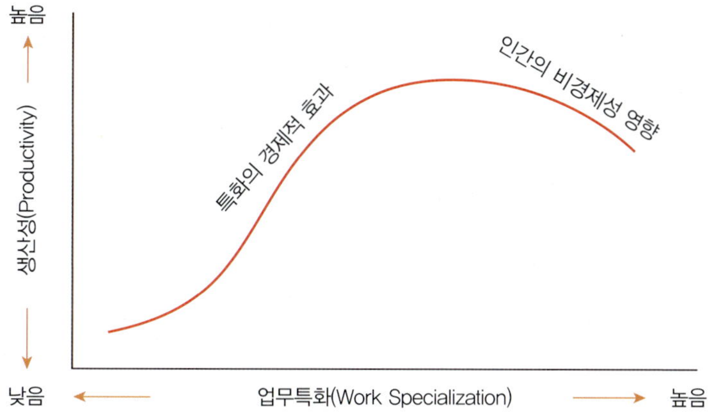


출처: Robbins & Judge, 2016

반복되는 작업에 직원들은 지루함을 느끼기 시작하고, 업무에 대한 집중도가 떨어진다. 생산성이 오를만큼 올라서 더 이상 오를 수가 없는 그 지점이 되면, 그 때부터는 떨어지기 시작한다는 것. 생산성 향상 효과가 떨어지는 시점이 된 후에는 업무특화보다는 업무 로테이션(job rotation)을 통한 업무확장(job enlargement)이 더욱 효율적이다.

### 내가 무슨 기계도 아니고 나도 딴거 좀 하자!

같은 업무를 하다보면 숙련도가 물론 올라가지만 어느 순간 일이 지겨워지면서 매너리즘에 빠진다. 업무가 지겨워지면 동기와 효율성도 떨어지게 마련!

이때 조직은 직무순환(job rotation)을 시킬 수 있다.

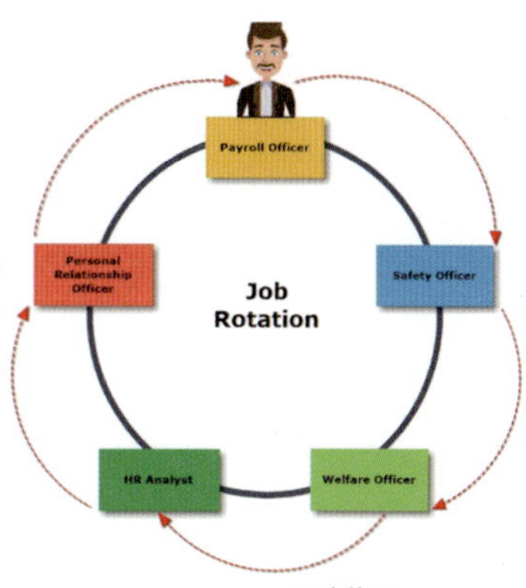

업무 로테이션(job rotation)의 장점은?

- 직원들에게 새로운 업무영역에 새롭게 도전할 수 있는 기회를 줌으로써 분위기를 쇄신시킨다.
- 업무영역을 넓히고, 다른 부서 및 직원들에 대한 이해도를 높인다.
- 조직차원에서 조직구성원이 보유하고 있는 새로운 재능을 발견할 수 있다. 예를 들어 영업팀에서 그렇게 바닥을 기어 늘 갈굼만 당하던 직원을 관리팀에 넣으니 "이런 보물이 우리회사에~!" 애물단지에서 최애직원으로 반전!

적당한 수준의 직무순환은 직원의 동기와 학습기회를 향상시키고 정체된 조직에도 활기를 불어넣을 수 있다. 경제적 효율성을 인간에게 기계적으로 적용해서는 안된다.

## 2.2. 부문화

부문화(departmentalization)

**부문화(departmentalization)란 조직 전체의 업무가 기업의 하위집단에 배분되는 방식**을 말한다. 가장 기본적인 방식은 전체업무를 기능별로 분리하여 기획부서, 연구개발부서, 생산부서, 영업부서, 경영지원부서 등으로 나누는 것이다. 이러한 방식의 기능에 따른 조직부문화(functional departmentalization)는 가장 직관적 방식의 조직설계이기에 고대로부터 국가나 군대를 구성할 때 사용되었다. 예를 들어, 군대를 보병, 기병, 창병, 군수보급병 등으로 나누는 식. 동일한 기능을 수행하는 인력을 모아놓았기 때문에 지시와 통제가 용이하여 효율적 조직관리가 가능하다.

조직의 규모가 커지면서 대기업들은 하위의 단위집단을 제품(product), 시장(market), 지역(geography) 등의 기준으로 나누기도 한다. 전자제품을 생산하는 회사가 있다고 가정해보자. 제품을 기준으로 부문화를 한다면 컴퓨터 사업부, 냉장고 사업부, 에어컨 사업부, 휴대폰 사업부 이런 식으로 나눌 수 있다. 시장을 기준으로 부문화를 한다면 기업고객, 소기업고객, 개인고객, 정부고객 등 고객층을 기준으로 담당부서·부문을 나눌 수 있다. 지역을 기준으로 부문화를 한다면, 서울, 경기도, 경상도, 전라도 등을 담당하는 지역본부로 부문화가 가능하다.

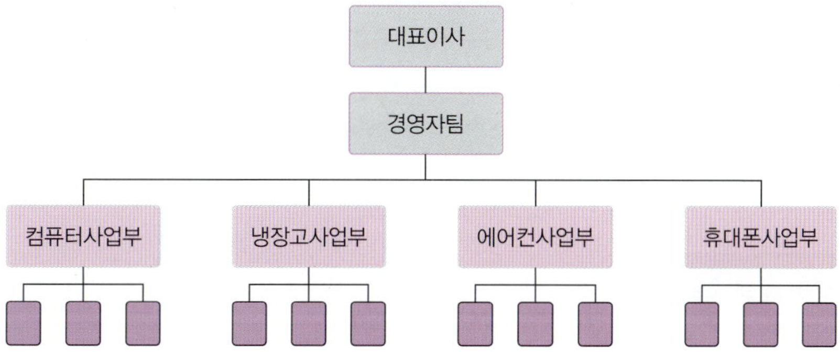


제품기준 부문화 예시

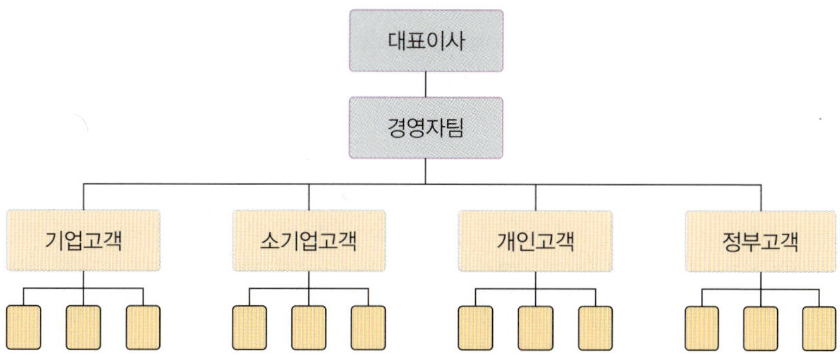


시장기준 부문화 예시

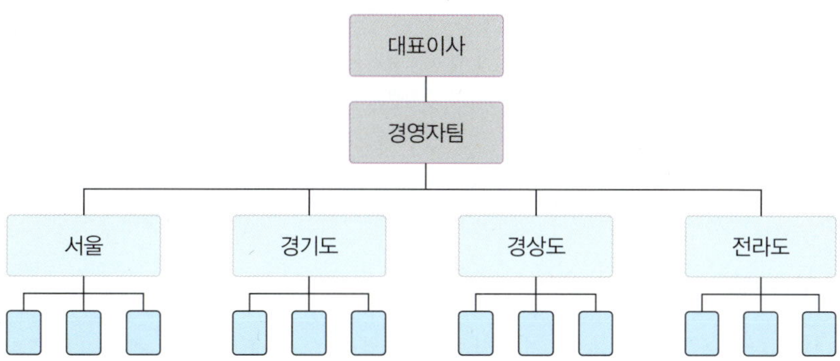


지역기준 부문화 예시

사일로 효과(silo effect)

**사일로 효과(silo effect)!! 어떻게 부서이기주의를 극복할까?**

몇천 명, 몇만 명의 직원을 소속구분 없이 그냥 한 울타리 안에서 집어넣어 놓고 조직목표를 향해 다 같이 달리자고 할 수는 없는 노릇이다. 그러다가는 카오스(chaos:, 대혼란)에 빠진다. 그러니 조직이 열명 만 넘어가도 집단단위로의 분화는 불가피하다. 그러나 여기서 문제는!! 조직의 부문화가 야기시키는 집단매몰, 부서이기주의 등의 형태로 나타나는 사일로 효과(silo effect)!

사일로는 원래 곡물을 저장하는
원통모양의 대형창고인데
조직의 각 부문, 기능부서들이
독립된 사일로처럼 서로 차단되는 현상을
사일로 효과라고 한다.
칸막이 속에 갇혀서 바깥 세상과
전체를 보지 못하는 우물 안 개구리 효과!

뉴욕시청 산하에는 2,500개의 직군이 있다고 한다. 과도한 전문화, 부문화가 아닐까? 소니(Sony)는 과도한 부문화로 비슷한 기능을 하는 워크맨의 다양한 모델들이 각기 다른 부서에서 개발되었다. 35개의 워크맨이 있으면 충전기도 35개. 각자 자기 제품이라는 영역 안에서 제품 개선을 추구하지만, 전체 제품군으로 보면 엄청난 중복투자와 낭비, 그리고 무엇보다 소비자의 불편을 초래한다. 자기부문 안에서는 최적화(local optimization)를 달성하는 똑똑한 사람들이 조직전체로는 바보같은 결과를 만드는 것!

터널 비전(tunnel vision)

어떻게 하면 이 우물 안 개구리 같은 상황을 피할 수 있을까? 「사일로 이펙트」의 저자 질리언 테트(Gillian Tett)는 페이스북, 시카고 경찰국 등의 사례를 들면서 결국 부문 간의 통합적 커뮤니케이션으로 부문 간의 경계를 유연하게 관리해야 통합적 해결책이 가능하다고 주장한다. 폐쇄적 환경 안에서 다른 부문과의 무의미한 경쟁을 피할 수 있는 보상 및 평가 등의 제도적 뒷받침 역시 필요하다. 더불어 각 부문들이 터널 비전(tunnel vision)에서 벗어나 개방적이고도 협력적 세계관을 갖는 것이 필요하다.

출처: 질리언 테트(신예경 역), 2016

## 2.3. 지휘계통

지휘계통(chain of command)

지휘계통(chain of command)은 개인이나 집단이 누구에게 보고를 해야하는가를 결정하는 지표이다. 지휘계통을 분명히함으로써 누가 누구에게 보고를 해야하는지, 즉, 내 직속상사가 누구인지, 누가 혹은 어떤 부서가 의사결정권을 갖는지를 명확하게 알려준다.

## 2.4. 관리의 폭 · 통솔 범위

관리의 폭 · 통솔 범위(span of control)는 **효율적이고 효과적으로 관리가 가능한 부하직원의 수를 나타내는 지표이다.**

관리의 폭 · 통솔 범위(span of control)

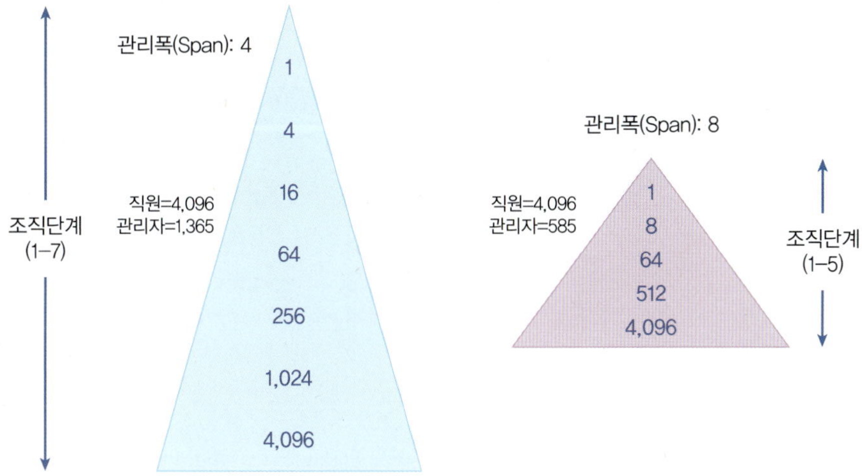


관리의 폭이 작다(좁다) = 한 명의 관리자가 적은 수의 직원을 관리

- 조직 내 계층 단계가 길어지면서 조직구조는 긴 형태(tall structure)
- 더 많은 관리자가 필요하기 때문에 조직 입장에서는 비용이 많이 들고,
- 의사소통 채널은 더욱 복잡해진다.
- 한 명의 관리자가 적은 수의 직원을 관리하기 때문에 직원들에 대한 관리자의 감독이 철저해지고, 직원들의 자율권은 줄어든다.

관리의 폭이 크다(넓다) = 한 명의 관리자가 많은 수의 직원을 관리

- 조직 내 계층 단계가 짧아져서 조직구조는 납작한 형태(flat structure)
- 조직 입장에서는 관리자가 덜 필요하기 때문에 비용이 덜 들고,
- 조직 내 계층 수가 적기 때문에 의사결정이 빠르며,
- 한 명의 관리자가 많은 수의 직원을 관리해야 하기 때문에 직원들에 대한 간섭이 줄어들면서 직원들의 자율성이 높아진다.

## 홀라크라시(Holacracy)! 관리자 없는 조직: 자포스(Zappos)의 도전!

조직설계의 결과물로 조직전체의 공식적 구성체계를 나타내는 그림을 조직도(organiztion chart)라고 한다.

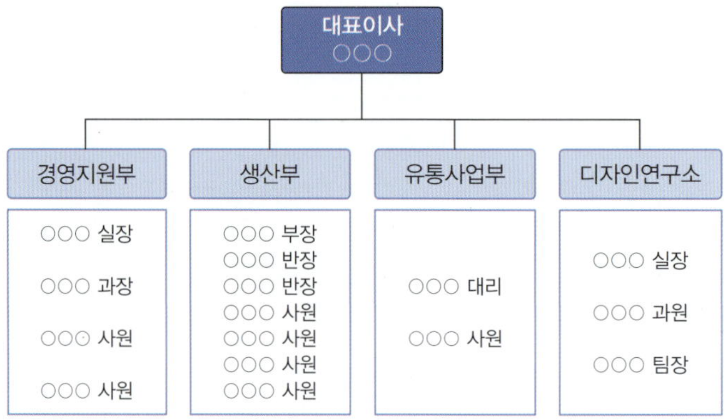


전통적 조직도 예시

모든 조직은 업무배분 방식, 상호연결 방식에 대한 조직도를 가지고 있다. 그러나, 이같은 기업의 공식적 조직도에 따른 조직구성 자체에 반기를 든 기업이 있었으니, 그 기업은 바로 미국의 신발 · 의류 온라인 판매업체 자포스(Zappos)!

2013년 자포스의 CEO였던 토니 셰이(Tony Hsieh)는 1,500명 이상의 모든 직원에게 "향후 자포스에는 관리자와 이에 따른 위계와 조직구조가 모두 없어지고, 모든 직원이 CEO와 동등한 입장에서 자신의 업무를 알아서 수행하는 방식의 조직으로 변신시킬 것이니, 이를 받아들일 수 없다면 회사를 떠나도 좋다"는 내용의 이메일을 발송했다.

대만인 사업가 토니 셰이(Tony Hsieh), 1973-2020

"나는 스스로를 리더라고 생각하기 보다 직원들이 아이디어를 펼치고 스스로 문화를 키우고 발전시킬 수 있도록 환경을 만들어주는 건축가라고 생각한다. "이게 우리의 비전이다"라고 일방적으로 주장하는 것은 내 스타일이 아니다"

"어느 누구도 좋은 아이디어를 죽일 수 없고, 누구든 리더가 될 수 있으며, 독재자들을 견딜 필요가 없고, 열정을 죽이는 정책을 뒤집는... 난 그런 조직을 만들겠다"

- 오리지널스 저자 애덤 그란트와의 인터뷰 -

자포스가 도입한 홀라크라시(Holacracy)!

홀라크라시(Holacracy)

흔히 보스가 없는(bossless) 조직이라고 불리우는 홀라크라시는 아서 케슬러(Arthur Koestler)의 「The ghost in the machine」에 등장하는 자율적 조직인 "holarchy"와 통치를 의미하는 접미사 "-cracy"가 결합된 단어로 조직의 관리계층, 위계 등 전통적 의미의 조직구조를 파괴하고 모든 사람이 수평적 관계에서 자율적으로 일을 하는 제도를 말한다.

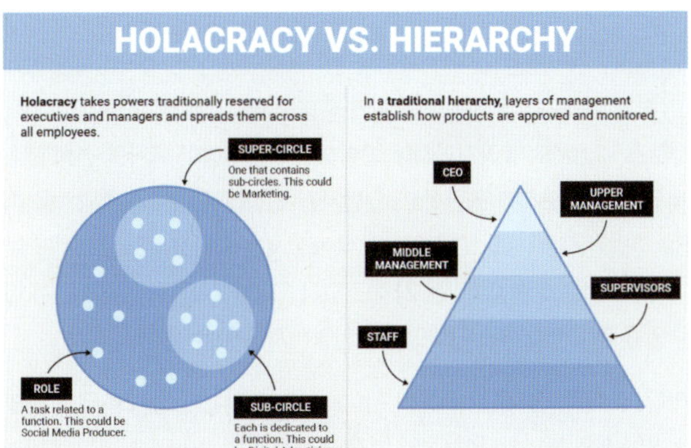


출처: https://brunch.co.kr/@agile-people/8

그러나 홀라크라시는 유토피아일까?

홀라크라시의 도입은 조직 효율성을 높이고 불필요한 보고체계를 없앰으로써 신속한 의사결정을 할 수 있는 장점이 있는 것이 사실이다. 또한 자신이 한 일에 대해 책임을 져야하는 분위기가 조성되기 때문에 직원들의 업무 성취도 역시 향상될 수 있다. 그러나, 파격적 시도가 늘 긍정적 결과를 가져오는 것은 아니다. 한편에서는 홀라크라시가 평등을 추구하는 것이 아니라 전통적 수직구조에 반발하는 극단적 수평구조라는 비판을 하기도 한다.

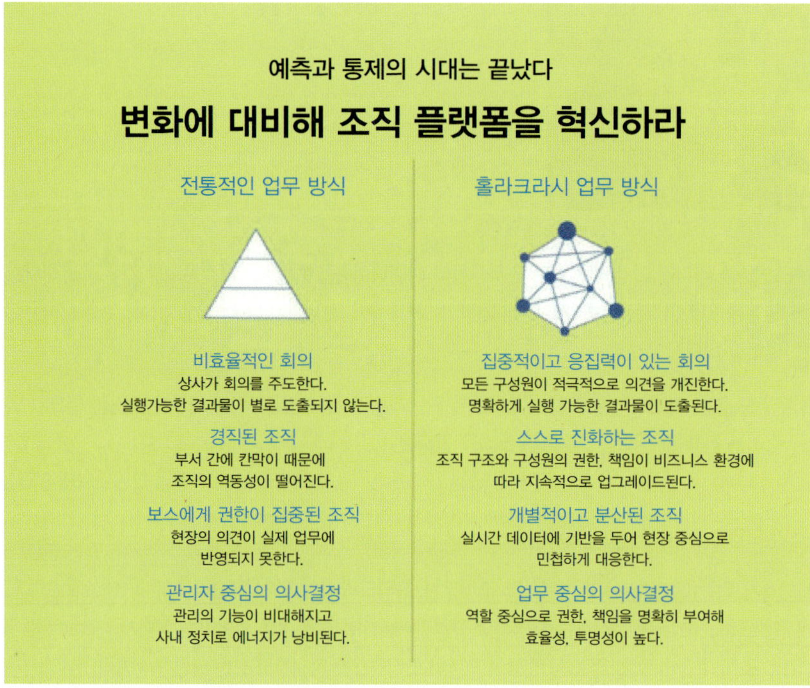


출처: Brian Robertson, 홀라크라시

1980년대 미국 석유회사 쉘오일(Shell oil)이 관리자를 없애는 시도를 한 적이 있었는데, 결국 6개월 만에 포기하고 말았다. 관리자가 사라지고 직원 개개인에게 동등한 기회가 주어졌지만, 대다수 직원들이 기회 대신 퇴사를 선택했기 때문. 실제 자포스 내에서도 홀라크라시에 반발해 200명 이상이 퇴사를 선택했다. 이미 익숙한 수직구조의 변화와 리더의 부재가 오히려 불편하고, 일반사원 입장에서 리더의 책임감을 떠안으라는 것 역시 상당한 심적 부담을 주었기 때문이다. 또한 가시적 위계질서는 사라졌을지 모르지만 보이지 않는(invisible) 위계가 존재할 수 밖에 없는게 현실이라는 시각도 있다. 그러나 획일화된 구조에서 직원 개개인을 존중하고 새로운 모델을 만들고자 한 획기적 시도만큼은 인정하지 않을 수 없다.

자포스의 시도는 현재까지 진행 중이다. 조직파괴를 통한 자율적 서비스 혁신이라는 긍정적 측면과 더불어 조직 내 혼란, 의사결정의 지연, 책임소재의 불명확, 암묵적인 위계와 서열 등의 문제에 직면하고 있는 것! 따라서, 기존의 수많은 조직과 경영자들을 심히 불편하게 하는 이 홀라크라시에 대한 평가는 추이를 지켜보아야 할 것으로 보인다. 혁신이 중요한 산업 분야, 중소규모 벤처, 스타트업들을 중심으로 한국기업들 역시 이러한 새로운 조직구조 형태에 대한 시도를 주목하고 있다.

출처: https://m.post.naver.com/viewer/postView.nhn?volumeNo=6608735&memberNo=18103913

### 2.5. 중앙집권화

중앙집권화(centralization)는 기업 내에서 의사결정 권한이 어디에 있는지를 말하는 것이다. 상위 관리자가 속한 상층부에 의사결정권한이 몰려 있는 경우 중앙집권화 정도가 높다고 말하며, 의사결정권한이 낮은 계층까지 퍼져 있을 때에는 분권화(decentralization) 되어 있다고 말한다.

### 2.6. 공식화

공식화(formalization)는 기업 내에서 업무가 얼마나 표준화되어 있는지의 정도를 나타내는 지표이다. 업무 수행 절차나 방식 등이 매뉴얼이나 지침서 등으로 얼마나 명료하게 나타나 있는지에 따라 공식화의 정도가 정해진다. 공식화가 높은 경우 직원들의 행동을 통제하기 쉽고, 관리비용 절감, 업무수행의 안정성, 예측가능성이라는 장점이 있지만 유연성은 떨어지기 때문에 환경변화에 대한 적응력 역시 떨어지는 단점이 있다.

공식화(formalization)

조직구조는 상황적 요소에 따라 형태가 달라진다. 비슷한 시기에 설립된 회사라 할지라도 기업의 규모, 주요사업영역, 경영자의 비전, 리더십 등의 요소로 그 형태가 달라질 수 있다. 1976년 스티브 워즈니악(Steve Wozniak)과 스티브 잡스(Steve Jobs), 론 웨인(Ron Wayne)이 워즈니악의 차고에서 나무상자에 담긴 '애플 I'을 만들었을 당시 애플(Apple)은 공식화도 낮고 모든 직원이 평등한 홀라크라시와 유사한 구조를 가지고 있었으나, 규모가 점차 커지면서 부문화, 공식화, 중앙집중화 등이 발전되고 복잡한 구조를 가지게 되었다.

## 3. 조직형태

### 3.1. 조직구조의 기본구성

기업의 조직구조는 일반적으로 핵심운영부문, 전략부문, 중간라인부문, 기술전문가부문, 지원스탭부문의 다섯 가지 부문으로 이루어진다.

- 핵심운영부문(operating core): 기업의 제품, 서비스를 만드는 가장 기본적인 부문으로 공식화, 집권화 등의 요소가 얼마나 적용되는지에 따라 전문적 관료제의 정도가 결정된다.
- 전략부문(strategic apex): 최고경영진이나 상위 관리자가 의사결정을 하는 부문

핵심운영부문(operating core)
전략부문(strategic apex)
중간라인부문(middle line)
기술전문가부문(technostructure)
지원스탭부문(support staff)

으로 집권화가 대체적으로 높다. 극단적일 경우 단순구조가 나타나기 쉽다.

- 중간라인부문(middle line): 전략부문과 핵심운영부문을 연결하는 중간역할 부문으로 중간 관리자가 어느 정도의 권한을 부여받아 전략적 목표를 달성하기 위해 핵심운영부문을 통제 · 관리하는 곳이다.
- 기술전문가부문(technostructure): 여러 기술에 대한 전문가들로 이루어진 부문으로 엔지니어 혹은 R&D 연구인력들이 기술전문가부문에 속한다.
- 지원스탭부문(support staff): 직접적이고 기본적인 업무보다는 다른 부문을 지원하는 업무를 주로 하는 부문으로 인사, 노무, 재무, 회계, 홍보 등의 업무를 주로 한다.

## 3.2. 조직의 유형

단순구조
기계적 관료제 구조
전문적 관료제 구조
매트릭스 구조
네트워크 구조

(1) 단순구조: 단순구조는 기술인력이나 지원인력 없이 집권화가 매우 높은 조직이다. 빠르고 유연하다는 장점이 있지만, 기업의 규모가 커질 경우 최고경영자의 업무가 증가하여 비효율적일 수 있다는 단점이 있다. 소규모 기업이나 벤처 기업이 거대 조직으로 발전하지 못하고 대부분 실패하는 이유가 여기에 있다.

(2) 기계적 관료제 구조: 기계적 관료제 조직은 전문기술인력과 지원인력이 두드러지게 강한 것이 특징이다. 기계적인 관료제 구조를 가진 기업의 경우 안정적 환경에서 운영상의 효율성을 추구할 수 있지만, 외부환경에 대한 반응이 느리다는 단점이 있다.

(3) 전문적 관료제 구조: 전문적 관료제 구조는 기업 내 전문가들의 숙련도를 우선시하기 때문에 다른 부문에 비해 전문가 집단의 영향력이 강하다. 의사나 변호사 등의 전문가 집단이 이에 해당된다.

(4) 매트릭스 구조: 매트릭스 구조는 두 개 이상의 조직형태를 결합한 구조이다. 경영대학의 예를 들어보자. 인사 · 조직, 재무, 회계, 마케팅 등으로 전공이 나뉘어지는데 각 전공별로 전공주임이 있다. 경영대학은 또한 학부, 대학원, MBA, 고급경영자 과정이 있는데 각 과정별로 과정별 주임이 있다. 조직구조가 이같이 되어 있는 경우, 업무보고를 전공주임과 과정주임 두 명에게 해야한다. 매트릭스 조직구조의 경우 복잡하고 상호의존적인 업무 수행에는 유리하지만 이중명령 체계에 따른 혼란 및 갈등 유발 등의 단점이 있다.

(5) 네트워크 구조: 오늘날 새롭게 나타난 조직형태의 일종으로 독립적인 조직들이 필요에 따라 연결된 형태이다. 핵심구조만을 운영하고, 나머지는 아웃소싱을 통

해 네트워크화시키는 것으로 환경 변화에 민첩하게 대응할 수 있다는 장점이 있지만 탄탄한 신뢰관계가 있는 조건에서만 가능하고, 잠재적 경쟁자를 만들 수 있다는 단점이 있다. 네트워크 파트너가 독립하거나 다른 네트워크로 이동하여 언제 적으로 변할지 모르기에 장기적으로 안정적인 협조관계의 구축이 어려운 것이 사실이다.

### 3.3. 조직구조의 선택

조직구조의 다양한 특성과 형태를 고려할 때 어떤 방식으로 조직설계를 할 것인지에 대한 결정은 조직전체의 업무방식과 성과를 결정하는 중요한 이슈가 된다. 우리 회사에 적합한 조직구조는 어떤 것일까? 조직구조설계는 상당히 복잡한 조직경영의 핵심 의사결정이지만 지금까지 설명한 다양한 조직구조의 특성을 두 가지로 대비시켜 생각해보자.

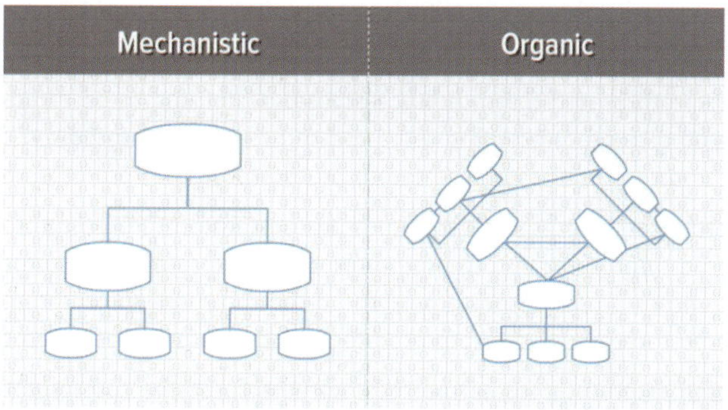


기계적 구조(mechanistic structure)는 대규모 조직에서 흔히 나타나는 강한 기능적 분화에 따른 관료제와 유사한 특성을 지닌다. 높은 수준의 업무특화, 엄격한 부문화와 지휘계통, 높은 중앙집권화와 공식화 등의 특징을 가진다. 이에 반해 유기적 구조(organic structure)는 기계적 구조에 비해서 느슨하고 유연하여 네트워크 혹은 매트릭스의 형태, 혹은 팀이나 프로젝트 위주로 조직화된다. 따라서 부문화와 지휘계통이 엄격하게 규정되어 있지 않고, 중앙집권화나 공식화의 정도도 낮게 유지된다. 이 두 가지 대비되는 조직구조 중 어느 쪽을 선택할 지를 결정하기 위해서는 아래와 같이 다양한 조직여건들을 고려하여야 한다.

기계적 구조(mechanistic structure)
유기적 구조(organic structure)

| | 기계적 구조(Mechanistic) | 유기적 구조(Organic) |
|---|---|---|
| **조직 규모** | 몇천 명 이상의 대규모 조직 | 비교적 소규모 모직 |
| **기술** | 동일 루틴의 반복 | 상황 · 고객별 복잡한 조정 필요 |
| **환경** | 안정적이고 예측가능 | 불확실하고 복잡 |
| **최고경영자** | 효율적 관리 | 기업가정신 |
| **문화** | 위계형 문화 | 혁신지향 문화 |
| **전략** | 엄격한 과정통제를 통한 원가절감과 저가격 전략(cost minimization strategy) | 새로운 상품과 서비스를 지속적으로 개발 · 도입하는 혁신전략(innovation strategy) |

**그룹토론문제**

(1) 위에서 설명한 다양한 조직구조들이 어떤 산업환경, 기업의 전략적 지향과 적절하게 부합될지 논의해보자.

(2) 당신이 조직구성원이라면 어떤 조직구조에서 일할 때 가장 큰 만족과 성과를 낼 수 있을 것이라고 생각하는가? 서로 다른 형태의 조직구조가 조직구성원들에게 어떤 영향을 미칠 것인지 논의해보자.

(3) 자포스의 홀라크라시를 삼성전자와 같은 대기업에 적용할 경우 어떤 문제가 생길지 생각해보자. 이런 문제들을 극복하고 홀라크라시와 같은 유연한 조직을 대기업이나 혹은 정부에도 적용할 수 있을지 혹은 이러한 극단적 형태의 조직유연성은 소규모 조직에서만 가능한 것일지 논의해보자.

## 핵심용어

- 조직문화(organization culture)
- 공유가정(shared assumptions)
- 공유가치(shared values)
- 문화적 가시물(cultural artifacts)
- 관계지향문화
- 위계형문화
- 혁신지향문화
- 시장 혹은 과업지향문화
- 하부문화(subculture)
- 업무 특화(work specialization)
- 부문화(departmentalization)
- 지휘계통(chain of command)
- 관리의 폭 · 통솔 범위(span of control)
- 중앙집권화(centralization)
- 공식화(formalization)
- 단순구조
- 기계적 관료제 구조
- 전문적 관료제 구조
- 매트릭스 구조
- 네트워크 구조
- 기계적 구조(mechanistic structure)
- 유기적 구조(organic structure)

## 연습문제

01 조직문화의 개념에 대해 설명하라.

02 조직문화의 기능에 대해 구체적 예를 제시하라.

03 조직문화의 세 가지 요소는 무엇인가? 각 개념에 대해 간략히 논하라.

04 관계지향 문화의 개념은 무엇인가?

05 위계형 문화는 무엇을 말하는가?

06 혁신지향 문화의 목표는 무엇인가?

07 과업지향 문화의 개념을 간략히 논하라.

08 업무특화는 무엇인가?

09 부문화의 개념을 설명하라.

10 지휘계통은 무엇인가?

11 관리의 폭은 무엇이며, 관리의 폭이 크다, 작다는 무엇을 말하는가?

12 위에서 제시한 네 가지 외에 조직설계에서 고려해야하는 요소는 무엇이며, 그 개념은 무엇인가?

13 단순조직구조의 장 · 단점은 무엇인가?

14 기계적 관료제 조직구조의 장 · 단점은 무엇인가?

15 전문적 관료제 조직구조의 특징은 무엇인가?

16 매트릭스 조직구조의 장 · 단점은 무엇인가?

17 네트워크 조직구조란 무엇이며 장 · 단점은 무엇인가?

18 기계적 구조(mechanistic structure)와 유기적 구조(organic structure)의 차이는 무엇인가? 비교해서 설명하라.

CHAPTER 12

# 조직창의성과 혁신

1. 급변하는 기업환경
2. 창의성의 개념
3. 혁신의 개념
4. 조직변화와 혁신의 과정
5. 창의성과 혁신의 촉진요인들
6. 혁신과정의 효과적 관리

## 학습목표

- 창의성의 개념에 대해서 설명할 수 있어야 한다.
- 창의성과 혁신의 차이를 명확히 설명할 수 있어야 한다.
- 혁신의 개념과 유형에 대해서 명확하게 설명할 수 있어야 한다.
- 조직에서 변화 및 혁신을 일으키는 요소는 무엇이며, 어떤 과정을 통해서 조직이 변화하는지 설명할 수 있어야 한다.

## 1. 급변하는 기업환경

오늘날의 모든 기업이 창의성과 혁신을 강조하게 된 배경은 기업환경이 만만치 않아졌기 때문이다. 이제 단순제조기술로 대량생산만 해놓으면 그냥 팔리던 좋은 시절(good old days)은 지났다. 오늘날의 기업들을 둘러싼 대표적인 외부환경들을 살펴보자.

- 4차 산업혁명과 급격한 기술혁신
- 전 세계 시장의 통합에 따른 경쟁 가속화
- 국가와 사회 내부의 분열, 차별, 불평등 가속화
- 세계 정치와 경제의 연결성, 불확실성 증가
- 미국과 중국의 경쟁과 무역갈등
- 새로운 세대의 시장과 조직에 대한 영향력 증가
- 코로나 바이러스에 의한 팬데믹(COVID-19 pandemic)

경영환경 변화의 규모와 속도는 말 그대로 전례가 없는 수준. 설상가상 코로나로 인해 역시나 전례가 없는(unprecedented) 새로운 상황에 처했다. 1990년대 후반 상용화된 인터넷, 2007년에 출시된 아이폰, 이후 스마트폰과 모바일 생태계 등장 등 불과 10년 안팎에 엄청난 변화가 쏟아졌다. 흔히 첨단기업의 대명사로 불리는 FAANG(Facebook, Amazon, Apple, Nexflix, Google)이나 한국의 네카라쿠배(네이버, 카카오, 라인, 쿠팡, 배민)는 10년 전 만해도 창업초기, 그리고 영향력이 그닥 크지 않은 기업들이었다. 그래서 오늘날의 기업환경은 VUCA로 특징지어진다.

변동성(Volatility)
불확실성(Uncertainty)
복잡성(Complexity)
모호성(Ambiguity)

- 변동성(Volatility): 가변성이 높아 언제 어떻게 상황이 바뀔지 모른다.
- 불확실성(Uncertainty): 불확실해서 무슨 일이 생길지 예측할 수 없다.
- 복잡성(Complexity): 복잡성이 강해서 전체 상황을 알 수가 없다.
- 모호성(Ambiguity): 알 수 없는 요인들이 많아 의미를 제대로 파악하고 대응하기가 어렵다.

VUCA world가 조직에서 흔하게 쓰이다 보니 리더에 대한 조언으로도 VUCA가 나온다. VUCA leadership in VUCA world? 말장난 같지만 또 말이 되기도 한다.

출처: google 이미지

오늘날의 사업환경에서는 과거 철저한 규율에 의한 통제, 기존 사업과 기술 안에서의 효율성만을 추구해서는 발전은 커녕 생존도 어렵다. 이에 대부분의 기업들에서 창의성과 혁신이 일상적으로 요구되고 경쟁력을 유지하기 위한 핵심역량으로 강조되고 있다. 좋든 싫든 "혁신을 하든가 죽든가(innovate or die)!"라는 말이 실감나는 시대가 되었다. 따라서 기존의 안정적인 산업구조와 기업환경에서 요구되었던 업무규정 안에서의 효율적 업무수행(in-role performance based on job description)에 추가적으로, 어쩌면 상당부분 기존 업무를 대체하는 새로운 요구가 개인, 팀, 조직에 부여되고 있다. 바야흐로 창의성과 혁신의 시대!

### 오리지널스(Originals): 어떤 사람이 창의적인가?

상황변화에 맞추어 혹은 아무런 새로운 자극이 없이도 새롭고 유익한 아이디어를 끌어내는 창의성은 현재 그리고 미래에 가장 크게 요구될 역량이다. 동물은 물론 인공지능(AI)과도 인간을 구별해주는 인간만의 특성. 그렇다면 어떤 사람들이 창의적인가?

펜실베니아 대학의 애덤 그랜트(Adam Grant)는
대세에 순응하지 않고,
시류를 거스르며,
구태의연한 전통을 거부하는
독창적인 사람들을 오리지널스(originals)라고 부르고,
이들이 세상을 바꾼다고 주장한다.

오리지널스(originals)는 디폴트(default: 기본적으로 주어진 상황)를 거부하고 새로운 시도를 한다. 대세로 기본장착되어 있는 인터넷 익플로러(Internet Explorer)를 쓰기보다 크롬(Chrome) 브라우저를 굳이 다운

해서 활용해본다. 물론 지금은 크롬이 대세. 그들은 항상 새로운 것을 시도하고 빨리 받아들이는 얼리 어답터(early adopter)로 엄청난 양의 아이디어를 내고 실험해본다. 질(quality)보다 양(quantity)! 이거저거 마구 하다보면 하나는 걸린다는 도전정신. 모차르트도 35세에 요절했지만 600여곡을 작곡했다. 베토벤은 650곡. 바흐는 1,000곡 이상. 후세에도 남는 명곡은 그야말로 가뭄에 콩나듯! 성공적인 벤처나 마찬가지다. 일단 양 많~~이! 피카소도 천재라고는 하지만 유화 1,800점, 조각 1,200점, 도자기 2,800점, 습작 · 크로키 12,000점을 남겼다. 조용히 명상에 잠겨있다가 어느날 갑자기 느닷없이 창의적 작품이 나오는게 아니다. 결국 독창성은 타고나기 보다는 다양한 시도를 수없이 해보고, 타인의 조언과 피드백을 효과적으로 수용하면서 끊임없이 학습과 실험을 반복하는 사람에게 나타난다.

"합리적인 사람은 자신을 세상에 맞춘다. 반대로 비합리적인 사람은 세상을 자신에게 맞추려고 애쓴다. 따라서 진보란 전적으로 비합리적인 사람에게 달려있다."

– 영국 극작가 버나드 쇼(Bernard Shaw) –

출처: 애덤 그랜트(홍지수 역), 2016

## 2. 창의성의 개념

창의성(creativity)
독창
가치
신제품개발(NPD: new product development)

창의성(creativity)은 제품과 서비스 혹은 그 생산과정에서 참신하고 유용한 아이디어를 내는 것 혹은 그 과정을 지칭한다. 참신하다는 것은 기존의 제품이나 방식과 차별되는 독특하고 독창적인 부분(differentiation, uniqueness, originality)이 있다는 의미이다. 유용하다는 것은 주어진 업무, 조직, 상황적 맥락 안에서 가치나 이익을 새롭게 창출함이다. 따라서 새로우면서도 도움이 되는(novel and useful) 무엇인가를 만들어내는 것이 창의성이다. 기업에서 창의성을 강조하면서 가장 먼저 생각하게 되는 활동은 신제품개발(NPD: new product development)일 것이다. 하나의 신제품과 이와 관련한 선택이 기업의 흥망성쇠를 좌우한다. 신제품 개발과 관련된 신화같은 스토리도 경영계에는 넘쳐난다.

룬샷(loonshot)

### 룬샷(loonshot)

룬샷(loonshot)은 아이디어를 제시한 사람이 미치광이 취급을 당하거나, 많은 이들이 실현 불가능하다며 무시하는 아이디어를 말한다. 이렇게 외면받은 아이디어들이 세상을 바꾸고 위기를 극복하게 해주었다. 성공하는 기업은 남들이 바보같고 말도 안된다는 아이디어를 떠올리고 발전시켜 성장의 동력으로 삼는다. 그러나 불행히도 수많은 아이디어가 불확실성과 회의주의라는 현실에 부딪혀 현실화·상품화되지 못한다.

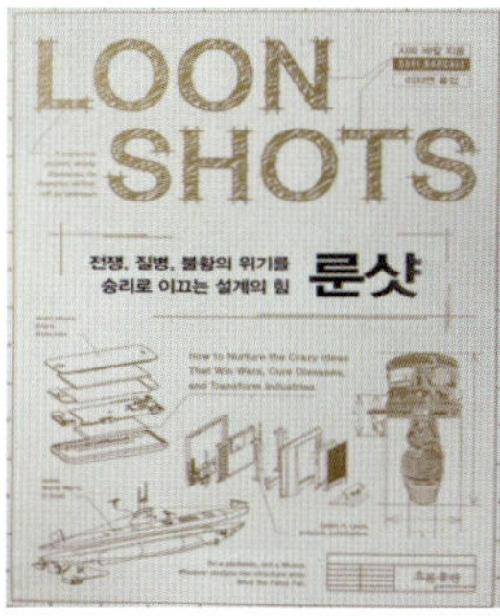

2002년 개봉작 "마이너리티 리포트(minority report)". 미래예측을 통해 범죄자를 미리 잡고, 범죄를 방지한다는 것을 주제로 한 이 영화에서 데이터를 찾기 위해 주인공 톰 크루즈(Tom Cruise)가 터치스크린 화면을 조작하고 있다. 지금은 너무나 당연하게 누구나 쓰는 기능이지만 불과 2000년대 초반만 해도 상상만 하던 미래!

휴대전화에 터치스크린을 장착하는 아이디어를 처음 낸 곳은 애플(Apple)도 삼성도 아닌 노키아(Nokia)였다. 그러나 당시 경영진의 묵살로 사장되었다가 결국 애플을 통해 세상에 나오게 된다.

노키아는 1998년부터 13년간 휴대전화 시장점유율 세계 1위를 차지했던 핀란드의 기업으로 휴대폰의 절대강자였다. 1996년 세계 최초 스마트폰인 '노키아 9000'을 출시했고, 2010년 아이패드를 출시한 애플보다 사실은 10년 이상 더 빨리 터치스크린이 탑재된 태블릿을 개발하였다. 노키아 직원들이 훗날 애플에 의해 활용된 터치스크린 기술과 온라인 앱스토어라는 아이디어를 제안했었지만 경영진의 반대로 안타깝게도 상품화하지 못했다. 이 한 순간의 판단 실수로 노키아는 무너졌고, 결국 2013년 9월 휴대폰 사업과 특허권을 마이크로소프트(MS)에 매각하고, 2014년 네트워크 설비 및 통신장치 제조 등의 사업부로 회사를 재편성하게된다.

노키아가 몰락한 이유는 한마디로 기존 피처폰 사업과 잠재적 스마트폰 사업에서 기존 사업만을 우선시했기 때문! 성공의 함정에 빠져 룬샷을 외면한 노키아. 세계최대 휴대폰 메이커로 난공불락이었던 노키아는 그렇게 붕괴되었다.

그러면 삼성전자는? 당시 휴대폰 시장 2위였던 삼성전자는 노키아와는 다른 길을 선택했다. 아이폰이 국내 출시되던 2009년 삼성전자는 옴니아2를 선보였지만 떨어지는 성능 때문에 '무늬만 스마트폰'이란 혹평을 받으며 외면 당했다. 그러다 안드로이드 플랫폼에 올라타는 쪽을 택했고, '갤럭시 폰'에 최고 인재들을 투입했다. 덕분에 삼성은 스마트폰 단말기 제조업체로는 애플과 함께 지배적인 사업자가 될 수 있었다.

출처: https://zdnet.co.kr/view/?no=20210201144745; 사피 바칼(이지연 역), 2020

획기적 창의성(radical creativity)

물론 기업에서 나타나는 창의성이 모두 룬샷처럼 엄청나고 업계에 큰 파급효과를 주는 것은 아니다. 사실 아이폰처럼 기존의 패러다임을 완전히 바꾸는 **획기적 창의성(radical creativity)**은 매우 드물다. 실제로 대부분의 창의성은 기존의 방식을 조금 수정

점진적 창의성(incremental creativity)

하고 개선하는 **점진적 창의성**(incremental creativity)의 형태로 나타난다. 따라서 조직에서 창의성을 발휘하라고 해서 뭔가 엄청난 발명을 해야 한다는 부담을 가질 필요는 없다. 창의성을 통한 혁신활동에는 다양한 유형이 있다.

**기술적 혁신**

| | 소프트웨어 버전 업<br>자동차 모델 체인지 | 3D 프린팅(적층가공)<br>자율주행차 | |
|---|---|---|---|
| **점진적 아이디어** | | | **급진적 아이디어** |
| | 재택근무<br>신규 보상제도 | 홀라크라시<br>기업인수/합병 | |

**업무/행정 혁신**

오늘날 대부분의 기업들에서 나타나는 창의성은 매일매일의 업무상황에서 보다 효과적으로 낭비없이 새로운 방식으로 일을 처리하거나, 제품 및 서비스에 새로운 의미와 기능을 부여하는 활동이 주가 되는 경우가 많다. 사실 룬샷이 한 달에 몇 번씩 터지는 것도 문제이다. 지식관련 업무인 경우에는 특히 사소한 절차의 개선이나 관점의 전환만으로도 업무생산성이 상당히 향상된다. 마케팅의 경우 문제해결능력보다는 미적 감각이나 시대를 앞서가는 트렌디한 감성이 중요하다. 산업구조가 고도화되고 제품 자체보다 소비자의 경험이 중요해지면서 동일한 스펙의 제품임에도 디자인과 브랜드에 의한 새로운 가치창출, 가치부여는 엄청난 차이를 만들어 낸다. 그래서 창의성과 디자인이 경영활동의 중심이 되고 있다. 창의성이라는 것이 가끔 황당한 경우도 있긴 하다.

**창의성: 일회용 봉지로 쓰이던 비닐이 3백만원이 넘는 명품으로 재탄생!**

샤넬은 2018년 봄 · 가을 패션쇼에서 비닐을 주제로 한 다양한 상품을 선보였다.

CHANEL

흰띠를 두른 비닐 모자와 비닐로 만든 망토, 일명 케이프(cape)!

비닐모자는 125만원! 비닐로 어깨 쬐끔 더 감싸주고 레이스 쬐~~끔 더 달아준 케이프는 351만원!(비닐로 만들었으면 원가는 몇 천원도 안되겠구만…)

몇 달 알바해서 여친에게 선물하면 좋아할까? 미친 x, 또라이라고 뒤통수 맞을 것 같다.

샤넬 측에서는 이 케이프가 "무지갯빛 드레스를 비로부터 보호해주는 필수 계절 아이템"이라고 소개한다. 근데... 이 비닐로 만든 케이프가 350만원이 넘으면 얘가 보호한다는 그 드레스는 그럼 얼마야? 아무리 샤넬이라도 너무한거 아닌가 싶다.

아니면 그래도 샤넬이니까?

사람들의 반응도 다양하다. 참신하다, 관리하기 쉽겠다, 샤넬은 개뿔 비닐 봉다리 주제에…!! 엄마가 청소하다가 버릴거 같아서 못 사겠다 등등.

창의성이 발현되는 방식과 유형은 이렇게 다양하다. 창의적으로 창의성을 발휘하자!

잘 키운 브랜드 하나가 열 공장 부럽지 않은 세상이다. 아이디어가 돈이 되는 세상!

출처: https://www.insight.co.kr/news/146471

## 3. 혁신의 개념

혁신(innovation)
가치창출(value creation)

혁신(innovation)은 'in(안)'과 'nova(새롭다)'가 결합된 형태로, 현재의 비즈니스에 대한 근본적인 재구성을 통하여 새로운 게임을 하는 것. 즉, 지금까지의 법칙을 깨고 경쟁을 하는 데에 있어서 새로운 방법을 찾는 것을 말한다. 여기서 새로운 방법이란 경쟁자보다 더 잘하는 것이 아닌, 경쟁자와 다른 게임을 하는 것을 말한다. 동종업계의 경쟁자는 물론 다른 산업군 기업과도 무한경쟁을 해야 하는 오늘날의 기업들에게 끊임없이 혁신을 요구하는 이유이다. 나이키의 최대경쟁자가 생뚱 맞게도 게임업체 닌텐도 이듯이, 넷플릭스나 화상회의 업체 줌의 최대 경쟁자는 디즈니가 아니라 화이자나 모더나 같은 코로나 바이러스 백신업체이다. 좋은 백신이 시장에 많이 풀리면 당연히 넷플릭스나 줌에 대한 수요는 감소하기 때문이다. 그래서 모든 혁신의 궁극적 목표는 가치창출(value creation)! 고객을 위한 가치창출에 대한 새로운 접근, 생각지도 못한 고객수요 창출 전략, 비즈니스 모델에 조직의 역량이 집중되고 있다.

디커플링(decoupling)

### 디커플링(decoupling): 새로운 가치창출을 위한 혁신적 비즈니스 모델을 찾아라!

전 하버드 비즈니스 스쿨(Harvard business school) 교수였던 탈레스 테이셰이라(Tales Teixeira)는 기업 혁신의 근원은 기술이 아닌 비즈니스 모델을 활용한 디커플링(decoupling)이라고 주장한다. 그는 우버(Uber), 에어비앤비(Airbnb) 등 신흥 강자가 시장 판도를 뒤바꾸는 방식에 공통적 패턴이 있음을 발견했다. 그것은 바로 디커플링(decoupling)! 디커플링은 말 그대로 "분리, 해체, 끊어내기!"

탈레스 테이셰이라(Tales Teixeira)

고객의 소비 활동, 그 사이에 존재하는 연결고리인 제품탐색, 평가, 구매, 사용 중 약한 고리를 비집고 들어가 그 지점을 장악하는 것이다. 즉, 기존 업체들의 비즈니스 모델에서 약한 고리를 파고들어 들어앉는 것.

전략적 사고

고객

특히, 주목할 부분은 전략적 사고의 초점을 기술이 아닌 고객에 맞추고 있다는 것!

공격적인 디커플러(decoupler)들은 신속하게 고객의 불편을 감지하고 치고 들어가면서 빠른 속도로 시장을 장악한다.

우버(Uber)와 에어비앤비(Airbnb)는 기존 기업들과의 피 터지는 전면전 대신 이전까지 주목하지 않았던 고객들에게 관심을 돌렸다. 우버는 콘서트가 끝난 뒤 택시가 늘 부족하다는 사실에 주목했다. 택시 등 교통수단이 부족해 사람들이 대안을 찾아야 하는 행사를 타깃으로 길을 잃은 고객을 포착해 우회적으로 사업을 시작했다. 정면에서는 보이지 않는 자리에서 시작했기에 경쟁자의 눈에 띄지도 않았다. 에어비앤비는 샌프란시스코와 같이 큰 행사와 관광객이 많은 도시의 호텔이 늘 만실이라는 사실에 주목했다. 모든 호텔이 만원이 될 때 고객은 다른 숙박 수단을 찾게 되는데 이때 에어비앤비가 대안을 제시하며 접근했다. 호텔들은 객실이 이미 만원이기 때문에 위협으로 느끼지 않았다. 후일 경쟁자들이 이들의 존재를 인식하게 되지만, 그때는 이미 늦은 상황! 게임 오버~!

또 다른 예는 아마존(Amazon)으로 아마존은 비교 쇼핑을 활성화하기 위해서 오프라인 매장 쇼핑객이 검색, 바코드 스캔, 사진 촬영을 통해 아마존 가격과 비교할 수 있게 해주는 모바일 애플리케이션을 만들었다. 이를 통해 아마존 고객은 선택과 구매 활동을 잇는 연결고리를 손쉽게 깨뜨릴 수 있었다. 제품 선택 단계는 베스트바이로, 제품 구매 단계는 아마존으로 분리한 것!

"디커플링에서 중요한 것은 기술이 아니라 고객과 비즈니스 모델이다."

혁신은 기술이 아니라 달라진 고객에 의해 만들어지는 것이다. 고객을 이해하는 것이 혁신에 필요한 최고의 역량이다. 전통적 전략적 프레임워크는 기업 중심적으로 경쟁자와 비교하면서 자기 회사가 가장 잘 하는 것에 집중하지만 디지털 디스럽션(digital disruption)은 고객이 주도하는 것으로 기업은 고객에 초점을 맞춘 새로운 틀과 도구를 갖추어야만 한다.

출처: 탈레스 S. 테이셰이라(김인수 역), 2019

조직행동에서는 창의성과 혁신을 구분한다. **창의성(creativity)은 아이디어의 생성(idea generation) 단계**이고, **혁신(innovation)은 생성된 아이디어를 실제로 활용(idea implementation)하는 단계**이다. 따라서 창의성은 혁신을 위한 전초단계라고 할 수 있다. 기업에서 조직혁신, 프로세스혁신, 제품혁신 등의 표현을 쓰는 경우는 어떤 아이디어가 조직, 프로세스, 제품 등의 개선과 변화에 실제로 반영된, 즉 아이디어가 실현된 상태를 의미한다. 물론 혁신은 조직 내에서 자체 개발한 아이디어를 실행시킬 수도 있지만, 외부에서 아이디어, 프로그램, 제조공법 등을 도입하여 실행하는 방식으로도 진행된다.

창의성(creativity)

아이디어의 생성(idea generation)

혁신(innovation)

### 창의성과 혁신: 구슬이 서말이라도 꿰어야 보배!

창의적인 아이디어 창출(idea generation)과 실행(idea implementation)이 자동적으로 연결되는거 아닐까 생각되지만 전혀 그렇지 않다. 아는 것과 실천하는 것(knowing-doing gap)이 다르고, 그것이 좀처럼 쉽지 않은 것처럼 조직에서도 아이디어가 빛을 보지 못하고 사라지는 경우가 많다. 조직혁신에 있어서 대부분의 실패는 혁신도입(adoption)이 아닌 혁신실행(innovation implementation)에 있다고 분석되고 있다. 혁신의 도입은 새로운 것을 사용하고 변화를 이루겠다는 결정을 말하며, 혁신실행은 혁신의 지속적 사용(consistent use)과 루틴화(routinization)로 넘어가기 위한 과도기(transition stage)를 말한다. 수많은 조직들이 유용하고 참신한 혁신프로그램을 도입하지만 혁신에 실패하는 비율이 상당히 높다.

- 업무 재구조화(BPR: business process reengineering) 실패율: 50-80%
- 자동생산기술(AMT: automatic manufacturing technology) 실패율: 50-75%
- 활동기준원가책정(ABC: activity based costing) 실패율: 80-90%

혁신도입(adoption)

혁신실행(innovation implementation)

혁신실행단계에서의 실패는 조직혁신에 큰 장애물이 된다. 잠재력을 지닌 아이디어라도 실행을 통하여 혁신으로 연결되지 않으면 말 그대로 그저 "잠재력"에 불과하기 때문이다("Without implementation, the most brilliant and potentially far-reaching idea remains just that—potential").

"잠재력"만으로는 부족하다!
구슬을 꿰어야 보물이 되는 것처럼
창의적 아이디어도 실행을 해야
조직혁신에 성공하고
그 가치가 드러난다.
-냥-

출처: 네이버 이미지

출처: https://blog.naver.com/truechange/221449144684

## 4. 조직변화와 혁신의 과정

### 4.1. 변화의 3단계 이론

변화의 3단계 이론(three-stage theory of change)

커트 르윈(Kurt Lewin)은 1947년 「Frontiers of group dynamics」라는 논문을 통해 개인과 집단이 변화하는 환경에 대응하는 **변화의 3단계 이론**(three-stage theory of change)을 소개하였다.

조직변화는
해빙(unfreezing),
이동(movement),
재결빙(refreezing)의 3단계로 구성된다.

커트 르윈(Kurt Lewin), 1890-1947

해빙(unfreezing)

- **해빙(unfreezing)**은 변화를 원하는 추진세력과 기존의 것을 고수하려는 저항세력이 서로 대립하면서 생기는 긴장과 현 상태에 대한 고착을 완화시켜 현재상태를 변화시킬수 있는 여지와 유연성을 만들어내는 단계이고,

- **이동**(movement)은 추진세력이 원하는 방향으로 어떻게든 실질적 변화를 이끌어 나아가는 단계이며,
- **재결빙**(refreezing)은 변화된 조직의 모습을 정착시키는 단계이다. 조직 관성(organizational inertia)에 의해 기존의 것으로 되돌아가려는 것을 막고, 구성원들을 변화에 적응시켜 일상화(routinization)를 달성하는 일명 "굳히기" 단계.

이동(movement)

재결빙(refreezing)

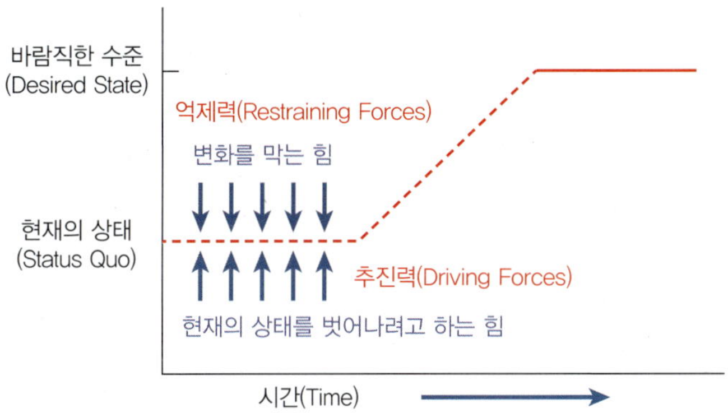


출처: Robbins & Judge, 2016

변화를 위해서는 기존의 것을 녹이는 해빙단계를 꼭 거쳐야 한다. 이 해빙의 단계에서 변화를 추진하려고 하는 힘과 변화를 막고자하는 관성이 서로 팽팽하게 대립하는데 두 힘이 충돌하는 그 지점이 바로 현재의 상태. "**현재의 상태**(status quo)"를 죽어라 바꾸려는 신세력과 그것을 죽기살기로 안 바꾸고 유지하겠다는 구세력의 접전지대라고 할 수 있다. 이와 같은 변화 추진력과 억제력을 비교분석하여 변화과정을 역동적으로 분석하는 것(force field analysis)이 르윈이 제안한 변화이론의 핵심이다.

현재의 상태(status quo)

### 해빙(unfreezing), 탈학습(unlearning), 기존혁신제거(exnovation)!

르윈의 변화 3단계 모델에서 2단계인 이동단계의 변화과정 자체가 가장 중요하다고 생각하는 경우가 많다. 그러나 변화과정이 추진력(driving forces)과 억제력(restraining forces) 간 역학관계에 의거 한다는 점(force field analysis)을 고려하면 변화과정 자체보다는 사전준비단계가 더 중요하다. 변화과정에서 작동하는 두 힘 중에서 현상유지를 위해서 변화에 저항하려는 억제력이 일반적으로 추진력보다 훨씬 더 큰 힘을 발휘하기 때문이다. 마치 성을 지키듯 철벽수비를 하면서 기존 방식을 고수하면 이를 뚫고 들어가기가 쉽지 않다. 따라서 막대한 자원투입으로 변화억제력을 압도할 수 있는 경우가 아니라면, 혹은 압도적 추진이 가능하더라도 불필요한 자원낭비를 방지하기 위해서는 변화준비를 위한 해빙단계에서 충분히 현상유지편향을 감소시켜야 한다. 현상유지편향을 감소시키는 데에는 세 가지 방식이 있다.

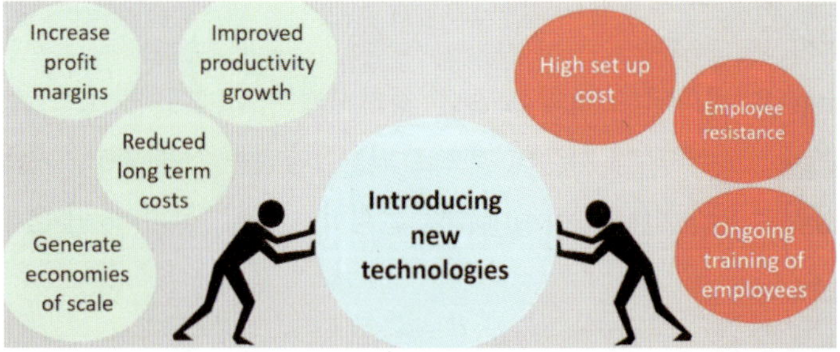

출처: google 이미지

해빙(unfreezing)

• 해빙(unfreezing): 말 그대로 기존상태(status quo)의 강도를 낮추는 것이다. 루틴으로 굳어진 제도, 관행, 업무방식에 대한 규제에 대해서 더 이상 따르지 않아도 좋다는 신호를 계속 보내야 한다. 기존 방식의 기반을 약화시켜 현재상태를 말랑말랑한 변화가능한 상태로 준비시킨다.

탈학습(unlearning)

• 탈학습(unlearning): 기존의 방식, 지식, 상식을 모두 잊는다. 탈학습으로 이미 학습한 내용을 버리도록 유도. 컴퓨터의 하드 드라이브 공간이 꽉 차있으면 새로운 정보를 저장할 수 없는 것처럼 인간도 기존의 지식 · 습관으로 머리가 차 있으면 새로운 방식의 학습이 불가능하다. 머리 비우기. "Delete All!"

"내 머리속의 지우개(2004)"라는
슬픈 영화와 달리
조직혁신과정에서는
머릿속의 지우개가 순기능을 한다!

혁신제거(exnovation)

• 혁신제거(exnovation): 혁신도입(innovation)과 반대로 기존혁신을 퇴출, 제거하는 과정(exnovation). 과거 혁신이었던 피처폰이 퇴출되면서 그 자리를 스마트폰이 채웠다. 기존혁신이 자리를 비켜야 그 자리에 새로운 혁신이 들어갈 수 있다. 몇 십년 쓰던 대형소파를 그대로 두고 최신 전동리클라이너를 들여놓을 수는 없다. 기존혁신은 차세대 혁신의 장애물! 그런데 문제는 기존혁신이 워낙 익숙해서 편하다는 것. 그래서 버리기가 어렵고 혁신이 잘 안된다. 아직까지 윈도우 7을 멀쩡하게 잘 쓰는 사람들도 있다.

**그룹토론문제**

(1) 기업이 조직변화를 추구하는 데에 있어 가장 중요한 요소는 무엇이라고 생각하는지, 그리고 그 이유는 무엇인지 논의해보자.

(2) 기업에서 조직변화, 혁신이 필요할 때 가장 걸림돌이 되는 요소가 무엇이며, 그 이유는 무엇인지 논의해보자.

## 4.2. 혁신 – 가치 부합성 모델

혁신 – 가치 부합성(innovation – value fit) 모델

캐서린 클라인(Katherine Klein)과 조엔 소라(Joann Sorra)는 1996년 「The challenge of innovation implementation」이라는 논문을 통해서 조직구성원들의 혁신에 대한 몰입과 혁신활용도를 장려하는 조직분위기 형성이 혁신의 성패를 좌우하는 주요한 열쇠가 된다고 주장하며 **혁신 – 가치 부합성(innovation – value fit) 모델**을 제시하였다.

캐서린 클라인(Katherine Klein)과 조엔 소라(Joann Sorra)

혁신의 효과성(innovation effectiveness)

혁신 – 가치 부합성 모델의 핵심은 혁신실행을 지원하는 조직분위기에 따라서 구성원의 반응과 혁신을 활용하는 빈도, 즉 **혁신의 효과성(innovation effectiveness)**이 달라진다는 것이다. 조직혁신의 성공을 위해서는 혁신적인 조직분위기와 구성원들의 혁신활용이 모두 요구된다. 혁신 – 가치 부합성모델은 구성원의 혁신에 대한 수용과 활용의 정도를 나타내는 지표로서 원래의 모델에서는 혁신을 지지하는 조직분위기와 함께 3X2 매트릭스로 표현된다. 이해를 쉽게하기 위하여 원래의 매트릭스를 간단하게 2X2 매트릭스로 변형해보면 다음과 같다.

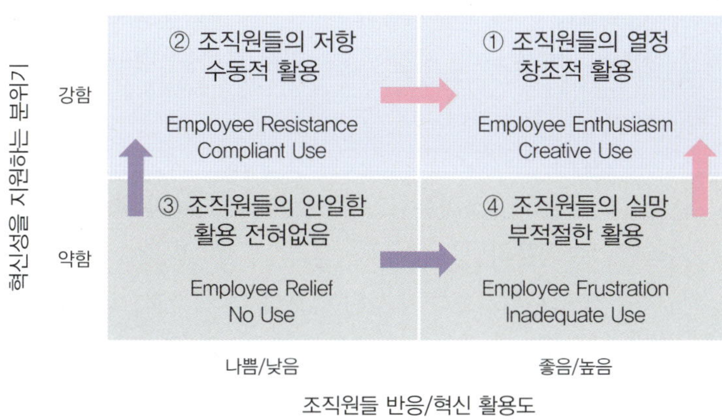

- 1사분면: 혁신의 실행을 적극적으로 장려하고 지원하는 조직분위기가 조성되어 있으며 구성원들의 혁신에 대한 반응도 적극적이고, 혁신에 대한 활용도도 높다. 두 가지의 요소가 시너지 효과를 창출하면서 구성원들은 열정적으로 혁신을 받아들이며 적극적으로 혁신을 활용하고 발전시킨다.
- 2사분면: 혁신의 실행을 적극적으로 장려하고 지원하는 조직분위기가 조성되어 있으나, 구성원들은 혁신에 대하여 관심이 없고 혁신에 대한 활용도 역시 낮다. 조직분위기는 혁신을 장려하지만 구성원들은 이에 대한 인식이 없기 때문에 이 경우 혁신을 실행하면 구성원들의 저항이 생기고, 불평을 하면서 억지로 따라가게 되는 상황이 발생한다. 이 경우 구성원들의 저항을 줄이고자 하는 경영자 층의 적극적인 노력이 필요하다.
- 3사분면: 혁신의 실행을 장려하고 지원하는 조직분위기가 거의 조성되어 있지 않으며, 구성원들 역시 혁신에 대해서 관심이 없고, 혁신에 대한 활용도 역시 낮다. 이 경우 혁신을 추진하는 움직임이 없기 때문에 구성원들은 혁신에 대한 인식 및 압력이 없이 편하게 지내지만 혁신의 활용도가 전혀 없으므로 조직은 혁신을 통한 발전이 없다.
- 4사분면: 제2사분면과는 대조적으로 혁신을 장려하고 지원하는 조직분위기는 조성되어 있지 않은데, 구성원들이 혁신에 대해서 적극적인 태도를 보이며 변화를 추구한다. 이 경우 구성원들의 열정을 조직이 뒷받침해주지 못하기 때문에 구성원들은 조직에 실망을 하게 되고 혁신의 활용이 적절치 못하게 된다. 이 경우 조직이 혁신을 추구하고 발전시키고자 하는 경영자 마인드와 조직문화의 변화가 필요하다.

대부분의 경우 기업들은 3사분면(조직분위기도 형성되어 있지 않고, 구성원들도 혁신에 대해 안일하게 생각)에 위치하게 되며, 시간이 지나면서 혁신을 시도하는 움직임이 일어난다.

- 혁신을 실행하고 지원하는 조직분위기가 구성원보다 앞서 나아가게 되면 3사분면에서 2사분면으로 이동하며,
- 혁신을 지원하는 조직분위기보다 구성원이 보다 더 적극적으로 변화를 주도하게 되는 경우, 3사분면에서 4사분면으로 이동하게 된다.

결국, 혁신의 이동경로는 3사분면에서 2사분면 혹은 4사분면의 중간경로를 거치게

된다. 그러나, 두 경우 모두 궁극적으로 추구하는 것은 혁신을 장려하고 지원하는 강한 조직 분위기와 더불어 구성원들의 적극적 참여와 창조적 활용이 시너지 효과를 발생시키는 1사분면 단계이다. 이러한 기업의 혁신관련 전략적 위치선정과 이동경로를 결정짓는 데에 절대적 영향을 미치는 것이 바로 기업의 **혁신역량**(innovative capability)이다.

혁신역량(innovative capability)

## 5. 창의성과 혁신의 촉진요인들

조직 내에서 아이디어의 제시와 그 실행이 자연스럽게 연결되어 조직혁신이 성공적으로 그리고 지속적으로 이루어지기 위해서는 다양한 조건들이 필요하다. 그 선행요소들에 대해서 살펴보자.

### 5.1. 창의성을 위한 조직구성원 특성

창의성은 오늘날 심리학, 교육학, 예술, 공학, 과학 등 많은 분야에서 중요하게 다루어지고 있는 주제이다. 조직행동과 관련하여 창의성을 설명하기 위해서는 사회심리학적 관점에서 제안된 **"창의성 3요소 모델"**을 생각해볼 수 있다. 하버드대학의 테레사 애머빌(Teresa Amabile) 교수는 **업무관련 지식과 경험**(domain relevant knowledge), **내부동기**(intrinsic motivation), **창의적 사고과정**(creative processes)을 창의성을 유발시키는 세 가지 조건으로 제시했다. 이 세 가지 요인들 외에도 다양한 개인특성들이 창의성에 중요한 영향을 미친다.

창의성 3요소 모델

업무관련 지식과 경험(domain relevant knowledge)

내부동기(intrinsic motivation)

창의적 사고과정(creative processes)

- 개방적 성격(openness)
- 내부 통제감(internal locus of control)
- 감정지능(emotional intelligence)
- 긍정정서(positive affect)
- 자기효능감(self-efficacy)
- 위험감수성향(risk-taking tendency)
- 낮은 불확실성 회피성향(uncertainty avoidance)
- 학습목표지향(learning goal orientation)
- 모호함에 대한 내성(tolerance for ambiguity)
- 관점전환능력(perspective taking)
- 인지적 유연성(cognitive flexibility)

개인과 상황요인 간의 상호작용을 고려하는 관점(person-situation interaction perspective)

최근 창의성연구들은 구성원 창의성에 업무특성, 리더십, 사회적 상호작용, 문화 등 다양한 환경적 요인들이 기여한다고 보고하고 있으며, 더 나아가 **개인과 상황요인 간의 상호작용을 고려하는 관점**(person-situation interaction perspective)이 부각되고 있는 추세이다.

성장 마인드셋(growth mindset)

고정 마인드셋(fixed mindset)

### 구성원들의 창의성과 혁신을 위한 마인드셋

마이크로소프트(MS)의 사티아 나델라(Satya Nadella)회장은 지나치게 관료화되고 성장이 정체된 MS를 변화시키기 위해서 "누구든 배우면 된다"는 **성장 마인드셋**(growth mindset)을 도입했다. 이는 스탠포드 대학의 캐럴 드웩(Carol Dwek) 교수의 **고정 마인드셋**(fixed mindset)과 대비되는 개념이다. 변화, 도전, 학습을 거부하는 고정 마인드셋으로는 직원들의 창의성과 혁신을 기대할 수 없다. 마이크로소프트에서처럼 직원들이 학습, 성장, 개선, 변화에 적극적인 성장 마인드셋을 갖도록 해야 타인의 성공에도 긍정적으로 대응하여 파트너십이 구축되고, 조직전체의 혁신과 시너지가 생긴다.

| | 고정 마인드셋 | 성장 마인드셋 |
|---|---|---|
| 기본 가정 | 지능 · 능력은 정해져 있다 | 지능 · 능력은 성장 가능하다 |
| 노력 | 별 의미 없다. 능력대로 사는것 | 노력으로 배우고 성장할 수 있다 |
| 역경/도전 | 도전을 피하고 포기한다 | 역경에 맞서 싸운다 |
| 실수 · 비판 | 실수를 부인하고, 비판을 무시 | 실수를 분석하고 비판을 수용함으로써 학습 |
| 타인의 성공 | 위협으로 느끼고 질투 | 영감을 얻어 학습, 성장기회 |
| 결과 · 성과 | 현재 능력과 성과 수준에서 정체 | 학습과 성장으로 잠재력 발휘, 성과개선 |

고정 마인드셋을 가진 사람들은 실패를 회피하고, 실수에 대한 타인의 조언을 자신의 고정된 능력에 대한 공격으로 받아들이며, 무능력을 인정하지 않기 위해 방어적이 된다. 당연히 결과에 확신이 없는 새로운 시도를 할 수 없다. 아인슈타인이 말한대로 실수를 하지 않은 사람은 한 번도 새로운 일을 시도해 보지 않았던 사람이다. 실수를 당연한 학습의 과정으로 여기는 성장 마인드셋이 조직창의성에 중요한 이유이다.

출처: 캐럴 드웩(김준수 역), 2017

## 5.2. 조직구성원 다양성

조직다양성은 2장에서 설명한바와 같이 양날의 검(double-edged sword)과 같아서 긍정적, 그리고 부정적이라는 양면적 효과를 갖는다. 그러나 창의성과 혁신을 위해서는 부정적인 효과를 감안하더라도 다양성은 필수적이다.

서로 다른 지식, 경험, 관점을 가진 사람들 간의
상호교류(cross-fertilization)가
지금까지 생각하지 못했던
새로운 아이디어와 문제해결책의
핵심요건이기 때문이다.

2016년 호주기업 관리자협회(Australian institute of company directors)에서 진행한 연구에 따르면 사고의 다양성은 혁신을 20% 증가시키며, 위험은 30% 감소시킨다고 한다. 다양성을 갖춘 조직은 서로 이질적인 관점들을 의사결정에 효과적으로 반영하고, 위험을 식별할 수 있는 능력을 제고시키며, 이질적 의견에 대해 관대할 것이라는 신뢰적인 조직분위기를 형성함으로써 창의력과 혁신성과를 향상시킨다.

### 혁신의 시작은 다양성과 포용성

일본의 대표 화장품기업 시세이도(Shiseido).

우오타니 마사히코 회장이 2014년 취임했을 때 시세이도 그룹은 매출과 시장점유율 하락에 몸살을 앓고 있었다. 당시 시세이도는 고객의 80% 이상이 여성이지만 남성이 경영진 전체를 차지하고 있었으며, 상명하복식 문화 속에서 구성원들 간 상호협력은 물론 대화조차 할 수 없는 상황이었다. 이에 좋은 기술을 가지고 있지만 변화나 발전이 없는 '잠자는 미녀'라는 평가를 받았다.

우오타니 마사히코(魚谷雅彦)

취임 후 우오타니 마사히코는 외부의 관점과 다양성을 강조했고,
4년 동안 그룹 내 여성 이사 및 감사 비율을 45%,
글로벌 여성 간부 비율을 38%까지 끌어올렸으며,
이를 통해 판매액 9%, 영업이익 41%를 증가시켰다.

그는 시세이도의 변화와 성장 동력이 바로 다양성(diversity)에 대한 포용에 있었음을 강조하고, 이와 더불어 평등과 성과에 기반한 평가, 능력에 맞는 적절한 지위부여, 그리고 공정한 대우를 시세이도의 경영 턴어라운드(management turnaround) 비결로 꼽았다.

다양성(diversity)에 대한 포용

출처: https://blog.naver.com/jackieyou/222195321553

이와 같이 조직구성원 다양성은 조직혁신을 촉진시킴으로써 기업성과에 긍정적인 기여를 한다. 보스턴 컨설팅그룹(BCG: Boston Consulting Group)의 2018년 연구에서도 인종과 성별 등 다양성이 높은 기업이 다양성이 낮은 기업보다 혁신에 따른 수익이 19% 더 높다고 보고하고 있다. 이런 트렌드에 발 맞추어 많은 조직에서 다양성을 적극적으로 관리하고 있다.

C-레벨 관리자들(C-level managers)

### C-레벨에서도 적극적인 다양성 관리! CDO의 등장!

기업의 상층부에서 조직전반의 경영에 대한 결정을 내리고 실행을 감독하는 최고경영층(TMT: top management team)에는 다양한 C-레벨 관리자들(C-level managers)이 포함된다. CEO(Chief Executive Officer)를 필두로 운영(Operating)담당 COO, 재무(Finance)담당 CFO, 인사(Human Resources)담당 CHRO, 마케팅(Marketing)담당 CMO, 정보(Information)담당 CIO 등 많기도 많다. 그리고 오늘날 점점 더 많아지는 추세이다. 최근 경영에서 혁신(Innovation), 창의성(Creatvitity), 디자인(Design) 측면이 강조되면서 CIO, CCO, CDO도 C-레벨의 대열에 동참하고 있다.

(조직의 혁신과 변화에 가장 막강한 영향력을 행사하는 코로나(Corona)담당 CCO? 코로나의 전방위적 압박과 그에 따른 뉴노멀(new normal)시대의 도래를 고려하면 정말로 코로나 담당 C-레벨(CCO: Chief COVID-19 Officer)이 생길지도 모르겠다.)

최고다양성책임자(CDO: Chief Diversity Officer)

최고포용책임자(CIO: Chief Inclusion Officer)

포용성(inclusion)

최고경영층의 인적변화구성에 새로운 트렌드가 나타나고 있다. 구찌(Gucci), 우버(Uber), 3M, 줌(Zoom) 등의 글로벌 기업에는 최고다양성책임자(CDO: Chief Diversity Officer)라는 직책이 있다. 기업에 따라서는 최고포용책임자(CIO: Chief Inclusion Officer)라고 칭하기도 한다. 최고다양성책임자는 인재 다양성 전략 · 관리 프로그램 개발과 운영을 담당하며 조직의 포용성을 향상시키는 역할을 한다. 다양성이 혼합된 상태를 의미하는 반면 포용성(inclusion)은 다양성이 효과적으로 통합되어 활용되는 것을 의미한다. 다양한 사람들의 관점과 의견을 존중하며 함께 어울려 일하는 것을 가능케하는 포용성은 변화와 혁신의 필수요소이다.

한국에서도 2020년 2월 "자산총액 2조원 이상인 주권상장기업은 이사회의 이사 전원을 특정 성(性)으로 구성하지 않아야한다"는 자본시장법이 발표되었다. 이 규정은 2022년부터 의무적용된다. 2020년 여성 등기임원을 새롭게 선임한 기업은 한진중공업, 미래에셋생명, 삼성 SDS 등 18개 기업으로 향후 여성이사 선임은 점점 더 증가할 것으로 전망된다. 조직 최상층부에서의 다양성 증가는 조직전체 다양성에 대한 시각과 규범을 바꾸어 조직의 혁신과 성장에 도움을 주는 긍정적 효과를 가진다.

## 5.3. 리더십

리더는 구성원들의 태도, 행동에 주요한 역할을 함으로써 조직성과에 영향을 미친다. 조직창의성과 혁신에 대해서도 마찬가지. 바람직한 리더십은 직원들의 내부동기, 긍정정서, 자신감 등을 유도하고, 직원들 간 개방적 상호작용과 지식공유를 촉진함으로써 개인 및 집단 창의성을 향상시킨다. 더불어 리더가 혁신을 지지하고 필요한 인적·물적 자원과 시간, 기술 등의 여건을 마련해주는 것은 조직혁신의 성공에 필수적인 요소이다. 이런 이유로 조직의 창의성과 혁신에 대한 리더십의 영향이 수많은 연구들에서 다루어졌고, 다양한 리더십 유형들이 조직혁신을 촉진하는 것으로 규명되었다.

- 변혁적 리더십(transformational leadership)
- 비전 리더십(visionary leadership)
- 참여적 리더십(participative leadership)
- 지원적 리더십(supportive leadership)
- 코치형 리더십(coaching leadership)
- 윤리적 리더십(ethical leadership)
- 진정성 리더십(authentic leadership)
- 리더-멤버 교환관계(leader-member exchange quality)

그러나, 조직창의성과 혁신에 대한 리더의 기여에도 불구하고 그 긍정적인 효과만큼이나 부정적 효과와 병폐도 적지 않다. 흔히 뉴스에도 자주 등장하는 비호감 · 꼰대형 리더들은 조직혁신에도 악영향을 미치는 요인이다. 이런 부류의 리더들은 저해뿐 아니라 창의성과 혁신의 기회 자체를 아예 차단시키는 경우가 많다.

**혁신의 싹을 뭉개버리는 리더들의 말! 말! 말!!**

혁신을 위해서는 새로운 아이디어가 많이 나와야 하고, 자유롭게 토론하는 조직분위기를 만들어야 한다. 조직에서는 혁신을 하라고~ 하라고~ 엄청 갈군다.

그러면서 리더들은 혁신의 싹을 아예 밟아버리는 말들을 서슴없이 하는 모순을 보인다.

**"된다는 증거를 대!! 증거를!! 책임질 수 있어?"**

아이디어를 낸 직원을 다그치고 또 다그친다. "그거 맞아?", "확실해?", "최선이야?", "장담할 수 있어?", "잘못되면 책임질거야?" 새로운 시도를 했다가 실패하면 어쩌지라는 생각이 들며, 아이디어가 생각나더라도 아무 것도 말하지 않는다. 소신 있게 계속 얘기했다가 잘못되면 괜히 덤테기만 쓴다. 이런 분위기에서는 입 다물고 있는게 최고!

**"비슷한거 해봤는데 안돼~ 그거! 안돼~!"**

초장에 김을 팍! 빼놓으며 아이디어의 싹을 밟아버린다. 김 빠져서 하기 싫어진다. 경험도 엄청 많으신 우리 꼰대께서 이미 다 해보셨단다. 그냥 포기. 괜히 나댄다고 더 깨질라.

**"잘 알지도 못하면서 떠들지 마!"**

잘 모르는 사람의 시각이 더 신선할 수 있다! 그런데, 자기 분야가 아니면 입 다물어라~ 알지도 못하면서 뻘소리한다며 새롭고 참신한 시각 강력히 거부!! 전지전능 꼰대가 알아서 하겠지~ 나는 그냥 조용히 시키는대로 시키는 것만 한다. 이게 속 편하다!

출처: https://news.naver.com/main/read.nhn?oid=020&aid=0000449945

## 5.4. 조직문화

혁신은 단지 아이디어에서 나오는게 아니라 구성원들이 매일 생각하고, 일하고, 서로 상호관계를 맺는 과정에서 그 가치가 드러난다. 따라서, 구성원들이 어떤 가치를 공유하고 어떤 방식으로 함께 일하는지가 조직창의성과 혁신성과를 도출하는 데에 중요한 요인이 된다. 창의성과 혁신을 촉진하는 조직문화는 다음과 같은 특성을 보인다.

- 강력한 공유된 비전
- 개방적 의사소통과 협력적 관계
- 실험정신과 실패에 대한 용인
- 활력과 긍정성을 강조하는 분위기
- 구성원에 대한 존중
- 개개인의 강점에 근거한 자발적 기여
- 지속적 학습 및 성장기회

이들 특성들은 앞서 11장에서 소개한 조직문화의 유형 중 혁신지향문화에 가장 근접하지만 관계지향과 성과지향문화의 특성도 일부 포함하고 있다. 이런 문화적 특성들은 주로 스타트업, 소규모 조직에서 많이 나타나지만 최근 기업의 환경변화에 따라 많은 기업들이 혁신지향적인 문화를 구축하기 위해 노력하고 있다. 스티브 잡스(Steve Jobs)가 "애플(Apple)은 세상에서 가장 큰 규모의 스타트업이다"라고 강조하며 애플이 대기업으로 성장하면서도 소규모 기업의 신속한 액션, 혁신성향, 모험정신을 잃지 않도록 경계했던 것은 유명하다. 그러면 한국에서는 구성원들의 자발적 기여와 참여를 끌어내기 위해 어떤 조직문화를 형성하기 위한 노력이 진행되고 있는지 아래 사례를 통해 살펴보자.

### 해양환경공단(KOEM: Korea marine environment management corporation)의 문화혁신! OASIS!!

"피로사회!!" 우리는 "피로사회"에 살고 있다. 직장인들이 직장에서 가장 스트레스를 받는 건 업무 자체가 아니라 강압적 조직문화이다. 수많은 기업들이 자율적인 문화, 건전한 문화를 외치고 있지만 그 노력에도 불구하고 현실은 그닥 녹녹하지 않다.

해양환경공단은 짧고(short),
똑똑하고(smart),
만족스러운(satisfactory)
근무환경인 OASIS를 만들기 위해 노력하고 있다.

**SHORT**

- 정보통신발달은 편리함과 동시에 피로감을 같이 주었다. 카톡 등을 통해서 퇴근 후에도, 주말에도 끊임없이 연락하는 상사! 카톡을 읽었다고 해야하나, 안 읽었다고 해야하나 고민하게 만드는 상황! 답장을 하자니 짜증나고, 무시하자니 갈굴테고!
- 퇴근 시간이 되면 업무가 끝나고 가야하는데도 칼퇴근은 여전히 눈치가 보여 두리번 거리게 된다.

→ 그래서 등장한 키워드가 ShOrt. 짧고 강하게!

## SMART

- 9 to 6, 너무 진부하다. 교통지옥을 뚫고 꼭 남들과 같은 시간에 출·퇴근하는게 과연 효율적일까?
- 회의한다는 명목 하에 인민재판 받기가 일쑤. 주로 상사한테 욕먹고 잔소리를 듣는다. 회의 한다고 매일 모여앉아있다고 업무능률이 팍팍 올라가고 아이디어가 샘솟는 것은 아니다.
- 코로나 팬데믹 이후 화상회의도 마찬가지이다. 재택근무를 하면서 화상회의를 많이 하다보니 화상회의로 인한 피로감을 호소하는 직장인들이 늘었다. '줌 피로감(zoom fatigue)'이라는 신조어까지 생겨날 정도이다.

→ 보다 효율적인 방식으로 제발 SmArt하게!

## SatISFACTORY

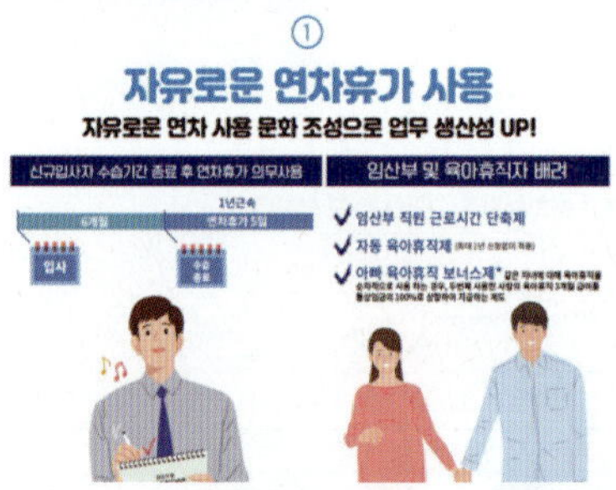

- 분명히 연차라는게 있고, 휴직이라는 제도가 있는데도 실제로 쓰려면 엄청 눈치보인다. 자녀출산 장려하는 나라. 그렇지만 현실은 쉽지 않다. 임신이라도 하면 눈치보이고, 바쁠 때 쉰다고 분위기 싸~해진다. 육아휴직? 그 순간 내 책상은 영원히 사라질지도 모른다는 불안감이 몰려온다.
- 회식? 싫다. 모여 앉아 재미없는 얘기나 하고, 폭탄주 먹이고, 지칠데로 지쳤는데 2차 가자고 한다! 노래는 너네나 실컷 부르라고!! 난 집에 가고싶다고!!

→ SatISfactory. 일과 삶의 균형·통합을 바탕으로 직원들의 성장과 자발적 기여를 유도!

출처: https://blog.naver.com/koempr/221488732031

## 6. 혁신과정의 효과적 관리

조직관성(organizational inertia)

앞서 VUCA로 설명되는 오늘날의 기업환경 속에서 수많은 조직들이 자의로든 타의로든 조직변화와 혁신이라는 도전적 과제에 직면하게 되었다. 그런데 인간이란 기존의 방식에 길들여져 그것을 고수하려는 강한 성향을 갖고 있다. 이러한 성향은 기업에도 동일하게 적용되어 **변화를 거부하고 기존의 상태를 고집하는 저항의 형태**로 나타난다. 이를 **조직관성**(organizational inertia)이라고 일컫는데, 문제는 리더들이 조직 내 막강파워를 기반으로 조직관성을 만들어내는 메인 엔진이 되는 경우가 많다. 특히 잘나가고, 능력있고, 과거에 화려한 성공을 거둔 리더들은 자기가 옳다는 그릇된 신념과 과거의 관성에 빠져 조직혁신을 물말아 먹는 경우가 많다. 안타까운 현실!

**옳음의 중독: 내가 제일 잘 알아~~ 내 말대로 하라니까!**

알코올 중독자가 애타게 알코올을 찾듯 인간은 '나의 옳음'에 중독된다.

나의 옳음이 관철되었을 때,
인간은 마치 부족한 니코틴 또는 알코올이
몸 속에 들어왔을 때와 비슷한
쾌락과 안도감을 느끼며 도파민이 뿜뿜 뿜어져 나온다.

"이 쾌락을 절대 놓을 수 없기에 상대방이 나의 옳음을 인정하지 않으면 화를 내고 상대방을 무능하거나, 나쁜사람, 이상한 사람으로 몰아간다. 리더가 '나의 옳음'에 중독되면 조직은 위험해진다. 타인과 소통하고 공감하며 영감을 불어넣는 역할을 할 수가 없기 때문이다. 그저 부하직원에게 자신의 주장을 강요한다. 이렇게 되면 부하직원들은 리더 앞에서 자신의 의견을 솔직히 말하지 못한다. 리더의 눈치를 보며, 자기 한 몸 지키는데 몰두하게 된다."

출처: https://www.mk.co.kr/opinion/columnists/view/2014/09/1211264/

옳음의 중독은 단지 개인에게 국한되는 문제가 아니다. 조직도 마찬가지이다. 조직은 그 동안의 관행에 집착한다. 성공한 기업일수록 옳음에 대한 중독은 심하게 나타난다. 노키아(Nokia)가 그랬고, 코닥(Kodak)이 그랬다. 스마트폰의 기술을 가장 먼저 개발한 노키아가 스마트폰 때문에 망하고, 디지털 이미지 기술을 먼저 확보하고도 필름 파는 재미에 빠졌던 코닥은 퇴출되었다.

경영 관행

클레이튼 크리스텐슨(Clayton Christensen)은 「혁신의 딜레마」라는 저서를 통해 위대한 기업들이 실패하는 원인을 규명하였다. 그가 찾은 이유는 거대한 상식과 통념의 벽! 선두기업 자리에 오르게 해준 경영 관행이 바로 선두기업의 몰락을 가져온다는 것! 사일로 효과(silo effect)에 빠진 소니가 기술개발로 기존제품을 더욱 정교화시키고, 다양화했지만, 결국 조직의 자원낭비와 시장에서의 실패를 경험했다. 과거에 성공한 워크맨과 CD 플레이어를 아무리 첨단으로 만들어도 결국 아이팟 등의 MP3 플레이어의 등장으로 제품군 자체가 사라졌다.

클레이튼 크리스텐슨(Clayton Christensen), 1952-2020

세상은 변해가는데 자기만의 세계,
그동안의 성공공식에 빠져 새로운 것을 거부하고,
인정하려하지 않는다.
소위 성공의 함정(success trap)에 빠지는 것이다.

기업의 성공에 결정적 역할을 한 유능한 경영진이 과거의 성공방식과 자신이 성공시킨 제품군에 집착하면서 그 기업의 선도적 위치를 잃게 만든다는 점에서 혁신은 끔찍한 딜레마라고 주장한다. 고인 물의 비극이라고나 할까. 그래서 CEO의 과잉자신감과 오만(CEO hubris)이라는 전문용어까지 생겼다.

혁신을 함에 있어서 조직관성도 장애요소가 되지만 이와 더불어 더욱 유념할 부분은 조직구성원들의 **저항(resistance)**이다. 구성원들의 혁신에 대한 저항은 변화에 대한 강한 **억제력(restraining forces)**으로 작동한다. 이러한 저항과 관성은 변화가 가져올 불확실성(future uncertainty)에 대한 불안감 때문일 수도, 변화의 이유가 불충분하기 때문일 수도, 혹은 새로운 비전에 대한 공유가 충분치 않았기 때문일 수도 있다. 그러나, 변화로 인해 구성원의 입지가 흔들리는 것 역시 변화에 대한 저항을 일으키는 중요한 요소이다. 조직변화를 성공적으로 이끌기 위해서 경영자는 체계적으로 변화와 혁신과정을 관리해야 한다.

(1) 변화의 전체과정을 철저하게 계획하고 분석해야 한다. 물론 변화과정 자체의 가변적 특성와 상황에 따른 불확실성이 크기 때문에 쉽지도 않을뿐더러 어차피 수정될 계획일 수도 있다. 그럼에도 불구하고 아직 변화가 일어나지 않은 현재(status quo)와 변화가 일어날 미래의 모습(desired state)을 비교·분석하여 변화 과정에서 발생할 수 있는 위험요소와 가능한 상황들을 최대한 예측하고 파악하는 것이 중요하다. 이를 바탕으로 유연한 변화계획표를 작성하여 구체적이고도 측정가능한 **정량적 변화목표를 제시**해야 한다.

(2) 변화를 추진하고 감당해야하는 담당 조직 · 부서의 준비 정도, 혹은 **변화관련 역량**이 어느 정도인지를 **사전에 정확히 파악**해야 한다. 변화를 추구하고 실행해야

하는 조직 · 부서 · 담당자가 변화를 맞을 준비가 되어 있지 않다면 그 변화는 실패할 가능성이 크기 때문이다. 심리적, 물리적, 역량 측면의 다양한 변화지원 자원들에 대한 고려와 진단이 필요하다.

(3) 변화가 시작된 다음에는 변화에 대한 **평가**를 지속적으로 시행하고, **피드백**을 통해 변화의 속도와 범위를 조절하며, 변화의 효과를 **지속적**으로 **검증**해야 한다. 의사결정을 하기가 어려운 상황이라도 아마존과 같은 수치화와 AI지원을 통한 신속한 피드백을 통해 변화과정의 주기적 측정을 시행해야한다. 단순반복업무를 루틴대로 수행하는 것이 아닌 변화과정에서는 피드백이 없으면 어느 정도 변화가 진행되고 있는지 구성원들이 알 길이 없다.

평가

피드백

지속적 검증

광범위한 커뮤니케이션(communication)

(4) 마지막으로, 성공적인 조직변화와 혁신을 위해서 가장 신경 써야할 부분은 조직 내 **광범위한 커뮤니케이션**(communication)을 통하여 **모든 직원들의 적극적 참여**를 유도해야한다는 것이다. 조직혁신 상황에서는 최근 조직경영에서 화두가 되고 있는 "소통"이 특히 중요해진다. 변화에 저항하는 구성원들을 설득하고, 혁신을 향한 강력한 조직의 지원과 의지표명을 지속적으로 전달해야 한다. 직원들이 혁신의 정당성, 전략적 의미(strategic rationale) 등을 명료하게 인식해야 혁신이 진행된다. 이러한 의사소통 과정을 통해 구성원들은 변화를 통해 얻을 수 있는 혜택을 명확히 이해할 수 있게 되고, 이를 바탕으로 구성원들의 혁신의지를 고취시킬 수 있다.

### 창의적 공간: 회사를 카페처럼 만들면 어떨까?

기존의 제조업 · 대기업 스타일의 관료적이고 위계적 조직에서도 직원들의 능동적이고 적극적인 기여가 중요해지고 있다. 창의성과 혁신이 조직의 핵심과제가 되고 있는 상황에서 시키는 일만 하는 직원들로는 희망이 없다. 안 시켜도 알아서 새로운 시도를 하면서 창의성을 발휘하는 직원들이 요구되는 시대이다.

이를 위해서 공간의 혁신도 생각해보자. 구글 오피스를 설명하면서 컬러풀하고 예술적인 디자인 감각의 곡선이 많은 공간에서 사람들은 긍정정서를 느끼게 된다고 했었다. 그럼 카페 같은 분위기는 어떨까? 구글 오피스와는 다르지만 직원들의 창의력에 기여할 가능성이 확실히 크다.

카공족이 대세인 한국. MZ세대는 카페에서 공부하는게 익숙하다. 그들을 갑자기 숨막히는 한국형 칸막이 사무실에 가두어 두는 것보다는 카페형 사무실이 유연한 사고(cognitive flexibility)에 도움이 된다. 물론 카페 분위기의 개방형 공간(open space)이 폐쇄형 사무실에 비하여 업무성과에 긍정적 효과를 갖는지에 대해서도 논란이 있으나 적어도 창의성에는 도움이 되는 것으로 보인다.

사고과정 활성화

사고의 유연성

동기상승효과

편안하고 조용한 집보다 공공장소인 카페에서 오히려 창의성이 높아질 수 있는 이유는?

(1) 카페의 소음이 오히려 사고과정을 활성화시킨다. 카페의 음악, 주변의 대화, 바리스타가 커피를 내리는 소리 등이 의사결정의 개선을 가져온다. 이른바 "카페 효과".

(2) 카페의 환경은 왔다갔다 하는 사람들, 앉는 위치에 따른 시각자극의 변화, 커피와 음식냄새 등으로 자극이 다양하고 고립된 상태에 비하여 적당히 관심이 분산되어 사고의 유연성이 커진다. 약간의 소음과 함께 주변환경의 변화는 추상적 사고를 활성화하고 아이디어의 충돌을 일으킨다.

(3) 카페에 있다보면 자기만의 세계, 일에 빠져서 무엇인가를 열심히 찾고, 키보드를 두드리는 사람들을 주위에 두게 된다. 사람들이 있는 것만으로도 동기상승효과를 가져온다. 사회촉진(social facilitation) 효과!

물론 너무 다닥다닥 밀착형으로 붙어 앉아 있는 구조가 되어서는 안된다. 사회촉진(social facilitation)보다는 사회억제(social inhibition) 효과가 강해질 수 있기 때문이다. 옆 자리에 있는 동료나 선배가 내 스크린을 계속 보고 있다는 생각이 들면 당연히 신경이 거슬린다. 자원보존이론(COR: conservation of resources theory)에서 주장하듯 제한된 인지적 자원이 외부환경과 타인에게 지나치게 투입되면 정작 자기 업무에 쓸 자원은 고갈되는 현상이 나타나기 때문이다.

출처: http://kormedi.com/1332071/커피숍에-있을-때-창의적인-이유

## 핵심용어

- VUCA
- 창의성(creativity)
- 신제품개발(NPD: new product development)
- 룬샷(loonshot)
- 가치창출(value creation)
- 디커플링(decoupling)
- 혁신(innovation)
- 혁신의 도입(innovation adoption)
- 혁신의 실행(innovation implementation)
- 조직관성(organizational inertia)
- 변화의 3단계 이론(three-stage theory of change)
- 해빙(unfreezing)
- 이동(movement)
- 재결빙(refreezing)
- 현재의 상태(status quo)
- 저항(resistance)
- 혁신-가치 부합성(innovation-value fit)
- 혁신의 효과성(innovation effectiveness)
- 창의성 3요소 모델
  - 업무관련 지식과 경험(domain relevant knowledge)
  - 내부동기(intrinsic motivation)
  - 창의적 사고과정(creative processes)

## 연습문제

01 환경의 특성을 설명하는 VUCA에 대해 논하라.

02 창의성(creativity)의 정의는 무엇인가?

03 룬샷(loonshot)은 무엇인가?

04 경영학에서 이야기하는 디커플링(decoupling)의 개념은 무엇인가?

05 창의성과 혁신의 차이점을 설명하라.

06 혁신실행(innovation implementation)의 개념은 무엇인가?

07 조직관성(organizational inertia)은 무엇인가?

08 커트 르윈(Kurt Lewin)의 변화 3단계 이론을 설명하라.

09 현재의 상태(status quo)는 무엇을 의미하는가?

10 혁신 - 가치 부합성 모델의 주요 두 축은 무엇인가?

11 창의성 3 요소 모델에 대해 설명하라.

12 창의성과 혁신을 촉진시키는 요인들에는 어떤 것들이 있는가?

CHAPTER 13

# 인간·기술·환경 변화와 조직경영의 미래

1. 인간에 대한 관점과 역할변화

2. 기술변화와 조직경영의 미래

3. 경영환경변화와 조직의 역할변화

### 학습목표

- 경영학의 발전과정에 따라 달라진 인간의 역할에 대해서 설명할 수 있어야 한다.
- 자원준거관점의 핵심 개념을 설명할 수 있어야 한다.
- 산업혁명에 따른 경영환경변화를 조직경영과 연계하여 설명할 수 있어야 한다.
- 경영환경 변화의 트렌드에 대해 이해하고 향후 어떤 방식의 새로운 조직경영이 바람직한지를 설명할 수 있어야 한다.

마지막 장에서는 앞서 논의한 개인, 집단, 조직 수준에서의 개념과 이론들에 기반하여 조직행동, 더 나아가 조직경영의 미래의 모습에 대해 생각해보기로 하겠다. 물론 규모의 경제에 의한 대량생산, 테일러리즘, 관료제적 통제 등으로 전통적인 방식의 경영원칙을 따르는 기업들도 여전히 많다. 그러나 오늘날 조직의 경영환경에 큰 변화가 일어나고 있는 상황이기에 경영환경 변화에 대해 이해하고 향후 어떤 방식의 새로운 조직경영이 바람직한가를 이해하는 것은 중요하다.

## 1. 인간에 대한 관점과 역할변화

### 1.1. 생산요소로서의 인간

경영학에서 사람이 갖는 의미를 이해하기 위해서는 경영학의 발전과정을 먼저 살펴볼 필요가 있다. 과거 경영학에서 **사람**이란 제품을 생산하는 **기계**와 마찬가지인 존재였다. 따라서 근로자들에 대한 효율적 관리를 통해 **노동효율**을 높이고 **생산성**을 향상시키는 것이 주된 목표였다. 이는 1950~1960년대 사업다각화와 대량생산으로 인해 탄생한 거대기업들의 효율적 운영이라는 당시 기업목표에 부합하는 것이었다.

기계적 · 무기체적(inorganic)시각

조직구성원에 대한 이러한 **기계적 · 무기체적(inorganic)시각**은 1960년대 말 환경의 불확실성에 중점을 둔 경영전략시대와 1970~1980년대 산업구조분석에 초점을 둔 산업구조론시대까지 이어졌다.

| 시대별 관점 | 주요내용 | 조직원에 대한 시각 |
|---|---|---|
| 1911년 이후<br>장기전략계획시대 | 기업의 기능적 활동 중시 | 기계 |
| 1960년대 말<br>경영전략시대 | 환경과 연계한 전략수립 | 생산요소의 일부 |
| 1970년대말 1980년대<br>산업구조론 시대 | 산업구조 내에서 경쟁분석<br>자원은 무한하다는 가정 | 생산요소의 일부 |
| 1990년대<br>자원준거관점 시대 | 전략수립의 근거가<br>내부자원으로 이행 | 기업 고유자원<br>(firm-specific resource) |

조직구성원에 대한 시각이 급격히 변화하게 된 계기는 1980년대 말 외부환경관점의 한계를 인식하고, 전략수립의 근거를 기업의 내부자원으로 돌린 **자원준거관점**이 1990년대 조직경영에 있어서 주요 화두가 되면서부터이다.

## 1.2. 내부핵심자원으로서의 인간

1973년 석유파동 이후 1980년대까지 산업구조론이 강조했던 환경분석은 기업의 수익성을 예측하고, 특정산업의 매력도와 성장가능성을 평가하는 데에 상당히 유용했다. 유리한 산업에 속한 기업들은 수익성이 좋았고, 불리한 산업에 속한 기업들은 다같이 어려움을 겪었기 때문. 그러나, 산업이 전반적으로 안정권에 들자 동일한 산업에 속한 기업들 간 발생하는 성과차이, 그리고, 성과가 좋은 기업의 경쟁우위의 원천을 설명하기에는 한계가 있었다. 즉, 산업분석은 동일한 산업에 속한 기업들의 평균 수익성을 설명할 수는 있으나 개별기업 간 발생하는 수익성의 차이를 설명하지 못하는 한계에 봉착한 것이다.

1990년대에 부각된 **자원준거관점**(RBV: Resource-Based View)은 동일 산업에 속하는 기업이라할지라도 각 기업마다 이질적 자원을 보유하고 있으며, 개별기업의 수익성 차이는 기업의 내부자원과 역량에 의해 결정된다고 주장하였다. 자원준거관점의 기본 가정은 **자원의 이질성**(resource heterogeneity)과 **비이동성**(resource immobility)이다. 기업경쟁력의 원천을 규정함에 있어, 자원준거관점은 보이지 않는 **무형자산**을 중요하게 다루고 있다. 경쟁우위의 원천인 이 내부자원이라는 것은 무형적 · 암묵적 특성을 지니고 있기 때문에 시장에서 구매를 할 수도 없고, 다른 기업을 모방하는 것 또한 쉽지 않다.

자원준거관점(RBV: resource-based view)

자원의 이질성(resource heterogeneity)

비이동성(resource immobility)

무형자산

제이 바니(Jay Barney), 1954–

기업 간 자원의 완전한 이동은 불가능하다.
이 때문에 자원의 이질성이 장기간 지속될 수 있는 것이고,
기업 특유의 독특한 자원이 기업의 지속적 경쟁우위의 원천이 되는 것이다.

제이 바니(Jay Barney) 교수는 1991년 「Firm resources and sustained competitive advantage」라는 논문을 통해 기업의 지속적 경쟁우위를 창출하는 내부 자원과 역량의 네 가지 특성, VRIN을 제시했다. 기업이 지속적으로 경쟁우위를 창출하기 위해서는

- 가치있고(Valuable)
- 희소성있고(Rare)
- 모방할 수 없고(Inimitable)
- 대체불가능한(Non-substitutable)

기업 고유의 자원을 보유해야한다는 것이다.

기업이 이윤을 창출할 수 있는 가치있는 자원을 가지고 있다고 해도 이러한 자원과 역량을 시장에서 쉽게 구할 수 있거나, 경쟁자들이 쉽게 모방할 수 있는 것이라면, 혹은 다른 유사한 자원이 그 역할을 대체할 수 있다면 자원의 가치는 떨어질 수 밖에 없다. 자원준거관점에서 이와 같은 특성을 지니는 내부자원의 핵심요소 중 하나가 바로 "사람", 인적자원(human resource)이다.

기업경쟁력의 기반이 되는 기업고유의 자원(firm-specific resource)

자원준거관점이 조직경영에서 주요한 경영관점으로 자리잡은 후, 조직구성원들은 쉽게 대체할 수 있는 생산요소가 아닌 **기업경쟁력의 기반이 되는 기업고유의 자원(firm-specific resource)**으로 인식되었다. 이에 따라 다양한 인적자원관리(HRM: human resource management)제도를 통해 근로자들의 조직몰입과 업무에 대한 동기를 제고시켜 업무능력과 기술을 향상시키고자 하는 경향이 강해졌다. 이런 노력을 통하여 기업 고유의 자원을 배양함으로써 기업목표달성과 조직구성원들의 성장을 동시에 추구하는 상생경영이 대두되고 있다.

## 1.3. 전략적 인적자원관리

인적자원의 전략적 가치가 강조되면서 전통적 인적자원관리를 **전략적 인적자원관리(SHRM: Strategic Human Resource Management)**로 강화하는 추세이다. 사실 인간이 현대조직에서 가지는 역할과 가치를 감안할 때 이제는 "인적자원관리"라는 표현보다는 **사람경영(people management)**으로 칭하고, 인간 자체에 초점을 두는 것이 더 적합해보인다. 전략적 인적자원관리 관점에서는 **고성과작업관행(HPWP: High Performance Work Practices)**이라는 명제 하에 다양한 인적관리제도를 하나의 시스템으로 운영하여 **제도들 간 시너지**를 추구하고 있다. 고성과작업관행은 기본적으로

전략적 인적자원관리(SHRM: Strategic Human Resource Management)

사람경영(people management)

고성과작업관행(HPWP: High Performance Work Practices)

제도들 간 시너지

- 채용 · 선발(recruitment/selection)
- 보상(compensation)
- 교육훈련(training and development)
- 성과평가(performance appraisal)
- 업무순환(job rotation)

등 다양한 분야의 제도들을 포괄하고 있다. 그런데 이런 전통적 인적자원관리제도에도 변화가 요구되는 상황! 시대가 바뀌고 있다.

### 너네는 퇴사하려고 입사하냐?

낙타가 바늘구멍 통과하는 것 보다도 어렵다는 취업! 온갖 몸부림을 치고 발악을 해서 취직이 되어도 문제다. 왜?

직장생활, 이게 절대 만만한게 아니다. 취직만 하면 숨통이 트일거라 생각했지만 현실은 그렇지 않다.
회사? 재미없다. 의미없다. 미치겠다. 아~ 스트레스! 나가야겠다!
더구나 N잡러를 지향하는 다만추 세대(다양한 삶을 만나는 것을 추구하는 세대)인 MZ세대에게 평생직장이라는 말은 촌스럽기 그지없다.

알짜배기 직원을 보유하고 관리하는 것!
이게 참 쉬운 문제가 아니다.

출처: https://blog.naver.com/businessinsight/222279287626

### 너네만 힘드냐? 우리도 죽겠거든!

진짜로 필요한 인재를 뽑는 것도 문제! 마음에 드는 인재들 못나가게 막는 것도 문제! 뽑은 걸 후회하게 만드는 직원들 처리도 문제!

자, 회사와 직장인 모두 고민이 많다. 어떻게 해야할까?

런던 비즈니스 스쿨(London business school)의 대니얼 케이블(Daniel Cable) 교수 연구 팀은 입사 첫날 받는 신입사원 오리엔테이션이 이직률에 큰 영향을 준다는 것을 발견했다. 직원 이직률 50-70%인 비즈니스 프로세스 아웃소싱(BPO: business process outsourcing)업체인 와이프로의 신입사원들 대상의 오리엔테이션에서 실시한 현장실험을 살펴보자.

**그룹 1: 업무기술 중심의 교육!**
업무기술, 업무요건, 조직문화 등에 대한 쭉~ 설명! 말 그대로 그냥 주저리주저리 쭉~ 설명!

**그룹 2: 조직정체성 심어주기!**
우리 회사가 얼마나 우수하고 좋은 회사인지를 주구장창 설명하며, 회사에 대한 자부심을 마구마구 주입! 너네 복 받은 줄 알아! 회사 이름을 자랑스럽게 새긴 티셔츠 선물 증정으로 OT 마무리!

**그룹 3: 조직에 개인정체성 융합!**
근무를 함으로써 직원이 어떻게 성장할 수 있는지, 각 직원의 강점을 어떻게 업무에 적용하면 좋을지 함께 고민! 직원 개개인의 이름을 새긴 맞춤형 티셔츠를 선물!

입사 후 6개월 내 퇴사율을 관찰한 결과, 그룹 3에 속했던 직원들이 그룹 1과 그룹 2에 속했던 직원들에 비해 퇴사율이 각각 32%, 21% 낮게 나타났다. 결국, "우리회사 좋은 회사"를 주입시키고, 개인을 조직에 강제적으로 흡수시키는 시대는 지나갔다는 것!

이 시대에 필요한 새로운 인재관리전략은
개인정체성 사회화(personal-identity socialization)!

출처: https://dbr.donga.com/article/view/1401/article_no/5835/ac/magazine

정착하는 과정(onboarding process)

자아로부터의 소외(alienation from oneself)

신입사원 채용 후, 새로운 구성원이 조직에 정착하는 과정(onboarding process)에서 중요한 것은 조직에 그들을 적응시키는 것이 아니라 직원 개개인의 정체성을 강조하는 것이다. 조직의 지배적 문화에 적응하기 위해서, 그리고 그 일원이 되기 위해서 자신의 가치관이나 관점을 수정해야 하는 경우, 직원들은 자아로부터의 소외(alienation from oneself)라는 부정적 감정을 느끼며, 상당한 감정적 소모와 에너지 고갈을 경험한다. 이것이 결국 퇴사로 이어지는 것!

회사가 자아성장에 어떻게 도움이 되는지 인식시키고, 자신만의 독특한 장점을 회사 업무에 잘 적용해서 활용할 수 있도록 장려하는 것이 현대사회에서의 스마트한 인재관리전략이라는 것을 인식해야 한다.

인재관리전략

이와 같이 변화하는 세태에 맞추어 오늘날의 고성과작업관행(HPWP)은 기존의 전통적인 제도들을 보완하여 구성원 개개인의 자율성, 능동적 역할, 팀워크 등에 중점을 두는 새로운 제도들로 진화하고 있다.

- 직원들의 의사결정참여(participative decision making)
- 외부교육 · 등록금 지원(external training/tuition assistance)
- 성과에 따른 급여보상(pay/incentive for performance)
- 유연 근무제(flexible work hours)
- 직원 제안제도(employee suggestion system)
- 인트라넷 지식공유시스템(intranet knowledge sharing system)
- 협력중심 성과평가(performance assessment based on collaboration)
- 다기능팀(cross-functional teams)

## 2030들의 복리후생!

행정안전부가 발표한 2020년 말 기준 전체가구 중 1인가구의 비중은 39.2%!

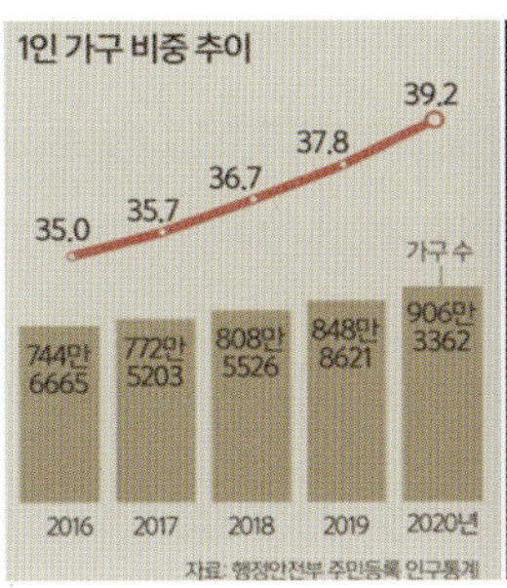

그러나 기업들의 사내 복지는 여전히 4인가구 중심이다. 결혼축하금, 신혼여행 휴가, 출산장려금, 배우자 건강검진제도, 자녀 양육비 · 교육비 지원, 사내 어린이집 이용, 기혼자 전세자금대출 등 결혼과 자녀출산을 기본으로 한 사내복리후생제도들.

물론 예전에는 필요했다. 그러나 사회가 변화했다. MZ세대들에서 비혼주의자들이 증가하고, 결혼을 하고도 자녀출산계획은 없는 딩크(DINK: double income no kids)족들도 이젠 새롭지 않은 세상이 되었다.

"A기업 4년차 미혼직장인 김모씨. 사내 전세자금대출을 이용하고자 했으나 근속연수 만 5년이 안된다고 혜택을 받지 못했다. 그러나 기혼사원의 경우 근속연수가 1년만 지나면 전세자금대출을 받을 수 있는 것에 분개!!"

"B기업 미혼직장인 이모씨. 얼마전 결혼식에 가서 축의금을 낸 것 같은데 동료의 아이가 벌써 어린이집에 다닌다고 한다. 출산축하금, 돌잔치 축하금 등 자녀에 대한 각종 축하비를 지원받았던 동료가 이번에는 어린이집 교육비로 월 15만원을 더 받는다. 왠지 내가 손해보는 느낌!!"

"C기업 미혼직장인 황모씨. 기혼직장인들은 자녀의 입학식, 졸업식, 자녀가 학교에 가지 못할 때 10일간의 유급휴가를 준다. 육아휴직, 자녀로 인해 받는 각종 수당에 휴가까지... 자녀만이 돌봐야할 가족은 아니다. 나도 돌볼 사람들이 있다. 아, 열받는다..!!"

"D기업 미혼직장인 권모씨. 미혼직장인들이 기혼직장인보다 더 많이 받는 것이 있다면 휴일근무수당! 주로 명절이나 연휴때 차출된다. 기혼직장인들은 챙길 가족들이 있다고 쏙 빠져나간다. 언제부터인가 원치 않는 해외근무를 하는 경우도 생긴다. 인기지역은 아이가 있는 선배들이 조기유학명목으로 다 빼가고 비인기 지역은 혼자인 미혼직장인들에게 다 떠민다. 너네만 좋은 거 아는거 아니다! 나도 좋은거 알거든! 빡친다!!"

이에 1인가구와 미혼직원을 겨냥하여 사내복지 제도를 변화시킨 회사들도 속속 등장하고 있다.

- 신한은행: 결혼기념축하금 10만원을 미혼직원들에게도 자기개발목적으로 지급.
- 포스코: 학자금지원대신 자기개발지원금으로 선택사용할 수 있도록 조정.
- 영국화장품브랜드 러쉬 코리아(Rush Korea): 2017년부터 매년 1회 비혼의 날을 지정하여 비혼을 선언한 직원들에게 축하금 50만원과 10일 유급휴가 제공. 나중에 결혼을 해도 무방. 대신 이미 받은 축하금과 유급휴가는 제공되지 않음.
- 디시인사이드: 2020년 12월부터 전직원에게 1주일에 10개씩 반조리 식품을 지원.

변화하는 세대에 맞춰 기존 사내복지제도들 역시 변화해야한다. 지원금에 대한 선택적 사용이 가장 많은데 향후에는 휴직, 유급휴가, 해외근무 등에도 공평한 사내복지제도가 이루어져야할 것이다.

출처: https://post.naver.com/viewer/postView.nhn?volumeNo=30971295&memberNo=39094895

## 1.4. 한국기업의 인적자원 특성과 도전

한국기업들도 최근 경영학 추세와 마찬가지로 기업 고유의 경쟁력기반으로서의 인적자원의 중요성을 인식하고, 각 구성원의 개성과 성장을 존중하는 방향으로의 전략적 인적자원관리를 활발하게 시행하고 있다. 그럼에도 불구하고 이러한 기업들의 노력은 변화하는 세태를 아직 따라가지 못하고 있는 상황이다.

2장에서 언급했듯 기업뿐 아니라 한국사회 전반에서 MZ세대에 대한 논의가 뜨겁다. 거의 매일 미디어와 SNS를 달구는 이슈와 일화들이 콘텐츠로 끊임없이 생산되고 소비된다. 물론 한국사회를 휩쓴 미투, 직장갑질, 꼰대혐오 · 기피 등의 현상으로 남녀노소를 불문하고 많은 인식의 변화가 있었다. 만약 한국사회에서 알리바바의 마윈과 같이 996(오전 9시부터 오후 9시까지 주6일 근무)을 옹호하는 발언이 나온다면? 돌맞아 죽을지도 모른다. 2019년 6월 직장 내 괴롭힘 금지법 이후로 상황이 더욱 개선되고 있지만 동일한 행동에 대한 인식과 해석의 차이는 여전하다.

4050의 관리자들이
조직생활이라고 당연시 하는 것을
2030 직원들은 괴롭힘으로 본다.
괴롭힘의 정의 자체에서부터
드러나는 세대차이!

### 전방위적 소통 문화를 만들자!

2021년 상반기 한국의 대표적인 대기업들과 인터넷 · SNS · 게임 기업들에서 성과급 산정방식에 대한 설명과 성과급 인상에 대한 요구가 봇물을 이루었다. 과거 노사단체협상이라는 방식을 완전무시하고 MZ세대 특유의 방식으로 접근. SK하이닉스의 한 직원이 대표를 포함한 2만8천명 전 직원에게 "채용설명회에서 담당자가 삼성전자만큼 준다고 했는데 왜 안 지켜지는 겁니까"라는 항의성 메일을 보내면서 익명게시판에서 난리가 났다. 비슷한 성과급 논란이 삼성전자, SK텔레콤, LG에너지솔루션, LG전자 등으로 순식간에 확산됐다. 기존의 대기업 문화에서는 생각할 수 없는 사태이다.

그러나 이제는 이런 변화를 적극적으로 수용해야 한다. MZ세대는 연장자는 물론 선배, 동기, 친구와의 관계에서도 자신의 행동에 대해 평가를 받거나 "바람직하니 이렇게 해"라는 말을 듣는 것을 극혐한다. 개인적 주체성이 강한 세대. 과거에 축제나 신입생 환영회를 하면서 선배가 주는 대로 다 마셔야 하고 소위 "사발식"을 하다가 토하고 병원 실려가고 하던 사태는 더 이상 용인되지 않는다. 이같은 맥락에서 2019년 숭실대 축제에서 "술강권 금지팔찌"가 활용되기도 했다.

- 노랑 – 난 안 마실래
- 분홍 – 얼굴색이 이 색깔 정도 될 때까지만 마실래
- 검정 – 다 덤벼! 끝까지 가보자!!

기업 측에서도 이제 더 이상 요즘 신세대들이 왜 이러나 모르겠다, 우리 때랑 너무 다르다, 관리가 안된다 하는 푸념을 계속 이어가기 보다는 그냥 적응하자. 사람은 안 바뀐다. MZ세대가 조직에 들어와서 기존의 룰에 순응하기를 바라는 것보다는 적극적 소통으로 상호이해를 통한 새로운 길, 상호적응(mutual adaptation)을 이루어야 한다.

## 2. 기술변화와 조직경영의 미래

### 2.1. 산업혁명의 역사적 발전

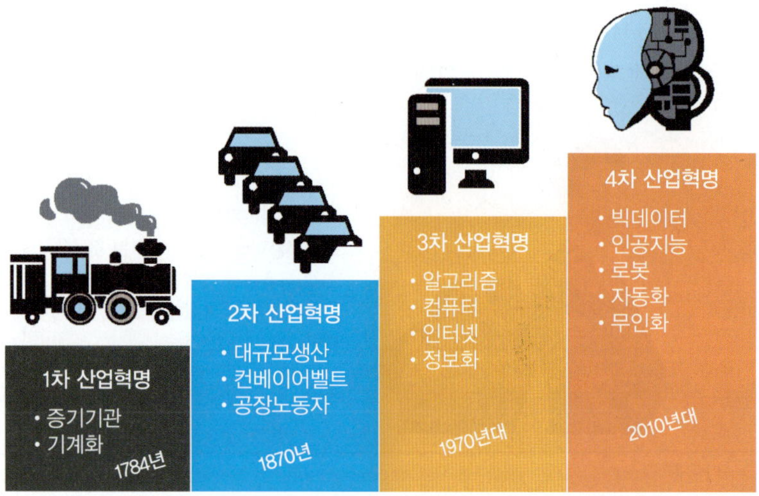


18세기부터 시작된 4차에 걸친 산업혁명은 산업과 기술의 발전뿐 아니라 인간의 역할에도 큰 변화를 가져왔다.

1차 산업혁명
기계
산업화
2차 산업혁명
컨베이어 시스템
3차 산업혁명
컴퓨터
인터넷
정보화 혁명
4차 산업혁명

- **1차 산업혁명**: 제임스 와트(James Watt)가 기존의 증기기관을 혁신적으로 개량하여 면직물을 대량생산한 것이 산업혁명의 시발점. 증기기관의 출현 이후, 각종 **기계**가 발명되고 공장 시스템이 가동되어 **산업화**가 됨.
- **2차 산업혁명**: 토마스 에디슨(Thomas Edison)이 백열전구를 발명하면서 그동안 석탄을 사용해 기계를 돌리던 기업들은 생산시스템을 모두 전기에 맞춰서 바꾸기 시작. 전기 에너지를 이용하는 **컨베이어 시스템**(conveyor system)이 도입되자 기업들은 대량생산체제로 들어감.
- **3차 산업혁명**: 마이크로소프트(Microsoft)의 빌 게이츠(Bill Gates)가 윈도우(Windows)와 인터넷 익스플로러(Internet Explorer)를 개발한 것을 필두로 **컴퓨터**와 **인터넷**이 등장하며 **정보화 혁명**. 정보기술(IT)에 기반하여 가상팀(virtual team)이 생겨나고, 기업 내 업무 효율성을 제고시킬 수 있는 업무재설계(BPR: business process reengineering), 전사적 자원관리(ERP: enterprise resource planning) 등의 새로운 경영기법들이 도입됨.
- **4차 산업혁명**: 2016년 세계경제포럼(WEF: world economic forum) 클라우스

슈바프(Klaus Schwab) 회장이 향후 세계가 직면할 화두로 4차 산업혁명을 강조하고 인공지능, 로봇, 사물인터넷, 드론, 3D 프린팅 등 새로운 디지털 기술들이 사람들의 일상생활에 자리잡게 됨. 그래서 디지털 혁명(digital transformation)으로 불리움.

### 산업혁명! 반갑기만 했을까? : 러다이트 운동(Luddite movement)

1811년~1817년 사이 영국 노팅엄(Nottingham) 부근에서 시작된 기계 파괴 운동.

네드 러드(Ned Ludd)라는 인물이 이 운동을 주도했기에 러다이트 운동(Luddite movement)이라는 이름이 붙었지만, 러드가 누구인지에 대해서 자세히 밝혀진 적이 없어서 가공의 인물이라는 설이 유력하다.

"증기기관 한 대가 1,000명의 사람을 실업자로 만들고,
노동자 모두에게 분배될 이익을 한 사람에게 넘기기도 한다.
새로운 기계가 나올 때마다 많은 가정이 빵을 빼앗긴다.
증기기관이 하나 만들어지면 거지의 숫자가 늘어난다.
사회의 모든 돈이 일부의 자본가들 손에 들어가고,
대다수의 사람들은 그들에게 잘 보이려고 애걸하는 세상이 올 수도 있다."

출처: https://blog.naver.com/jameskods/221185284822

18세기 1차 산업혁명 이전까지 영국의 산업은 숙련공들이 제품을 생산하는 수공업시대였다. 1차 산업혁명 이후 기계화시대가 되자 수공업은 몰락했다. 몸값이 비싼 숙련공 대신 소수의 비숙련공만으로도 기계를 돌릴 수 있게 되었고, 이에 저임금 여성과 미성년자 고용이 폭발적으로 늘어났다. 숙련공의 가치는 낮아졌고, 기존에 장인으로 대우받던 수공업자들은 노동자로 전락했다. 자본가들은 저임금에 하루 12시간이 넘는 장시간 노동을 시키며 노동자들을 갈취했고, 빈부격차는 급속도로 벌어졌다.

기계로 인해 계속 고통받을 바에야 부숴버리는 게 낫다는 주장이 노동자들 사이에서 힘을 얻기 시작하며 노동자들은 밤이 되면 몰래 망치로 기계를 고장내거나 공장을 불태웠다.

러다이트 운동은 대중들에게 지지를 받았지만, 기계화라는 시대적 흐름을 거스를 수는 없었다. 더구나, 당시 정부가 군대를 풀어 노동자들을 탄압하고, 주동자들을 모두 처형하는 등 강경하게 대응하면서

기계화라는 시대적 흐름을 어거지로 받아들이게 된다. 그러나 이 운동을 통해 부분적이나마 노조설립이 허용되고, 단체교섭을 인정받는 등 영국 정치권과 자본가들의 양보를 이끌어냈다.

러다이트 운동은 단순한 기계파괴 운동이 아니라 산업혁명으로 인한 시대 변화 속에서 노동자들이 자신들의 권익을 요구하면서 일어난 최초의 노동운동이라는데 의의가 있다.

## 2.2. 4차 산업혁명시대 인간의 역할

4차 산업혁명이후, 우리는 인공지능 · 로봇에 의한 자동화의 시대에 살고있다. 로봇이 사람들의 역할을 대신하는 세상. 인간은 무엇을 할 수 있을까? 자원준거관점에서 설명하듯 여전히 사람이 기업 고유의 자원(firm-specific resource)으로 기업 핵심역량의 원천이 될 수 있을까? 혹시 이제는 사람을 대신하여 인공지능(AI)이 경쟁우위의 원천이 되는 것은 아닐까? 인공지능이 세상을 지배하고, 무인화가 일상화되면서 우리는 미래에 일자리가 얼마나 남아 있을지 걱정하곤 한다. 이처럼 사람들이 설 자리가 없어지는 이 세상에서 그럼에도 불구하고 우리가 사람을 중심에 둔 조직행동을 배워야하는 걸까?

대니얼 서스킨드(Daniel Susskind)

영국의 경제학자 대니얼 서스킨드(Daniel Susskind)는
저서「A world without work」를 통해
오늘날 존재하는 많은 일자리가 완전히 사라지지 않을 것이며,
아직 상상하지 못한 일자리를 포함해
새로운 일자리들이 생겨날 것이라고 주장한다.
단기적으로는 일자리를 잃을 수 있으나
이를 보상하기에 충분한 일자리들이 새롭게 창출된다는 것!

단기적으로는 인공지능 등의 첨단기술이
인간을 대체하는 것을 피할 수 없으며,
일자리가 줄면서 빈부격차가 커질 것도
부정할 수 없는 사실이다.
어찌보면 1차 산업혁명때와 비슷한 상황이
또 다시 벌어지고 있는 것이다.
기계가 사람을 대체했듯 이제는 로봇이 사람을 대체하는 세상!
그렇다고 영화 "터미네이터"에서 처럼
로봇을 적으로 전쟁을 할 수도 없는 일.

트렌드를 부정하고 거부하기 보다 슬기롭게 적응해야 한다. 이런 관점에서 대니얼 서스킨드(Daniel Susskind)는 부를 공정하게 분배하고, 일이 아닌 삶에 의미를 부여하는 것이 미래의 과제라고 주장한다.

### 직업의 증발과 탄생!!

2030년 국내 398개 직업이 요구하는 역량 중 84.7%는 AI가 인간보다 낫거나 같을 것이라는 분석. 경찰관(88%), 약사(84.2%), 미용사 · 보험영업원(79.2%) 등의 역량은 상당 부분 AI로 대체될 전망.

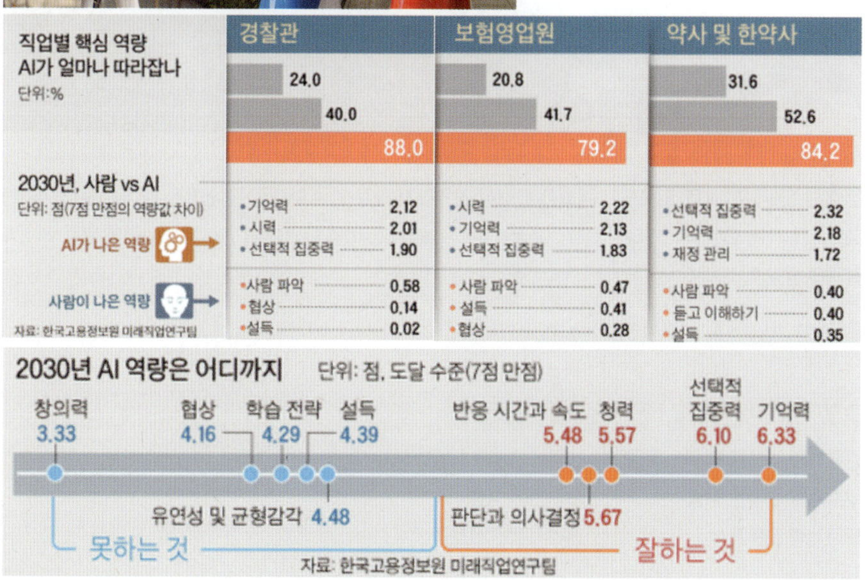


출처: https://blog.naver.com/jameskods/221185284822

### 설마 예술분야까지?

예술이야말로 '인간의 감성'을 담고 있는 산물! 인공지능이 아무리 뛰어나도 예술 창작 분야까지는 안되지 않을까? 현재의 인공지능은 인간의 감성을 완전히 대체하면서 예술을 창작하긴 힘들지만, 보조적 차원에서 예술을 만들어 내고 있다는 것은 부인할 수 없는 사실이다.

빈센트 반 고흐(Vincent van Gogh)
「별이 빛나는 밤」

Google 딥드림(Deep Dream) 생성기가 재현한
반 고흐(van Gogh) 작품

"구글(Google)의 AI화가인 딥드림(Deep Dream)은 빈센트 반 고흐(van Gogh)를 모사한 작품 29점을 1억 1,800만원에 팔았고, 미국 뉴욕 크리스티 경매에서 AI 화가인 '오비어스'가 그린 초상화는 약 5억 2,500만원에 낙찰되기도 했다. 이제 AI 예술이 인간예술보다 비싼 값에 거래되고 있다."

"2020년 3월 일본 NTT 도코모가 개최한 클래식 공연에서는 로봇 지휘자가 등장했다. 알터3(Alter3)이라는 로봇 지휘자는 요한 세바스티안 바흐(Johann Sebastian Bach)의 유명한 G 선상의 아리아를 연주 지휘해 갈채를 받았다."

출처: http://www.koya-culture.com/news/article.html?no=128372

**그렇다면 향후 생존할 직업? 탄생할 직업은?**

| | |
|---|---|
| 컴퓨터와 정보를 다루는 직업 | 생명공학관련 직업 |
| 우주개발에 따른 직업 | 노인관련 직업 |
| 도시재생 전문가 | 에너지관련 전문가 |

## 2.3. 5차 산업혁명

문제는 4차 산업혁명이 끝이 아니라는 점이다. 이미 다가온 미래, 그리고 또 다가올 미래는 더욱 많은 변화를 예고한다. 물론 4차 산업혁명 · 제조업을 집중적으로 부각시키는 인더스트리4.0이 논의된 것도 불과 몇 년 안되었는데 또 그 이후의 변화를 예측하기는 어렵다. 그럼에도 불구하고 4차 산업혁명이 주로 인공지능과 로봇, 사물인터넷을 통한 자동화, 물리적 시스템과 디지털 시스템의 결합을 통한 인간대체 등이 초점이었다면 다음의 5차 산업혁명은 인간의 역할이 다시 강조될 것이라고 한다.

4차 산업혁명이 초지능(hyper-intelligence)과 초연결(hyper-connectivity)을 구현하는 인공지능기술 중심이라면 5차 산업혁명은 초인지(meta-cognition)와 생물화(vivification)로 생물처럼 행동하는 인공바이오기술로 인간의 뇌와 컴퓨터칩을 연결해 인간의 생각만으로 사물을 통제할 수 있는 세상이 된다. 지금보다 오히려 인간의 역할이 중요해지고 인간과 기계가 서로 분리되어 경쟁하기보다는 조화을 이루는 신(新)인류가 출현하는 시대가 된다는 얘기. 따라서, 로봇과 인공지능이 인간이 하는 일을 모두 대체하고, 인간은 일에서 소외되어 정부에서 일률적으로 지급하는 기본소득(UBI: universal basic income)이나 받으며 취미생활만을 하는 세상은 오지 않을 것 같다.

초지능(hyper-intelligence)
초연결(hyper-connectivity)
5차 산업혁명
초인지(meta-cognition)
생물화(vivification)

**아니, 인간이 일을 안한다고!! AI가 다 한다는데 인간을 왜 배우냐고!! 왜?!!**

지식을 습득하고, 데이터를 분석하고, 기억하는 것은… 그래 AI가 낫다! 인정!!

2014년 구글(Google)이 인수한 딥마인드(DeepMind)에서 개발한 인공지능 바둑프로그램 알파고(AlphaGo)는 2016년 세계 정상의 바둑기사인 한국의 이세돌 9단과 대결! 4:1로 승리. 세계를 놀라게 한 인공지능의 능력. 대단한 AI!!

출처: http://allclip.sbs.co.kr/end.html?clipid=J01_VO10309502

그러나 인간이 더 나은 것도 있다. 기계가 갖지 못하는 지혜와 통찰력! 변화에 대한 적응력! 새로운 것을 만들어내는 창의력! 그리고 다른 사람의 감정을 읽고, 이해하는 공감력!

통찰력
적응력
창의력
공감력

기계가 상대하는 건 바로 인간! 그런데 기계는 인간의 마음을 읽고, 공감을 해주지는 못한다. 고민을 상담해주고, 이야기를 들어줘야하는 인간에게 자다가 봉창두들기는 소리만 해대던, 1장에 등장했던 AI 영실이를 다시 떠올려보자.

고민을 얘기하고 싶은 인간에게 똑똑한 AI 영실이는 "퍼자란다!"
자고나면 새로운 아침이 온다고… 그게 아니라고~! 내가 원하는건 퍼자란 소리가 아니라고~! 한숨밖에 안 나온다.

여기에 더해 인공지능이니 뭐니 하는 무인화에 소외감을 느끼는 계층에 대한 고민도 해봐야한다.

"우리 엄마,
패스트푸드점 키오스크 주문하다
20분 헤매고 집에 와서 울었어요"

책을 쓰다가 저자의 11살짜리 딸 아이에게 이 이야기를 들려주었다.

- 저자: 어머, 할머니가 패스트푸드점에서 그러셨다네. 아이고, 어쩌나…
- 11살 딸: 근데 할머니가 그거 왜 못해요? 그냥 하면 되는데 왜 우세요? 왜요? 왜지? 이상하네…
- 저자: ㅠ.ㅠ

10살만 돼도 휴대폰, 컴퓨터 작동에 도사가 되는 신세대들. 그러나, 디지털 기기에 능숙하지 않은 계층들도 분명히 존재한다. 우리 생활에 깊이 들어와있는 키오스크(kiosk). 공항, 식당, 극장… 이제는 어딜가나 흔하게 볼 수 있다. 키오스크를 도입함으로써 인건비를 줄이고, 청각장애인들이 편리하게 주문할 수 있는 장점도 분명히 있다. 그러나, 이 새로운 시스템에 적응하지 못하고 소외되는 사람들이 있다는 것도 잊어서는 안 된다. 복잡한 주문 방식에 헤매기도 하고, 터치가 잘 안돼서 주문을 반복하기도 하고...

디지털 취약계층에게는 무섭고 불편한 세상이다.

출처: http://www.civicnews.com/news/articleView.html?idxno=31250

## 2.4. 인공지능 · 로봇과의 팀플레이

4차 산업혁명이든 5차 산업혁명이든 사회전반에 걸친 파급효과는 막대하다. AI · 로봇이 인간을 대체한다는 두려움에도 불구하고 이건 막을 수 있는 일이 아니다. 그렇다고 너무 비관적일 필요도 없다. 여전히 감성, 공감, 창의성, 대인관계 등으로 인간 고유의 영역은 있다. 향후 AI와 로봇 자동화가 대체할 분야에 미련을 두고, 데모할 필요없다. 시간문제일뿐이다. 요즘 노트북에 많이 쓰이는 인텔 i7 CPU의 경우 7자리 숫자의 사칙연산을 1초에 1억번 수행할 수 있다. 인간에게 7자리 숫자 두 개를 주고 곱하기를 하라고 한다면? 나누기는? 인텔! 너 win!!

2019년 기준 세계최고의 수퍼컴퓨터인 서밋(Summit)은 인텔i7보다 1억7천5백만배 더 빠른 연산속도를 보인다. 1초에 14경8천6백조라는 횟수의 연산 가능. 일단 감이 안 온다. 결론은 컴퓨터나 AI하고 연산, 정보처리, 단순반복업무로 경쟁하려고 하면 안된다는 것! 기계화가 됨에 따라 사람들이 힘을 쓰는 일들(brawny work)이 대체되었듯 인공지능으로 인해 사람들의 인지적 작업들(brainy work)도 대체되어 가는 추세이다. 그냥 인공지능, 로봇들과 공존할 길을 찾는 것이 현명하다.

다행히 향후 기술의 전개방향은 인공지능이 사람을 대체하기보다는 인간과 기계가 조화를 이루고 공존하며, 협업을 통해 성과를 향상시키는 것이다. 한국기업의 당면 과제가 MZ세대 조직구성원들과의 공존과 협업을 위한 적극적 소통이었던 것처럼 새로 등장하는 기술들과도 공존을 위한 적극적 노력이 필요하다.

**인공지능, 로봇들과의 파트너십: 피할 수도! 이길 수도! 없다면?? 공존하라!**

미래에 인공지능 도움없이 인간들만의 능력으로 업무를 수행하는 것은 상상할 수 없는 일이다. 이미 기업들은 로봇프로세스 자동화(RPA: robot process automation)를 통하여 간단한 데이터 추출, 회계 · 재무관련 반복적 문서처리 등의 업무들을 자동화하기 시작했다. 삼성SDS는 전 세계 삼성의 업무현장에 AI와 클라우드를 융합한 "Brity RPA"를 도입하여 2.7만개의 업무를 자동화함으로써 인간의 노동시간으로 계산할 경우 연간 250만 시간을 절감했다.

오라클이 14개 국가의 경영진 2,700명을 대상으로 조사한 결과에 따르면 기업인의 77%가 자사 재무팀보다 AI를 더 신뢰한다. 85%의 응답자가 AI가 재무 승인, 보고, 위험 관리 등 정확성과 신속성을 요구하는 업무에서 인간보다 낫다고 평가했다. 반면, 인간은 고객과의 커뮤니케이션(40%), 할인 협상(37%), 거래 승인(31%) 등에서 AI보다 뛰어나다고 평가했다. 따라서 인간과 AI가 서로 다른 장점을 활용하면서 상호보완을 하는 원 팀이 가능하다는 소리.

실제로 의료, 건설, 농업, 종교 등 다양한 분야에서 인간과 AI, 로봇이 파트너가 되어 효과적으로 일을 하고 있다. 미국의 여러 대학들에서는 이미 AI 수업조교(TA)들이 실제 큰 활약을 하고 있다. 기존 TA와 경쟁? 아니다. 기존 대학원생 TA들은 직접 대면지도, 멘토링, 피드백을 해주고 AI TA는 온라인 상에서 마치 챗봇처럼 일상적이고 기계적인 질문에 답을 하며 문제를 해결해준다. 리포트 평가나 시험채점도 한다. 학생들과 기존의 사람 TA들 모두 만족도가 높다. AI와 인간의 장점이 다른 이상 서로 잘하는 면에서 경쟁을 하는 것은 비생산적이다. AI야 어차피 먹고살 걱정이 없으니 결국 인간만 손해를 본다. AI의 장점을 인정하고, 유능한 보조자, 지원인력처럼 활용하자. AI나 로봇과의 파트너십으로 공존하면서 획기적인 성과향상을 추구해야 하는 시대다.

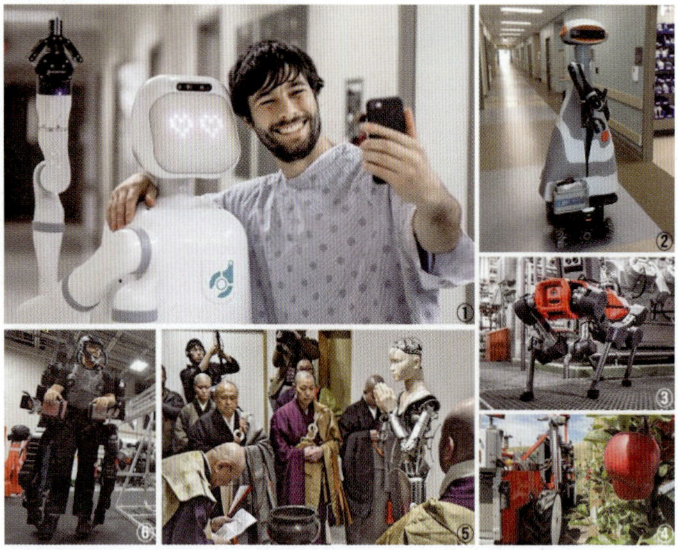

① 환자와 기념촬영 중인 간호사 로봇 '목시', ② 청소와 물건 운반을 돕는 로봇 '폴리', ③ 위험한 곳을 사람 대신 순찰하는 네발 로봇 '애니멀', ④ 사과 수확 로봇, ⑤ 일본 고다이지의 로봇 스님 '민다르', ⑥ 입으면 힘이 세지는 외골격 로봇 '가디언 XO'

출처: https://www.chosun.com/economy/tech_it/2021/05/20/GNRVM6JOHNDOBPYAQG3NFIANIM/ ; https://www.sedaily.com/NewsView/22IKF580BW & https://www.nocutnews.co.kr/news/5496018

## 3. 경영환경변화와 조직의 역할변화

향후 조직경영에서 고려해야 할 또 다른 측면은 바로 외부환경이다. 경영환경의 분석에는 매우 다양한 측면들이 고려되지만 가장 직접적이고 결정적인 영향을 줄 것으로 보이는 세 측면에 대해서 살펴보자.

### 3.1. 새로운 시장과 기술

오늘날의 기업들에게 가장 위협적 요소는 시장과 기술이 예상치 못한 방향으로 급격하게 변화한다는 점이다. 소비자들의 변화무쌍함도 무섭지만 급변하는 소비자들의 기호를 무섭도록 따라가는 경쟁업체는 더 무섭다. 때로는 다른 산업군에 있어서 경쟁업체가 절대 아니라고 생각했던 기업이 갑자기 시장을 교란하고 소비자들을 빼앗아가는 경우도 많다. 시장의 급격한 변화는 4차 산업혁명, 디지털 혁명 등으로 새로운 기술들이 속속 등장하면서 이러한 현상은 더욱 심화되고 있다.

맥킨지에서 조사한 기업의 평균수명은 1935년 90년, 1970년 30년, 그리고 2015년 15년까지 점차 줄고 있다. 2020년 이후로는 기업의 평균수명이 10년 정도로 더 짧아질 것으로 예측된다. 시장과 기술의 급격한 변화로 기업들의 장기적인 안정적 성장과 생존이 어려워지고 있는 상황이다.

바로 얼마 전까지도 생각지도 못했던 비즈니스 모델이 등장하여 새로운 방식으로 가치를 창출한다. 그러다 보니 전통적 방식의 서비스제공과 제품생산을 통한 이윤추구라는 관점에서는 이해하기 어려운 일들이 일어나기도 한다. 기업이 창출하는 가치는 생산비용과 제품매출 총액 간 차이라는 뻔했던 문제가 창의성 발휘의 장으로 변했다. 12장에서 소개된 "디커플링"처럼 가치사슬에 숨어있는 가치창출의 기회가 생기기도 하는데 그러다보면 소비자에게 전달되는 가치를 누가 만들고, 그 가치에서 창출되는 이윤을 어떻게 배분할 것인가에 대한 매우 복잡한 두뇌싸움이 발생하기도 한다.

미국의 베스트바이(Bestbuy)의 경우 손님들이 와서 물건만 직접 보고, 주문은 결국 아마존으로 한다. 일종의 쇼룸(showroom)으로 전락. 이에 베스트바이는 삼성, 애플과 같은 회사들의 제품을 진열해주는 것 자체에 비용을 받는 비즈니스 모델을 시작했다. 베스트바이에서 판매가 되지 않더라도 진열된 상품이 다른 온라인 경로를 통해서 팔릴 가능성이 높아지는 가치에 대한 비용(value claim)을 받는 것이다.

**컴캐스트(Comcast) vs. 넷플릭스(Netflix)의 전쟁:**
**인프라 투자는 컴캐스트가 했는데, 무임승차한 넷플릭스가 돈을 번다?**

2015년 두 엔터테인먼트 기업 간 분쟁이 발생했다. 한 회사는 넷플릭스이고, 다른 한 회사는 콘텐츠 스트리밍 미디어 기업이자 세계 최대 텔레콤 기업인 컴캐스트.

COMCAST *vs.* NETFLIX

당시 이슈는 넷플릭스가 컴캐스트의 인터넷 인프라를 사용하여 고객에게 컨텐츠를 제공하자 컴캐스트 측이 "투자는 컴캐스트가 했는데 돈은 넷플릭스가 벌고 있다"고 판단. 넷플릭스를 찾아가서 컴캐스트가 넷플릭스에 원자재를 공급하고 있으므로 컴캐스트에 대가를 지불해야 한다고 주장한 것이다.

넷플릭스가 인터넷 접근을 위해 컴캐스트의 대역폭을 사용하고 있고, 넷플릭스가 스트리밍하는 컨텐츠가 늘어날수록 컴캐스트는 더 많이 투자해야만 하기때문에 컴캐스트 회장은 이런 논리에 따라 넷플릭스에 비용 지불을 요구한 것이다.

넷플릭스 입장에서 보면 뜬금없이 인터넷 서비스업자가 찾아와 돈을 내라고 통보한 것이기에 거절한다. 괘씸!! "재주는 우리가 부리고, 돈은 너네가 먹냐 넷플릭스!!" 이에 2013년부터 2014년까지 컴캐스트는 졸렬한 결정을 한다. 어떻게? 넷플릭스의 컨텐츠 전송 속도를 매우 느리게 한 것! 쌤통!!

당시 데이터를 보면 그 기간 다른 인터넷 서비스 다운로드 속도는 빨라졌지만, 넷플릭스만 느려졌다. 이로 인해 넷플릭스를 시청하는 도중에 갑자기 이미지가 흐려지고 화질이 나빠지는 현상이 발생했다. 문제의 장본인은 컴캐스트였지만 고객의 민원은 넷플릭스로 향했다. 다른 곳은 빠른데 넷플릭스만 느리니 컴플레인이 많을 수 밖에... 고객이탈이 다수 발생하자 넷플릭스는 할 수 없이 컴캐스트에 인터넷 사용료를 지불하기로 한다. 그러자 컴캐스트는 다시 넷플릭스의 데이터 전송속도를 정상화시킨다. 심지어 이전보다 24%나 전송속도를 높여줬다.

그러나, 넷플릭스 창업자 리드 헤이스팅스(Reed Hastings)는 똑똑했다!

그는 두 회사의 상황을 곰곰히 분석한다. 어떤 회사가 되었든 동영상 컨텐츠를 구독하게 되면 사람들은 인터넷 속도가 향상되기를 원하고, 인터넷 업그레이드의 수요가 발생한다. 그 시점이 컴캐스트가 많은 돈을 벌기 시작하는 단계.

일반 인터넷 사용 서비스는 미국에서 월 20~30달러 정도만 내면 가능하지만, 사람들이 넷플릭스나 다른 스트리밍 컨텐츠를 좋은 화질로 감상하기를 원하게 되는 순간 월 80~100달러 정도를 지불하고 고속 인터넷에 가입한다.

헤이스팅스가 주목한 부분이 바로 이 부분!!

사람들이 20달러가 아닌 70달러, 100달러를 내는 이유를 분석한 것이다. 헤이스팅스는 역으로 컴캐스트 회장을 찾아가 "컴캐스트가 오히려 넷플릭스에 돈을 내야 한다. 사람들이 더 빠른 인터넷으로 업그레이드하는 유일한 이유는 넷플릭스 때문"이라고 주장한다. 넷플릭스가 컴캐스트에 돈을 낼 것이 아니라 그 반대여야 한다는 논리!

오~! 말 된다! 말 돼~

넷플릭스가 컴캐스트에 더 큰 이익이 되는 고객을 공급해 주고 있기에 컴캐스트가 초고속 인터넷이라는 고부가가치 상품에서 얻는 이익의 일부를 넷플릭스에 달라고 요청한다.

이 주장에 반론을 제기할 수 없었던 컴캐스트 회장은 "생각을 바꿨다. 서로 비용을 지불하지 않는거로 마무리 짓자"라고 수세적인 입장을 취한다.

상황 역전!

과거 기업이 제품을 구입할 때 누가 제품비용을 지불해야 하는지를 묻는 경우는 없었다. 자동차 제조기업이 부품 기업에서 부품을 구입할 때 돈을 내는 것은 당연한 것! 그러나 지금은 누가 누구에게 더 많은 가치를 제공하는지에 따라 돈을 받는 대상이 결정된다. 넷플릭스와 컴패스트의 갈등은 '새로운 파괴의 물결', '고객에 대한 가치'를 잘 보여주는 사례이다.

고객에 대한 가치

동일한 이슈로 한국에서 넷플릭스와 SK브로드밴드 간의 망사용료에 대한 법정소송이 진행 중이다. 넷플릭스는 당연히 망사용료 지급의 의무가 없다고 주장하지만 SK브로드밴드는 넷플릭스로 인한 과도한 트래픽으로 회선 증설 등의 추가비용이 발생한다는 입장이다. 과연 이번에도 넷플릭스의 주장이 통할까?

2021년 6월 25일 서울중앙지법의 1심 선고에서는 넷플릭스가 낸 채무(망 사용료) 부존재확인이 기각되고 연결대가를 SK브로드밴드에 지급할 의무가 있는 것으로 판시했다. 즉, 넷플릭스가 주장해온 "전송료 = 무료"라는 주장이 기각된 것. 인터넷 트래픽이 훨씬 적은 네이버나 카카오가 수백억의 망 사용료를 지급해왔다는 점에서 형평성의 문제로도 볼 수 있다. 더구나 2021년 "오징어게임"이 전세계적이으로 히트를 치며, 200억 투자해서 "조" 단위의 어마무시한 수익을 거둔 넷플릭스가 망 사용료를 거부하고 있는 행태에 국내 여론은 따가운 눈총을 보내고 있다.

출처: http://www.enewstoday.co.kr & https://platum.kr/archives/151086

경영환경이 이렇다 보니 앞서 얘기한대로 VUCA(volatility, uncertainty, complexity, ambiguity) 혹은 아예 무질서의 세계라는 얘기도 나온다. 불확실성의 시대, 예측불가의 시대에 처한 기업들이 부단히 강조하는 것은 창의성과 혁신. 이제는 하던 것만 잘하면 되는 것으로는 10년도 버티기 힘들어졌다. 실제로 한국에 공식적으로 등록된 사업체들의 평균수명은 상상 이상으로 짧다.

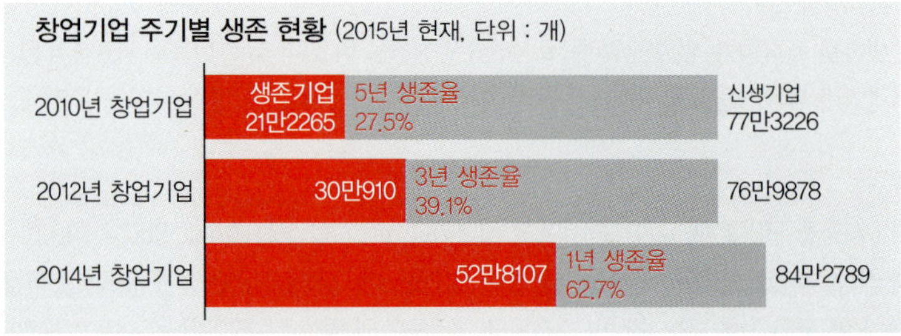


자료 : 통계청

한국에서 매년 80만개 정도의 신규사업체가 등록되지만 1년 안에 38%는 폐업을 한다. 5년을 버티는 사업체는 28%도 안된다. 2019년 자료에 따르면 등록 사업체의 10년 생존률은 10% 초반에 불과하며 특히 요식업은 6%선에 그친다. 치킨집 100개 중 94개는 10년 후에 망한다는 슬픈 현실. 오늘날의 기업이 처한 치열한 경쟁과 현실적 제약을 고려하면 혁신에 목을 매는게 어찌 보면 당연해보인다.

### 제약(constraint)은 혁신의 촉진자!

조직에서 업무수행을 어렵게 하고 성과창출을 방해하는 요소들은 셀 수도 없이 많다. 시간도 촉박하고, 기술도 딸리고, 예산이나 인력은 당연히 항상 부족하고, 소비자들의 변덕은 심하고… 등등. 그러나 이와 같은 제약들이 혁신을 끌어낸다. 이케아(IKEA)에서 5유로(7천원) 정도의 가격에 쓸만한 사각 테이블을 디자인해서 출시하라는 프로젝트가 떨어진다. 어? 이거 가능해?? 지금까지 이 가격에 그 어떤 회사도 이런 제품을 출시하지 못했다. 처음부터 자재, 생산, 포장, 배송 등의 모든 관련 프로세스를 말 그대로 제로-베이스로 생각해야 한다.

1980년대 나이키의 그 유명한 "Just Do It!" 광고도 나이키 창업자 필 나이트(Phil Knight)가 모델을 써도 안되고, 광고 냄새도 전혀 나지 않는 광고를 만들어달라는 요구를 하면서 탄생한 것. 물론 요즘에야 광고티가 나면 오히려 문제지만 당시에는 황당한 요구였다. 아니 광고를 광고 같지 않게 하라고? 도대체 뭔 소리?? 이런 제약들(constraints)이 기존의 방식과 개념들을 벗어난 혁신을 가능하게 한다.

제약을 혁신의 원동력이 되게 하기 위해서는
피해자 마인드(왜 나한테 이러는데!)를 벗어나
적응자(주어진 제약 안에서 어떻게든 목표를 달성하자!)
혹은 이상적으로는 개혁자 마인드
(제약을 기회로 활용하여 뭔가 새로운 가치를 창출하자!)를
가지는 것이 중요하다.

개혁자가 되기 위해서는 경로 의존성(path dependency)을 극복해야 한다. 우주로켓의 고체연료탱크의 지름은 로마시대에 결정되었다? 그렇다!!

로마인들이 로켓을 디자인했다고?

아니지~ 고체연료탱크를 플로리다 로켓 발사장으로 운반하기 위한 철로의 폭이 150cm인데 이 기준은 옛날 그 옛~날 로마에서 이동을 위한 길을 만드는 폭이라는 것! 핵심은 오늘 날 우주로켓의 연료탱크 지름기준이 그 옛날 옛적 로마시대에서 정한 기준을 따른다는 것!!! 기존에 계~속 이렇게 해왔으니까 그냥 쭈~욱!!

타성에 젖어서 당연시하기 보다는 문제의식을 가지고 접근해야 유연한 사고가 가능하다. "Think outside the box!"

출처: 애덤 모건 & 마크 바든(이종인 역), 2015

경로 의존성(path dependency)

한국기업들이 VUCA world에서 제약(constraint)을 혁신의 기회로 삼으려면 무엇부터 해야할까? 조직행동관점에서 답은 역시 문화와 소통에 있다. 요즘 회사들에 가면 **애자일(agile)**을 강조하고 또 강조한다. 애자일은 **상황변화, 고객들의 새로운 요구에 민첩하고 유연하게 대응하고**, 짧은 작업사이클을 여러 번 반복하여 수 차례의 디자인 시안 · 실험 · 수정과정을 통해 **적응적 절차로 점차 완성도를 높여 가는 방식**을 가리키는 용어로 업무방식혁신의 최신 유행버전이다.

애자일(agile)

사실 그 이전에 나온 다양한 혁신운동 혹은 경영의 유행(management fad)과 많은 부분에서 유사하긴 하지만 시대에 맞게 디지털 혁명의 소프트웨어 개발 분야에서 제안된 방식이다. 주어진 **계약조건에 따라서** 요구에 맞는 제품, 소프트웨어 설계, 개발, 검수, 전달의 과정을 거치는 **워터폴(waterfall)**의 **기계적, 일방향적 방식**과는 사뭇 다르다. 한국의 거의 모든 디지털, 인터넷 기업들이 애자일을 도입하여 적용하고 있으며, 소프트웨어 개발 이외의 다양한 업무들로도 확산되고 있다. 한국기업들이 **상호작용을 강조하는 애자일 방식**을 도입하면서 가장 장애물로 지목하는 것은 자유로운 소통이 어려운 조직문화이다.

워터폴(waterfall)

**우리회사에는 표현의 자유가 없다! 지금이 무슨 조선시대냐?? 말도 못하냐??**

한국의 조직문화에도 엄청난 변화가 있었고 이제 직원들을 억압하는 분위기나 직원들을 이해하지 못하는 꼰대상사들이 설 자리는 없다고들 말은 하는데...

하지만 진실은?

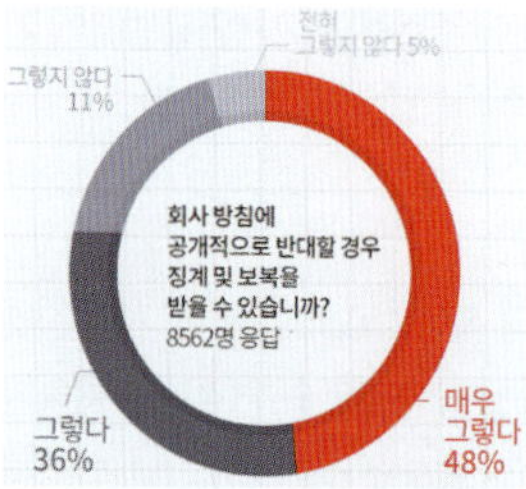


회사방침에 반대하는 의견을 내는 경우 84%(매우 그렇다, 그렇다 포함)가 징계 혹은 보복을 받을 수 있다고 응답했다. 심히 높다.
이 질문에 직원들 다수가 아니라고 대답한 회사는 주로 우아한 형제들과 같은 IT기업들이었다.
아무리 요즘 신세대들이 자기주장이 강하다고 하지만 징계를 감수하면서 회사방침 혹은 상사의 의견에 반대하기는 쉽지 않다.

MZ세대를 끌어안기 위해서도, 혁신을 위해서도, 자유로운 소통은 필수적이건만, 한국기업들의 소통문화는 아직 갈 길이 멀어보인다.

출처: https://www.edaily.co.kr/news/read?newsId=03978646622426928&mediaCodeNo=257&OutLnkChk=Y

## 3.2. ESG와 사회적 가치

기업의 사회적 책임(CSR: corporate social responsibility)

기업의 사회적 가치(corporate social value)

시장과 기술환경의 급격한 변화, 새로운 가치를 제공하는 비즈니스 모델의 출현과 같은 현실적 경영환경의 문제와 별도로 사회 구성체로서의 기업들에 대한 사회적 기대와 압력이 점차 커지고 있다. **기업의 사회적 책임**(CSR: corporate social responsibility)은 1953년 미국의 경제학자 보웬(Bowen)이 저서 「Social responsibilities of the businessman」에서 제안했다. 기업은 경제적 · 법적 의무와 함께 사회 전체에 대한 책임이 있으며, 기업가들은 사회 전체의 목적과 가치에 맞게 의사결정을 하고 행동해야 하는 의무가 있다는 것. 오늘날의 지속가능경영(sustainability), **기업의 사회적 가치**(corporate social value) 등의 개념과 연결되면서 기업의 사회적 책임이라는 개념은 더욱 확장, 보편화되었다.

ESG: 환경(Environment), 사회(Social), 지배구조(Governance)

지난 수십 년간에 걸쳐 이루어진 기업들의 기부활동, 사회봉사 등 다양한 역할을 지칭하는 개념으로 CSR이 사용되고 있고, 특히나 2000년대 이후 많은 기업들의 분식회계, 윤리문제, 스캔들 등의 사태가 발생하며 윤리경영의 필요성이 부각되면서 더욱 강조되어 왔다. 그러나 "사회적 책임"이라는 다소 모호하고 광범위한 개념적 접근은 기업들에게 도대체 무엇을 하고, 무엇을 책임지라는 건지를 애매하게 만들었다. 이에 CSR의 개념을 시대에 맞추어 보다 구체화한 것이 바로 **ESG: 환경**(Environment), **사회**(Social), **지배구조**(Governance)이다. ESG의 세 축이 2006년 유엔 책임투자원칙(UN PRI: UN Principles for Responsible Investment)에 의해 제시된 후 각 축을 구성하는 세부요소와 내용들이 시대변화와 요구를 반영하여 점차 다양하게 구체화 되어가고 있다.

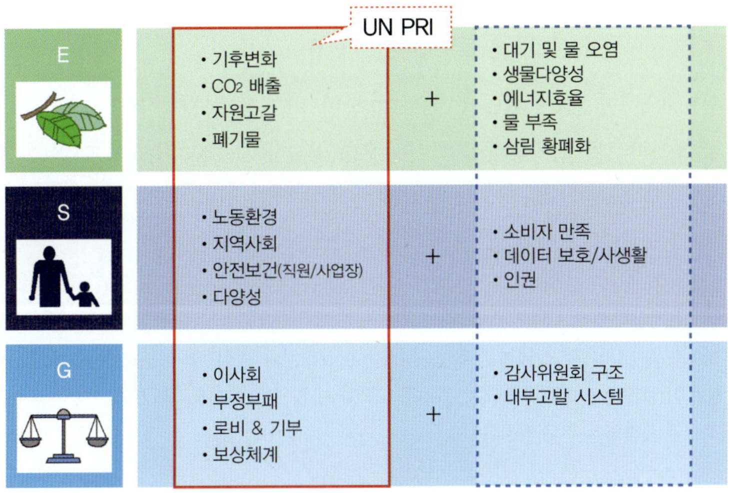


출처: https://post.naver.com/viewer/postView.nhn?volumeNo=31418946&memberNo=36733075&vType=VERTICAL

ESG 경영은 기업에 윤리적, 사회적 기준을 제시하기도 하지만 투자방향에도 큰 영향을 주어 ESG ETF와 같은 펀드 상품들도 속속 출시되고 있다. 전 세계의 추세에 맞추어 한국에서도 2025년부터는 자산 2조원 이상 상장사의 ESG 공시 의무화, 2030년 모든 KOSPI 상장사의 ESG 공시 의무화 등이 추진되고 있다.

출처: https://post.naver.com/viewer/postView.nhn?volumeNo=31418946&memberNo=36733075&vType=VERTICAL

ESG는 UN에서도 주창하고 투자업계에서도 중요한 기준으로 삼고 있기도 하지만 결국은 비즈니스에 도움이 되고 필요한 활동이기에 기업들도 적극적으로 수용하고 있는 것으로 보인다. MZ세대는 미닝아웃(meaning out)을 열심히 하고 스스로 환경이나 사회문제에 의식이 있는 사람임을 온라인에서 부각시킨다. 인스타그램에 "나 개념있다"라고 말하는 듯한 인증샷을 엄청 올린다. 그러다보니 현재 전 세계 소비자의 64% 이상을 차지하고 있는 MZ세대의 요구에 부응하지 않을 수 없다. 물론 기업은 전통적인 개념에 따라 살아남기 위한 이윤창출이 필수조건이지만, 이제는 그 이익창출을 위해서 자의반, 타의반으로 기업의 활동을 사회에 바람직한 방향으로 맞추어가야하는 입장이다.

한국에서도 다양한 SNS 채널을 통하여 착한 기업을 칭찬해주고, 나쁜 기업은 단체로 불매운동을 하는 등 MZ세대의 미닝아웃(meaning out)은 일상이 되었다. 그러다 보니 때로는 단체로 돈쭐을 내주자는 해시태그가 뜨기도 한다.

**여기서 잠깐!**

미닝아웃(meaningout)이란? 신념을 뜻하는 '미닝(meaning)'과 벽장 속에서 나온다는 뜻의 '커밍아웃(coming out)'이 결합된 단어로 이전에는 함부로 드러내지 않았던 정치적 · 사회적 신념 등을 소비행위를 통해 적극적으로 표출하는 것을 말한다.

**착한 기업은 확실히 "돈쭐" 내는 소비자들!**

MZ세대를 중심으로 기업에 대한 평가, 소비경험들이 신속하게 공유된다. 과장광고를 하거나 유통기한이 지난 식자재를 쓰거나 여타 비윤리적 행동이 적발되는 순간 그 기업의 악몽은 시작된다. 소비자에게 혼쭐이 난다.

심한 경우 대표가 사과를 하고
재발방지를 약속하고
갖은 노력을 다하고도
결국은 시장에서 퇴출되기도 한다.

반면 환경보호, 사회기여, 정직성(ESG) 측면에서 좋은 점수를 받으면 바로 뜬다. MZ세대는 개념있고 의식있는 소비자로서 미닝아웃의 열정을 불태우기 때문이다. 그러다 보니 미담이 되는 선행을 하는 기업이나 가게의 경우 온라인에서 화제가 되면서 커뮤니티마다 돈쭐을 내려가야하니 좌표를 찍으라고 난리가 난다.

치킨이 먹고싶어 우는 동생과 치킨 가게 앞에서 침만 삼키던 가난한 어린 형제에게 무료로 치킨을 배불리 먹인 착한 사장님. 단체로 돈쭐내러 몰려오는 손님들로 인해 자제해달라는 호소문까지 발표하고 일시 영업중단 사태까지. 결식아동과 소방공무원에게 금액과 관계없이 음식을 무료로 제공하는 파스타 가게는 돈쭐내기 명소가 되기도 한다. 한국에서 사업하려면 ESG정신이 충만해야 한다!

### 3.3. 코로나 팬데믹

2020년 이후 기업들뿐 아니라 모든 사회영역에 걸쳐 가장 큰 파급효과를 가져온 환경 상의 변화는 코로나 바이러스(COVID-19)의 전 세계적 확산. 사회적 거리두기가 요구되고 마스크가 일상화되면서 정상적인 일상생활 자체가 어려워졌다. 어차피 온라인으로 이행될 것으로 예상되었던 활동들이 급속하게 그리고 강제로 온라인화하면서 네이버, 쿠팡, 넷플릭스와 같은 인터넷 기업들에게 엄청난 성장의 기회가 되기도 했다. 이들 온라인 비즈니스들은 보건의료 · 검사 · 백신 관련 기업들과 함께 바이러스 경제(virus economy)로 인한 혜택을 받았다. 집콕경제에 따른 가전, 가구, 인테리어업계도 활기. 그러나 항공, 여행, 외식, 소매, 스포츠, 교육 등의 대부분의 다른 산업들은 심각한 타격을 입어 많은 업체들이 폐업을 할 수밖에 없었다.

코로나 팬데믹이 조직경영에 미친 영향은 어떤 것인지 살펴보자. 가장 두드러진 변화는 유연근무와 재택근무의 확산. 2020년 이전에는 들어보지도 못한 줌(Zoom)과 같은 화상회의 프로그램이 대세가 되고, 학교수업과 직장업무의 많은 부분이 온라인 비대면으로 전환되었다. 한국대학들의 온라인 수업은 코로나 이전 1% 미만에서 한 학기만에 100%에 육박하는 기적을 만들어냈다. 1만 퍼센트 이상의 성장! 직장인들도 30% 이상이 재택근무를 하게 되었다.

**워라인, 리모트 워크 시대!! 사무실 No!! 집무실!!**

2019년 발생한 코로나는 서로 떨어져 지내는 것이 미덕인 세상을 만들었다.

코로나19 확산 방지를 위해 재택근무를 권고하는 회사가 크게 늘어나면서 화상회의, 재택근무, 원격근무 도입 등 일하는 방식에 변화가 왔다. 세계의 직장인들은 코로나19로 인하여 '집에서 일하기' 실험에 의도치 않게 참여하게 된 것이다.

이른바 집콕세상!

사람들은 강제로 원격 수업, 원격 회의 등 리모트 워크(remote work)를 하면서 집에서도 충분히 업무가 가능하다는 것을 깨닫게 된다. 일하기 위해서는 회사로 출근해야 한다는 고정관념이 깨지고 침대에서 책상

으로 출근하는 상황이 도래했다. 침대에서 서재로 가 노트북을 켜서 회사 아이디와 비밀번호로 로그인하면 출근 끝!! 그간 버스 · 지하철에서 고생한걸 생각하면 천국! 코로나와 함께 이렇게 일상에 재택근무가 도입되며 일과 삶을 더 이상 분리할 수 없는 현실이 되었다.

잭 도시(Jack Dorsey)

트위터(Twitter)의 최고경영자 잭 도시(Jack Dorsey)는 2020년 3월 코로나로 인원 제한이 풀리더라도 영구적으로 재택근무를 시행할 것이라는 내용의 이메일을 직원들에게 보냈다.

이제는 어디에 살더라도 상관없는 세상! 집은 단순히 주거용이 아니라 집무실이 되었다.

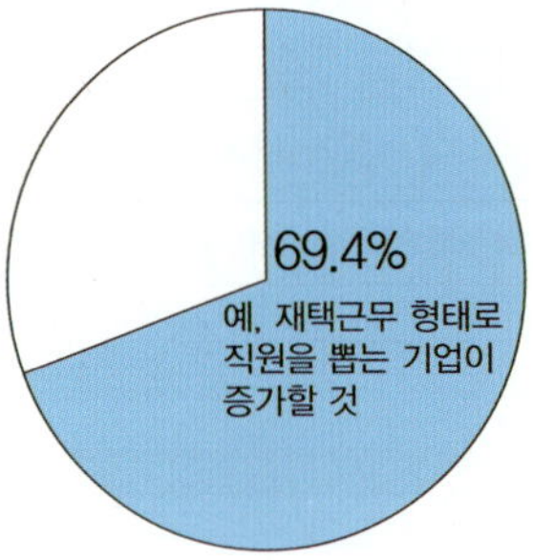


2020년 국내기업 228개 인사담당자 대상 설문에서 포스트코로나(post-Corona)로 재택근무 형태로 직원을 고용하는 기업이 많아질 것이라고 대답한 응답자가 69.4%에 달했다. 앞으로 새로운 조직경영 방식이 요구될 듯하다.

출처: jobkorea; https://post.naver.com/viewer/postView.nhn?volumeNo=30773559&memberNo=9028903

트위터가 영구 재택근무를 허용하고 이 외에도 구글, 페이스북, 세일즈포스, 슬랙 등의 많은 기업들이 재택근무를 시행하고 있다. 물론 재택근무의 성과에 대한 긍정적인 자료들도 있지만 이에 반대하는 입장도 만만치 않다. 알파벳(구글의 지주사)의 CEO 순다르 피차이(Sundar Pichai), 마이크로소프트 CEO 사티아 나델라(Satya Nadella), 애플 창업자 고 스티브 잡스(Steve Jobs)의 경우 생산성 저하, 창의성과 혁신의 기회 박탈, 조직적응과 문화 · 정체성 부재 등에 대한 문제점들을 제기하며 재택근무에 반대했다. 창의성은 빈번한, 의도치 않은 면대면(face-to-face) 의사소통과 브레인스토밍에서 나온다는 입장이다. 20년 이상 원격 · 재택근무를 시행했던 IBM은 2017년 창의적 생산성 저하의 이유로 결국 재택근무 제도를 폐지했다.

**재택근무의 주요 장단점** 전 세계 원격근무 근로자 3500명을 대상으로 조사

| 장점 | |
|---|---|
| 유연한 스케줄 관리 | 32% |
| 어디서나 일할 수 있어 | 26 |
| 출퇴근 시간 절약 | 21 |
| 가족과 많은 시간 보내기 | 11 |
| 집에서 일하는 자유로움 | 7 |
| 기타 | 3 |

| 단점 | |
|---|---|
| 협의와 커뮤니케이션 문제 | 20% |
| 외로움 | 20 |
| 퇴근 불가능 | 18 |
| 업무 집중력 떨어짐 | 12 |
| 팀원 간 통일 안 된 업무 프로세스 | 10 |
| 동기부여 부족 | 7 |
| 휴가 사용에 불편 | 5 |
| 기타 | 5 |
| 불안한 통신(wifi) 상태 | 3 |

출처: https://www.chosun.com/site/data/html_dir/2020/05/23/2020052300211.html

재택근무에 대한 생산성, 창의성 측면에 대한 논란과 함께 재택근무가 장기적으로도 가능한 형태인가에 대해서도 연구결과들이 발표되고 있다. 특히 줌(Zoom) 등의 화상회의 시스템에 대한 연구들이 많은데 전반적으로 지속가능성에 의문을 제기한다.

스웨덴 괴테보르그(Göteborg)대학 연구진은 1만 명 이상이 참여한 연구에서 줌과 같은 화상회의는 네 가지 측면에서 피로를 유발함을 발견했다. 첫째, 비언어적 단서의 부족으로 상대의 기분, 숨은 의미를 파악하기 위해 더 많은 노력이 필요하다. 둘째, 스크린 앞에 고정되어 움직이지 못하기에 한 곳에 갇힌 느낌을 받아 스트레스 수준이 높아진다. 셋째, 자신의 얼굴을 계속 바라보게 되면서 생기는 '거울 불안(mirror anxiety)' 효과는 산만함과 불안을 유발하고 우울증을 심화시킨다. 넷째, 모든 사람이 자신을 쳐다보는 것 같은 상황이 줌 회의 참여자의 불안을 유발한다. 이런 문제는 일대일 미팅에서 더욱 심한데 상대방의 얼굴이 크게 보이면서 지나치게 가까이 있는 것처럼 생각되어 자신의 공간이 침범당한 듯한 느낌을 받게된다. 줌 피로 현상은 특히 여성에게 강해서 여성이 남성보다 평균 13.8% 더 많이 부정적 경험을 하는 것으로 나타났다. 그래서 학생들의 온라인 수업도 강의실의 대면수업보다 피곤하게 느껴지는 것!

## 재택근무만으로는…
## 그래도 회사에 가는게 낫다! 하이브리드(hybrid model)형 근무가 대세.

재택근무가 포스트 코로나 이후 새로운 업무형태로 어쩔 수 없이 급부상하긴 했지만 사람들이 재택근무를 모두 반기는 것만은 아니다. 2020년 3월 이후 전 세계 10개국, 직장인 총 3만 2,000명을 대상으로 한 글로벌 오피스 스틸케이스(Global office steelcase)의 조사결과에 따르면 사람들은 오히려 다시 사무실에 돌아가기를 원하고 있는 것으로 나타났다. 직장인들이 직장복귀를 원하는 주요 요소들은 다음과 같다.

- 동료들과의 재회
- 전문적 환경에서의 근무 및 각종 기술과 도구에 대한 접근
- 대면 협업
- 회사 공통의 목표 재연결

하이브리드 모델(hybrid model)

재택근무와 관련하여 전 세계에서 진행된 연구들을 바탕으로 도출한 결과에 의하면 향후에는 사무실, 집, 그리고 제3의 장소를 모두 선택하는 "하이브리드 모델(hybrid model)"을 취하게 될 가능성이 가장 농후하다. 재택근무의 가장 큰 장점이 통근이 필요하지 않다는 점을 고려하여 일부 기업들은 거점오피스, 코워킹(coworking) 시설 등 거주지와 가까운 곳에서 근무할 수 있는 대안을 찾고 있다.

로스엔젤레스(Los Angeles)에 위치한 코워킹 스페이스(coworking space). 이미 20여개 회사가 입주한 건물로 음압 격리병동에 활용되는 시스템을 통해 다공성 플라스틱으로 구분된 사무실 내부에 항상 신선하고 멸균된 공기가 유입되게 하여 비말 등으로 오염된 공기가 사무실 내부에 머물지 않도록 제작하였다.

불가피하게 식사를 병행하는 비즈니스 미팅에 사용할 수 있는 "플렉스 잇(plex eat)" 프랑스 디자이너 크리스토프 게르니곤(Christophe Gernigon)에 의해 고안되어 바레인 리츠칼튼, 일본 푸단카페 등 레스토랑에서 상용화할 것으로 예정되어 있다.

출처: https://blog.naver.com/businessinsight/222293728445

미래의 조직에서는 재택근무를 포함한 다양한 원격근무와 기존의 면대면(face-to-face) 사무실 근무가 다양한 형태로 믹스되어 현재 많은 기업들이 적용하고 있는 유연근무제(flex hours)와는 또 다른 새로운 도전에 접하게 될 것이다. 위드 코로나(with Corona)시대가 되면서 일과 삶의 경계가 점점 모호해지고 통합되어 가는 양상이다. 이제는 워라밸을 넘어 '워라블'을 지향하고 있다. '일과 삶을 섞는다(Work-Life Blending)'

는 의미로 개인의 삶을 중심에 두고 일을 여기에 믹스해보려는 Z세대의 희망이 담겨있다. 그러나 우리는 재택근무라는 새로운 업무형태에 준비가 되어 있는지 고민해보아야한다. 자유와 방임이라는 두 가지 세계에서 균형을 맞추며 일과 개인의 삶을 상호보완적인 관계로 만들어가야한다.

## 가족친화경영 · 정책(family friendly management practices)

가족친화경영이란 근로자가 일과 가정생활을 조화롭게 병행할 수 있도록 기업문화를 만들고, 근로자가 가족과 함께 할 수 있는 프로그램을 지원, 교육하는 역할을 하는 경영정책을 말한다. 코로나로 인해 부각된 가족친화정책의 형태는 유연근무제와 재택근무이지만 사실 가족친화경영이라함은 일과 가정의 양립을 가능하게 해주는 제도를 모두 일컫는다.

출처: https://www.youtube.com/watch?v=LKflZ_Q8z68

스웨덴 사회보험청 니클라스 뢰프그렌(Niklas Löfgren) 대변인은 2020년 온라인 포럼을 통해 양성평등이라는 기준 하에 일하고 싶은 사람들은 언제든 직업을 가지게 할 수 있는 스웨덴의 다양한 가족친화경영실천을 소개하였다. 맞벌이 부모 중 한 사람도 가정과 직장 둘 중 하나를 포기하지 않게 하는 것을 목표로 자녀의 유무와 상관없이 모든 가정의 재정을 재분배한다는 사실이 특히나 주목할 점인데, 스웨덴은 일찍이 일과 삶의 균형정책이 적극적으로 시행되고 있다. 예로써 육아보험이 있어 월급의 80%를 받고 육아를 할 수 있게 함으로써 저출산이라는 사회문제를 극복하는 데에도 기여하고 있다. 이 외에도 삶의 질을 좌우하는 요소들을 고려하여 주택자금 지원, 유연근무제 도입 등으로 일과 삶의 균형을 이룰 수 있는 다양한 제도를 마련하고 있다.

한국정부의 경우 가족친화인증제도를 통해 직장문화를 바꾸는 노력을 하고 있다. 가족친화인증제도는 가족친화제도를 모범적으로 운영하는 기업 및 공공기관에 대해 심사를 통해 인증을 부여하는 제도로 인증을 받은 기업들은 대출금리 우대, 재무컨설팅 등의 인센티브를 받을 수 있다. 가족친화인증기업으로 선정되기 위해서는 주 40시간 근로시간 기준 준수, 18세 미만 근로자와 임산부에 대한 야간 · 휴일근로제한, 보건휴가(생리휴가), 임산부 근로보호, 임신중 근로시간 단축, 태아검진시간 허용, 유급 수유시간, 성희롱 금지 및 예방 교육, 배우자 출산휴가, 육아휴직, 육아기 근로시간 단축, 가족돌봄 휴직제도 등 다양한 기준을 충족해야한다.

출처: https://post.naver.com/viewer/postView.nhn?volumeNo=16454362&memberNo=30808385&vType=VERTICAL

코로나 팬데믹이 조직구성원 개개인의 근무형태와 성과관리에 엄청난 변화를 가져온 것처럼 모든 구성원들의 업무노력을 전체로 통합해야 하는 조직에도 큰 변화가 요구되고 있다. 현재의 기업들이 익숙하게 적용하고 있는 위계조직구조에 따른 관료적 통제방식이 4차 산업혁명과 함께 모든 면에서 도전을 받으며 조직구조는 물론 문화와 리더십에서도 새로운 형태가 요구되는 과도기적인 상황이다. 이에 오늘날을 살아가는 조직과 기업들은 다양한 가능성을 고려하고 실험정신을 발휘해야 한다. 조직경영에 한 가지 정답은 없기 때문이다.

**그룹토론문제**

(1) 재택근무가 실제로 직원들의 업무능률 향상에 도움이 될 것이라고 생각하는가? 그렇다면 혹은 그렇지 않다면 그 이유에 대해 논의해보자.

(2) 재택근무의 장 · 단점은 무엇이 있을지 논의해보자.

(3) 재택근무의 효과성을 높이기 위한 중요한 요소들에는 어떤 것들이 있을지 생각해보자.

## 핵심용어

- 자원준거관점(RBV: Resource-Based View)
  - 자원의 이질성(resource heterogeneity)
  - 자원의 비이동성(resource immobility)
- 기업고유의 자원(firm-specific resource)
- 전략적 인적자원관리(SHRM: Strategic Human Resource Management)
- 고성과작업관행(HPWP: High Performance Work Practices)
- 1차 산업혁명: 증기기관, 기계화
- 2차 산업혁명: 대규모생산, 컨베이어벨트
- 3차 산업혁명: 인터넷, 정보화
- 4차 산업혁명: 인공지능, 무인화
- 러다이트 운동(Luddite movement)
- 5차 산업혁명
- ESG: 환경(Environment), 사회(Social), 지배구조(Governance).

## 연 습 문 제

01 자원준거관점의 핵심주장은 무엇인지 논하라.

02 자원준거관점의 기본 가정을 말하라.

03 자원준거관점에서 말하는 기업의 지속적 경쟁우위의 원천은 무엇인가?

04 자원준거관점에서 기업의 경쟁우위를 창출하기 위한 자원의 네 가지 특성은 무엇인가?

05 고성과작업관행(HPWP: High Performance Work Practices)은 무엇인가?

06 고성과작업관행에 포함된 새로운 현대적 인적자원관리제도들에는 어떤 것들이 있는가?

07 1차 산업혁명의 특징은 무엇인가?

08 2차 산업혁명을 대표할만한 특징은 무엇인가?

09 3차 산업혁명의 특징은 무엇인가?

10 4차 산업혁명을 대표할만한 특징은 무엇인가?

11 러다이트운동에 대해 간략히 설명하라.

12 5차 산업혁명은 무엇을 말하는가?

13 ESG경영에 대해 논하라.

# 참고문헌


Adams, J. S. (1965). Inequity in social exchanges. In L. Berkowitz (Ed.), Advances in experimental social psychology (pp. 267-300). New York: Academic Press.

Ajzen, I. (1991). The theory of planned behavior. Organizational Behavior and Human Decision Processes, 50: 179-211.

Bandura, A. (1977). Self-efficacy: Towards a unifying theory of behavioral change. Psychological Review, 84: 191-215.

Bandura, A., & Cervone, D. (1986). Differential engagement in self-reactive influences in cognitively-based motivation. Organizational Behavior and Human Decision Processes, 92-113.

Barney, J. B. (1991). Firm resource and sustained competitive advantage. Journal of Management, 17: 99-120.

Barney, J. B. (1995). Looking inside for competitive advantage. Academy of Management Executive, 9: 49-61.

Basch, J., & Fisher, C. D. (2000). Affective events—emotions matrix: A classification of work events and associated emotions. In N. M. Ashkanasy, C. E. J. Hartel, & W. J. Zerbe (Eds.), Emotions in the Workplace (pp. 36-48). Westport, CT: Quorum Books.

Bass, B. M., & Riggio, R. E. (2006) Transformational Leadership (2nd ed.). Mahwah, NJ: Lawrence

Blank, S. (2013). Why the lean start-up changes everything? Harvard Business Review, May. R1305C-PDF-ENG

Brown, B., & Anthony, S. D. (2011). How P&G tripled its innovation success rate. Harvard Business Review, 89: 64-72.

Brown, S. L., & Eisenhardt, K. M. (1995). Product development: Past research, present findings, and future directions. Academy of Management Review, 20: 343-378.

Burn, T., & Stalker, G. M. (1961). The management of innovation. London: Tovistock Press.

Burns, J. M. (1978). Leadership. New York: Harper & Row.

Caruso, D. R., Mayer, J. D., & Salovey, P. (2002). Emotional intelligence and emotional leadership. In R. E. Riggio, S. E. Murphy, & F. J. Pirozzolo (Eds.), Multiple intelligences and leadership. Mahwah, NJ: Lawrence Erlbaum.

Cheng, J. T., Tracy, J. L., Foulsham, T., Kingstone, A., & Henrich, J. (2013). Two ways to the top: Evidence that dominance and prestige are distinct yet viable avenues to social rank and influence. Journal of Personality and Social Psychology, 104: 103 – 125.

Clark, M. A., Robertson, M. M., & Carter, N. T. (2018). You spin me right round: A within–person examination of affect spin and voluntary work behavior. Journal of Management, 44: 3176–3199.

Cropanzano, R., Rupp, E., & Byrne, Z. S. (2003). The relationship of emotional exhaustion to work attitudes, job performance, and organizational citizenship behavior. Journal of Applied Psychology, 160 – 169.

Davis – Blake, A., Broschak, J. P., & George, E (2003). Happy together? How using nonstandard workers affects exit, voice, and loyalty among standard employees. Academy of Management Journal, 46: 475 – 485.

Day, D. V., Shleicher, D. J., Unckless, A. L., & Hiller, N. J. (2002). Self – monitoring personality at work: A meta – analytic investigation of construct validity. Journal of Applied Psychology, 87: 390 – 401.

Deci, E. L., & Ryan, R.M. (1985). Intrinsic Motivation and Self – Determination in Human Behavior. New York: Plenum Press.

Diener, E., Sandvik, E., Seidlitz, L., & Diener, M. (1993). The relationship between income and subjective well – being: Relative or absolute?" Social Indicators Research, 28: 195 – 223.

Diestel, S., & Schmidt, K. (2011). Costs of simultaneous coping with emotional dissonance and self – control demands at work: Results from two German samples. Journal of Applied Psychology, 96: 643 – 653.

Feldman, D. (1984). The development and enforcement of group norms. Academy of Management Review, 9: 47 – 53.

Festinger, L. A. (1957). Theory of cognitive dissonance. Stanford, CA: Stanford University Press.

Festinger, L. (1957). A theory of cognitive dissonance. Stanford University Press.

Fiedler, F. E. (1967). A theory of leadership effectiveness. New York: McGraw – Hill.

Fleeson, W., & Gallagher, P. (2009). The implications of big five standing for the distribution of trait manifestation in behavior: Fifteen experience – sampling studies and a meta – analysis. Journal of Personality and Social Psychology, 97: 1097 – 1114.

Gagné, M., & Deci, E. L. (2005). Self – determination theory and work motivation. Journal of Organizational Behavior, 26: 331 – 362.

Grandey, A. A. (2003). When the show must go on: Surface acting and deep acting as determinants of emotional exhaustion and peer - rated service delivery. Academy of Management Journal, 86 - 96.

Heider, F. (1958). The psychology of interpersonal relations. New York: John Wiley & Sons.

Hepper, E. G., Gramzow, R. H., & Sedikides, C. (2010). Individual differences in self-enhancement and self-protection strategies: An integrative analysis. Journal of Personality, 78: 781 - 814.

Herzberg, F., Mausner, B., & Snyderman, B. (1959). The motivation to work. New York: Wiley.

Hochschild, A. R. (1983). The managed heart: Commercialization of human feeling. Berkeley, CA: University of California Press.

Hofstede, G. H. (1980). Culture's consequences: International differences in work-related values. Thousand Oaks: Sage.

Horwitz, S. K., & Horwitz, I. B. (2007). The effects of team diversity on team outcomes: A meta - analytic review of team demography. Journal of Management, 33: 987 - 1015.

Horwitz, S. K., & Horwitz, I. B. (2007). The effects of team diversity on team outcomes: A meta-analytic review of team demography. Journal of Management, 33: 987-1015.

Hu, J., Erdogan, B., Jiang, K., Bauer, T. N., & Liu, S. (2018). Leader humility and team creativity: The role of team information sharing, psychological safety, and power distance. Journal of Applied Psychology, 103: 313 - 323.

Hwang, T. J., & Choi, J. N. (2020). Different moods lead to different creativity: Mediating roles of ambiguity tolerance and team identification. Creativity Research Journal, 32: 161-173.

Ilies, R., Fulmer, I. S., Spitzmuller, M., & Johnson, M. D. (2009). Personality and citizenship behavior: The mediating role of job satisfaction. Journal of Applied Psychology, 94: 945 - 95.

Ilies, R., Scott, B. A., & Judge, T.A. (2006). The interactive effects of personal traits and experienced states on intra-individual patterns of citizenship behavior. Academy of Management Journal, 49: 561 - 575.

Joshi, A., & Roh, H. (2009). The role of context in work team diversity research: A meta-analytic review. Academy of Management Journal, 52: 599-627.

Judge, T. A., & Bono, J. E. (2001). A rose by any other name: Are self - esteem, generalized self-efficacy, neuroticism, and locus of control indicators of a common construct?" In B. W. Roberts, & R. Hogan (Eds.), Personality psychology in the workplace, (pp. 93 - 118). Washington, DC: American Psychological Association.

Judge, T.A., Piccolo, R. F. Podsakoff N. P., Shaw, J. C & Rich, B. L. (2010). The relationship between pay and job satisfaction: A meta-analysis of the literature, Journal of Vocational Behavior, 77: 157-167.

Kelley, H. H. (1972). Causal schemata and the attribution process. New York: General Learning Press.

Kim, J. S., & Chung, G. H. (2017). Implementing innovations within organizations: A systematic review and research agenda. Innovation, 19: 372-399.

Klein, K. J, & Knight, A. P. (2005). Innovation implementation: Overcoming the challenge. Current Directions in Psychological Science, 14: 243-246.

Klein, K.J., & Sorra, J.S. 1996. The challenge of innovation implementation. Academy of Management Review, 21: 1055-1080.

Komaki, J. L., Coombs, T., & Schepman, S. (1996). Motivational implications of reinforcement theory. In R. M. Steers, L. W. Porter, & G. Bigley (Eds.), Motivation and work behavior, (pp. 87-107). New York: McGraw-Hill.

Kopelman, R. E., Prottas, D. J., & Falk, D. W. (2010). Construct validation of a theory X/Y behavior Scale. Leadership and Organization Development Journal, 31: 120-135.

Kunze, F., Boehm, S. A., & Bruch, H. (2013). Organizational performance consequences of age diversity: Inspecting the role of diversity-friendly HR policies and top managers' negative age stereotypes. Journal of Management Studies, 50: 413–442.

Kuwabara, K., Yu, S., Lee, A. J., & Galinsky, A. D. (2016). Status decreases dominance in the West but increases dominance in the East. Psychological Science, 27: 127–137.

LePine, J. A., Colquitt, J. A., & Erez, A. (2000). Adaptability to changing task contexts: Effects of general cognitive ability, conscientiousness, and openness to experience. Personnel Psychology, 53: 563-595.

Lewin, K (1947). Frontiers of group dynamics: Concept, method and reality in social science, social equilibria, and social change. Human Relations, 1: 5-41.

Lewin, K.; Lippitt, R.; White, R.K. (1939). Patterns of aggressive behavior in experimentally created social climates. Journal of Social Psychology, 10: 271-301.

Lindberg, E., & Wilson, T. L. (2011). Management by objectives: The Swedish experience in upper secondary schools. Journal of Educational Administration, 49: 62-75.

Locke, E. A. (1968). Toward a theory of task motivation and incentives. Organizational Behavior and Human Performance, 3: 157-189.

Locke, E. A., & Latham, G. P. (2006). New directions in goal-setting theory. Current Directions in Psychological Science, 15: 265-268.

Markides, C. (1997). Strategic innovation. Sloan Management Review, 9-23.

Markides, C. (1998). Strategic innovation in established companies. Sloan Management Review, 31 - 42.

Martinko, M. J., Harvey, P., & Dasborough, M. T. (2011). Attribution theory in the organizational sciences: A case of unrealized potential. Journal of Organizational Behavior, 32: 144 - 149.

Maslow, A. (1954). Motivation and personality. New York: Harper & Row.

Maslow, A. H. (1943). A theory of human motivation, Psychological Review, 50: 370 - 396.

Maslow, A. H. (1954). Motivation and personality. New York: Harper & Row.

McClelland, D. C. (1961). The achieving society. New York: Van Nostrand Reinhold.

McClelland, D. C., & Burnham, D. H. (1976). Power is the great motivator. Harvard Business Review, 100 - 110.

McGregor, D (1960). The human side of enterprise. New York: McGraw - Hill.

Mintzberg, H. (1979). The structuring of organizations. Englewood Cliffs, NJ: Pearson Education.

Mintzberg, H. (1993). Structure in fives: Designing effective organizations. Prentice - Hall, Inc.

Oh, H., & Kilduff, M. (2008). The ripple effect of personality on social structure: Self–monitoring origins of network brokerage. Journal of Applied Psychology, 93: 1155 - 1164.

Pettigrew, T. F. (1979). The ultimate attribution error: Extending Allport's cognitive analysis of prejudice. Personality and Social Psychology Bulletin, 461 - 476.

Real, K., & Poole, M. S. (2005). Innovation implementation: Conceptualization and measurement in organizational research. In R. W. Woodman & W. A. Pasmore (Eds.), Research in organizational change and development (pp. 63 - 134). Elsevier.

Redhead, D., Cheng, J. T., Driver, C., Foulsham, T., & O'Gorman, R. (2018). On the dynamics of social hierarchy: A longitudinal investigation of the rise and fall of prestige, dominance, and social rank in naturalistic task groups. Evolution and Human Behavior, 40: 222–234.

Rhoades, L., Eisenberger, R., & Armeli, S. (2001). Affective commitment to the organization: The contribution of perceived organizational support. Journal of Applied Psychology, 86: 825 - 836.

Robbins, S. P., & Judge, T. A. (2016). Organizational Behavior (17th Global Eds.) Pearson Education.

Russel, J. A. (1980). A circumplex model of affect. Journal of Personality and Social

Psychology, 39: 1161–1178.

Salovey, P., & Mayer, J. D. (1990). Emotional intelligence. Imagination, Cognition, and Personality, 9: 185–211

Slovic, P., Monahan, J., & MacGregor, D. M. (2000). Violence risk assessment and risk communication: The effects of using actual cases, providing instructions, and employing probability vs. frequency format. Law and Human Behavior, 24: 271–296.

Spirling, L. I., & Persaud, R. (2003). Extraversion as a risk factor. Journal of the American Academy of Child & Adolescent Psychiatry, 42: 130.

Stodgill, R. M. (1948). Personal factors associated with leadership: A Survey of the literature. Journal of Psychology, 25: 35–71.

Stodgill, R. M. (1974). Handbook of leadership: A survey of theory and research. Free Press.

Taylor, F. W. (1911). Principles of scientific management. NuVision Publications.

Sy, T., & Choi, J. N. (2013). Contagious leaders and followers: Exploring multi–stage mood contagion in a leader activation and member propagation (LAMP) model. Organizational Behavior and Human Decision Processes, 122: 127–140.

Teicher, M. H., Samson, J. A., Anderson, C. M., & Ohashi, K. (2016). Effect of childhood maltreatment on brain structure, function and connectivity. Nature Reviews Neuroscience, 17: 652–666.

Tversky, A., & Kahneman, D. (1973). Availability: A heuristic for judging frequency and probability. Cognitive Psychology, 5: 207–232.

Vroom, V. H. (1964). Work and motivation. New York: Wiley.

Webber, S. S., & Donahue, L. M. (2001). Impact of highly and less job–related diversity on work group cohesion and performance: A meta–analysis. Journal of Management, 27: 141–162.

Weiss, B., & Feldman, R. S. (2006). Looking good and lying to do it: Deception as an impression management strategy in job interviews. Journal of Applied Social Psychology, 36: 1070–1086.

Winter, D. G. (2002). The motivational dimensions of leadership: Power, achievement, and affiliation. In R. E. Riggio, S. E. Murphy, & F. J. Pirozzolo (Eds.), Multiple intelligences and leadership, (pp. 119–138). Mahwah, NJ: Lawrence Erlbaum.

Wong, C. S., & Law, K. S. (2002). The effects of leader and follower emotional intelligence on performance and attitude: An exploratory study. Leadership Quarterly, 13: 243–274.

Wooward, J. (1965). Industrial organization: Theory and practice. UK: Oxford University Press.

군터 뒤크 (김희상 역) (2016). 왜 우리는 집단에서 바보가 되었는가: 조직의 모든 어리석음에 대한 고찰. 책세상.

마이클 본드 (문희경 역) (2015). 타인의 영향력: 그들의 생각과 행동은 어떻게 나에게 스며드는가. 어크로스.

마티아스 뇔케 (이미옥 역) (2017). 조용히 이기는 사람들: 나서지 않지만 강한 사람들의 태도. 위즈덤 하우스.

메건 댈러커미나 (문수혜 역) (2020). 공감이 이끄는 조직: 리더의 공감 능력은 어떻게 자신감 있는 조직을 만드는가. 다산북스.

박중근 (2020). 70년대생이 운다: 꼰대의 길목에 선 리더를 향한 위로와 공감. EBS BOOKS.

브라이언 로버트슨 (2017). 홀라크라시. 흐름출판사.

애덤 그란트 (2016). 오리지널스. 한국경제신문사

애덤 그랜트 (윤태준 역) (2013). Give and Take: 주는 사람이 성공한다. 생각연구소.

애덤 그랜트 (홍지수 역) (2016). 오리지널스: 어떻게 순응하지 않은 사람들이 세상을 움직이는가. 한국경제신문사.

애덤 모건 & 마크 바든 (이종인 역) (2015). 제약의 마법: 진정한 이노베이션을 끌어내는 역발상 성공전략. 세종서적.

앤젤라 더크워스 (김미정 역) (2016). 그릿: IQ, 재능, 환경을 뛰어넘는 열정적 끈기의 힘, Grit. 비즈니스북스.

이소영. (2021). 당신은 다른 사람의 성공에 기여한 적 있는가? 퍼블리온.

잉그리드 페텔 리 (서영조 역) (2019). 조이풀: 바깥 세계로부터 충만해지는 내면의 즐거움. 한국경제신문.

장원청 (2021). 심리학을 만나 행복해졌다: 복잡한 세상과 사람의 마음을꿰뚫어 보는 심리법칙 75. 미디어숲.

최진남, 성선영 (2019). 스마트 경영학. 생능출판사.

캐럴 드웩 (김준수 역) (2017). 마인드셋: 스탠퍼드 인간 성장 프로젝트. 스몰빅라이프.

탈레스 S. 테이셰이라 (김인수 역 ) (2019). 디커플링. 인플루엔셜.

탈리 샤롯 (안진환 역) (2019). 상대의 마음을 사로잡는 최강의 영향력. 한국경제신문.

패티 맥코드 (허란, 추가영 역) (2018). 파워풀: 넷플릭스 성장의 비결. 한국경제신문.

한국갤럽 (2021). 직장인 조사 2021. 갤럽리포트 G20210406.

고용노동부

네이버지식백과

대한상공회의소

동아일보

두산백과

머니투데이

미디어 SR

서울신문

세계일보

실무노동용어사전

연합뉴스

위키백과

중앙일보

중앙일보

헬스조선

2020 미국연봉 – https://financiallyengineered.com/2021/01/18/what-income-percentile-am-i/

5차 산업혁명 https://www.ajunews.com/view/20181112170717551

5차 산업혁명https://www.ifs.or.kr/bbs/board.php?bo_table=News&wr_id=2719

AI 영실 https://blog.naver.com/dalcomham9/222128138764

AI 영실 https://blog.naver.com/wishket/222188097213

Amazon warehouse – https://www.prixgen.com/services/prixgen-warehouse-management-solution/

Angry traveler https://pleated-jeans.com/2011/01/12/the-angry-travelers-guide-to-obscene-gestures/

Anxieties of 'Modern Times' still with us – http://www.cnn.com/2010/OPINION/11/29/zelizer.chaplin.modern.times/index.html

CEO 명언 https://blog.naver.com/parksb1028/221726081944

Dominance – https://meltingasphalt.com/social-status-down-the-rabbit-hole/

EBS 보보인형실험https://blog.naver.com/smarteunsil/221239167100

MBTI https://blog.naver.com/goitstyle/222033668043

Person-job fit 1 - https://www.psychometrics.com/person-job-fit/

Person-job fit 2 - https://jobseekexpert.weebly.com/the-job.html

XY이론 https://mbanote2.tistory.com/59

가용성 편향 https://jwoh72.tistory.com/entry/가용성의-편향 [우리가 원하는 세상으로...]

가용성 휴리스틱 https://ko.wikipedia.org/wiki/%ED%9C%B4%EB%A6%AC%EC%8A%A4%ED%8B%B1_%EC%9D%B4%EB%A1%A0

가족친화경영https://www.youtube.com/watch?v=LKfIZ_Q8z68

가족친화인증제도https://post.naver.com/viewer/postView.nhn?volumeNo=16454362&memberNo=30808385&vType=VERTICAL

갈등 https://www.iedunote.com/5-stages-conflict-process

감성지능 https://www.pinterest.com/pin/132363676525938747/

감정노동 https://www.jobaba.net/thema/exprcDtl.do?seq=648&cntntsSeCd=01

감정노동자 https://m.blog.naver.com/PostView.nhn?blogId=gmgg3&logNo=220167285805&proxyReferer=https:%2F%2Fwww.google.com%2F

감정지능 https://www.boyermanagement.com/dynamic-training-news/how-to-unlock-your-career-super-power-emotional-intelligence

갑질 http://m.newsway.co.kr/news/view?tp=1&ud=2020011408193307173

겸양의 리더 - https://www.readhowyouwant.com/books/details/The-Extraordinary-Power-of-Leader-Humility/39260

공감력 http://allclip.sbs.co.kr/end.html?clipid=J01_VO10309502

공정성 https://post.naver.com/viewer/postView.nhn?volumeNo=30649896&memberNo=46261615

관점차이 https://brunch.co.kr/@jongkoo/15

교수 https://post.naver.com/viewer/postView.nhn?volumeNo=26995411&memberNo=27875303&vType=VERTICAL

구글 https://blog.naver.com/kenjisama/222077829814

구글 산소 리더십 - https://rework.withgoogle.com/blog/the-evolution-of-project-oxygen/

구글 오피스 - https://www.information-age.com/imagining-office-future-how-you-can-build-collaborative-workspace-google-123460648/

귀인오류 https://blog.naver.com/inkium007/221223692284

귀인이론 http://blog.naver.com/PostView.nhn?blogId=mrok2000&logNo=221774727867&parentCategoryNo=&categoryNo=27&viewDate=&isShowPopularPosts=true&from=search

기대이론 https://blog.daum.net/s_leadershipcenter/31

기본인지오류 https://blog.naver.com/sum2005/60021003672

기준점 편향 https://boycewire.com/anchoring-bias-definition-and-examples/

넛지 효과https://m.blog.naver.com/PostView.naver?isHttpsRedirect=true&blogId=blueumio&logNo=222287511758&proxyReferer=https:%2F%2Fm.search.naver.com%2Fsearch.naver%3Fsm%3Dmtb_sug.top%26where%3Dm%26oquery%3D%25EB%2584%259B%25EC%25A7%2580%2B%25EA%25B2%25BD%25EC%25A0%259C%25ED%2595%2599%26tqi%3Dh7pKJlprvjZssOiBBJ4ssssstR4-193928%26query%3D%25EB%2584%259B%25EC%25A7%2580%2B%25EB%259C%25BB%26acq%3D%25EB%2584%259B%25EC%25A7%2580%26acr%3D2%26qdt%3D0

노키아 https://zdnet.co.kr/view/?no=20210201144745

노키아https://news.naver.com/main/read.nhn?oid=015&aid=0002387700

다양성과 혁신 https://blog.naver.com/jackieyou/222195321553

덕업일치 – https://www.donga.com/news/article/all/20190423/95176365/1

디커플링 https://platum.kr/archives/151086

러다이트 https://blog.naver.com/jameskods/221185284822

레모나 https://m.post.naver.com/viewer/postView.nhn?volumeNo=27842746&memberNo=27908841&vType=VERTICAL

로봇쉐프 https://blog.naver.com/designpress2016/222149807954

롤러코스터 – https://twitter.com/STopinion/status/1096944821263089666/photo/1

루빈의 꽃병 https://innonyx.tistory.com/entry/게슈탈트-게슈탈트

루키 https://dbr.donga.com/article/view/1401/article_no/5835/ac/magazine

리더 https://blog.naver.com/businessinsight/222269231698

리더성향이론 https://zabtr.ru/ko/well/povedencheskii-podhod-k-liderstvu-podhody-k-liderstvu-povedencheskii/

리더십 귀인이론 https://www.reportshop.co.kr/biz/355667

리더십 이론 https://m.blog.naver.com/PostView.nhn?blogId=wandu0&logNo=140205892348&proxyReferer=https:%2F%2Fwww.google.com%2F

마스크 https://blog.naver.com/l_vsoft/222161745134

마스크 https://news.mt.co.kr/mtview.php?no=2020062211045420932

문화차원이론 https://blog.naver.com/kma8835/221856377317

미투 https://www.chosun.com/site/data/html_dir/2018/02/01/2018020102324.html

민츠버그의 조직구조 유형 https://m.blog.naver.com/PostView.nhn?blogId=tran01&logNo=100108388970&proxyReferer=https:%2F%2Fwww.google.com%2F

밀레니얼 https://blog.naver.com/catlover13/221980376764

밀레니얼 세대 http://www.recruittimes.co.kr/news/articleView.html?idxno=85876

밀레니얼 직장선호 – https://blog.naver.com/jobkorea1/221766452001

박성실씨의 사차산업혁명 – https://blog.naver.com/seo7781/222276157754

배타성 http://cafe.naver.com/birdwings/51095

보보인형실험 https://thewiki.kr/w/%EC%82%AC%ED%9A%8C%ED%95%99%EC%8A%B5

복리후생 https://post.naver.com/viewer/postView.nhn?volumeNo=30971295&memberNo=39094895

분노장애 리더 https://blog.naver.com/businessinsight/221262521285

사내복지제도 https://blog.naver.com/free8259/221508833138

사내정치 – https://empxtrack.com/blog/how-to-avoid-office-politics/

사피 바칼 (이지연 역) (2020). 룬샷: 전쟁, 질병, 불황의 위기를 승리로 이끄는 설계의 힘. 흐름출판.

사회비교 – https://www.psychologytoday.com/us/blog/do-the-right-thing/201304/got-happiness-social-comparison-theory-can-help

사회적태만 http://newsteacher.chosun.com/site/data/html_dir/2019/08/14/2019081403299.html

사회정체성 https://blog.naver.com/deepgreen0605/222161760714

산업혁명 https://blog.naver.com/hazzysh/221320860895

산업혁명 https://blog.naver.com/sehyeon9802/222087825940

상사와 부하궁합 https://blog.naver.com/amoursyj/221028144738

상황이론https://www.reportworld.co.kr/reports/561102

샤넬 – https://www.insight.co.kr/news/146471

샤덴프로이데 https://1boon.daum.net/scientist/877

샤덴프로이데실험 http://m.dongascience.donga.com/news.php?idx=8202

성공하는 사람들의 성격 https://post.naver.com/viewer/postView.nhn?volumeNo=30748473&memberNo=8965307&navigationType=push

성희롱 https://walkerlawsd.com/10-examples-of-sexual-harassment-that-you-didnt-realize-were-sexual-harassment/

세계의 CEO https://blog.daum.net/cbj8944/17069383

세대차이 https://blog.naver.com/min_insa/220563213683

세대차이 https://m.post.naver.com/viewer/postView.nhn?volumeNo=29782357&memberNo=5861527&vType=VERTICAL

스탠포드감옥실험 https://m.blog.naver.com/PostView.nhn?blogId=kops_blog&logNo=220501831723&proxyReferer=https:%2F%2Fwww.google.com%2F

슬기로운직장생활 https://blog.naver.com/hi_nso/221922724089

시세이도 https://post.naver.com/viewer/postView.nhn?volumeNo=30458561&memberNo=36647560

실리콘밸리 https://transmosis.com/some-tech-workers-over-50-are-literally-working-themselves-to-death-and-other-things-we-discovered-about-their-careers/

아이보 https://post.naver.com/viewer/postView.nhn?volumeNo=17353488&memberNo=1084679&vType=VERTICAL

애블린 패러독스 https://www.youtube.com/watch?v=z_iGdiYO7gI)

업무만족도 https://www.imhr.work/brand/pay-and-job-satisfaction/

업무만족요소 https://www.mbaskool.com/business-concepts/human-resources-hr-terms/4394-job-satisfaction.html

여성근로자 https://post.naver.com/viewer/postView.nhn?volumeNo=30102025&memberNo=40708925&vType=VERTICAL

여성근로자 현황 https://newsis.com/view/?id=NISX20201124_0001245852&cID=10201&pID=10200

연봉과 만족도 https://infuture.kr/1332

연봉과 직업만족도 – https://www.reddit.com/r/dataisbeautiful/comments/5dmoy3/job_satisfaction_vs_annual_pay_oc/

옥스포드대학 고용의 미래 보고서, http://weeklybiz.chosun.com/site/data/html_dir/2014/07/18/2014071801870.html

옳음중독 https://www.mk.co.kr/opinion/columnists/view/2014/09/1211264/

외재적동기실험 https://blog.daum.net/rheesahn54/1138

외집단동일성편향https://m.cafe.naver.com/ca-fe/web/cafes/funnyguy/articles/628483?use

CafeId=false&or=m.search.naver.com&query=outgroup%2Bhomogeneity&buid=2062805d-1b90-4c50-86a9-a0b13e558ad8&art=ZXh0ZXJuYWwtc2VydmljZS1uYXZlci1ldGMtZm9yLWNvbW1lbnQ.eyJ0eXAiOiJKV1QiLCJhbGciOiJIUzI1NiJ9.eyJjYWZlVHlwZSI6IkNBRkVfSUQiLCJhcnRpY2xlSWQiOjYyODQ4MywiaXNzdWVkQXQiOjE2MjI3NDY4MDIyMjUsImNhZmVJZCI6MTAyNjE2NTd9.LEM1Q8-eT03pWSkaIh-QlyoNtNybAfCxGbZL6AiHjJ8

워라밸 http://www.koreatimes.co.kr/www/biz/2020/09/367_280533.html

워라인 https://post.naver.com/viewer/postView.nhn?volumeNo=30773559&memberNo=9028903

의사결정모델 https://m.blog.naver.com/PostView.nhn?blogId=akdurh77&logNo=50006656016&proxyReferer=https:%2F%2Fwww.google.com%2F

이문화적응https://www.hankyung.com/thepen/lifeist/article/202103238605Q

인공지능 http://www.koya-culture.com/news/article.html?no=128372

인사이드아웃 https://blog.naver.com/kmcgoodday/221838001076

인싸/아싸 – https://m.post.naver.com/viewer/postView.nhn?volumeNo=26579122&memberNo=22846622&vType=VERTICAL

인지적부조화 https://blog.naver.com/hp811/221344196242

인지적부조화 https://blog.naver.com/meaningsof/221083951511

인지적부조화 https://m.blog.naver.com/PostView.nhn?blogId=hermes700&logNo=220736918689&proxyReferer=https:%2F%2Fwww.google.com%2F

자포스 http://blog.fastcampus.co.kr/220953975309

자포스 홀라크라시 https://m.post.naver.com/viewer/postView.nhn?volumeNo=6608735&memberNo=18103913&vType=VERTICAL

재택근무 https://blog.naver.com/businessinsight/222082640190

재택근무 글로벌 리포트https://blog.naver.com/businessinsight/222293728445

제스츄어 https://brightside.me/wonder-places/15-hand-gestures-that-have-different-meanings-overseas-769110/

조직몰입도 https://www.youtube.com/watch?app=desktop&v=vhqDQwPbltA

조직행동론 https://blog.naver.com/piaoshp/220577656753

조직혁신 https://blog.naver.com/truechange/221449144684

좋은싸움 https://www.mk.co.kr/news/business/view/2020/01/93903/

지각 https://blog.naver.com/daysofdoubt/222213618982

지능 – https://en.wikipedia.org/wiki/Intelligence_quotient

직무특성모델 https://blog.naver.com/hwigenie59/221472977607

직업만족도 https://news.chosun.com/misaeng/site/data/html_dir/2020/01/15/2020011500801.html

직원교육 https://blog.naver.com/businessinsight/222279287626

직장 내 갑질 https://news.sbs.co.kr/news/endPage.do?news_id=N1004483857

직장갑질 https://1boon.kakao.com/causes/5add97a86a8e5100018c08a4

집단극화 https://angellacasullo.wordpress.com/2015/10/11/group-polarizati

집단사고 https://sayonarahomerun.tistory.com/48

차별 https://employeejustice.com/

최고의 직장상사 http://www.sporbiz.co.kr/news/articleView.html?idxno=397835

최악의 직장상사 https://semiye.com/977

코로나 뇌 – https://health.chosun.com/site/data/html_dir/2021/05/12/2021051200903.html

코엠 https://blog.naver.com/koempr/221488732031

키오스크http://www.civicnews.com/news/articleView.html?idxno=31250

타입 A https://blog.naver.com/tryssk/50106082977

타입 A 카툰 https://www.simplypsychology.org/TypeATypeBCartoon.jpg

탈레스 테이셰이라https://news.joins.com/article/23751658

토끼와 거북이 https://blog.naver.com/goodnewschangwonkids/222282102499

퇴사이유https://post.naver.com/viewer/postView.nhn?volumeNo=16740766&memberNo=43630209&vType=VERTICAL

트럼프와 바이든 https://news.naver.com/main/read.nhn?oid=366&aid=0000529305

팀장 https://blog.naver.com/businessinsight/222175309261

페스팅거 실험 https://blog.naver.com/hanabe925/221488734107

포스트 코로나 https://www.jobkorea.co.kr/GoodJob/Tip/View?News_No=18292&schCtgr=0&schTxt=%ec%9e%ac%ed%83%9d%ea%b7%bc%eb%ac%b4&Page=1&cmpid=vm_viral_post

프로젝션 https://exploringyourmind.com/not-psychological-projection/

하비 성스캔들 https://blog.naver.com/hanchiljeong/221117301579

하비 웨인스타인 https://entertain.naver.com/read?oid=079&aid=0003020269

한국 오피스 – https://blog.naver.com/ainotikara/222045408044

한국감정노동자 http://workingvoice.net/xe/index.php?document_srl=299106

한국사내정치 – https://www.mk.co.kr/news/business/view/2021/02/139914

한국의 직업정보 https://news.chosun.com/misaeng/site/data/html_dir/2020/04/22/2020042203180.html

햄버거 로봇https://sf.eater.com/2018/6/21/17489084/creator-robot-burgers-san-francisco

혁신 https://crevate.com/article/%ED%98%81%EC%8B%A0%EC%9D%B4%EB%9E%80-%EB%AC%B4%EC%97%87%EC%9D%B8%EA%B0%80/

홀라크라시 https://brunch.co.kr/@agile-people/8

홀라크라시 https://m.post.naver.com/viewer/postView.nhn?volumeNo=6608735&memberNo=18103913

화성인에서 온 남자 금성에서 온 여자 http://blog.naver.com/PostView.nhn?blogId=rachealoh&logNo=220351495260&parentCategoryNo=&categoryNo=10&viewDate=&isShowPopularPosts=false&from=postView

확증 편향 https://m.blog.naver.com/businessinsight/221061150538

히든 챔피언 – https://www.amazon.com/Hidden-Champions-Lessons-Worlds-Companies/dp/0875846521

# 찾아보기

ㄴ

ㅅ

### ㅈ

ㅊ